NONGXIN GUANLI
SHIWU ANLI JIEXI

农信管理实务案例解析

[主编] 杨中萱 [副主编] 吴通政

中国金融出版社

责任编辑：孔德蕴　王素娟
责任校对：潘　洁
责任印制：陈晓川

图书在版编目（CIP）数据

农信管理实务案例解析（Nongxin Guanli Shiwu Anli Jiexi）/杨中萱主编. —北京：中国金融出版社，2014. 7
ISBN 978-7-5049-7557-7

Ⅰ. ①农…　Ⅱ. ①杨…　Ⅲ. ①农村信用社—经营管理—案例—衢州市
Ⅳ. ①F832. 755. 3

中国版本图书馆 CIP 数据核字（2014）第 119785 号

出版
发行　中国金融出版社
社址　北京市丰台区益泽路 2 号
市场开发部　(010)63266347，63805472，63439533（传真）
网上书店　http://www.chinafph.com
(010)63286832，63365686（传真）
读者服务部　(010)66070833，62568380
邮编　100071
经销　新华书店
印刷　三河市利兴印刷有限公司
尺寸　169 毫米×239 毫米
印张　26. 75
字数　390 千
版次　2014 年 7 月第 1 版
印次　2014 年 7 月第 1 次印刷
定价　50. 00 元
ISBN 978-7-5049-7557-7/F. 7117

编委会

序

近年来，衢州市农信系统在浙江省农信联社的正确领导下，砥砺奋进，开拓创新，实现了稳健快速发展，进入了支农支小贡献最大、实力增长最快、发展质量最优、经营效益最好、凝聚合力最强的时期。由6家县级行社组成的衢州农信大家庭，拥有机构网点207家，占全市银行业的2/5，农信服务点等特色渠道遍布衢州城乡，存贷款总量分别占全市银行业的1/4和2/5，均居第一位，经营效益和发展质量趋优向好，已经成为三衢大地上服务对象最多、覆盖范围最广、金融渠道最全、客户群体最大的金融机构。

在近几年经济金融环境复杂、金融竞争日益激烈的大环境下，衢州市农信系统存贷款连续几年保持20%以上的增长速度，增量市场份额占全市银行业的1/5，余额市场份额均提高3个百分点以上，是衢州银行业业务增长的主要力量，为衢州经济社会发展作出了积极贡献。衢州农信是浙江农信的重要组成部分，衢州市农信系统各项成绩的取得，是全面深入践行浙江省农信联社“一条道路、两场革命”战略构想，牢牢坚持“四主定位”，积极推动“三转变一加强”，深化改革，优化管理，强化服务，实施差异化经营战略的结果。

陈云说：总结经验是提高自己的重要方法。浙江省农信联社衢州办事处抓准典型、提炼特色、总结经验，形成管理实务案例，编印成册加以推广，既有利于提高衢州市农信系统自身水平，也为浙江全省农信系统提供了很好的借鉴参考，是一件非常有意义的事情。该书收集了各家行社60个案例，涉及信贷、财会、资金、电子银行、审计、合规、人才队伍等各个领域，具有实务性强、操作性强、可借鉴性强等特点，直观展现了衢州农信广大干部员工勇于开拓、敢于创新、善于创造的精神面貌。

衢州办事处主任杨中萱同志对衢州农信工作感悟颇多、感情较深，为本书的编写颇费心思。当前，浙江全省农信系统正在全面实施浙江农信普惠金融工程，希望衢州市农信系统能抓住这一历史性机遇，进一步探求新方式、拓展新思路、开辟新路径，努力谱写衢州农信做强做优、科学发展的新篇章。

是为序。

浙江省农村信用社联合社党委书记、理事长 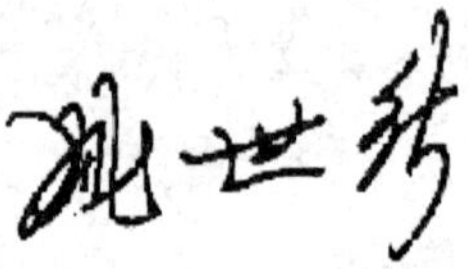

目　录

战略谋划篇

创新发展篇

风险管控篇

绩效管理篇

人力资源管理篇

综合行政管理篇

后记

ZHANLÜE
MOUHUA PIAN

战略谋划篇

品鲜　尝新

——柯城农信联社创新资金营运与盈利模式的实践轨迹

案例背景

由美国次贷危机演化的全球金融危机，在一定程度上损害了我国实体经济。经济发展环境的突变，加之金融脱媒趋势加重、利率市场化进程加速、资本监管力度加大，使金融行业面临空前严峻的挑战和考验。如何应对经济增长“减速之痛”、利差空间“收窄之痛”、资本管理“抽丝之痛”？加快经营模式转型和发展方式转变乃为必由之路，尤其对一直以来以存贷利差为主要收益来源的农信联社来说，更显重要而急迫。正是在这种背景之下，柯城农信联社顺时应势，主动求变，敢于品鲜尝新，从2008年起在优化资金营运模式、拓展收入渠道、改善收入结构上作了有益探索与尝试，迈出了经营发展转型的可喜步伐。

案例情境

“业务结构单一、收入渠道狭窄是农信联社的软肋，也是可持续发展道路上的一大障碍。要从根本上改变这种格局，理性的选择是创新经营模式、转变发展方式，当前重点要探索完善资金营运和创利模式，花大力气改善收入结构，提高创收增效水平。当然，这需要我们有敢为人先、勇于创新的气魄和睿智……”2008年初，柯城农信联社理事长甘文智在年度金融工作会议上提出了发展新思路和新谋略。由此，该农信联社经营发展转型扬帆起航，快速进入实质性推进阶段，围绕着资金市场、金融政策变化，资金营运业务步步创新演进，创收渠道多元化局面悄然形成。那么，几年来柯城农信联社是怎样品鲜、尝新的呢？

购买债券和同业存放是柯城农信联社先行涉足的领域。2009 年 4 月 27 日，该农信联社购买了首笔 5 000 万元的巨化企业债，迈出了资金营运多元化的第一步。之后几年，依托清算中心这一平台，对全系统资金进行实时监控，加强头寸余缺管理，灵活有序调度资金，深挖内部资金潜力，国债、同业存放业务逐步做大，债券从 2007 年的 54.4 万元增加至 2012 年的 2 401.06 万元，同业往来收入从 2007 年的 1 642.76 万元增加至 2012 年的 5 623.20 万元，每年由此产生的收益约占到了总收益的 15%。

2011 年初，甘文智理事长提出了“增进多元合作，加大议价竞争力度”的新思路，并付诸行动，引入多家金融机构参与议价竞争，并推出“做市商 + 商谈竞价”的议价模式，即每笔资金存放都要先经过与 3 家以上金融机构平行议价，而后综合权衡各机构资金需求、资金报价等因素，从中筛选确定合作单位。通过加大议价竞争力度，同业存放利率基本保持在 SHIBOR 利率上浮 40 ~ 60 个基点的较高水平上，这比衢州利率市场水平高出 30 ~ 50 个基点，资金营运收益随之提高，每年增长率达 112% 以上。

2012 年初，经农信联社风险管理委员会议决，制定出台了《柯城农信联社资金管理办法（试行）》，并于 3 月份向当地人民银行正式提交了加入全国银行间同业拆借市场的申请，4 月份获得人民银行杭州中心支行批复。其间，还派专人前往资金营运业务较成熟的鄞州农商行学习取经。6 月份，经中国银行间同业拆借中心审核通过，又派出 3 人赴上海参加中国银行间本币交易系统交易员资格培训。8 月份，连接专线的同业拆借中心交易系统成功上线运行。到当年末，该农信联社已达成信用拆借 51 笔，累计资金交易量达 187 亿元，创利 186 万元。交易对象不仅有全国各地的农信联社同行，还有华夏银行、泰隆银行、内蒙古银行等股份制银行。

2012 年 7 月，柯城农信联社又向中国票据网提出会员申请，并获准正式注册成为了官方认可的会员，取得了票据转贴现及回购式投资的资格，开辟了资金营运新路径。随后，筹备加入全国银行间债券市场的各项工作又紧锣密鼓展开。在派员进行债券托管结算交易资格培训、取得乙类债券托管结算账户开户通知书后，农信联社第一时间向当地人民银行提出加入全国银行间债券市场备案的申请，并于11月21日获得人民银行杭州中心支行正式批复，成功取得了以一级法人名义独立从事债券质押式回购及现券买卖等投资活动的资格。

至此，柯城农信联社已形成了集同业存放、债券投资、信用拆借、票据业务等于一体的多元化资金营运模式，创利渠道不断拓宽，收入结构同步实现了实质性改善。

案例分析

品鲜，尝新，柯城农信联社到底品尝到了什么？如图1和图2所示。

图1　2007—2012年往来收入和投资收益图

图1数据显示，2007—2012年，柯城农信联社资金营运总收入增长近5倍，年均增长48%；金融机构往来收入增长3.5倍，年均增长44%；投资收益增长32倍，年均增长165%。相比之下，投资收益年均增速大大高于金融机构往来收入增速，呈现高增长态势。

图2数据显示，柯城农信联社资金收益在全部经营收入中的比重逐年上升，从2007年末的9%上升至2012年末的17.36%，若考虑国债内部收益率因素，则实际比

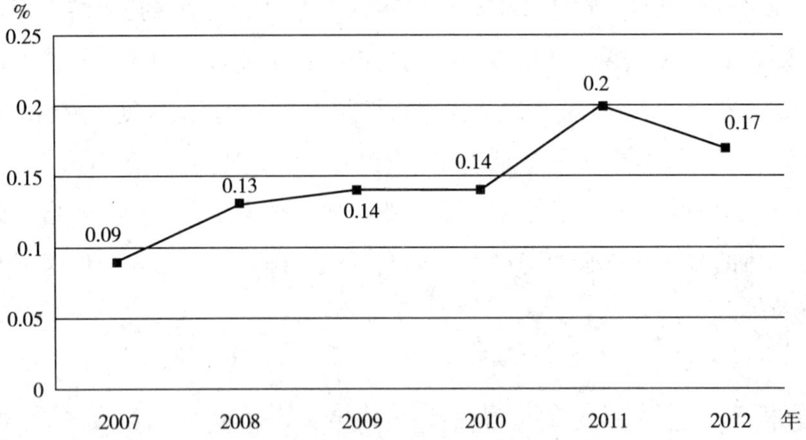

图 2　2007—2012 年资金业务收入占比变化图

重达到 23.86%。而利息收入比重从 2007 年末的 90% 下降至 2012 年末的 82%，呈下滑之势。这也表明该农信联社投资收益对整体经营业绩的贡献度在逐步提高。

另据统计，2008—2012 年，柯城农信联社累计发生各类投资交易 2 022 笔，投资收益总额达 25 977 万元。仅 2012 年，全年发生交易 512 笔，实际收入为 8 462万元，占全部收入的 32.57%。

综上可见，柯城农信联社经过几年不懈探索与实践，经营活力不断释放，在对接市场变化、改善收入结构、优化资金营运和创利模式等方面所取得的突破与成效十分明显。那么，如此成效又是怎样获得的？据分析，主要得益于时点找得准、商机抓得住、平台用得好、资源配得优。

时点找得准。农信联社依托 SHIBOR 这一基础平台，实时跟踪市场行情，每天采集数据，按月制作相关图表，并据此分析探寻银行间利率波动规律，洞察政策变化动向，进而对市场资金供求走势作出理性分析和准确预判，迎峰避谷，把握最佳投资时点。例如，2012 年国庆节前期，该农信联社及时捕捉到了央行投放2 900亿元逆回购缓解季末节前资金紧张的信息，经过分析研判，认为这是一个投资的利好时点，于是快速作出反应，果断地在资金最紧张、市场利率最高的 9 月 25 日做了一笔金额 8 000 万元、期限一个月的同业存放。其时的利率为5.35%，比当日SHIBOR就高出了52个基点。第二天，随着央行巨额资金的投放，SHIBOR利率直线下降了80个基点。就这样，这笔投资交易不到24小时即赚取了132个基点，创收35.67万元。

商机抓得住。由于各家银行资金需求节点、内部考核方式不尽相同，市场利率时间窗口特征明显。鉴于此，柯城农信联社一方面通过本地询价、资金拆借和债券交易平台查询等渠道，实时关注和动态监测市场行情变化，捕捉商机。另一方面做好资金匡计和余缺调剂，合理设定同业存放期限，使之与利率窗口相吻合，以确保商机显现时有充裕资金及时跟进。例如，2012年春节前夕，一个月期限的SHIBOR利率出现了连续多日大幅上涨的市场特征，该农信联社由此敏锐地觉察到了宏观资金面吃紧、同业存放利率升势显现等市场信号，随即向各合作方发出同业存放资金询价，并以9.84%的年化利率（高出同档SHIBOR 226个基点）成功达成一笔交易，仅此即多创收25.3万元。

平台用得好。这主要是利用他人资金、借助特定交易平台进行运作，以“借鸡生蛋”方式创收增效。由于全国银行间拆借市场与本地市场之间资金需求信息不透明、利率水平不对称，客观上存在着资金运作和获利的空间。对此，柯城农信联社充分利用自身所拥有的全国银行间同业拆借市场会员这一特殊身份，采取“利率错配、低入高出、双轨运行、灵活操作”的方式，找准市场切入点，当好“资金中介人”，放大杠杆，做大规模，获取中间利差。例如，2012年10月25日，随着月末时点的到来，资金市场利率进入波动性周期，各期限利率都出现不同程度上扬。该农信联社便向信用拆借市场其他会员进行询价，计划做一笔3 000万元的隔夜拆出交易。但询价时发现，有多家报价高于市场SHIBOR基准利率的需求机构，于是立即向当地金融机构平价拆入5 000万元资金，连同自有的3 000万元资金一起打包拆借给市场一会员单位。其中，拆入的5 000万元资金，仅一天时间即赚取了近千元的利差收入。

资源配得优。2009年以前，柯城农信联社债券领域投资只有1 136万元的企业债券。从2009年开始，在全球范围经济低迷、利率水平逐步走低的背景下，该农信联社顺势加大国债、金融债、企业债的投资力度，债券投资交易收入成为了一个新的收益增长点。到 2012 年末，持债总额达 4. 88 亿元，其中，凭证式国债 3. 26 亿元、企业债 1. 1 亿元、金融债 0. 5 亿元。2009—2012 年，累计实现债券投资收益 5 675. 16 万元，平均年化收益率达 5%，其中，国债收益 2 994万元，平均年化收益率为 6. 65%。

案例启示

随着经济快速发展和金融改革纵深推进，经济发展方式转变和经济结构调整步伐明显加快，金融发展环境随之发生了深刻变化。在新的历史条件下，农信联社原来以存贷款为主营业务的经营模式和以存贷利差为主要收入的创利模式将不可持续，这也倒逼着农信联社转变经营发展方式，变革创收增效模式。本案例中，柯城农信联社的实践做法提供了有价值的“样本”参考，给我们以深刻启示，其中最重要的是以下两点：

创新引得活水来。法无禁止，理应可为，有创新、敢突破，才会有希望、有发展。创新发展理念中既包含“品鲜尝新”，也包含“改善传统”，而创新需要胆魄和睿智。近年来，柯城农信联社探索创新资金营运与创利模式、成功培育新的效益增长点的实践之举，彰显了该农信联社管理层敢为人先的胆魄和开拓创新的睿智，给经营管理增添了新动力，注进了新活力。

合作开辟新天地。和谐发展是当今社会发展的主题目标，而合作是实现这一目标的重要途径。农信联社作为小法人金融机构，加强合作更显重要。尤其是农信联社投资业务起步较晚，经验缺乏。这项业务要有效拓展，有所建树，避免走弯路，借鉴他人经验、增进多元合作乃是重要路径。近年来，柯城农信联社积极创造条件，成功拥有了各种市场交易资格，打造了多元化、全方位投资渠道，建立了多领域、广覆盖的业务合作关系，并从市场中、合作中获取经验，拓展了一片新的资金营运天地。

编写：张霞

高瞻目自远 经纬写人生

——记衢江农信联社理事长宋献礼

案例背景

宋献礼，20岁参加工作，1996年农行与农信联社脱钩后，加入到农信联社。2002年2月受命赴任衢江农信联社主任一职，此时他已有了23年农村金融基层工作的实践经历。2005年农信联社改制，宋献礼从主任身份转换为理事长。

从某种意义上说，宋献礼是个平凡的普通人，但在衢江农信联社的12年工作生涯中，他用自己不倦的探索精神和独到的管理智慧划出了一段可圈可点的人生轨迹。

记述宋献礼多年农村金融工作从业经历和实践经验，或许可资后来的从业者以有益启示和借鉴。

案例情境

2002年，宋献礼到衢江农信联社时，该农信联社存贷款规模小，内部管理较为粗放，资产质量不尽如人意……这一切，对一个掌舵人而言无疑是严峻挑战和考验。

12年来，宋献礼把最充沛的心力倾注到了衢江农信联社这个大家庭，在他及其管理团队带领下，农信联社各项业务实现跨越式发展，综合效益和发展质量不断向好趋优，取得了业内有口皆碑的优良业绩。到2013年6月末，衢江农信联社各项存款余额达62.52亿元，各项贷款余额44.52亿元，分别是2001年末的8.34倍和7.67倍；不良贷款余额、占比分别降至6 306万元和1.42%，同比分别下降6 494万元和20.65个百分点；资本充足率、拨备覆盖率等主要指标全面达到监管的“好银行”标准，相继开办了丰收卡、社保卡、理财、网上银行、手机银行等新型业务。这期间，衢江农信联社还完成了一级法人改制、央行票据置换、新办公大楼建设等一系列关乎发展的重大事项。与此同时，这些年该农信联社创优创新收获了丰硕成果，先后荣获了浙江农信“十强支农支小单位”、浙江银行业“金融支农工作创新奖”、浙江省“便民支付工程先进集体”、全国“模范职工之家”等20余项省级及以上先进荣誉，连续8年获“区长特别贡献奖”，辖内高家信用社还被评为全国百家“农村金融服务先进单位”；首创首推的“村级农业担保基金贷款”、“银行卡助农服务点”、“阳光信贷工程”、“驻村金融指导员”等金融创新做法，多次得到了上级领导充分肯定。2012年，又分别被评定为浙江农信系统三级行社、衢州市农村中小金融机构类B等行，均为衢州农信机构所获的最高评级。宋献礼个人也先后荣获柯城区劳动模范、衢州市优秀共产党员、浙江农信系统思想政治工作先进工作者等多项殊荣，并当选为衢州市第四届、第五届人大代表，衢江区第十一届、第十二届政协常委，第十四届人大代表。

宋献礼在衢江农信联社工作12年，他的故事有很多，限于篇幅，这里仅记述几个片段。

置身大局：营建外部良好发展环境

“农信联社是社会的一分子，不能将自己置于真空之中，农信工作要做好，离不开方方面面特别是政府部门的支持，只有各方通力合作，工作才有合力，才能得心应手。”有着丰富农村金融工作经验的宋献礼深知置身大局的重要，这也是他一直以来心中摆放着的一杆标尺。在他看来，协调处理好外部方方面面的关系，这是农信联社发展中不可或缺的资源。

在衢江农信联社这些年，宋献礼始终坚持将农信联社置身于全区经济社会发展大局之中，十分注重与当地党委政府及相关部门的对接与合作，做到工作勤沟通，情况快反馈，信息多交流，遇事早协调，在双向互动交流中了解掌握金融服务需求，找寻金融服务的切入点、结合点和平衡点。同时着力当好“代言人”，利用沟通协调之机和各种公开场合，不失时机地进行宣传营销，引起社会各界对农信联社的关注和重视，极力维护农信联社的形象和利益。

多年来，宋献礼与当地党委政府和各有关部门始终维系着良好关系，并力所能及地做着为政府分忧解难的事情。正因为如此，他受到了政府部门的尊重，赢得了良好口碑和声望。更重要的是，为衢江农信联社营建了良好外部发展环境，有效集聚了资源和合力。每到关键时刻，衢江农信联社工作总能得到政府部门的大力支持。尤其是近年来，在同业竞争异常激烈的形势下，该农信联社相继取得了城乡居民养老保险和社保卡业务独家代理权，承接了衢江区除粮农直补之外的所有涉农补贴代理，还成为村级集体“三资”的唯一开户行，更有像农村信用工程、“阳光信贷”等工作还被纳入政府工作序列，直接从政府层面上加以组织推进。如此等等，充分体现了政府部门对衢江农信联社的认可和支持，而不可否认的是，这与宋献礼一直以来得当处理外部各方关系密不可分，是水到渠成的结果。

转型服务：从“保姆式”转向“兄弟式”

2002 年，宋献礼上任时，企业“贷款难”与农信联社“放贷难”的“两难”问题是他迎面遇到的一个棘手难题。如何破解这一难题，也便成了宋献礼工作的重中之重。于是，他带着问题，经过一番调查研究后，提出了一个解决问题的思路，这就是农信联社支企服务从“保姆式”向“兄弟式”转变的转型思路。

浙江鑫丰特种纸业股份有限公司是衢江农信联社一手搀扶起来的一家企业，现拥有厂区面积 31 000 多平方米，生产厂房 7 600 余平方米，8 条生产线，年产值达 8 600 余万元，也是目前国内产品最全、产能最大的农业特种纸生产企业，而这家企业由小到大的成长过程便是衢江农信联社支企服务从“保姆式”向

“兄弟式”成功转型的一个典型例证。

2003年，衢江区全旺镇郎家村村民包建明在衢江区沈家经济开发区投资创办浙江鑫丰特种纸业股份有限公司。与众多投资创业者一样，包建明在企业创办之初也遇到了资金“瓶颈”。正当他一筹莫展之际，宋献礼带着信贷人员找上门来，经过详细调查了解，仅3天时间，一笔700万元的贷款就投放到位，帮企业解了燃眉之急。从此以后，企业每当遇到资金困难便都直接找信用社，而信用社每次都及时给力，让企业如愿以偿。这样便捷高效的融资，对一个处于成长期的企业至关重要，帮助特别大。

回望企业发展历程，鑫丰公司老总包建明感触至深：“公司有今天的发展成就，一方面是自身努力，另一方面离不开衢江农信联社的倾情帮扶。公司从起步阶段年产纸百吨到现在年产万吨，从早期几百万元产值到现在近亿元产值，从最初几十万元贷款到现在千万元贷款，衢江农信联社一直在支撑着我们，倾注了大量心血。而让我感受最深的是信用社的服务。这些年，信用社改变了服务方式，从‘保姆式’服务转变为‘兄弟式’服务，不再像以前那样为商业银行带大小企业，而是与企业如兄弟般地共同成长发展。并且，也不再是简单的拉存款、放贷款，而是注重在做好服务中发展业务，不光办事用心、服务贴心，而且主动给企业出谋划策，排忧解难，给予企业除资金以外的多方位服务。这样的服务，没道理不让企业与信用社情深义重，不离不弃。”

鑫丰公司只是衢江农信联社所支持的众多企业中的一家。

“衢江农信联社服务确实不错，特别是宋献礼工作非常务实，我很佩服他。就像亚洲金融危机那几年，所有银行都对我们关上了大门，只有信用社与我们患难与共，有求必应。所以，我一直坚信，信用社才真正是企业最可信赖的合作伙伴。”说到宋献礼，时任衢江区开发区管委会主任、现任衢州市西区开发建设党工委副书记的何志前同样是赞赏有加。

到2013年6月末，衢江农信联社小企业贷款余额达18.76亿元，贷款企业323家，是当地小企业贷款总量最多、覆盖最广的金融机构。不仅如此，该农信联社还率先在全市农信系统成立了小企业贷款中心和微贷中心，以此通畅服务

"绿色通道"，提升专业服务水平，让客户享受到了"低门槛、短流程、专业化、高效率"的金融服务。

钙兴宝：钙产业发展的"钙中钙"

2009年，国际金融危机袭来，众多企业步履维艰，可衢江区上方镇的钙产业却逆势而上，交出了一份令人惊异的成绩单：当年钙产业总产量增长57%，总产值达6.73亿元，占了全区工业总产值的7%。这在衢州经济版图上也显得特别耀眼，引来了无数惊奇的目光。

是什么神奇力量在推动着上方镇钙产业腾飞呢？很多人百思不得其解，而衢江区仙峰重质碳酸钙厂厂长储岳良给出的答案是，因为有了信用社"钙兴宝"这个钙产业发展的"钙中钙"。

"钙兴宝"是衢江农信联社专为上方镇钙产业企业量身打造的一款贷款产品，形容"钙兴宝"为"钙中钙"并非戏说。

故事要追溯到2007年。

衢江区上方镇位于衢北山区，历史悠久。全镇山峦叠嶂，林深竹茂，石灰石矿藏资源丰富。据地质部门探测，当地石灰石储量有56亿吨之多，占全省总储量的1/3。多年来，虽然政府很有决心，当地群众也有强烈愿望把钙产业做大，但却未能达成心愿，依旧停留在小打小闹阶段。原因何在？业内人士分析认为，主要是卡在了资金这个"瓶颈"上，更具体说是大多企业缺失抵押担保能力，有效贷款需求得不到满足。

在2007年底的一次客户座谈会上，当地政府和企业主向宋献礼道出了他们的苦衷，并希望衢江农信联社能想出个好法子，帮助企业破解抵押担保难这一融资"瓶颈"。这之后，宋献礼几次到上方镇作专题调研。

2008年7月，在上方镇企业主们热切期盼中，衢江农信联社创新推出了一款名为"钙兴宝"的贷款新产品。这是一种"会员+联保+担保公司"的新型贷款模式，其运作方式是：当地钙产业协会48个会员企业募集资金235万元，发起成立了兴钙担保公司，专为会员企业提供贷款担保服务，同时这些企业自愿组成了9个联保贷款小组，信用社按担保基金额1:10的比例放大贷款授信。这一产品创新推出，一举破解了企业担保抵押难题，给企业注入了强大动力和活力，更成为了上方镇钙产业发展的新引擎。同时，信用社贷款也因企业联保和担保公司担保的双重“保险”而更有了安全保障。

衢江农信联社推出“钙兴宝”贷款至今，已累计发放贷款509笔，金额3.2亿元，惠及企业73家，且无一笔不良贷款产生。如今的上方镇，不仅已是衢北工业重镇和钙业、建材重要基地，而且成为浙江省规模最大的钙产业基地，还分别被命名为“中国碳酸钙基地”和“浙江省小企业创业基地”。

专门为一个乡镇的一个产业量身定制金融产品，这种做法在金融业界并不多见，这需要眼光、胆魄和睿智，而衢江农信联社以行动实践铸就了一个“活一方经济、富一方民众”的成功典范。

阳光信贷：让农民沐浴普惠金融阳光

近几年，衢江农信联社每年都坚持开展“走千家、访万户、共成长”农信惠民主题服务活动。2011年初，宋献礼与往年一样来到基层走访调研。其间，不少农民反映，随着农业转型步伐加快和现代农业发展提速，农信联社传统的贷款模式已不能满足农民创业发展的需求，希望农信联社能加以改进创新。

农民的需求就是农信联社的追求。回社之后，宋献礼便开始思考，并联想起自己先前去苏北考察时的所见所闻，渐渐地脑子里有了一个想法——尝试开展“阳光信贷工程”。于是，他主持召开“三长”联席会议，把农民反映的问题和自己的想法带上会专题讨论研究，最终达成的共识是：这件事情值得干一干。随后，宋献礼代表农信联社向衢江区党委政府作了专题汇报，得到了高度重视和大力支持，区政府将此项工作摆进了议事日程，专门行文下发实施方案，并成立分管领导任组长、多部门参与的领导与工作小组，形成了“政府挂帅、农信主办、多方联动、合力共推”的良好工作格局。

“阳光信贷工程”是以“全程阳光、内外阳光、更加阳光”为目标取向，主要通过充分采集信息、建立客户档案、引入外部评议机制、再造贷款流程、提升增值服务等途径，促成信贷管理和服务功能全面优化升级，以实现贷款受理、调查、评级、授信、审批、发放、定价等各环节、全过程阳光作业，是一种集标准化、透明化、规范化、集约化为一体的全新信贷服务模式，其便民、普惠、高效等特征明显。

2011 年 5 月，衢江农信联社“阳光信贷工程”试点工作在衢江区莲花镇月山村正式启动，并在成功试点基础上，迅速在全区铺开。这一举动，不仅深受农民群众欢迎，而且引起了社会广泛关注，省银监局、省农信联社、衢州市政府等有关领导纷纷前来调研考察；《金融时报》、《浙江日报》、浙江省政府《昨日要情》、浙江银监局《专报信息》、人民银行上海总部《上报信息》等分别登载报道了这一创新做法。

2012 年，银监会部署开展“金融服务进村入社区工程、农村阳光信贷工程、富民惠农金融创新工程”“三大工程”建设，而此时衢江农信联社“阳光信贷工程”已有了一年运行实践。先行先试的衢江农信联社，该项工程不仅如火如荼地开展，而且也为全市乃至全省兄弟行社创新积累了宝贵经验，市内外 20 余家金融机构先后慕名前来学习取经。

到 2013 年 6 月末，衢江农信联社已建立农户电子信息档案 11.38 万户，建档面达 99%；推广“阳光信贷”农信网点 38 个、行政村 274 个，覆盖面均达 100%；阳光授信总额 76.09 亿元，惠及农户 10.47 万户，授信面 91.05%。“阳光信贷”开辟了一条阳光通途，让农民群众贷款不再“门难进、脸难看、事难办”，沐浴到了普惠金融阳光，从中得到了更多看得见、摸得着的实惠。

匠心独具：前瞻实施金融市场战略布局

近几年，关乎农村金融发展的重大政策频出，尤其是农村地区银行业金融机构准入条件的放宽、农村信用代办站清理规范等政策出台后，给农信联社带来了前所未有的挑战和考验。如何稳固阵地，维系客户，成了农信机构管理层面临的棘手难题。身为衢江农信联社理事长的宋献礼，显然无可回避。那么，面对时局变化，宋献礼采取了怎样的应对之策？他主要做了两件事。

第一件事：再造村级农信金融服务网络。

按照银监部门要求，2006 年开始农信联社原有的村级信用代办站逐步撤销，农村金融唯有的“根须”被切除，农村一些地区随即成了金融服务断层区、空白地，农村基础性金融服务缺失问题升级，农信联社也随之陷入“基础阵地根基松动、非规范民间借贷强力冲击、柜面服务压力骤增”的内外交困境地。如何摆脱困局？衢江农信联社与众多兄弟行社一样，迅速组建了一支支农联络员队伍，以其接替代办站来承担农民金融服务的重任，但因受诸多方面的局限，支农联络员的实际效用却没能超越之前的代办站。怎么办？宋献礼开始了新的思考与探索。他查阅了大量文书资料，并对全国各地农信联社代办站撤销后的金融服务动向及相关做法给予密切关注和跟踪研究。

2009 年 11 月，山东省农信联社率先在全国推出农民金融自助服务终端。宋献礼从《金融时报》上看到此消息后，通过多方探询了解到其具体做法，认为这是解决代办站撤销后农村基础金融服务缺失、缓解网点柜面压力的可行之举。于是，他多次向人民银行当地分支机构、银监局等部门建言，将山东经验借鉴引入到衢州地区，建议得到了上级领导重视并被采纳。

2011 年初，人民银行衢州中心支行决定在衢州市金融系统启动开展“银行卡助农服务点”创建工作试点。衢江农信联社经对接争取，被列为全市首家“银行卡助农服务点”建设试点单位。2011 年 1 月 31 日，该农信联社在辖内上方镇新京村成功建成了全市第一个“银行卡助农服务点”。随后，试点经验在衢江区和衢州市农信系统快速推广应用。助农服务点的建立，让当地群众“人不出村，足不出户”即可办理养老保险、低保、涉农补贴、小额现金存取等业务，享受到了便捷的金融服务。

衢江农信联社并没有就此止步。2012 年 11 月，在当地银监部门的支持下，率先在全市试点建成了首个自助金融服务点——衢江区樟潭街道南山底村自助金融服务点。紧接着，11 月份又与政府部门联合创新推出了“驻村金融指导员”助农服务新模式。这一助农模式主要以农信联社客户经理驻村担任金融指导员为载体，通过增进面对面互动交流，传导金融政策，普及金融知识，推介金融产品，跟进金融服务，以此打造零距离、贴身式的金融服务机制。此举受到社会广泛好评，省政府《昨日要情》、《衢州信息》、《衢州日报》等分别登载了这一创新做法，并被作为浙江农信普惠金融工程的一项具体措施，在全省农信系统推广。

2009 年，由《衢州日报》发起的九位银行行长畅谈 2009 年衢州金融风云中，宋献礼就谈道："我们要建立起一个普惠金融服务覆盖体系，让弱势得到更多关注。"他眼中的"普惠"服务体系，有普通农户的小额信贷，有低收入农户的贴息贷款，有无抵押担保的特级信用农户贷款，还有包括最偏远山区的金融服务。这与浙江农信普惠金融工程三年行动计划（2013—2015 年）的思路高度一致。正是有着这样朴素的理念，到 2013 年 6 月末，该农信联社有了一支 161 人的村级支农联络员队伍，建立了 218 个银行卡助农服务点和 6 个自助金融服务点，并派驻了 54 名"驻村金融指导员"，成功编织了"支农联络员 + 银行卡助农服务点 + 自助金融服务点 + 驻村金融指导员"等多位一体、广泛覆盖、深度延伸的新型村级农信服务网络，不仅摆脱了困局，更促进了普惠金融服务向广深延展。该农信联社也先后被评为衢州市"银行卡助农服务工作先进集体"、浙江省"便民支付工程先进集体"。

第二件事：前瞻实施城区网点战略布局。

鉴于衢江区所处的地理位置，衢江农信联社原先绝大部分网点都分布在衢州城区外围。2010 年以前，仅有 3 个城区网点，占网点总数的 10.34%，其存款、贷款量分别只占总量的 11.64% 和 26.2%。而近三年来，城区网点速增至 10 个，占全辖网点总数的 27.8%。其中，开业一年以上的 6 个城区网点，其存款、贷款业务量已分别占到全农信联社存款、贷款业务总量的 11.76% 和 32.9%。衢江农信联社城区网点缘何如此快速扩展？这主要得益于该农信联社紧抓时机，借势发力，前瞻谋略。

2010 年，应银监部门和省农信联社的要求，消灭金融机构空白乡镇的工作全面展开。在此过程中，衢江农信联社独立承担了消灭全区全部 4 个金融机构空白乡镇的重任，相继在这些乡镇设立了服务网点。而设立这些网点，纯属是承担社会责任之举，因为基本上是亏本经营。基于此，该农信联社借机向当地银监部门提出了增设城区网点、实现以丰补歉的规划，得到了理解与支持。从2010年起，先后获准增设了7个城区网点。此举有效扩张了城区业务市场，为拓展阵地、提高综合竞争力作出了前瞻性布局。

张弛有度："无为而治"的管理才智

2008年，原任衢江农信联社副主任的吴通政调往常山农信联社担任理事长。那年春节，他给宋献礼寄来了一张新年贺卡，上面写了这样八个字：无为而治，不言自威。吴通政与宋献礼共事多年且曾是管理团队的成员。可以说，他对宋献礼为人处世知根知底，他的评价应当是很客观。其实，他的这个评价也正是衢江农信联社广大干部员工对宋献礼的共同印象。

宋献礼平时话不多，却很少见他拉下脸来，为人很谦和。他行事有自己的风格，管理上更有自己独特的方式方法。作为农信联社理事长、一把手，他一般只主持召开"三长"联席会议、理事会、社员代表大会等重大会议，不参加由经营层召集的经营工作周例会和月例会，可见宋献礼很大度，管理上肯放手。而他这种大度和放手，却并没有给工作带来丝毫不利。相反，赢得更多的是尊重和信服，是工作的有序和效率，还有就是领导班子的和谐和团结。衢江农信联社班子很团结，这可谓远近皆知，也被上级部门和广大员工所一致公认。由此足以看出，宋献礼在管理上既能放得开，也能把得住，张弛有度，有他的独到之处。

宋献礼做人做事总有一些有别于他人的地方。他的想法、思路常常先人一步。这些年，衢江农信联社工作有许多的亮点和出彩之处，如所推出的农贷个人营销制、员工等级管理制、信贷人员退出机制、丰收小额贷款卡、低收入农户贴息贷款、银行卡助农服务点、村级互助基金担保贷款、阳光信贷工程、驻村金融指导员等多项工作，均是全市农信系统的创新之作或先行之为，走在前列。其中，村级互助基金担保贷款、阳光信贷工程、驻村金融指导员等尚属全省首创首推。而这些，无不体现着宋献礼及其管理团队在战略谋划、管理决策上的前瞻和睿智。然而，面对如此成绩，宋献礼从不张扬，低调谦虚。“做事实在、做人低调”，这是熟悉宋献礼的人对他的普遍印象和评价，更有人给了他“大智若愚”的评价。这样的评价，并非所有的人都能企及。很多人笑称，“宋献礼”三个字已经成为衢江农信联社的一张“金名片”。

宋献礼又是一个很细心的人，尤其是对下属处处留意关心。一个桌子吃饭，他能注意到席间某个人主菜没吃，会将转盘转到他面前。有个员工的爱人在外地工作，新婚没多久，宋献礼就主动找他谈心，帮他解决了夫妻两地分居的问题。有一位员工父亲出车祸，官司打了好几年结不了案，老宋便伸出援手，帮助协调解决……就是这样，宋献礼总能在适当的时候以适当的方式助人之力，解人之难，成人之美。也正是他的大度、细致和谦和，他的身上有一种独特的人格魅力，这或许就是他能“无为而治，不言自威”的缘故吧！

案例启示

作为衢江农信联社的“一把手”，一个大家庭的“家长”，宋献礼从外部协调到内部治理，从市场拓展到风险把控，他有过太多的求索，也有不少的困惑，更有艰辛的付出。12 年，宋献礼带领着一班人，翻过了座座山，越过了道道槛，用心血、汗水和智慧创造了优良业绩，收获了丰硕果实。事实雄辩地证明，衢江农信联社发展卓有成效，宋献礼这个“家长”很有为。

农信联社是地方性金融企业，“三农”是农信联社生存和发展的基石。近年来，农村经济转型升级在加速推进，农村金融服务需求日新月异。农村在变，农民在变，农信联社金融服务也需要跟着变。

探析衢江农信联社这些年的发展历程，无论是业务、管理还是服务领域，都有许多值得总结的经验，但其中最重要的经验是“变”：以变应变，变中求进，在变中强服务，在变中谋发展。这些年，衢江农信联社不断更新经营理念、转变发展思路、调整市场布局、推新金融产品、变革服务模式、改进管理手段，所有这一切，无不是该农信联社“变中求进”理念和行动的彰显。“变”不仅让衢江农信联社顺应了形势，做大了市场，壮大了自我，而且赢得了政府、股东、客户等利益相关者的支持和信赖。

农信联社是金融服务企业，所经营的不仅仅是业务，是产品，最核心的是服务文化。未来发展，必将充满竞争，而竞争最终将是文化的竞争。农信联社当紧跟时代步伐，应时而作，顺势而为，正如衢江农信联社那样变中思进，变中前进，全力提升金融服务品质和文化，锻造出强有力的文化竞争力，这才是农信联社立于不败之地的根本所在。

编写：吾建英

经营管理的“刚”与“柔”

案例背景

“面对强大的敌手，明知不敌也要毅然亮剑。即使倒在对手的剑下，也虽败犹荣，这就是亮剑精神。”正是这种敢于亮剑的中国军人性格和气质，独立团团长李云龙把他的部队带成了一支嗷嗷叫的队伍，剑锋所指，所向披靡！同样，企业发展的好坏最关键之处也在于这个企业主要管理者的领导力，他可以让这个企业和团队受到同样传统的影响，养成同样的性格和气质，铸就企业灵魂。英特尔董事会主席安德鲁·格鲁夫说过：管理者的成果，就是他所领导或影响下的群体所取得的成果。企业在赢得重大机遇和切实实现目标之间，主要管理者领导力的好坏会对企业战略的成败产生巨大的影响。

案例情境

2008 年 6 月，江山农村合作银行在江山市信用联社及其辖属信用社的基础上，通过股份合作制改制成立，正式挂牌营业。经股代会推选和董事会聘任，董事长孙赤、行长周涛、监事长郑建新及两名副行长组成了该行的领导班子。在行领导班子的带领下，企业在短短几年内迅速成长，蓬勃发展，一举取得了存贷款规模比股份合作制改制之前企业 50 多年发展总量增长了 2.3 倍、经营指标全部符合“好银行”标准的骄人业绩。企业之所以能以如此惊人的速度又好又快发展，按周涛行长的说法，一方面是省农信联社系统和科技的支撑，领导班子精诚团结，员工勤勉务实，企业战略目标清晰，经营活力、创新能力、精细化管理水平和业务市场竞争力的显著提升；另一方面，在于孙赤董事长所倡导的“本色做人，角色定位，特色做事”的管理风格，即注重人本关爱，管理富有人情味，努力让想做事能做事会做事的人都有职有位，企业每个人的人格、才智得到了应有的肯定与尊重，个人价值与企业整体价值得到了最大限度的协调、匹配与升华，使整个企业充满一种同舟共济的大家庭气氛。但更为重要的是，孙赤董事长总是能够凭借他对形势、环境敏锐的洞察力和精准预判力，抓住企业发展的每个关键期、紧要处，适时、客观地给整个团队施以具有广泛影响力和感召力的工作理念，并以有效的组织协调、优良的领导方式带领和鼓舞整个团队把每个理念切实转化为经营工作实践，变成一个个实质性的经营成果。

一、“茶道”工作法市场攻略

2008 年，农合行成立不久，中层干部竞聘上岗和员工“双向选择，竞争上岗”之后，许多年轻、优秀的人才走上了管理者的岗位，大多数员工也选到了自己更喜欢、更适合自己的岗位，全行工作热情和积极性空前高涨。但与此同时，由于是第一次如此规模空前地通过竞聘竞争实行岗位轮换，一些新走上管理岗位的年轻中层干部，从原来长期工作的地方轮换到其他地方的员工还不能很快地适应新岗位新职能，在拓展业务上逐渐暴露了追求大、全、快的倾向，特别是在资金组织方面，出现了盯大项目却又无从下口，组织小额存款和储蓄又嫌见效不快的眼高手低，本末倒置问题，存款一度滑坡，增幅甚至低于往年。孙赤在与其他班子成员沟通达成共识之后，及时组织召开了 2008 年第三季度工作例会。会上，他以“一道茶苦，二道茶甜，三道补，四道是精华”的形象比喻，深入浅出地指明了农合行资金组织工作最大的优势在于地缘人缘基础扎实，点多面广服务深入，只有牢固树立“坚守阵地，做深做透；逐层分解，环环相扣”的工作理念，集腋成裘，聚沙成塔，才是做好资金组织工作的根本保证。在储蓄存款组织上，发挥人缘地缘和网点便利服务优势；在对公存款组织上，采取争取财政、部门，巩固村队的策略；在项目资金公关营销上，摸清项目上下游关联方，逐一层级直至末端主动营销，重点争取项目关联方和末端客户存款，这一理念为当年及今后的资金组织工作明晰了思路，找准了对策。在此后的几年中，该行存款每年都以不低于18%的增幅稳步增长。

二、管理压力集聚发展正能量

2009年7月18日，江山农合行召开上半年度工作会议。其时，正值该行改制成立挂牌营业一周年。一年来，在社会各界的关心支持、省农信联社的正确领导、行党委的科学决策和全体员工的共同努力下，企业改革和发展向前迈出了超常规的一大步。但与此同时，全行上下却普遍发出了“压力山大”前所未有的感叹。压力就像一座水库的蓄水量，过小则难以积蓄能量，过大则有产生崩溃的危险。如果不能正确认识、科学引导、有效管理压力，势必对团队成员身心健康和企业可持续发展造成不可估量的影响。为此，行党委通过精心酝酿，不仅特意地把这次会议安排到了环境幽雅、风景秀丽的江西靖安三爪仑景区召开，而且还把如何做好压力管理工作摆上了会议的重要议题。孙赤董事长在会议上代表行党委作了题为《振奋精神，凝聚力量，共谋未来，不断开创合行新业绩》的讲话，他在讲话中系统地分析了当前团队面临压力的表现形式及形成原因，并代表领导班子向全行提出了科学管理压力，发挥压力正向效应的方法论。他认为有些压力是无法随个人的主观意愿转移和消失的，如企业及其成员为适应新形势、新发展的要求，就必然要面对源自深化改革、转换机制、优化管理、发展业务、改善服务、促进竞争等压力；而有些压力则是因为人的心魔作祟产生的，是可以避免和消除的，如在处理上下级工作关系上患得患失，生怕一不小心就把领导给得罪了；在面对竞争、位置和利益分配时疑虑重重，总是想着自己输不得一丝一毫，不要让自己吃一点亏等。他指出对压力的认识是否正确、管理是否科学将直接导致正向与负向的两种效应。正确面对和处理客观存在的压力，往往能给人以振奋，促进人的注意力集中，提升工作的动机，引发正向情绪，增加成功后的成就感，是压力的正向效应；而由于主观因素产生的压力则往往会带来负面影响甚至产生破坏性后果，造成人的思维僵化、产生恐惧与逃避的心理、引发情绪与行为的失控等，是压力的负向效应。对于不可控的外部因素产生，无法避免的压力，我们只有积极面对，并在压力情境下不断地增强企业活力，提高干部员工自身的工作能力和心理承受能力，不断地学会应付的有效办法来解决；对于自我的烦恼，可以避免的压力，干部员工就应该学会调整自我的心态，换一种舍得和豁达的思考方式来对待和处理。孙赤董事长提出的科学管理压力方法论让全员明白了这样一个道理：所谓压力大其实更多的还是源自内心的感受，是自己心理不健康、思想不端正、方法不科学而深陷入压力之中而难以自拔，就如同长时间负重，负得越久越觉得沉重。如果不能学会将承担的压力在一段时间后适时地放下，并好好地休息一下的话，则不仅不可能更久地承担压力，相反还会被压力击垮。因此，科学管理压力就是要在企业目标的引领下，对压力源带来的问题、反应进行科学处理，有效地发挥压力的正向效应，努力避免消极心理应对压力的负向影响，消除一切可以避免的压力，心无旁骛，轻装上阵，快乐工作和生活，更能集聚发展正能量，获得最佳竞技状态，实现更加出色的成果。

三、“四低心态”化危为机

2010年伊始，2008年下半年爆发的美国次贷危机全面蔓延影响全球，我国货币政策在松紧之间首次使用了“适度”的手段，使微观金融对宏观调控趋向的研判和对信贷规模投放量的把控难度骤增，信贷规模时松时紧，随时叫停，客户叫苦不迭，埋怨、牢骚声四起；队伍士气低沉，工作不知从哪入手，何去何从疑惑重重。董事会及高级经营层从大局出发，审时度势，并迅速谋划作出了“敢于‘示弱’，小忍大谋，埋头做实留住优质客户、调整贷款结构、提高资产质量各项工作”的工作新思路。孙赤董事长为此向全行提出了“四低心态”化危为机的策略安排。疏导全行对银监部门强有力的控制要有示弱的姿态，去“低头适应”，不发牢骚，不存抱怨，要去适应国家各时期的总体调控政策，在政策许可范围内开展我们的业务；对客户抱怨资金紧张而贷不到款时要有示弱的心态，要“低头解释”，要抱定“做客户而不是做业务”的观念，增进与客户从心的交流，去争取拥有更多的客户资源；面对不确定性的宏观调控，要“低头耕作”，静下心来去理清家底、反刍整改、完善机制、防控风险；面对2009年较高的收入水平，未来要有“低收入预期”，去适应银监会《商业银行稳健薪酬监管指引》的薪酬管理模式，要求全员摒弃无款放就无事干的念想，要低下头来看一看，静下心来想一想，沉下身心，做一些调研，真心去做好维系客户的工作，为下阶段业务发展高峰作好充分准备。这一策略安排统一了全行思想，增强了应对危机和压力的信心，按照“四低心态”的部署，当年的业务发展不仅没有萎缩，同时在这一年中，通过反刍整改、完善机制的扎实工作，全行可持续发展的家底进一步夯实。

四、“大厦”理念引领目标

2011 年末，江山农合行按照“更适应市场拓展、更适合风险管控、更适于集约运作”的工作要求，对内置架构进行了重设，新增加的部门要求管理更加科学化、集约化，工作更加精细化、专业化。中层干部换届竞聘上岗后，如何发挥新管理框架、新经营机制的效能集聚作用，合理搭建发展新平台、有机整合发展新要素，科学达成发展新目标成为最为迫切的重大课题。但队伍中客观存在的目标不清，职责不明，部门利益与整体利益相背离，急功近利，片面追求短期利益、局部利益的浮躁冒进在 2012 年开局工作中却时有表现，严重影响到了发展战略目标的推进和实现。针对这种情况，孙赤董事长在 2012 年第一季度工作例会上作了《统一思想，深化定位，细化服务，立足新平台谋求新作为推进新跨越》的讲话，以建造一座生态宜居、受人称道的大厦需要精美的造型、稳固的基础、坚强的支柱、严实的护体、流通的空气以及和谐的环境来比拟和定位全行各职能部室、各业务机构在实现战略目标中应具有的功能和应发挥的作用，提出了“以各支行（营业部）为七大业务基石，以农户、企业、资金营运、微贷为四大创利支柱，以前、中、后台职能部室为墙体屋面、环境空气等宜居元素起畅通、营运、保障等功能作用”的“大厦”理念，以此统一思想、准确定位、增进分工协作、增强履职能力。“大厦”理念较好地在思想上解决落实了我行“想去哪儿”的目标方向问题，在决策上解决落实了“该怎么走”的路径选择问题，在行动上解决落实了“能走到哪儿”的策略安排问题，为我行明确市场定位、把准服务方向、深化战略实施奠定了强大的思想基础。

“火车跑得快，全靠车头带。”江山农合行近年又好又快发展，而且可持续发展能力不断增强，与以孙赤董事长为首的领导班子牢固把握发展方向的“恒”和在不同发展时期、不同发展条件下适时调整战略策略的“易”是分不开的。

案例分析

从江山农合行的上述案例，我们不难看出，企业的发展好坏最关键的一点在于企业家的领导力。领导力有两大要素：一是决策，就是我们到哪儿去干什么项目或者说在矛盾、冲突中作出选择。二是影响力，影响力的重点对象是人。决策重在选择，即在矛盾中、冲突中作出选择。企业家精神就是果断的取舍，天下永远没有最优决策，只有相对优的决策。当然，企业在作出选择时，要把握重点，有取有舍，这样才能持续发展。

企业战略不会平白无故地成功，在赢得重大机遇和切实实现目标之间，领导力的好坏会对企业战略的成败产生巨大的影响。作为基层行社的主要管理者，必须十分清楚管理者的职能和职责，那就是要准确把握并极致发挥“领导力”，即第一是领队伍，要有人跟着你干，追随你；第二是把控好方向，要明确给下级指出是去哪里？也就是企业发展的方向；第三是管理者要够“刚”，也就是一定要有权威性，管理者一旦作出决定，下级就要跟上；第四是最重要的，就是要让整个团队明明白白管理者的心、目标、意图、战略，否则，如果下级不明白，就不知道往哪儿去。此外，领导力的关键还在于要先在前面引导，事后督导，旁边就近要辅导，以自身的人格魅力和领导风范影响好团队，培养好人才，推进企业可持续发展是至关重要的。

案例启示

一、一个有效的组织必须具有一个强有力的领导核心

成功的管理者在组织成员中起到导向、凝聚、指挥和激励作用，成为本单位一台功力强大的发动机，能够统摄人心，平衡各利益板块，调动各种因素完

成组织的目标和任务。成功的管理者需要有领导的管理思维，站在更高的点上看问题和做事，善于为下属描绘本组织的愿景，提出一个催人奋进的目标，并指引整个组织去为之而努力，发挥组织内部的精神支柱作用。

二、正确判断形势发展变化，找准在新的竞争环境下企业可持续发展的方向，结合地方实际引领企业科学发展，是领导力提升的关键

“智者之智在于谋大利而避大害”。管理者必须以全局利益为标准，创造性地发挥主观能动性，结合当地市场的实际情况，对企业发展的方向作出正确的判断，根据市场的变化敢于作出决策，坚持做到“有进有退”、“有所为有所不为”，才能从根本上促进企业实现持续发展。

三、战略思维和领导方式上的创新，是领导者顺应现代领导力发展趋势的必要

管理者勇于打破长期传统习惯形成的思维定式，变保守思维为创新思维、单向思维为多向思维、封闭思维为开放思维、机械思维为辩证思维，就能够准确把握企业发展战略的远见性和策略性，在不断变化的竞争中赢得发展的先机。在实施领导过程中从人文关怀出发，减少程序化管理、注重艺术化管理，少一点硬性管理、多一点柔性管理，善于“取出”员工的智慧，提高决策参与度，以上这些领导方式上的创新，同样能够促进管理者领导力的提高。

编写：蒋泽荣

均衡利益　协调发展

——江山农合行合作多赢的战略选择

案例背景

20世纪50年代至今，农村信用社已走过了60年的历程。其间农村信用社的管理体制虽然几经交替更迭，但服务“三农”的宗旨始终未变。自2003年国务院提出深化农村信用社改革以来，农村信用社在发展驶入“快车道”的同时，管理体制的改革也进入了“深水区”。到2012年末，浙江省农信联社下辖的81家县域行、社中，有22家农信联社、51家农合行、8家农商行，在多种产权模式并存，特别是农合行按股份合作制、农商行按股份制产权模式组建的条件下，无论股份合作制还是股份制，其实质都是资本管理的模式。资本管理的基本原则是坚持市场化、商业化的运作，其属性是追求效益的最大化。那么，随着改革的持续深入，农村信用社会不会发生姓“农”却离“三农”越来越远，经营活动与服务“三农”的宗旨相悖的问题呢？江山农合行牢固坚持立足地方，服务“三农”的市场定位，凭借多年经营农村市场积累的众多优势和“均衡利益，合作多赢”的战略选择，不仅把自己在农村的根扎得更深，而且经营绩效和品牌声誉得到了大幅提升，以实践较好地验证了“改制不改心，发展才有生命力”的农村信用社改革发展方向。

案例情境

2012年11月4日，由中国金融杂志社主办、中国金融文化网承办的“2012

年全国金融机构服务‘三农’年度颁奖盛典”在CCTV－7演播大厅隆重举办，江山农合行行长周涛作为获奖单位代表十分荣幸地站到了中央电视台演播大厅的领奖台上。经专家评审委员会评审认定，江山农合行被授予“2012年度金融服务‘三农’最佳社会责任奖”荣誉称号，成为参评单位中唯一一家获此殊荣的金融机构，这是江山农村合作银行确立并坚持实施“均衡利益，合作多赢”战略的成果之一。

改制成立以来，江山农村合作银行在浙江省农信联社的正确领导和“一条道路、两场革命”战略构想的指引下，充分发挥省县两级、统分结合、系统联动、错位发展的“大系统、小法人”体制和机制优势，以当好企业公民实现企业社会价值的强烈责任感为驱动，始终把服务“三农”作为立行之本，更把支持“三农”、回报社会作为义不容辞的社会责任，服务定位和经营方向与党和国家“改善民生，服务大众”的大政方针保持高度一致，睿智选择利益相关者分类管理策略，注重企业内、外部利益密切相关各方权益的均衡实现和协调发展。在深化改革和推动发展的创新实践中，尊重行业规范，崇尚竞争合作，忠于合作伙伴，确保股东回报，维护员工利益，立足区域做特色，精耕渠道重创新，科学发展构和谐，为推进经济金融和谐互动，利益各方互利共赢作出了地方金融应尽的努力和贡献，得到了地方政府、社会各界的高度认同和好评。

作为一个社区性地方银行，江山农合行所要面对和处理的内外部关系与其他大银行相比显得更加直接和错综复杂。地方政府及其部门、人民银行、银监部门、银行、行业主管部门、客户、股东、员工等诸多关系都需要农合行以独立法人的身份去协调、去维护，也只有兼顾到各方利益，才能建立和谐、良好的发展空间。因此，江山农合行党委在认真审视自己的生存发展环境时，便睿智地选择了利益相关者治理的创新管理模式，确立了“均衡利益，协调发展”的发展战略。

一、妥善处理与外部利益相关者互动关系

江山农合行把深化“三农”服务，促进民生改善摆在最突出的地位，全行牢固确立“有市场、有需求，我们的服务就要配套跟上”的理念，锐意创新，服务至上，着力满足城乡一体化、农业现代化、加快城镇化建设进程中的“三农”和小微经济金融需求，为促进区域经济发展尽一己之力，不仅把自身的经营管理实践较好地融合到了地方政府施政规划与目标之中，与客户和合作者形成了互惠互利实现双赢的联合体，让地方政府、客户和合作者真正感触到农合行越发展壮大，他们的利益和价值就越能得到体现和保障，而且农合行在省农信联社领导下管理和营运日趋科学规范，核心竞争力稳步增强，与同业较好地形成了差异化、互补性的公平竞争合作格局，为维护和优化区域金融环境所作出的贡献，得到了人民银行、银监部门、省农信联社的肯定和竞争对手的尊重，同时，积极作为和突出的社会绩效促进了农村金融的繁荣和区域经济的发展，也得到了当地政府的高度认可。

（一）政银农联动，着力营造诚信金融氛围，加快深化以信用方式和普惠方式金融支持农村经济发展的信贷模式

该行采取“银行主推，政府倡导，村户挂钩，普惠农户”的方式，在实践中根据“三农”经济发展的金融需求，不断充实和完善“信用村、镇”创建和“信用户”评定工作的载体、内涵和惠农、便农举措，通过“三联评、四联信、五结合”让农户得到“一揽子”的综合信用授信，建立信用奖惩激励机制，促进农村信用体系建设日趋成熟，全市一半以上的农户都得到过实实在在的金融实惠，农村信用环境也不断得到优化。到2012年6月末，区域内共有99 111户农户参与信用户评级，共评定信用农户83 893户，占辖内农户总数143 978户的58.27%，创建“信用村”124个，占全市295个行政村的42.03%；评定农户“信用户”81 053户，占全市143 978农户总数的56.29%，对农户贷款授信总额达到23.16亿元，农户小额信用贷款余额达7.89亿元。其中，由该行推荐的江山市贺村镇淤前村、江山市碗窑乡双双通过了省级“信用村”、“信用乡”的验收，衢州地区首个省级信用乡在江山市落地开花。该行现有营业网点41个、离行式自助银行1个、附行式自助银行7个、ATM、POS机等自助服务设备在全市的布放数分别达到了25台和388台、在126个行政村布放银行卡助农服务机具“丰收电话宝”147台、金融服务进驻村级便民服务中心308个，金融支农服

务网络100%覆盖全市21个乡镇（街道）294个行政村。

（二）着力打造惠民“拳头”产品，“惠农快车”贷款开进农户万户千家

该行以人民银行、银监会等金融产品创新指导意见为导向，以支持“三农”、服务民生为己任，在完善一个信用工程、建立一支信息联络员队伍的前提下，于2008年年底开始进行农户小额信用贷款银行网点柜台化直接放贷的探索与试点，并于2009年3月进行流程再造，正式创新推出“惠农快车”贷款产品。“惠农快车”贷款产品经历了三个发展阶段。第一阶段是实现了放贷网点柜台化，开出“惠农快车”，突出“快、便、惠、提”。即农户凭农户贷款证等证件，与该行签订《最高额农户小额信用借款合同》，在授信额度及期限内，到该行所辖网点柜台便可直接办理小额信用贷款，农户直接到农合行网点柜台办贷时间不超过10分钟，就像取存款一样方便；“惠农快车”贷款通过前移贷款循环合同的签约、录入审批等流程，实现从授信到用信的“循环使用”跨越发展，农户可以随用随借、随借随还，同时信用户最高的信用贷款授信额度可达到12万元，还根据农户及所在信用村星级不同实行差别化的贷款利率，最低的可享受人民银行规定的基准贷款利率。第二阶段是丰收小额贷款卡有效对接，带动第一节“惠农快车厢”，实现纸质化向电子化的转变。“惠农快车”贷款在该行所有网点通借通还，在全省农信系统通存通兑，并且还可在POS机办理消费及任何有银联标识的ATM办理取现业务等，突破了营业网点非营业时间不能办业务的局限性。第三阶段是丰富贷款内涵，挂连更多“惠农车厢”，分层次多角度满足农户的需求度。该行推出“三联评、四联信”信用工程，以“惠农快车”贷款授信为龙头、携农房抵押贷款、林权抵押贷款、丰收贷记卡“一揽子”进行贷款授信，确定农户贷款综合授信额度。开展“三联四授”信用工程，不仅激活了农民的“沉睡资产”，而且更丰富了“惠农快车”贷款产品内涵。

（三）着力创新信贷支农模式和产品，积极满足农村经济社会日益多元化的信贷需求

该行从全市城乡经济发展实际出发，深入细分市场和客户，针对不同市场需求，创新推出了多种支农支小贷款新品。“惠农快车”贷款以纯信用的方式发

放，2009 年 3 月推出以来，已累计为全市 8 万多户次农户提供了有效信贷支持，支持面占到了全市农户总数 14.2 万户的 57% 以上；累放贷款额达 24 亿多元，占到了全行贷款总量的 30% 以上，并在省农信联社强大的科技支撑下，“惠农快车”已从纸质版成功升级为电子版的“丰收小额贷款卡”，更加方便农户；“丰收粮农直通车”贷款，以种粮大户种粮直补资金、购置农机具补贴资金、种粮大户订单收购资金和土地流转经营权等作为还款保证，为种粮大户提供贷款服务；“金伙伴动车”贷款是根据中小企业融资需求、生产经营、资金流等特性而量身定做的资金使用方案。该行把支持对象细分到农村的每一类群体，普惠触角延伸到农村的每一寸土地，有效满足了农村各层次的金融需求。同时，该行积极承担社会责任，应需而变为失地农民、转型农民及小微创业者提供量身定做的信贷服务，不断助推弱势群体创业就业，相继推出“惠农快车”贷款、“低收入农户奔小康”、“大学生村官创业”、“下山脱贫创业”、“农村青年创业”、“农家女创业”等金融产品，多层面、多维度服务和满足农村经济社会金融服务需求，实现服务“三农”零距离，其普惠、便捷、广覆盖的服务方式深受业务区域的农户的喜爱和称道。2011 年 3 月，该行又携手浙江大学金融研究院就引入微小贷款项目，将微贷技术运用到农村地区展开了积极有益的探索，推出了以失地农民、个私经营户等社会微小弱势经营群体为主要服务对象的信贷新产品——“小营生早班车”微小贷款，主要为失地农民、下岗职工、农二代、创业大学生及小微创业者提供有效的信贷支持，支持对象大多“无资产、无抵押、无报表”，且 70% 以上的客户以前从来没有在任何银行贷过款，充分展现出该产品不走寻常路、独特的草根“门槛”及助微扶弱的特性。到 2012 年末，“小营生早班车”微小贷款已累计支持微小创业主体 510 户金额 4 700 万元。

（四）实行低利率定价策略，让利中小微企业等客户，提振其攻坚克难信心

江山农合行利率定价，实行低利率定价策略，对中小微实体等客户群普遍让利，使其享受更多的利率优惠扣点，提振其攻坚克难信心。自 2008 年以来，江山农合行对信用户实行 80 ~ 110 个点的利率优惠，对低收入农户及粮食种植大户或粮食专业合作社实行基准利率优惠。2011 年以来，该行“开闸放贷”加

强对中小微企业融资支持力度，解决融资难的同时，又通过调整利率定价策略，切实减轻融资贵的压力。来行办贷的姜先生，正好遇上了此次利率“新政”试行，与原来贷款利率相比，这次多获得了20个扣点的利率优惠，“惊”喜之余溢于言表。像姜先生一样受惠“新政”的并非个例。江山农合行综合测算，与前次利率定价办法相比，此次利率“新政”抵押类的客户平均能多享受10个点的优惠，保证类客户平均多优惠15个点。按现有的贷款规模及客户结构每年为中小微实体经济等客户群节省3 100多万元的财务支出。当前中小微企业面临原材料价格持续走高、人工成本逐年增加、部分产业已丧失比较优势等诸多困难和挑战，该行因势而为，继清理纠正金融服务不合理收费等减负举措之后，又及时推出让利减负稳增长的利率“新政”，助力中小微企业等群体“轻装前行”，树立再渡难关的信心，增强企业核心竞争力和应对风险能力。

（五）对困难企业进行停息、缓息、分期还款及增贷等措施，帮扶其渡过难关

该行积极帮扶困难企业，对困难企业进行停息缓交、分期还款及增贷等措施，帮扶其渡过难关。据不完全统计，对10家困难企业，进行原欠利息980万元暂停缓交，贷款本金3 000多万元延期分期还款，并同时再增加贷款，帮扶企业“扶上马、并送一程”。通过农合行的帮扶，原10家困难企业现均翻身促发展，经营状况及发展前景均很好。

（六）存款利率上浮到顶，最大限度惠及存款客户

央行于2012年6月7日宣布降息0.25个百分点，同时允许“存款利率上限调整至基准利率的1.1倍”之后，江山农合行即调整存款利率政策，存款利率一浮到顶，力争让客户利益最大化，确保客户存款能获得最高的利息。

（七）合法创收积极纳税，为地方经济繁荣作贡献

2008—2011年，该行在各年度向地方和国库上缴税款分别为3 445万元、4 815万元、5 855万元、7 123万元，上缴税款分别占到该行各年度利润总额的56.7%、36.7%、37.7%和37.8%，并连续四年蝉联了江山市十强纳税企业，为当地财政收入持续稳定增长，回报社会和经济社会又好又快发展作出了突出

贡献，受到了衢州市委、市政府的通报表彰。

（八）积极参与抗灾救灾、扶贫济困、慈善公益、志愿者服务等社会责任活动

汶川大地震、新疆雪灾、玉树地震等灾情发生后，江山农合行充分发扬“一方有难，八方支援”的精神，密切关注灾情发展，紧急部署抗灾救灾工作。以大爱无疆的胸怀，及时向灾区捐款捐物，为灾后重建优先提供金融支持和服务。据统计，江山农合行向受灾地区累计捐款230余万元，设立慈善基金100万元。2010年6月，江山遭受了一场百年不遇的特大洪涝灾害，江山农合行迅速反应，全力以赴帮助受灾户恢复生产重建家园。据不完全统计，在这次抗洪救灾恢复生产行动中，江山农合行共走访受灾客户162户，投放恢复生产信贷资金6 268万元，向受灾农户发送慰问财物23余万元。

二、妥善处理内部利益相关者管理策略安排

江山农合行深刻认识员工是企业创优服务、创造价值的主体与根本，牢固确立了“员工是企业最宝贵的财富”和“企业与员工共成长”的管理理念，努力保持改革发展成果先行福祉员工，不断增强员工对企业的忠诚度、自豪感与归属感；同时，持续推进明晰产权关系、增强资本约束能力、完善法人治理结构和健全内控管理体制制度建设等改革工作，坚持审慎合规经营，注重平衡股东、员工等内部利益相关各方的权利和利益，主动发挥企业以自身经济效益贡献于社会、服务于社会，积极承担理性金融市场建设的责任，营造出了更为有效、更为和谐的金融发展环境。

（一）促进企业与员工共同成长

该行立足于“以人为本”的企业文化建设，恰当地规划员工职业生涯，及时掌握干部员工队伍的个性发展动向，了解员工的需要、能力及自我目标、特长，通过“三建三推一落实”机制的建设，为员工创设横向的（薪酬）和纵向的（职位）发展空间，充分挖掘员工潜力，使员工能够安心工作并发挥最大潜能，创造出企业与员工持续发展的良好互动氛围。一是建立了竞争优选的适岗配岗机制，推行了中层干部竞聘上岗和全员双向选择、竞争上岗，变以往“伯

乐相马”为“职场赛马”、“让我干”为“我要干”；二是建立了以价值创造为导向的绩效评价机制，推行了岗变薪变，绩优薪高的考核办法，打破“大锅饭”，薪酬高低让绩效数据说话；三是建立了开放创新的人才引进、培养机制，推行了管理职位之外的员工星级晋升激励，创新“适岗敬业即人才”的理念，按照经营与发展的需要，科学合理地改善员工结构，突破专业限制，引入多专业人才，激活人力资源；从尊重员工发展的需要，帮助员工发展的角度出发，引入客户经理和综合柜员岗位星级管理办法，为员工制订个性化与理性化相结合的专业培养和职业提升方案，多层级优化员工成长通道和发展阶梯，让每个员工都有实现自我价值而努力工作的动力。全面落实企业与员工一起成长的激励机制、约束机制和发展机制，变利用员工能力为开发员工潜力，企业发展成果先行福祉员工，增强员工凝聚力、自豪感、归属感，提升员工积极性、创造力。“小河有水大河满”，员工创造价值得到合理体现，相关利益得到切实保障，企业发展才具有了不竭的原动力。

（二）切实保障股东权益

2008—2011 年，该行在各年度向股东分配的股红金额分别为 1 042 万元、1 009万元、1 839 万元、1 463 万元，2012 年又以历年未分配利润和盈余公积按该行股本总额 13 404. 9 万股 1:1 的比例向全体股东实施了配送新股，切实保障了所有者的利益，进一步增强了投资者的信心，更好地体现投资者的权责匹配原则，达成社会公共利益与本行利益相关者合法权益“双赢”的目标。

案例分析

农村信用社得以生存和发展的根本原因是广大农村家庭和农村经营者向大银行融资困难，需要能够满足他们分散、小额的信贷服务需求，为他们融资提供服务的小的农村金融机构。国务院关于深化农村信用社改革试点方案的初衷是通过“花钱买机制”，改革农村信用社的产权制度，进一步明晰产权关系，完善法人治理结构，增强农村信用社可持续发展能力和服务“三农”、地方经济的实力，维持农村信用社农村金融主力军的作用。农村信用社通过深化体制改革，如果纯粹按照市场化商业化经营，从现时农村经济的发展状况来看，农村信用社必然会偏离服务“三农”的方向，与其他商业银行倾扎“土壤”更肥沃的城市金融领域，但随着农村城镇化、农业产业化和现代化的推进，农村市场化发展水平大幅提高之时，农村市场又势必会成为众多金融机构竞争争夺的“焦点”，到那时，农村信用社既有优势丧失殆尽，长年艰辛培育的农村市场阵地也被丢失，显然是一种得不偿失的短期利益行为。因此，立足当地，服务“三农”是农信联社不能丢也丢不起的生存发展的阵地。只有持续服务于农村、农业、农民，方便、优惠农村社会经济融资，把服务“三农”作为立行之本，更把支持“三农”、回报社会作为义不容辞的社会责任，才能赢得长足发展的机会和空间。

当然，农信联社面临的竞争环境复杂多变，涉及的发展关系错综复杂，均衡各方利益，推进合作共赢，内部加快健全现代企业法人治理结构，弱化“内部人控制”现象，合理分配权力和合理满足各阶层的利益诉求，外部采取以利益相关者拥有资源和重大程度相匹配的“动态保持”策略是达成协调发展的理想管理模式。在省县两级，统分结合的体制安排下，实践证明，利益相关者管理策略是县域行社的最佳选择。

案例启示

第一，作为地方性金融机构，要谋求科学可持续发展，就必须从理清利益相关者关系、地位、作用着手，把利益相关者理论提到企业法人治理的重要日程，充分考虑和重视他们的利益和权利实现，找定位、谋策略、求平衡，真正将利益相关者的权利、利益要求摆在首位，企业才能最终达到“利益均衡，协调发展”的目标。

第二，金融企业作为服务性行业，在积极创造财富的同时，应主动承担起相应的社会责任，促进自身和利益相关方的共同可持续发展。对于农信行社来说，不断提高对“三农”的服务质量及自身的经营管理水平是其践行社会责任的必然选择。农信行社提供的服务应站在“三农”的角度进行开发与销售，充分兼顾“三农”的利益，这样才能实现双赢。要完善农信行社的治理结构，通过经营管理制度化、规范化，将社会责任的内容融入经营管理各环节之中，以强化践行社会责任的能力。

第三，立足服务“三农”，支持县域经济，是农信行社市场定位的必然选择，是建设社会主义新农村的客观要求。与其他金融机构相比，农信行社在县域和农村具有地缘、人缘优势和信息成本低的特点，从而决定了农信行社在服务“三农”、县域经济上具有明显的优势。为此，农信行社应该切实增强做好金融支农工作的紧迫感、责任感和使命感，破除为农服务收益低、风险大、管理难、难作为的观念，从战略的高度树立立足于“三农”才能够实现金融和经济共赢的意识，不断推进农村信贷业务产品创新，根据农业生产周期和涉农企业生产经营规律，识别有效信贷需求，加大信贷投向向“三农”经济倾斜。

第四，只有均衡了各类利益相关者的利益，才意味着拥有较高的经营绩效，农信行社才能够持续发展。投资人、债权人、顾客、政府、社区等各类利益相关者向农信行社投入了功能各异的“专用性资产”，它们构成了农信行社存在和持续发展的基石。作为农信行社的深度参与者，各个利益相关者群体联系紧密，但各自具体的利益诉求可能不完全一致，农信行社的经营管理者需要尽可能确保每一类利益相关者的权益得到保障，只有均衡了各类利益相关者的利益，农信行社才能实现自身价值并在长期达到最大化。

第五，追求农信行社自身发展和履行社会责任并不矛盾。金融企业社会责任其实并不简单意味着成本、公关或者慈善的需要，履行一定的社会责任实际上是一个为获取更多社会资本的投资过程，是实现创新和提高竞争优势的潜在机会。所以，积极履行社会责任是谋求金融机构自身长远良好发展的必然行为。基于此，立足于全面建设小康社会的新要求，农信行社应践行真善美的经营之道，做回馈社会的企业公民，为构建和谐社会作出积极贡献。

编写：蒋泽荣

念好“攻防堵”三字经
弯道超车捍卫农信阵地

——以争取乡镇国库集中支付代理权为例

案例背景

国民经济和社会发展“十五”、“十一五”、“十二五”规划纲要提出，要深化国库集中收付制度改革，使得政府财政资金能够集中支付，有效防止财政资金运用过程中“跑、冒、滴、漏”现象发生，提高财政政策的效率和效果，不断完善惩治和预防腐败体系，加强财政信息公开（三公经费和部门款项数据向社会公开，通过电子化信息生成机制直接从预算执行生产系统提取信息，有效保证了财政收支信息反馈的及时性、真实性、准确性和完整性），接受社会监督。

2009年，开化农信联社在全省率先提出办理国库集中支付业务的申请，并成为全省第一批国库集中支付系统上线的金融机构。2012年6月，省农信联社通过“一折通”财政信息服务系统在开化成功发放全省首笔补助资金。为争取代理乡镇国库集中支付业务，农信联社党委提出“攻防堵”战略。“攻防堵”三字经的得当运用、经验的积累、技术平台的建立和完善对乡镇财政国库集中支付、一卡通、公务卡、社保卡等财政合作服务工作，为开化农信联社巩固乡镇国库集中支付阵地奠定了坚实基础。

案例情境

2012年10月，开化县财政第三季度例会照常召开，会上隐约传递出了要在全县范围内推行乡镇财政国库集中支付制度的信息，但没有说明具体的实施时间和操作办法。会后，开化农信联社参会人员将会议精神向农信联社分管领导作了汇报，也提出了县里可能要实施乡镇财政国库集中支付制度的意向。两天后，农信联社理事长获悉此项工作，高度重视，立即召开班子会议，专题研究推行乡镇财政国库集中支付制度工作，认为开化农信联社业已启动谋划此项工作，并开全省先河，具备一定的业务经验和基础，在高度关注工作进展情况的同时，相关操作层面的问题待上级政策明朗以后再作研究。

乡镇国库集中支付业务作为省财政厅开展财政改革的一项新业务，在推行伊始有点雷声大雨点小的现象，农信联社对此项业务也不甚了解，直至人民银行开化县支行到农信联社调研乡镇国库集中支付是否符合代理国库条件之日起，才开始认识到该代理权的重要性，并及时与县财政局和人民银行开化县支行作了沟通，但与乡镇的对接并未及时跟上。2009年开始，在县级部门国库集中支付的基础上，农信联社一直强调要求各信用社要做好乡镇公务卡的公关工作，但并未引起基层信用社的足够重视，一方面认为零余额账户上无实存资金，另一方面认为乡镇的基本账户都开在农信联社，乡镇的各项业务早已成为农信联社的“囊中物、盘中餐”。

就在我们坐等政策的间隙，工行等其他国有专业银行已先发制人，与何田、金村、城关等乡镇签署了代理乡镇国库集中支付业务的协议书。

短短一个多月时间，开化农信联社成为全县争取“代理国库集中支付工作”的进度较为迟缓的金融机构。可以说，在代理乡镇国库集中支付工作上，开化农信联社是“起了个大早，赶了个晚集”。为此，农信联社党委书记、理事长果断提出“攻防堵”三字诀战略——“攻”字诀：利用一切层面的人力资源，攻好县政府关，力争取得县政府的大力支持；“防”字诀：加强与乡镇的汇报交流，取得当地乡镇的理解、支持，同时加强感情上的沟通，并与之保持高度一致，防止裂变；“堵”字诀：巩固好与相关部门的感情纽带，争取多部门的支持与配合。理事长亲自带队深入基层，要求农信联社上下念好“攻防堵”三字经，务必打好阵地攻坚战和保卫战。

通过实施“攻防堵”阵地战略，开化农信联社最终在激烈的竞争中一举签订了全县代理乡镇的国库集中支付业务资格。同时，开化农信联社集中力量参与乡镇国库集中支付系统开发，并于2013年2月顺利上线。2013年3月，县财政局决定在辖内城关信用社开展试点业务，并成功代理城关镇财政国库集中支付业务，支付及清算全流程顺利完成，领跑全省农信系统。

案例分析

推进全面国库集中支付制度改革，不断完善现代国库运行机制，主要涉及八个方面的主要内容：一是实行国库集中支付制度改革，改变系统财政资金支付管理模式，财政支出实现从“逐级转”到“直通车”的重大突破，预算单位用款由多层管理改变为扁平化管理，资金支付效率显著提高，资金安全得到切实保障。二是非税收入收缴管理改革，改变执行单位层层上缴、层层滞留非税收入的传统运行方式，建立新税款收缴账户体系，资金当天即可转入国库账政专户，实现“层层缴”到“零在途”的一次飞跃，不仅大大加快非税收入入库速度和运转效率，也有效规范执行单位的收缴行为。三是账税库银税收收入电子缴库横向联网，实现税款征缴全过程电子化操作，不仅提供更加安全、便捷、高效的收缴服务，也规范收缴行为，加快税款入库速度，增强政府部门公共服务能务和行政效能。四是公务卡制度改革，能够有效解决现金支付管理漏洞，加强对公务支出行为的监督管理，增强政府公务支出信息透明度。五是预算执行动态监控机制建设，是以国库集中支付发展为基础，综合利用现代信息网络技术的新型财政监控模式，实时监控财政资金运行推广全过程，切实强化事中监管，对违规支付行为形成有效威慑。六是财政专户管理，实行国库集中支付国库单一账户体系，由四个账户构成，即国库单一账户（国库集中支付时清算账户)、财政零余额账户、单位零余额账户、其他财政资金专户。七是地方国库实行现金管理。八是国库管理法制化建设，继2009年省财政厅在开化县财税局推广国库集中支付试点工作后，开化县将于近期把县财政局列入5个县乡镇国库集中支付试点单位之一，同时，县财政局将城关镇所作为试点单位，代理成功后再向全县铺开。

开化农信联社作为全省第一批国库集中支付系统上线的金融机构，省农信联社也于2012年6月通过一折通财政信息服务系统在开化成功发放全省首笔补助资金。可以说，开化农信联社在代理乡镇国库集中支付业务方面，在全县金融机构中是率先起步，谋划最早的金融机构，但在短短几个月内就全面落后于其他金融机构，又在短短数月内，全面巩固了乡镇国库集中支付业务阵地，并领跑全省农信系统。综合分析，我们认为导致“大落大起”的原因主要有以下几点：

一是“一等二靠”思想是导致“起了个大早，赶了个晚集”的主要原因。省财政厅于2012年8月启动了乡镇国库集中支付制度改革，计划到2014年在全省推行乡镇财政国库集中支付制度。2012年县财政第三季度工作例会上曾模糊地传递出“要在全县范围内推行乡镇财政国库集中支付制度”的信息，开化农信联社基于等政策明朗化再按常规程序去争取代理资格的考虑，同时，相关业务科室市场敏感度不够，在思想上懈怠，在业务上疏忽，在行动上迟缓，缺乏主动作为的意识，干工作全靠上层来“推磨”，不推不动，推了也不动，未能向农信联社决策层提供有效信息，未能发挥应有的参谋助手作用。结果就在等政策的间隙，其他金融机构先发制人，已经开始联系乡镇签订“代理乡镇国库集中支付资格”的协议。从面上的工作集中体现来看，导致的直接结果就是全面落后于其他金融机构，工作相对被动，巩固乡镇（农村）金融市场难度加大。

二是“纵横缺失”联系是失守乡镇（农村）金融市场阵地的重要因素。农信联社系统内部工作人员忙于具体事务与业务，而疏于与县（乡镇）党委政府、业务主管上级等条块沟通联系，更极少观察同城金融机构的业务动态。在纵横两条线上全面失守，直到听到其他金融机构的业务行动以后，方才察觉，可以说，在“横向到边、纵向到底”的沟通联系上严重缺失，是导致代理乡镇国库集中支付业务严重滞后的重要因素之一。

三是“善断速行”决策是实现“弯道超车”赢取攻坚战的根本所在。农信联社领导层在及时掌握基本情况之后，深入分析了“失守”与“落后”的主要原因，理事长果断提出实施“攻防堵”巩固阵地战略，并提出了“攻坚为主，防堵为辅”的工作方法，最终娴熟运用“弯道超车”技术，进一步巩固了乡镇金融市场。

“攻”字当先：在掌握同城金融机构业务动态以后，为顺利争取到国库集中支付的代理资格，农信联社班子领导立即召开党委会研究商讨解决的方案和对策。农信联社理事长负责对接县党政主要领导、分管领导和县财政局负责人，并及时向县政府提交《关于要求代理乡镇财政国库集中支付工作的报告》，凸显开化农信联社“综合实力、网点布局、系统建设、账户管理、公务卡、财政一卡通”等六大优势，最终得到了县委、县政府的高度重视和大力支持，县领导作出了“按原先研究的规定，公务卡随单位的基本账户走”的批示，授予开化农信联社披荆斩棘、力争乡镇国库集中支付代理资格的“尚方宝剑”。

同时，农信联社主任组织各相关部室及所有信用社人员，及时上报工作进度，为理事长“攻”字方略出谋划策，形成全社一盘棋的工作格局和集中攻坚的良好氛围。各信用社向所在乡镇领导仔细分析农信联社代理国库集中支付业务的利弊，破冰前行，做到“手续齐全、一步到位”，全盘收复失地。比如，何田乡政府与其他金融机构已有签约约定，要取得该乡镇的代理权困难重重。为此，开化农信联社理事长与已约定签约的金融机构领导直接沟通，建立在双方良好的业务合作前提下，从该项业务发展的最终效果分析，他行主动放弃了代理权，开化农信联社也成功地取得了何田乡的代理资格。该成功案例在此次国库集中支付代理工作中就有 5 例。通过层层对接，各个突破的方式，摆出一个坚不可摧的全方位阵营，为代理国库集中支付业务取得新突破奠定了坚实的基础。

“防堵”结合：开化农信联社领导层在提出“攻防堵”战略时，就要求做到责任细化，分工明确，重点突出，有的放矢。各部室负责人，特别是信用社主任要不断增进与相关部门及各乡镇政府的感情。农信联社特别强调：全县 255

个行政村，根据“木桶效应”，不能有1个村出现短板，一旦有1个行政村出现了裂痕，就得多花至少百倍以上的人力、物力和财力去堵住随时可能决堤的另外254个缺口，而且效果还不一定最佳，所以“防”是“攻”的基本保障，“堵”只是必要补充，“防堵”有机结合，注重平时的日积月累，才能不断加深与百姓的鱼水之情。

在获取县政府的“尚方宝剑”后，各信用社全面开展“防堵”工作，通过走访乡镇领导，大力宣传农信联社业务优势，不但进一步融洽了鱼水深情，而且最终在激烈的竞争中一举签订了代理17个乡镇国库集中支付业务的资格。

四是“科技研发”先行是练好“超车技术”取胜保卫战的关键力量。取得各乡镇国库集中支付业务代理权只是万里长征第一步，要走好走稳长征路，不但要实现“弯道超车”，我们的超车技术还一定要好，超车的时候要做到又快又稳。为此，科技支持提上了农信联社的议事日程，农信联社领导多方争取省财政厅、省农信联社、地方财政的支持，指派专人参与乡镇国库集中支付系统开发，乡镇国库集中支付程序在2013年2月顺利上线，并迅速成功代理财政国库集中支付业务，支付及清算全流程顺利完成，领跑全省农信系统。

五是“基层覆盖”延伸是巩固农村金融市场阵地的稳定根基。在代理乡镇国库集中支付业务过程中，开化农信联社在全面落后同城金融机构工作进度后，奋起直追，“攻防堵”三字经念得和弦悦耳，实现了又快又稳的“弯道超车”，我们认为开化农信联社机构网点布局优势得天独厚，有着其他同城金融机构无法比拟的基层网络优势，多年的业务积累使得开化农信联社的业务服务遍布全县各个乡镇、村，这一点其他金融机构与农信联社不可比肩，农信联社在农村市场的稳定根基，是我们打赢这场攻坚战的基础，也是我们今后开好农信服务这列动车的基本前提，农信联社也将毫不动摇地捍卫农村金融市场这杆大旗。

案例启示

一、积极上位，“争取主动”方能抢占先机

“凡事预则立，不预则废”，从开化农信联社开展代理乡镇国库集中支付业

务工作中，我们充分地认识到开展包括国库集中支付在内的农信联社各项业务，积极主动与抢占先机的重要性。抢占农村金融市场，推行普惠金融制，要坚决摒弃“一等二靠”的落后思想，自上而下尤其是业务科室必须担当起应有的参谋助手职责，必须做到一要“快”二要“实”，要以“快”抢占市场，以“快”争得主动，以“实”优化服务，以“实”博得尊重，按照“快”和“实”的要求，提高工作效率，“快与实”双拳组合赢得发展。“亡羊补牢，为时未晚”，开化农信联社大力强化“不尽责就是失职、无作为就是过错”的理念，切实改进工作作风，创新思维，改进方法，及时提出并实施了“攻防堵”阵地战略，农信联社上下以此为契机，不畏难、不松懈，主动担责，主动作为，主动去想，主动去干，不推不拖，不等不靠，找到关键点和突破口，有针对性地破解难题，逐步掌控工作主动权。

二、层层对接，“攻防堵”战略尽显英雄本色

为拓展代理国库集中支付业务，开化农信联社“攻防堵”战略运用十分得当，全农信联社上下齐出动，由理事长负责对接县党政主要领导、分管领导和财政局负责人，主任负责对接财政局相关副职，科技处负责对接财政局相关科室及经办人员，形成了层层对接的良好局面，为代理国库集中支付业务取得新突破奠定了坚实的基础。

为力争全县18个乡镇的全面签约，据统计，理事长对接县党政主要领导、分管领导以及财政局负责人的次数不少于5次，主任对落实该项工作组织集中会谈的次数不少于6次，同时信用社面对签约难的某些乡镇上门联系的更有每天不少于2次，总次数不少于20次。

三、合作共赢，“六大优势”夯实市场基础

开化农信联社在竞争激烈的同城单位中脱颖而出，成为县内首家开展试点业务的金融机构，领跑全省农信系统，主要得益于“六大优势”：一是综合实力优势，开化农信联社存贷款总额突破80亿元大关，在全县金融机构中独占鳌头。二是机构网点优势，全联社33个营业网点覆盖了开化县所有乡镇，28台ATM、336台POS机及8台助农终端遍布全县各个乡镇。三是资源群体优势，开化农信联社在长期支持县域经济及“三农”发展的过程中，积累了庞大的客户群体，已发行丰收社保卡16.6万张，单位个人公务卡640张，乡镇个人公务卡96张，单位公务卡49张，有着良好的客户基础。四是高效服务优势，配备行内的精干力量到集中支付岗位上，同时增设服务窗口，高素质的员工队伍将承诺高质量的金融服务。五是网络硬件优势，开化农信联社为县财政国库集中支付提供了专用网络平台、先进的硬件设施、强有力的系统支持，实现了双系统的完美对接，并配备有专业的技术人员。六是代理经验优势，已全面代理开化县城乡居民养老保险、财政非税收入、工资、水电费、保险等代理业务及多类涉农及其他补贴业务，成熟的代理支付经验将为集中支付业务的顺利开展打下良好基础。

四、强化管理，“风险管控”打好失误预防针

国库集中支付业务要求十分严格，省财政厅对各金融机构代理业务实行差错“零容忍”，在抽查中一旦发现代理业务出现差错，便立即取消其代理权。为此，开化农信联社强化过程管理，落实三项措施，确保国库集中支付业务安全运行。

一是考核管理保障“零差错”。为提高国库集中支付业务质量，开化农信联社不断强化管理考核，及时为操作人员打好“预防针”，对操作无差错的员工将进行经济奖励，而对操作出现差错的则实行一对一处罚，即“出现一次处罚一次”，从制度层面保障“零差错”。

二是岗前培训确保“零差错”。为做好国库集中支付业务的延伸服务，集中优势资源履行好代理社职责，开化县农信联社不断强化内部财政国库集中支付业务的岗前培训。举办培训班，此其一。组织信用社主办会计、专职工作人员、进行了集中培训，规范学习财政国库集中支付业务操作流程、岗位职责；开展模拟测试，此其二。按照国库集中支付业务操作流程，对参训人员进行现场模拟测试，手工录入基础信息、开设备付金账户等系列流程均由参训人员亲自操作，确保百分之百熟练掌握。同时，为保证财政资金安全，开化农信联社从两个方面分别做好对账工作。一方面，严格按照省农信联社要求，每月定期组织员工至财政等相关部门开展账户余额对账工作，确保账户余额相符；另一方面，每月由柜面人员将账户流水明细打印出来，派专人携带流水明细至财政局相关部门及经办人员处开展账户发生额对账工作，确保账户发生额无误。

三是优化服务实现“零投诉”。在实现“零差错”的同时，开化农信联社不断优化服务质量，积极开展财政国库集中支付“零投诉”优质服务活动，从信用社抽调最优秀的员工专门负责该项业务，对系统运行过程中发现的各类问题，能现场解决的现场解决，不能现场解决的及时反馈至县农信联社，由县农信联社在一个工作日之内负责解决，县农信联社不能解决的则及时反馈至省农信联社，并做好解释工作，确保系统运行过程中无投诉事件发生。

编写：余蕙

CHUANGXIN
FAZHAN PIAN

创新发展篇

让“老有所养”不再是梦

案例背景

2009 年，浙江省率先在全国建立并推行了城乡居民社会养老保险制度，在改善民生、造福民众中迈出了具有里程碑和划时代意义的重要一步。

2010 年 3 月，柯城区政府出台了《柯城区城乡居民社会养老保险实施办法》，其中规定：对于参保对象年龄不满 60 周岁，但距领取养老金年龄不足 15 年的可补足其不足年限，同时设定了每年 100～900 元七个不同档次的缴费标准，供参保对象选择。

到 2010 年 1 月末，柯城区已有 4 万多名 60 周岁以上老人享受到了每月 60 元的养老保险政策，同时有近 15 万名 60 周岁以下人员符合补缴养老金政策条件，但其中一部分人员受经济条件制约，一次性补缴存在资金困难。

如何使国家好政策落地生根，让更多城乡居民享受到国家公共财政的阳光雨露？柯城农信联社经与区社保部门对接，适时推出了“相伴人生”社会养老保险小额信用贷款。该贷款产品的问世，使得柯城区所有符合参保条件的人员不再为缺钱缴费而犯愁，老有所养也不再是百姓心中的梦。

案例情境

2013 年农历正月十五，柯城农信联社姜家山信用社主任办公室来了一位老汉，他高兴地对主任说：“今年柑橘价格高，我补缴养老金时贷的 13 500 元贷款已提前还清了，明年这个时候，我就能每月领取养老金了。”言语之中，他那感激和兴奋之情溢于言表。老汉是何许人也？为何还了贷款如此高兴？要解开这个谜，还得从三年前说起。

这位老汉叫陈水清，是柯城区姜家山乡姜家村人。2010 年柯城区政府实行城乡居民养老统筹时，他 56 岁，妻子 49 岁。当时，夫妻俩合计后选择了 900 元/年最高档次的养老金补缴费标准。这样，到了 60 周岁，夫妻俩每月就能领到 380 多元的养老金。而按照规定，他要一次性补缴 11 年的保费 9 900 元，妻子也要补缴 4 年保费 3 600 元，两人一共需补缴 13 500 元的保费。老陈一直在家种柑橘，虽有一点积蓄，但 2009 年儿子部队退伍后在家办了个养牛场，他资助了儿子以后，原有的积蓄便所剩无几。这次要补缴 13 500 元的养老金也显得有些困难。正当他为缺钱缴费发愁时，听人说这事可以去柯城农信联社申请办理“相伴人生”社会养老保险小额信用贷款来解决，2010 年 4 月 12 日，老陈抱着试试看的心情来到柯城农信联社姜家山信用社，没想到，不到 10 分钟信用社客户经理就为他办妥了 13 500 元贷款，他也成了衢州市首个“贷款买社保”的尝鲜之人。这笔贷款使他缺钱缴费的难题迎刃而解，也让他“老有所养”美梦成真。老陈开心地形容道：“自己又多了一个儿子。”

“贷款买社保”，这可是个新鲜事儿。那么，柯城农信联社是怎么推出“相伴人生”社会养老保险小额信用贷款的呢？这缘于该农信联社理事长甘文智的一次下基层调研。

2010 年初，省农信联社在全省农信系统组织开展了一场“万名农信干部下基层办实事”助企惠民活动。3 月底，柯城农信联社理事长甘文智亲自带队深入乡村、社区走访调研，其时正值柯城区城乡居民社会养老保险新政启动之际，故而养老保险新政落实推进情况也便成了甘文智此行调研的主要内容之一。这期间，他调查了解到，社会养老保险新政对于广大城乡居民有着巨大吸引力，但却有部分参保对象存在缴费资金困难，其中为数不少的人因此有了放弃政策享受的念头。这一问题若不能得到很好解决，国家的好政策就难以真正落地。回社之后，甘文智随即组织召开社务会专题研究，并多次与区政府、社保部门进行沟通对接。

2010年4月7日，一款名为“相伴人生”社会养老保险小额信用贷款（以下简称“相伴人生”贷款）的新产品正式推出。该贷款的主要特点有：一是准入门槛低。符合参保条件的对象只要无不良贷款和欠息都可申请贷款，无须担保抵押，并且借款人可等到60周岁后用可领取的养老金的50%来偿还贷款。二是手续简便快捷。参保对象只需凭身份证和社保局缴款通知即可到当地信用社办理贷款，随到随办。三是优惠条件多。贷款额度无限制，参保对象应缴保费可全额贷款，不出一分钱；贷款利率优惠，执行人民银行基准利率；贷款期限长，最长可达15年，且贷款到期日可延长至借款人70周岁，打破了原来贷款必须在60周岁前还清的传统。如此优厚的条件能不能吸引城乡居民？这一普惠金融产品究竟会带来怎样的效应？带着一连串的问号，柯城农信联社稳打稳扎，通过宣传引导，精心试点，总结推广，成功走出了一条政府、居民、农信联社三方共赢的金融惠民之道。

宣传引导，家喻户晓。“相伴人生”贷款推广之初，老百姓对这一产品的认可度并不高，有的甚至怀疑这是不是在“拉保险”。对此，农信联社利用报刊、广播、电视等多种媒体和渠道跟进宣传，并组织基层信用社干部员工上门入户开展“一对一”、面对面宣传，让老百姓打消顾虑，使这项惠民政策家喻户晓。

上下联动，精心试点。为了摸清辖内参保对象的准确情况，农信联社领导班子带队，分成四个工作组深入各乡镇（街道）和社区，调查了解群众需求，掌握实情，开展政策宣传与引导。农信联社机关部室人员协同联系信用社，分别选取一个村，精心组织进行试点。

点面结合，总结推广。在推进过程中，农信联社及时总结试点中的成功经验，做到边试点、边总结、边推广，在抓好点上试点的基础上，注重面上推广，扩大受益面。同时，配套实施减息让利政策，真正让老百姓从中得到实惠。

案例分析

随着城市化进程的加快，通过消费贷款的适度负债城市居民财产性收入大幅增加，而农村居民受传统思想影响，大多是不到万不得已则不会去借贷负债。而今，不少农民通过“相伴人生”贷款补缴养老保险费，学会了以适度负债的方式来增强自我生活保障，享受到了国家公共财政的阳光雨露。同时，社会养老保险事业也因为有了金融机构的参与和助力，使得平民百姓老有所依、老有所养的愿望成为了现实。

首先，金融创新助推了城乡居民养老保险全覆盖。对柯城区符合参加养老保险条件的15万城乡居民来说，因思想观念、经济条件等方面的差异，缴纳养老保险这项工作刚开始并不理想，尤其是农村低收入群体，让他们一下拿出一笔可观的资金去缴纳养老保险费，更是难上加难，这直接影响到国家惠民政策的落实效果。“相伴人生”贷款这一金融创新之举，有效解决了社会养老保险制度落实中的现实难题，为实现社会养老保险全覆盖起到了推波助澜的作用。

其次，广大农户通过贷款参保更新了思想观念。“相伴人生”贷款的创新推出，使得符合参保条件的城乡居民能缴费、多缴费、长缴费，这不仅帮助他们借助政府政策平台和金融渠道解决了近忧，消除了远虑，获得了更多生活保障，更重要的还让他们的思想观念经受了一次洗礼，一些原来从不走进银行的农民开始认识了解金融，这对他们今后创业发展很有裨益。

最后，广大农民热捧养老保险的氛围渐趋浓厚。对于广大农民来说，老了以后怎么办，一直是他们的一块心病。现在大多数农村家庭也都是独生子女，如果没有养老保障，今后让两个年轻人赡养4个老人，负担不轻。“相伴人生”贷款的核心就在于：农民用贷款来买保障。社会养老保障是一种国家政策层面的东西，它是国家的一项福利，每个人都有享受的权利，但在享受的过程中，如何经过核算，通过一定投入得到更好的收入，这就需要经过更好的经营。以石梁镇派溪村村民余老水为例，59岁的他自己一分钱不花，向信用社贷款13 500元缴了保费。按照现行的标准，7年后就能连本带利还掉贷款，并且每个月还可领取200多元的“工资”，一直享受养老保险带来的实惠。通过算账，广大农户切身感受到了“相伴人生”是一款真正惠民的贷款产品，不少农民认为不花分文便能参加社会养老保险，既能为子女减轻负担，又能为自己的养老提供保障，实在是一举多得的大好事，也正因为如此，广大农民热捧养老保险的氛围渐趋浓厚。

案例启示

从整体效应分析，柯城农信联社推出“相伴人生”贷款这一创举，是确保国家惠民政策得以顺利实施、促进农民增收、为民办实事的民心工程，同时也是实现政府、农户、农信联社三赢的惠民工程。从本案例中，我们至少可以得到两点重要启示：

一是有付出就会有回报。柯城农信联社在推行“相伴人生”贷款过程中，主动与政府相关部门对接，并且注重由农信联社班子成员带领机关人员和客户经理深入到各乡镇街道、各行政村和社区配合政府宣传社保政策，不但发放参保对象的社保信用贷款，还全面开展社保缴费代收业务，促进城乡居民社会养老保险制度顺利实施，大大减轻了政府部门的工作难度和压力。为此，柯城区同意社保基金专户在该农信联社开户，居民缴纳的社保资金存在该账户循环使用，实现了社保基金在农信联社开户“零”的突破。据测算，若每人人均年缴费300元，十年后15万人可累计缴纳社保费4.5亿元。这笔基金除居民60周岁后按月发放的养老金外，大部分将留存农信联社。同时，由于农信联社在社会养老保险工作中各项服务举措到位，柯城区城乡居民基本上在该农信联社开列了社保卡。

二是得民心的创新者。只要符合国家政策、有利于老百姓的事，就应该大胆尝试。“相伴人生”贷款之所以能得到百姓欢迎和社会认可，一个很重要的原因是柯城农信联社在吃透国家惠民政策的前提下，把老百姓的利益放在首位并勇于创新，真正让老百姓得利。该产品推出之初，上级有些部门包括监管部门对贷款缴保费的贷款用途等曾提出质疑，但参加社保是国家政策鼓励的、对老百姓是有利的，农信联社惠农富民的金融创新深得人心。

编写：傅嘉良　吕志军

理性抉择勇担当

——柯城农信联社助力小微企业摆脱困境的成功实践

案例背景

郎咸平教授曾在财经电视节目上说道："……知道吗，银行向来都只做锦上添花的事，他们看到你经营得还不错，就会来问候你，主动向你提供贷款优惠等等。但你别指望他们会在经营环境恶化的时候，在你遇到经营困难的时候，还会扮演雪中送炭的角色贷款给你，还给你提供贷款优惠，那是不可能的事儿……"

近年来，"霸王条款"、"为富不仁"、"店大欺客"等与银行沾边的词语频频在各类新闻媒体上发飙，有关银行收费项目过多的问题又成了老百姓茶余饭后的谈资……与钱打交道的银行一次又一次地被推上了"风口浪尖"。

难道银行真的如外界所说的那样"为富不仁"，只会锦上添花，不会雪中送炭吗？其实不然。柯城农信联社在小微企业面临重大危机之时，理性抉择，助企业勇闯激流险滩，用自身的实际行动成就了一段脍炙人口的"帮企助企"佳话。

案例情境

衢州农贸城（以下简称农贸城）经过10多年的培育与发展，已逐步成为闽浙赣皖四省边界九地市农副产品集散、交易、信息、价格形成中心，由一个地方性区域市场发展成为全国性大型交易批发市场，年交易总额超60亿元。面对今日辉煌的成就，谁又曾知道当年这座浙西最大的农副产品批发市场差点因为债务纠纷而一度风雨飘摇。2008 年，杭州一家食品贸易公司因借款协议纠纷被银行起诉，而农贸城作为担保方也被牵连其中。资产、账户被法院冻结，各家银行得知消息后也纷纷查封了农贸城抵押在本机构的资产，这对原本受金融危机影响资金链紧张的农贸城来说无疑是雪上加霜。上述债务纠纷直接影响农贸城业务的正常运营，另外，该债务纠纷如果处理不当一旦造成法人“跳伞”的情况，不仅对国家利益造成损害也势必会影响农贸城经营户的信心，造成客户流失。因此，是当机立断撤贷处置抵押资产保证贷款资金安全，还是勇担社会责任与企业共渡难关，成为摆在柯城农信联社领导层面前的一道难题。

农贸城作为四省九地农产品批发集散地，其正常运作与民生息息相关，因此一直以来是该农信联社的重点关注客户。在得知情况后，柯城农信联社领导班子率先赶赴企业，掌握第一手资料。从掌握的情况来看，当时衢州农贸城自身资产近 1.3 亿元，自身贷款加上对外担保债务合计 1 亿元，净资产约 0.3 亿元。但是由于资产已经被全部冻结，公司正常运营受到影响，而且该农信联社还了解到企业主有移居海外的念头（其妻女早已移居海外）。如果，当即对该公司抵押在该农信联社的资产进行处置，信贷资金虽然可以得到保障，但是如此一来，正常运作无法延续，该公司将再也难以翻身。这势必影响衢州乃至四省九地的农产品市场秩序，民生工程、物价水平也将造成动荡。可是如果要帮助企业共渡难关，除了要承受自身信贷资金风险外，还要追加支持力度，解决其债务纠纷，万一企业后期经营不善，该农信联社也势必受其牵连。

针对上述情况，柯城农信联社理事长甘文智从大局出发，以民生为重，认为柯城农信联社既然以“伙伴银行、社区银行、零售银行”为市场定位，就应该肩负起应有的社会责任，“支农支小”不应该只是喊喊口号而已，在企业最需要我们帮助的时候却缩脖子撂挑子，况且通过前期发展，农贸城自身的经营已上了轨道，业务状况较为稳定，当前的债务问题完全有能力在后续时间内逐步化解。有所抉择后，理事长甘文智主动联系企业主，从公司目前资产负债情况、如何帮助企业渡过难关等方面着手，打消了其“跳伞”的念头，并通过帮其债务重组与追加扶持相结合，对企业进行了扶持，该农信联社理事长甘文智亲自出面为其找寻战略合作伙伴，通过努力终于在找到一家单位愿意以股份收购的方式参与其中。接着该农信联社代表和农贸城法人一起与其他债权人进行了多轮谈判，最终达成协议：按比例前期向债权人进行清偿，各债权人解除对农贸城资产的查封，从而在短时间内彻底化解了其债务负担，为后期债务重整奠定了基础，帮助农贸城快速恢复了正常运营。

案例分析

正所谓企业忧前景，银行怕风险。银行往往在企业出现风险的时候，首先想到的是如何有效控制信贷风险，保证贷款资金的安全。为何柯城农信联社会反其道而行之，在处理抵押资产可以保证信贷资金安全的前提下，主动去蹚这浑水呢?

一、理性抉择，充分彰显社会责任

农贸城作为四省九地的农产品集散中心、议价中心、交易中心，已经不再是单纯的企业性质，其发展状况已经与民生息息相关。单纯地从保证信贷资产出发，处理抵押资产，虽然可以控制贷款安全，但是处理抵押资产所带来的负面影响，无论对农产品价格还是对国家财产、税收都将造成损害；同时，对于没有抵押资产在手的其他代理人来说，其资金安全也势必会受到影响。

通过前期大量调查分析发现，该企业作为该农信联社的长期客户，一直以来都遵纪守法，企业主品行良好，均无不良记录，企业剔除所有负债后，净资产仍有 3 000 余万元。而且，农贸城本身通过长期的发展，各项业务已经上了轨道，后期发展前景较好，当前企业困境主要是受全球金融危机影响，加上债务纠纷各类资产均被冻结造成环环相扣而无法脱身，只要有一方以大局为重，主动出击，完全可以解开当前这个死结，为此，该农信联社领导班子决定做第一个“敢吃螃蟹的人”，帮助企业走出当前困境。

二、双管齐下，严控自身信贷风险

在帮助企业走出困境的同时，该农信联社也积极做好自身保护工作，一方面积极主动帮助企业债务重组，找寻战略合作伙伴，另一方面积极与公安部门协调，严控企业主外逃风险。在做好自身风险控制的基础上，对农贸城加大信贷扶持力度，为帮助企业与各债权人达成前期受偿协议奠定了良好的基础。

三、制订方案，强化信贷扶持力度

在确定扶持方案后，该农信联社又出面对收购企业和农贸城之间的股权占比方案和出资金额进行了进一步的协调，决定由收购企业先垫付部分款项，与农信联社追加的贷款一起对各债权人进行清偿，收购企业按协议要求拥有农贸城股权。各债权人在收取前期清偿资金后，解封对农贸城原先冻结的各项资产，农贸城在正常运营后，每年按一定比例对原有债务实行逐年归还。

四、勇于创新，有效满足企业需求

针对当前农贸城各类资产被查封冻结的情况，要给企业追加信贷支持缺少有效的担保，为进一步拓宽企业融资渠道，解决企业担保难问题，该农信联社以信用贷款为切入点，解决担保难题，并向该公司发放了2 000万元企业信用贷款。在得到该笔资金支持后，农贸城初步归还了债权人的债务，资产也得到了解封，农贸城运营恢复正常。接着，为缓解企业转贷融资难题，减少企业续贷融资成本，防范信贷风险，针对农贸城在该农信联社原有的2 200万元抵押贷款到期转贷资金周转困难，该农信联社又出台了搭桥解困续贷试行办法，针对农贸城原有的贷款（含展期）即将到期的情况，重新发放了2 200万元贷款用于归还原贷款，有效地减少了该企业财务成本，满足了客户用款还款需求。

得益于一系列快速有效的措施，农贸城的债务纠纷风波得以迅速平息，农贸城的正常运营也在稍受影响后及时恢复正常，2010年起年租金额也从原先的500余万元增加到了1 000多万元，加上近年来不动产价格的飙升，公司资产比2008年翻了近一番。通过多年的消化处置，该公司已彻底清偿了原有的债务。近年来公司业务发展平稳，交易额稳步提升，经营规模不断壮大。在坚持支农支小的道路上，柯城农信联社在树立良好社会形象的同时，自身业务也得到了迅猛地发展。

案例启示

一、战略上要有清晰的市场定位

要想做好小微企业，首先在战略上要有一个清晰的市场定位。柯城农信联社在看到小微企业的发展前景后，提出了“做小做散”的市场定位，明确了“城乡居民的理财帮手，小微企业的天然盟友，区域经济的坚强后盾”的经营理念。该农信联社服务小微企业的市场定位不仅很好地满足了小微企业的金融市场需求，也为自身未来的阳光信贷和微贷等业务的发展打下了坚实的基础。

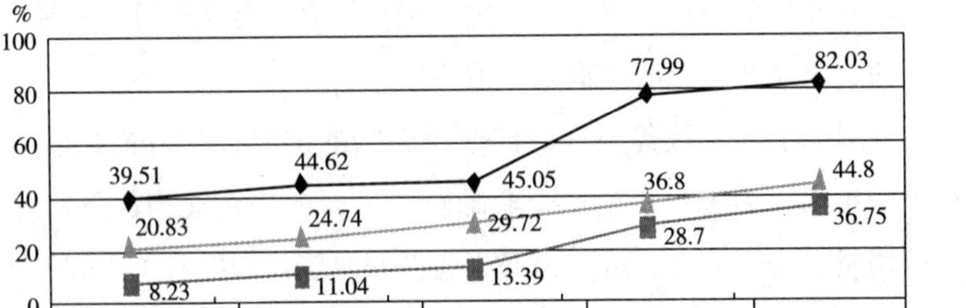

	2008	2009	2010	2011	2012	年份
小微企业贷款总额	8.23	11.04	13.39	28.7	36.75	
贷款总额	20.83	24.74	29.72	36.8	44.8	
小微企业贷款占比	39.51	44.62	45.05	77.99	82.03	

柯城农信联社近五年贷款增长情况

二、理念上要有坚定不移的决心

在确定了市场定位以后，要想很好地发展小微企业金融业务，坚定不移的决心也是必不可少的，没有决心，支小工作只能是空话套话。只有在理念上树立起坚定不移的决心，我们才不会仅仅在企业蒸蒸日上的时候趋之若鹜，一旦出现困难了首先想到的不是如何去救小扶危，而是如何保住自身业绩、个人前途。近几年来金融机构一度被置于风口浪尖之上，成为了嫌贫爱富、只会锦上添花不愿雪中送炭的代名词，在为自身叫屈的同时，银行真的应该反省一下自身。

三、技术上要有务实创新的意识

因为小微企业市场和客户群体跟大企业和其他市场和客户不一样，如果金融机构还是一味地关注抵押物，那么别说救小扶危，小微企业的基本信贷需求也无法从金融机构得到有效的满足。因此，这几年柯城农信联社在小微企业信贷技术上有了一些创新的做法。该农信联社本着“先固化，后优化”的原则，在贷款营销、客户调查、审批、定价、风险管控等环节实施了大量创新，构建了以破除抵押物崇拜、突出现金流为核心，综合评价小微企业还款能力、意愿和持续经营能力的信贷评价机制。这不仅保证小微企业能方便、快捷地获得资金支持，同时也保障了银行资金安全。

编写：余俊峰

小“支点”撬动支农大经济

——柯城农信联社“三个三”助农民专业合作社步入快车道

案例背景

柑橘是柯城区农村经济的支柱产业，但由于受市场环境的影响，农民增产不增收的现象屡见不鲜。

以 2008 年为例：柑橘当年大丰收，但却遭遇了滞销价贱的沉重打击，1 斤柑橘只能卖 3 分钱，90% 以上的种植户亏本，许多人无法归还信用社的贷款。为此，政府提出“三疏一改”精品种植提升品质和农业产业化提升销量的对策。然而种植户一是因当年损失惨重所欠小额农贷未还清，二是没有合适的抵押品来再筹资进行技改，生产经营举步维艰。

如何应对农户贷款出现大面积不良，农户在农业产业化经营过程中最迫切的资金需求该如何满足?

通过研究尤努斯在孟加拉国开展小额信贷的成功经验，分析台湾农村建立生产合作社的做法和成效，农信联社决策者们逐渐理清了以信用为基础、以合作为纽带的支持“三农”健康发展的新思路，并迅速制定了扶持农民专业合作社、农业产业化经营和龙头企业发展的支农创新战略。

五年多过去了，效果如何? 让我们走进柯城农信联社，去分享他们支持农民专业合作社促进农民增收、农业增效、农村经济大发展的成功经验。

案例情境

地处浙西经济欠发达地区的柯城区柴家村，只有700余人口。然而就是这样一个缺乏先天优势的小村庄，近年来在市场经济的大潮中脱颖而出，成为闻名全国的柑橘商品化处理集散中心。

走进五年前的柴家村，每到柑橘运销期，路旁就散发着一股烂橘子的气味，夜晚村中一片漆黑，加上烂橘子的臭味，谁都不愿意走进这个村庄。而如今的柴家村，竟成了“不夜村”，围绕着柑橘这一“黄金果”，农户们都成了合作社的社员。从每年的9月份到次年的5月份，在柴家村，每天都可以看到络绎不绝的外地客商在等着发货，几百辆车子在忙着跑运输。正月的头8天，柴家村天天都有成百吨的柑橘“批发”给全国各大城市的水果商，坐在家里不动，柴家村人每天有10多万元的进账。昔日的穷山村成为了浙西的“华西村”。

“生意能做大做强，靠的是合作社的发展、响当当的市场品牌和雄厚的资金。”现任柴家村柑橘合作社的理事长叶先明是这样说的。合作社创业初期，在柯城农信联社的建议下，柴家村柑橘合作社的11位社员签订了一个联保协议，然后由合作社出面，一下子从当地信用社贷出了200万元，现在已增加到了800万元。

“800万元的贷款换来近千万元的利润。”叶先明算了这么一笔账：目前柴家村已加工柑橘8万吨，净赚至少800万元，加上工资等附加值，合起来1 000万元出头。如果没有农信联社800万元的资金支持，柴家村就没有这么多的新厂房，70多条生产线也只能吃下一半的量。柴家村柑橘也不可能从“千家万户找市场”转变为“大家抱团占市场”。

如今的姜家山柴家村是衢州市有名的柑橘贩销村，作为浙西地区最大的柑橘销售集散地，该村每年从全国各地收购的柑橘经选果、打蜡、精加工、包装后远销东南亚和东北亚地区，带动了本村及周边乡村的5 000多农民共同走上致富路。

正因为如此，柴家村被评为2011年度省级信用村，在全省农信系统服务小微企业推进会暨省级信用村（社区）、信用乡（镇、街道）授牌仪式上还作了先进交流发言。2012 年，柴家村柑橘合作社又被农业部授予“全国农民专业合作社示范社”称号。

一个合作社串起一批专业户，带动一方产业，过去分散的传统农业由此走上规模化、品牌化、集约化经营的现代农业发展之路。

案例分析

随着农业产业化进程的加快，柯城区农民的合作经营意识日益提高，正逐步由一家一户独立松散性个体经营向联合市场化集体经营转变，农民专业合作社发展较快，规模不断增加。

为了对合作社规范化运作，2009 年，柯城农信联社就对农民专业合作社开展了信用等级评定工作，是全市首家联合农业局、工商局开展此项工作的金融机构。

2012 年，为了更进一步推进农民专业合作社规范化建设，根据省农信联社要求再一次会同市工商局、柯城区农业局开展农民专业合作社信用等级联合评定工作。经农民专业合作社申请，评定工作小组初审、初评，联合评定领导小组审核复评，确定柯城区 2012 年农民专业合作社 44 家。在信贷规模趋紧的情况下，该农信联社优先安排信贷资金保障农民专业合作社的信贷需求，对 44 家星级合作社给予贷款授信 1.45 亿元。

农信联社根据合作社组织架构、经营方式、财务状况对农民专业合作社进行区分，信贷支持上不搞“一刀切”，采取一户一策的策略，总体上采用“支大、帮小、扶弱”的市场策略，对农民专业合作社进行有效的信贷支持。

支大：就是对那些组织架构完善、规模较大、注册资金较多，有固定资产投入、财务制度健全，以法人形式正常经营，有第一还款来源且信用记录良好的农民专业合作社，直接对农民专业合作进行整体授信，提供信贷支持，如对衢州市柯城区永辉果蔬专业合作社直接给予 990 万元的信贷资金支持。

帮小：就是对那些组织架构不健全、规模中等、较少固定资产投入，合作社无经营或经营规模较小，但其组成的社员有较强经济实力的农民专业合作社，对农民专业合作社成员进行信贷支持，以达到间接支持农民专业合作社的目的。

扶弱：就是对那些组织架构松散、规模较小、基本无固定资产投入，合作社无经营只向成员提供各类服务，组成社员农户经济实力较差的专业合作社，通过向其提供基本金融服务，如资金结算、信息提供或小额贷款等方式向其社员提供信贷支持，逐步培养，等其实力壮大时，再进一步加大信贷支持力度。

在“支大、帮小、扶弱”的策略引领下，该农信联社本着方便客户、简化手续，从合作社的实际情况出发，按照“能支持合作社则支持合作社，能支持农户就支持农户”的原则，根据“公司+基地+农户”、“公司+专业合作社+农户”的信贷服务方式，推出“三个三”助农民专业合作社步入快车道。

打造“三种信贷模式”。一是合作社统贷模式。对合作社整体授信，贷款资金全部进入合作社账户用于购买生产资料提供给社员。二是通过合作社对接企业的转贷模式。向与合作社对接的农业产业化龙头企业发放贷款，企业以提供生产资料方式为合作社垫资，合作社待社员向企业销售产品时清偿该垫款。三是社员直贷模式。通过分散授信对社员直接发放贷款，社员销售产品后归还贷款，整个贷款发放和收回过程借助合作社内部有效的监督管理机制完成。

创新“三个信贷产品”。一是“兴农宝”小额信用贷款。对于管理相对松散、入社农户资金需求较小的合作社，如蔬菜、粮食等合作社，对其社员进行信用评级后发放相应额度的信用贷款。二是农户联保贷款。对于管理相对严密、入社农户资金需求较大的合作社，如牧业、渔业等合作社，通过合作社全体社员大联保及若干社员组成小组联保的形式，对社员发放联保贷款。三是合作社新型财产抵押贷款。为解决合作社担保难题，农信联社在普遍采取小额信用贷款、农户联保贷款等传统方式的基础上，联合农业担保公司担保，创新农房抵押、林权抵押、粮食订单质押、仓单抵押、水域经营权抵押、土地承包经营权抵押等担保方式，增加了对合作社及社员的信贷投入。

截至2012年末，农信联社共向农民专业合作组织及成员发放贷款15 719万元，向与合作社对接的农业龙头企业贷款 11 740 万元。

推出“三项服务机制”。一是推出贷款统一授信机制。组织贷款调查组对合作社社员的生产规模、贷款需求、还款能力、信用记录进行调查，并统一进行评级授信，确定每位社员的贷款额度。二是推出贷款快速审批机制。对合作社社员提供“比非社员优先贷、在授信额度内随时贷”的便利，同时简化贷款流程，大大提高了审贷效率。三是推出利率优惠机制。将合作社社员贷款的执行利率均控制在基础利率上浮 50% 的范围内，远低于农村信用社利率浮动的上限，较同行业非社员贷款可降低成本 20% 左右。

案例启示

随着农民专业合作社在农村地区的蓬勃发展，其越来越成为农村经济发展的一个重要力量。农村信用社如何随着形势变化而变化，通过支持农民专业合作社来拓宽新的支农渠道，通过一个点带动一大片，抢占新的农村金融市场，同时自身的业务也得到长远发展，真正实现了“合作共赢”！从本案例中，得到以下几点管理启示：

一、支持农民专业合作社是服务“三农”的新方向

2012 年的中央一号文件指出：继续发展农户小额信贷业务，加大对种养大户、农民专业合作社、县域小型微型企业的信贷投放力度。中央一号文件再度提出农民合作社经营模式：“坚持依法自愿有偿原则，引导农村土地承包经营权有序流转，鼓励和支持承包土地向专业大户、家庭农场、农民合作社流转，发展多种形式的适度规模经营。”

作为农村金融机构要有长期以来扎根农村，服务“三农”，“支农支小”的意识。要牢牢把握中央一号文件的精神，在新情况下，把支持农民专业合作社的发展，作为服务“三农”、“支农支小”提升自身金融服务水平的又一个重要的平台，同时也是以实际行动响应国家号召，履行社会责任，为“三农”的发展做好金融机构应做的本职工作。

二、支持农民专业合作社是抢占农村金融市场的重要方式

自2007年《中华人民共和国农民专业合作社法》实施以来，我国的农民专业合作社如雨后春笋般出现，农民专业合作在农村经济发展中，已经有相当的地位，是新农村经济发展的一个重要力量。

专业合作社把各分散经营的农户组织在一起，培育了一大批有经济实力的农户群体，因此，信贷支持农民专业合作社，就能创造对有经济实力农户直接信贷服务的条件。通过与农民合作社建立的长期合作关系，可以较为准确地掌握农户信息，有效解决农户贷款信息不对称问题，提高发放贷款的成功率，有效扩大农村信贷市场。

柯城区农民专业合作社绝大部分为种养业，对于土地面积需求较大，前期资金投入也较大。因此，对农民专业合作社或对合作社成员的信贷支持，能有效解决农民在土地流转，集约化生产中资金不足的后顾之忧，从而加快政府倡导的土地流转速度，加快高效、高产农业的发展速度。同时，土地流转的加快和集约化生产的要求，又可以产生新一批的种植、养殖大户，为金融机构提供新的贷款客户，从而形成良性循环，充分激活农村金融市场，助力“三农”经济的发展。

三、支持农民专业合作社是带动农业增产农民增收的支柱

在该农信联社的支持和指导下，农民专业合作社的发展壮大推动了当地农业产业化进程，为农业增产和农民增收拓宽了途径，辐射效应逐步显现。

2012年末，全区经工商部门登记注册的各类农民专业合作社已发展到864家，已经覆盖了全区17个乡镇，农民专业合作社经营项目涵盖畜牧养殖、种植、农机、农产品加工、食用菌、设施蔬菜、水果、中药材、薯类加工等10多个产业领域。农民专业合作社社员总数达到2.58万人，辐射农户3.21万户，联结各类农产品基地33.74万亩。

如万田乡坦上村的粉干加工，在当地信用社的信贷扶持下，仅合作社一年就能增收150万元，而村里的其他散户因为“坦上”这一品牌的支持，户均年收入也不会少于8万元，仅粉干加工这一项特色产品就带动了该村1/3以上的农户走上了致富路。

农民专业合作社在提高农民组织化程度和农业产业化水平，促进农民增收中发挥了重要作用，成为农村经济社会发展的重要引擎。

四、支持农民专业合作社是农信联社各项业务健康发展的切入点

该农信联社在大力扶持农民专业合作社发展的同时也提升了自身业务发展和社会形象。截至 2012 年末，各项存款余额 601 953 万元，各项贷款余额 447 959万元，涉农贷款余额 313 690 万元，比年初增加 71 608 万元，增速为 29.58%，高于贷款增速 7.86 个百分点，占总贷款比重 70.03%。

根据近五年来各项业务指标显示，该农信联社各项业务呈稳健增长，特别是涉农贷款增速连续五年均高于各项贷款增速，农村信用社已经成为支持农村经济发展的主力军。在全省农信系统“走千访万”劳动竞赛中，连续五年获得三等奖。2011 年度被省农信联社授予“浙江农信系统十强支农支小单位”，2012 年度又被省农信联社授予“十强信用联社”称号。

编写：郑晓云

“五度”利率定价：稳定社企关系

——柯城农信联社利率定价精细化管理的实践

案例背景

2008年，温州商业银行入驻衢城，打破了衢州金融机构的竞争格局。随后，国内一些股份制银行也纷纷抢滩衢州，使原本就充满着硝烟的衢州金融市场一时间狼烟四起。

至2012年初，衢州已有20多家金融机构，在同业竞争越来越激烈的情况下，并随着国家推进利率市场化力度的加大，银行的议价能力逐步下降，盈利空间缩小。

农信联社面临“点多、面广”、决策链短、办贷效率高的优势逐步丧失和优质客户流失的困难局面，农信联社生存发展面临前所未有的严重挑战。

案例情境

柯城农信联社面对新形势下的金融竞争新格局，在管理、机制、服务、产品设计上不断创新，适应农信联社在同业竞争中的需要，促进农信联社各项业务的稳步发展，确保农信联社在竞争中立于不败之地。

2007年，在全市农信系统实行了客户经理制，并相继出台了客户经理管理办法和客户经理等级评定办法，完善客户经理的薪酬制度，促进客户经理素质的提高，营销能力的增强，工作积极性和主动性的有效发挥。

因地制宜针对不同的客户群创新各类信贷产品，满足各种客户的个性化信贷需求。开展服务承诺，实行客户经理信贷业务限时办理制度。同时，也出台了贷款利率定价办法，对优质客户实行利率优惠。

但是，近年来有些客户认为农信联社贷款利率太高，不愿与农信联社合作，甚至有的老客户，从小到大一直是由农信联社扶持壮大的，也存在农信联社贷款利率比其他银行高，想与他行合作的想法，然而事实上，柯城农信联社的百元贷款收息率一直在全市农信系统是最低的。

针对这一问题，2012 年初，农信联社理事长甘文智带领相关部门人员走访了客户，组织信用社主任和客户经理进行了座谈，经过讨论分析，发现主要问题是贷款利率定价机制不尽规范，有待完善。为适应利率市场化的要求，加强贷款利率管理，进一步完善贷款利率定价机制，规范贷款利率定价行为，相关职能部门对贷款利率定价办法进行修订完善。

案例分析

贷款利率定价遵循合法性、成本效益和风险匹配、市场化定价、差别化定价原则。

一、合法性

贷款利率的确定必须符合国家法律和中国人民银行的有关利率管理规定，各信用社应在授权范围内，合法、合规地执行利率定价政策。

二、成本、效益和风险匹配

贷款利率的确定要能够覆盖经营管理贷款所付出的成本、承担的风险和期望的资本回报，在有效管理贷款风险的前提下，把眼前利益与长远利益相结合，把本行效益与社会效益相结合，实现综合效益最大化。

三、市场化定价

贷款利率定价要根据市场利率水平变化、业务发展和同业竞争策略，进行灵活调整。

四、差别化定价

指贷款利率定价应根据不同客户对象、贷款风险度、客户信用度、客户贡献度、客户忠诚度和银企合作度等，在进行成本、风险、收益等精细化核算的基础上实行差别化定价。

贷款利率优惠标准：

（1）信用度。按客户信用等级和是否有不良借款、担保记录确定优惠幅度。

（2）风险度。按贷款担保方式和是否参与财产保险或人身意外伤害保险确定优惠幅度。

（3）贡献度。根据客户在本农信联社贷款日之前12个月的月均存款和日均存款与贷款余额的比例确定优惠幅度。

（4）忠诚度。根据客户是否在本农信联社开列基本结算账户、开户时间长短和客户与农信联社建立信贷关系时间长短确定优惠幅度。

（5）银企合作程度。根据客户与本农信联社开展相关的中间业务（含网银、卡销费、代发工资、购买理财黄金等）收入状况确定优惠幅度。

（6）特别优惠。农信联社利率定价管理委员会根据市场利率水平、竞争情况、客户潜在贡献、客户社会知名度、行业发展前景等因素给予一定优惠。

“五度”利率定价法，对利率定价实行动态管理，改变过去一经定价以后难以调整的状况；简单易测算，改变原办法难计算的状况。客户经理利用“五度”利率定价法对优质客户进行全面走访讲解，取得较好效果：

（一）提高优质客户现金回存率

2012年第一季度74户存量优质客户增加存款22 500万元。花神铜材有限公司是一家生产加工铜的企业，每个月销售额都在1亿元以上，而年日均存款不足100万元。该企业每天货款进出多，因信用社2011年前网银尚未开通，每笔业务都要到信用社柜面办理特别麻烦，而在他行则可以通过网银坐在办公室就可以完成。

2012年初，银监部门同意该农信联社开办网银业务后，农信联社第一批为其开通了网银，并告知企业存款贡献度与贷款利率定价相关。结果，该企业

2012 年日均存款比上年增加 1 000 多万元，经测算，贷款利率为上浮 30% 降低到上浮 20%。

（二）稳定老客户

衢州市新环汽车配件有限公司 2011 年贷款利率为上浮 20%，2012 年经测算为上浮 25%，提高 5 个百分点。当他了解到有一家同在信用社开户的企业，日均存款相差不多，利率却低于该企业 5 个百分点，就萌生了去他行贷款的想法。

得知这一情况后，农信联社领导立即着手展开调查。经分析主要是该企业员工没实行在信用社代发工资、全年没有卡消费等原因，原因查到了，农信联社领导向该企业老总作了解释，并告知如果企业的贡献度提高了，农信联社的利率定价会随时调整，甚至会出现比上浮 20% 还要低。通过领导耐心细致地分析，该企业认可了农信联社的做法。最终，该企业认为信用社办事方面快捷，即使比他行高 5 个百分点，还是愉快地继续与信用社合作。

（三）控制利率下降

如下图所示，即使城区银行同业更为激烈，但该农信联社百元贷款收息率与衢州市兄弟行社差距不但没有拉大，反而有所缩小。

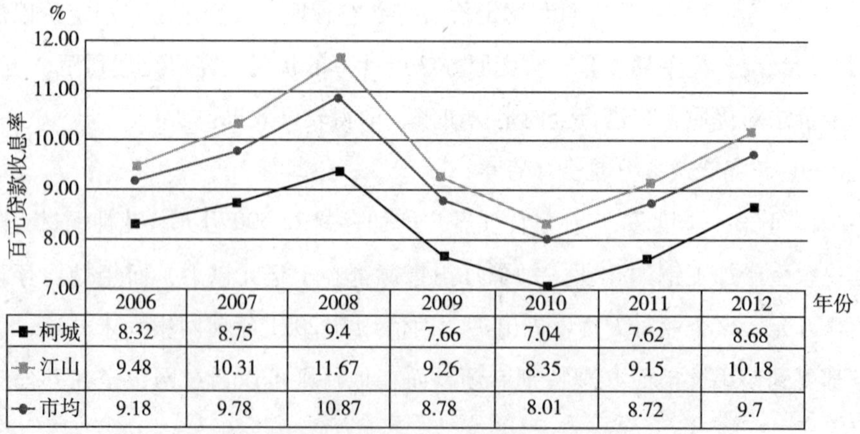

	2006	2007	2008	2009	2010	2011	2012
柯城	8.32	8.75	9.4	7.66	7.04	7.62	8.68
江山	9.48	10.31	11.67	9.26	8.35	9.15	10.18
市均	9.18	9.78	10.87	8.78	8.01	8.72	9.7

衢州农信贷款收息率

案例启示

银行面对激烈的同业竞争，各商业银行在产品创新、营销能力、风险控制及公司治理机制等方面都进行了大胆的实践与探索，其最终目的是为实现最佳经营效益。

根据目前我国银行业的收入结构，尤其是作为地方性小法人机构的农信联社其盈利点主要还是来自存贷利差。因此，建立科学的贷款利率定价机制，是农信联社应对同业竞争的关键。从本案例中，可以得到如下管理启示。

一、利率定价应追求差异化、精细化

净利差收入是商业银行的主要收入来源，目前占我国商业银行收入的75%以上，在中小银行甚至达到90%以上。净利差收入是由一家银行的资产规模和净利差两个驱动因素决定的。在过去，由于存贷款利率的浮动区间小，银行的净利差基本上是有保障的，商业银行把管理的重心放在追求规模扩张上。

随着利率市场化的逐步推进，存贷款利率浮动区间逐步扩大，净利差的波动加大，商业银行应从规模扩张的粗放式管理模式，转向净利差的精细化管理。随着利率浮动区间扩大，商业银行的竞争会进一步加剧，中小银行应摆脱依靠大客户的同质化经营模式，追求差异化经营。

二、利率定价应科学化、合理化

银行贷款利率定价，需要在银行盈利与市场份额之间进行合理选择。贷款利率定价过低，银行贷款利息收入不能补偿信贷资金成本、违约损失成本；贷款定价过高，银行就会失去客户和市场。

当今，银行同业之间及银行与非银行金融机构之间竞争日益激烈，激烈的竞争使银行存贷利差逐步缩小，没有一个完善科学的利率定价制度，在银行规模不断扩大的过程中，很多问题将会被成倍地暴露出来，并对银行的生存和发展产生致命的威胁。因此，农信联社制定科学合理的贷款利率定价尤其重要。

三、银行是贷款利率的接受者，而并非制定者

从表面上看，贷款利率是由银行制定的，以前存贷款利率是中国人民银行确定的，实行利率市场化后，各商业银行可根据中国人民银行规定的浮动幅度范围内进行浮动。

但是，随着利率市场化的推进，加之激烈的市场竞争，企业掌握了相当的主动权，贷款定价过高，就会造成优质客户的流失。利率市场化后，贷款利率实际上是由市场资金供求关系决定的，银行是根据市场需求而确定的。激烈的市场竞争，决定了银行是贷款利率的接受者，而并非制定者。

编写：傅嘉良

小代理“代”出大市场

案例背景

随着衢州城区金融竞争的加剧，单纯的传统业务已经远远不能满足柯城农信联社发展的需要，而代理业务以不占用资金、风险相对较小等特点逐渐引起农信联社领导的重视。农信联社理事长甘文智在各类工作会议上多次讲道：“要依托科技提升效率，要提升科技应用水平。”在这一指导思想的引领下，柯城农信联社科技部门“依托科技平台、加速科技创新。”将辖内不同行业、不同规模的企业的金融服务需求积极转化为项目开发，在技术实现、流程规范、风险防范等方面进行详细的业务及技术论证，并在各项代理业务中得到了充分的体现，为农信联社“做小客户、争大市场”提供了良好的技术支持。

案例情境

柯城农信联社的代理业务是从财政代发工资开始的，然后是1999年的代扣存款利息税，但在以后的几年中一直没有其他的代理业务出现，直到2003年数据大集中以后，代理业务才陆续开始发展起来。柯城农信联社的代理业务经历了一个从无到有的发展过程，起步较晚，而且品种单一，很长一段时间里，都集中在代发工资上。代理业务净收入虽逐年增加，但发展速度缓慢，收入比例还处在一个很低的水平。

随着金融创新的发展，代理业务种类越来越多，但是该农信联社还是仅限于代发工资、代办保险等业务品种，业务创新能力弱，构成上也比较单一，基本上是以传统的中间业务为主。由于长期的计划经济和传统信贷管理体制禁锢我们的创新思维，束缚了我们的经营理念，在发展代理业务的指导思想上存在偏差，仅仅把代理业务当做副业，当做是从属于存贷业务的附属品，作为吸引客户，增大存贷款传统业务的辅助手段，没有真正把开发代理业务当做一项主业和新的利润增长点来经营。

代理业务是知识密集型产业，具有集人才、技术、网络、资金和信用于一体的特征，它涉及经济、金融、贸易、法律、科技等诸多领域，是金融业的高科技“模块”。代理业务的发展需要大批知识面广、实践经验丰富、懂技术、会管理的复合型人才，尤其需要具备系统的银行、保险、证券、外汇等金融专业知识，通晓各种金融商品和投资工具，了解国际国内经济金融形势的专家。与商业银行相比，这种高素质复合型人才在信用社极难找到，大部分信用社目前根本就没有这种人才，因此造成信用社代理业务的品种少，功能单一，缺乏综合性和有自身特色的产品。所以，代理业务专业人员的匮乏严重制约了柯城农信联社代理业务的发展，成为柯城农信联社代理业务发展的一大“瓶颈”。

基于以上认识，近年来该农信联社加快代理业务的发展步伐。“代理城乡居民基本医疗保险业务”就是依托科技平台，做大代理业务的一个鲜明的例子。

一、政府收缴医保遇难题

城乡居民基本医疗保险是由政府组织、引导和支持，城乡居民自愿参加，个人、集体和政府多方筹资的互助医疗保险制度。它是党中央、国务院在新时期为解决“三农”问题，缓解农民“因病致贫、因病返贫”和提高农民抵御重大疾病风险而推出的一项惠农政策。参加城乡居民医疗保险，可以享受最基本的医疗服务，提高抗大病风险能力，解决“因病致贫、因病返贫”问题，从而提高城乡居民整体健康水平。根据城乡居民自身的经济承受能力和基本医疗消费需求，筹资标准设立 3 个档次。

以往，社保部门对这类保险的参保人员保费收缴工作都由各村的代办员代收，再集中交到社保部门参保，这样既免去了各个农户跑社保的问题，也减轻了社保部门对保费收缴工作的压力。但是，近年来，柯城区某村却出现了村代办员挪用保险金的情况，造成几十万元保险金被代办员挥霍，至今无法追回。这不仅严重影响了社保部门的声誉，也延误了参保农户的正常参保，造成了极坏的社会影响。

随着城乡居民医疗保险制度的推行，如何高效、安全、方便城乡居民医疗保险参保人保费的收缴成了社保部门一项艰巨的任务。城乡居民医疗保险的筹资是该制度建立、稳定和持续发展的根本。筹资的渠道畅通、筹资的方式适度和筹资的成本较低等，都是城乡居民医疗保险制度发展的关键。

一方面，全区除在校生及参加城镇职工医疗保险的人员外，还有近 14 万人要参加城乡居民医疗保险，这 14 万人员主要为农村居民，分布于全区的各个乡镇（村），不仅居住分散，路途相对较远，并且这项工作必须在 2012 年底前完成。在这种情况下，区社保不仅工作量大，而且涉及面广。另一方面，社保员直接现金收取保费不仅不安全，而且费时费力。如何高效、安全地完成这项艰巨的任务，成了区社保必须面对的一个难题。

二、农信联社利用网络解忧愁

柯城农信联社在全区设立了 37 个网点，有一半网点设立在柯城的各个乡镇村。农民的小额贷款基本都是从当地信用社获得的，大部分存款也在信用社，并和信用社建立了良好的信誉关系。而且，柯城农信联社在 2011 年已经为部分居民发放了丰收社保卡，至 2012 年发放城乡居民手中的丰收社保卡已达 8.6 万余张。大部分的丰收社保卡持卡人已与柯城农信联社签订了城乡基本养老保险的代收代付协议。结合农信联社的有利条件，农信联社了解社保部门上述情况后，主要领导及时和区社保部门沟通，利用农信联社在柯城区的区域、网点、网络优势及丰收社保卡发放的有利之机，和区社保部门合作，为其代理收取城乡居民医疗保险费。

三、政银联手合力齐推进

经农信联社相关部室和区社保部门多次协商，确定业务流程和需求。并且根据区社保部门提出的需求，于 2012 年 11 月积极委派科技人员去省农信联社开发“代收城乡居民医疗保险业务”。城乡居民医疗保险基金征缴是城乡居民医疗保险程序运作过程的基础性工作，其目的在于确认参保人员信息，收缴参保人员应缴的费用。农信联社开发人员根据与区社保局达成的协议，开发的程序包括以下内容：城乡居民医疗征收、城乡居民医疗对账、城乡居民医疗签约录入、城乡居民医疗签约修改、城乡居民医疗批量扣款、城乡居民医疗批量扣款返回等。该程序既可以为客户单笔收缴医疗保险，又可以为客户签订代收协议进行批量扣款，而且已签约的用户，还能做合作医疗现金征收，且征收后再做批量扣款，社保方会控制不重复扣款。已做过合作医疗征收现金交易的客户，还能签约，且批扣的时候社保方会控制不至于重复扣款。其中合作医疗征收菜单，输入身份证号，则会自动出来实缴金额；输入姓名，乡镇代码、村代码、参保类型可以从下拉菜单里选择，缴费方式可以是现金，也可以转账。对未完成参保的用户和已经缴费的用户，程序里都进行了控制，并会出现相应的提示，如“该身份证号乡镇未完成参保确认，请与柯城区社保局联系”，“参保人已存在缴费记录，不能重复缴费”等。

经农信联社科技人员与社保方科技人员多次组织联网测试，该项业务于2012年12月5日正式上线运行。在上线运行过程中，农信联社科技人员及时与社保人员和农信联社柜面工作人员沟通，随时关注程序的运行情况，并对相关操作人员提出的问题进行跟踪、研究，对合理化建议和程序出现的问题进行优化更新。比如在程序运行中对合作医疗征收菜单中的输入身份证号不会自动显示姓名的问题进行优化，加快了柜面的办理速度。

在实际办理代收城乡居民医疗保险业务中，和参保人员签订代扣协议是一项工作量极大的工作。如果一户一户至网点柜面签约，不仅费时费力，而且也会超出柜面所能承受的压力，不仅很难在短时间完成该项任务，而且还会影响其他正常的业务。农信联社考虑到这个问题，想到利用今年已发放到持卡人手中的8.6万余张丰收社保卡的有利之机和持卡人签订相关代扣协议，丰收社保卡持卡人同意通过丰收社保卡办理相关代扣业务，农信联社科技人员通过技术手段将丰收社保卡相关信息和社保部门城乡居民医疗参保人员相关信息核对，找出信息一致人员7.5万余人，并将城乡居民医疗保险的批扣账户签约为发放至居民手中的丰收社保卡号，这大大减少了柜面工作压力，提高了工作效率。

经过将近一个月的城乡居民医疗保险征缴，到2012年底，农信联社共为全区近14万人代收城乡居民医疗保险费，代收金额达1 915万元。

四、农信联社初尝代理新果实

到2012年底，柯城农信联社充分发挥网点优势，依托科技平台，走实时联网之路，先后和电力、电信、水厂、社保、交警等部门实时联网，为其代理相关费用的收取和发放。截至2012年底，共代收电力、社保等公共事业费1.76亿元，其中，代收社保资金2 600万元。

到2012年底，全区各网点共有16.51万个账户签约办理各类代收代付业务，年底账户总余额达3.92亿元，其中，代发工资业务账户共达73 548户，账户年底总余额达1.05亿元。

柯城农信联社在收获这些丰硕的经济效益的同时，也得到了各代理单位及客户的好评，大大提升了农信联社在当地的社会形象。

案例启示

一、拓展业务不妨从小做起

不以小而不为，不管是小额代理业务，还是本地业务，都要结合农信联社自身的经营特点和客户群体，设计能符合客户需求、方便办理的产品，农信联社“根”在农村，农村的特点是散、小，我们应以立足“三农”、服务“三农”为己任，不妨从满足每家每户的水电、养老、医保等日常所需的金融需求入手，实实在在地为农户办实事，提供良好金融服务，融洽关系，了解客户，必能筑建柯城农信联社纵横交错的客户群体，有了广大的客户资源，才能为农信联社深耕、细分市场，挖掘客户做准备，也为农信联社深度拓展各项业务创造空间。

二、做小还需社企（政）联姻

开办各类代理业务，能有效防止现金的流出，促使资金在本农信联社体内循环，不仅稳定了客户，又丰富了农信联社的中间业务产品种类，而且很好地坚持了农信联社“做小、做优、做强”，“做小客户、争大市场”的经营理念。农信联社各项代理业务的“源”在企业、在政府，我们要充分发挥农信联社的政策优势、网点优势、人脉优势，扬长避短，聚集正能量，积极主动和企业、政府相关部门联姻，不仅要做好、做细、做实传统的代收、代付业务，还要探索、实践社企、社政合作的新路子，力求向客户提供全方位、一站式的金融产品。

三、做小离不开科技支撑

各项代理业务是伴随农信联社计算机及网络技术的发展而发展的，我们现在已实现了不出乡就能办理各类和村民生活密切相关的代理业务 ，我们要进一步加大科技投入，加强对技术含量高的新业务的研发力度，充分利用网络优势，使客户不出村、不出户就能享受农信联社便利金融带来的快乐。在未来农信联社的发展道路上，“依托科技平台、加速科技创新、开发金融产品、实现科技兴社”，将是信用社发展的一个必然选择。

四、做小有利于提升公众形象

代理业务联系面广，服务性强，代理业务的开展有利于农信联社形象的塑造和提升。农信联社发展代理业务不但要看当前的经济效益，还要看它产生的综合效益、社会效益以及长远的经济效益，这是农信联社未来发展必不可少的一步。

编写：姜志芳　毛燕飞

贫困农户脱贫致富的“金拐杖”

——衢江农信联社创新信贷模式助力低收入农户脱贫致富

案例背景

党的十六大吹响了“全面建设小康社会”的号角，社会经济发展进入崭新历史阶段。要实现全面小康社会的宏伟目标，重点在农村，难点在农村，重中之重、难中之难在于如何帮助贫困农民脱贫致富。

《低收入群众增收行动计划（2008—2012年）》提出从2008年起至2012年的5年间，在农村对2007年家庭人均纯收入低于2 500元的农户实施“低收入农户奔小康工程”，目标是实现70%以上低收入农户（“低保”农户除外）家庭人均纯收入超过4 000元。

2007年末，衢江区有低收入农户41 750户、128 511人，占全区总人数的36.5%，占比为衢州市各县（市、区）最高，特别是乌溪江库区低收入人口占比更是高达74%；全区列入省扶持的低收入农户集中村239个，占总村数的47%，是浙江省低收入农户较为集中的区域。

农信联社作为地方金融企业和农村金融主力军，在新的时代背景下，如何正确处理加快自身发展与履行社会责任的关系，找准金融扶贫工作的切入点、结合点和平衡点，更加有为地推动贫困农户创业增收？近年来，衢江农信联社以更博大、更高远的视角认识扶贫帮困的实质意义，主动探索创新信贷扶贫实践模式，在助力贫困群体脱贫致富中有效发挥了“金拐杖”作用。

案例情境

近年来，衢江农信联社大胆创新实践，推出了扶贫小额农贷、助学贷款、低收入农户贴息贷款、下山异地脱贫贷款、林权抵押贷款等多种实践模式，这些模式对特定层面的贫困群体摆脱困境产生了积极效应，其中，走在全市乃至全省前列的典型模式有：

模式一：低收入农户贴息贷款

2008 年 3 月，衢州市委市政府出台了《关于实施低收入农户奔小康工程的意见》。同月，由衢州市农办、市财政局、省农信联社衢州办事处三方联合制定的《衢州市低收入农户奔小康工程贷款贴息资金实施意见》。

低收入农户贴息贷款试行开办，衢江农信联社被列为全市首批开办该项贷款的两家金融机构之一。农信联社与区农办、区财政局联合下发了《衢江区低收入农户奔小康工程小额贴息贷款实施细则》，率先在全市正式开办低收入农户贴息贷款。

低收入农户贴息贷款是一个全新的信贷扶贫产品，其基本运作模式是：衢江农信联社安排 6 000 万元信贷资金，专项用于低收入农户创业增收项目扶持；市、区两级财政每年安排资金 480 万元（其中区财政 120 万元）作为低收入农户贷款利息贴补；贷款额度根据低收入农户发展项目资金需求大小、风险承受能力、还款能力等因素进行确定，一般单户最高贷款额不超过 2 万元。贷款期限一般为一年，最长不超过两年；贷款利率按同档次贷款基准利率上浮不超过 20% 执行；贷款发放按“农户提出申请→村委会初审→农信联社调查发放→贴息资金审查核拨”的流程运作。低收入农户无须垫付贴息资金，而由农信联社暂行垫付后，再向当地扶贫办和财政申报核拨。

低收入农户贴息贷款开办至今，衢江农信联社已累计发放该项贷款 10 864 户，金额 20 417 万元，覆盖面 9.4%。

模式二：“并笔”贷款发挥“能人”带动效应

衢江区湖南镇华家村是个典型的低收入农户集中村，全村 105 户农户均为低收入群体。

2008 年 4 月，衢江农信联社领导到该村走访调研时发现，村里农户虽然符合贴息贷款条件，但大多缺少适合自己的创业发展项目，仅凭自身力量很难脱贫致富。还有，如果采取遍撒“胡椒粉”式地发放贴息贷款方式，很可能出现资金被挪用、导致贷款风险。基于这种状况，衢江农信联社主动创新求变，变革放贷模式，率先在全省推出了“低收入农户并笔贷款”运作模式，并在该村进行试点。所谓“并笔”贷款即由信用社选择一家或几家发展成熟、管理规范的农民专业合作社作为承贷主体，以几笔贷款合并成一笔贷款的方式向低收入农户发放贴息贷款。

衢江农信联社经过筛选，选定以华家食用菌专业合作社作为承贷主体，全村 105 户低收入农户用各自可申贷的贴息贷款自愿入股合作社，股份实行保底分红，信用社以合作社名义并以社长个人财产作抵押，“并笔”发放了 200 万元低收入农户贴息贷款。当年年底，入股低收入农户每人获得了 400 元的首期分红。2009 年，该农信联社又向合作社追加了 100 万元贷款授信。

低收入农户贴息贷款并笔发放模式的关键在于，借助创业主体的“能人”效应，发挥其对低收入农户的带动、拉动作用和辐射功能，既能让低收入农户享受到政府和金融部门扶贫政策，又能有效解决低收入农户寻求创业项目难、创业风险大等现实问题，进而实现低收入农户、专业合作社和农信联社多方共赢。

2010 年，省农信联社孙建华副主任对衢江农信联社创新推出的“低收入农户并笔贷款”作了充分肯定。他认为，这种放贷模式，不仅能大大减轻信贷人员放贷压力，缓解信贷人员紧缺矛盾，提高贴息贷款使用效益，降低资金风险，而且能有效集聚资金、技术、信息、产销等方面资源优势，提高农民组织化程度，一举多得，不失为是一种行之有效的信贷扶贫模式，值得认真总结，借鉴推广。

“低收入农户并笔贷款”开办五年来，华家食用菌专业合作社累计从衢江农信联社获取信贷资金 1 295 万元，培育种植食用菌 320 多万袋，创利 240 余万元；入股低收入农户每人每年都从合作社获得400元以上的分红，全村农民人均纯收入从2007年的3 379元增加到2012年的7 015元，实现翻番增长；合作社贷款余额也从最高时的300万元降至目前的195万元。2012年，该合作社被评定为浙江省示范性农民专业合作社。

模式三："心连心"互助担保贷款

衢江区高家镇划船塘村也是个低收入农户集中村，全村526户农户中有低收入农户319户，占了六成之多。

2010年5月，划船塘村争取到了30万元国家级低收入农户集中村资金互助组织试点资金。当月，衢江农信联社与衢江区政府联手在该村启动开展了村级农业担保公司组建工作试点。经过宣传发动，在87户低收入农户自愿入股20万元资金、创立总额为50万元的互助担保基金后，7月份全省首家村级农业担保公司——衢江区高家镇划船塘村农业担保有限公司正式宣告成立。与此同时，衢江农信联社量身定制推出了一款"心连心"互助基金担保贷款产品。

这家农业担保有限公司系非营利性担保机构，专门为入股农户免费提供贷款担保服务，其担保额度可达担保基金额的10倍，即由村担保公司担保，信用社最多可向划船塘村低收入农户发放500万元贷款。入股农户遇到资金困难时，可由担保公司出面提供担保，向信用社进行贷款融资，单户最高可贷款5万元，其中2万元为贴息贷款，只要有好的创业发展项目、守信用，担保公司愿意担保，信用社就一概予以支持。

村里成立了农业担保公司，这给低收入农户带来了福音。迄今为止，衢江农信联社依托这一平台，已累计发放"心连心"互助基金担保贷款180多笔，金额达410万元，有力地支持了当地种植、养殖、来料加工等产业发展，帮助了一批低收入农户走上创业增收、脱贫致富之路。

2012年3月，浙江银监局局长韩沂到划船塘村走访调研。之后，他在《中国农村金融》2012年第9期"高端论坛"发表了题为《把准脉搏促进加快发展》的署名文章，文中详细介绍并充分肯定了衢江农信联社这一金融扶贫创新做法与经验。

模式四：来料加工经纪人贴息贷款

2009年9月，衢江农信联社将低收入农户贴息贷款实践经验嫁接到来料加工经纪人层面，延展金融扶贫领域，与区扶贫办联合推出了“来料加工经纪人贴息贷款”，对带动低收入农户增收作用明显、年发放加工费百万元以上的经纪人给予20万元以下贴息贷款支持，以期发挥经纪人在推动来料加工产业发展、带动低收入农户就业增收中的领头雁作用。截至目前，该农信联社已累计向121位来料加工经纪人发放贴息贷款2 180万元，促成全区建成了1 000平方米以上规模来料加工点12个，形成了袜业、饰品、编织等八大区域特色的来料加工基地；从业人员从2008年末的2.5万人增加到4.16万人；发放来料加工费2.06亿元，人均年增收4 800元。此举有效地促进了低收入农户就地就近就业增收。

案例分析

农信联社是金融企业，单从经营和规避风险角度考虑，扶贫帮困的确不是主业，但它植根于农村，得益于农村，可持续发展仍将依存于农村。经济决定金融，只有农村经济全面发展了，农信联社可持续发展才有坚实基础和不竭源泉。并且，一直以来农信联社不仅有锦上添花、推波助澜之作，也不乏雪中送炭、救死扶伤之为，金融扶贫从未间断过。近年来，贫困群体受到了社会空前关注，国家持续出台了多重扶贫政策，这极大地激发了贫困农户脱贫致富的愿望和激情，但由于贫困农户本身在观念、素质、技能、信息等方面有着先天不足，难以找到适合自己的创业发展项目，加上抵押担保能力低下，众多贫困农户依然处在创业无路、求贷无门的窘境之中。如何为贫困农户提供“适销对路”的信贷产品与服务模式，衢江农信联社以务实创新的行动实践，不懈探索信贷扶贫实践模式，有效破解了诸多现实难题与矛盾，逐步走出了一条切合当地实际和特点、富有特色和成效的金融扶贫路子。农信联社金融扶贫工作也获得了社会各界充分肯定，先后荣获浙江省银行业2009年度金融支农工作创新奖、浙江农信系统“十强支农支小单位”等荣誉，辖属高家镇信用社还荣获了2012年全国“百家农村金融服务先进单位”。

金融服务的深化和完善，重在实践，贵在创新。几年来，衢江农信联社在金融扶贫实践中坚持以“创业脱贫”为出发点和落脚点，以帮助贫困群体提高创业增收能力为核心，以扶持“短平快”增收项目为主导，有所为有所不为，将扶持对象锁定在那些有着强烈创业脱贫意愿和潜在创业发展素质、能够借助金融帮扶之力实现增收脱贫乃至致富的贫困农户。

扶持项目重点放在：一是支持传统产业提升改造。注重发挥信贷导向与调节功能，通过信贷有效渗透，促进产业改造升级，提升产业品质、效益和市场竞争力，使之成为低收入农户增收的重要产业领域。二是支持生态特色农业。依托当地资源禀赋，积极扶持适宜于低收入农户生产经营的山地蔬菜、食用菌、畜禽生态养殖等“短平快”项目，培育特色种养专业户、专业村，促进形成“一村一品”特色产业发展格局。三是支持农业产业化经营。有重点地支持农民专业合作社、农业产业化企业等产业化载体建设，培植农业产业化经营龙头，增强其对低收入农户的带动、拉动作用和辐射功能，帮助农户突破良种、技术、资金、信息、销售等方面的“瓶颈”制约，提升增收创收能力。四是支持新兴产业发展。通过加强金融服务对接，引导和支持低收入农户举步进军来料加工、农家乐休闲旅游等新兴产业领域，促其转产转业转型，拓展经营渠道，提升创业层次，逐步从务工、务农向做“股东”、做“老板”转变，从“小农经济”向“创业经济”转变，形成新的经济增长极，增强自我发展、持续发展能力。

自2008年以来，衢江农信联社累计发放各类扶贫贷款24 302万元，分别占衢州农信系统同类贷款总金额、总户数的66.34%和57.57%。这些扶贫信贷资金的注入，对贫困群体创业发展、脱贫致富起到了点石成金的效用。从具体层面考察分析，金融扶贫有两大亮点：

一是助力低收入农户集中村“脱帽”。莲花镇月山村、润峰村等一批低收入农户集中村，在农信联社倾力支持下，相继投入基础设施建设资金4 000多万元，流转土地4 200多亩，扶持农户搭建钢架果蔬种植大棚120万平方米，并引进农业龙头企业10余家，逐步规划建设了9.96平方公里的现代农业园区，当地有380多名农民在园区务工，人均月收入在1 500元以上。受益于园区建设发展，这些低收入农户集中村先后摘掉了贫困“帽子”。移民新村——廿里镇通衢村在信用社信贷支持下，投资30万元建成460平方米来料加工用房，购置缝纫机100台，以租赁形式提供给来料加工经纪人加工服装，吸收了库区120名下山安置群众就业，村民人均月收入达2 000元。不仅如此，村集体每年也有1.5万元租金收入进账。

二是促成特色农业产业群快速崛起。在农信联社信贷杠杆作用下，衢江区辖低收入农户集中村中先后建立了10个千亩特色农业精品基地、30个主导产业示范片、60个产业特色村、100个特色产业示范点，一个以“千亩毛竹丰产示范基地、千亩名优茶示范基地、千万袋食用菌生产基地、千亩山地蔬菜示范基地、千人来料加工基地和农家乐休闲旅游”等“五千一乐”为主体的特色农产业群悄然崛起，直接或间接带动了低收入农户人均增收1 800元。乌溪江库区的湘思村，这个仅有农户49户、人口157人的库区小山村就开办了19家农家乐，每家年平均收入达六七万元，占到农户家庭总收入的2/3之多，农家乐已然成为当地农户最主要的收入来源。

案例启示

从衢江农信联社创新金融扶贫模式这一实务案例中，我们可总结出以下可资借鉴的经验与启示。

启示一：政策性工作同样需要创新。从率先在全市推出低收入农户贴息贷款、“并笔”贴息贷款，到全省首创村级农业担保公司，这步步跟进且富有实效的金融扶贫创新实践，不仅彰显了衢江农信联社的创新能力，同时也表明政策性工作同样可以创新。政府的扶贫政策以什么样的方式着地，着地后发出什么样的响声，很大程度上取决于金融机构对政策性工作的配合以及通过创新寻找到契合点。只有这样，好政策才能真正落到实处，发挥出最大化效应。否则，很容易走调变样，成为一纸空文。

启示二：金融扶贫重在“创业脱贫”。低收入农户是弱势群体，需要外力帮扶，但从本质上讲，要真正实现脱贫致富，外力帮扶只是必要条件，农户自身才是真正的主体。农信联社不同于民政局、救济院，金融扶贫的题中要义是扶持“创业脱贫”，这是毋庸置疑的出发点和落脚点。因此，金融扶贫必须牢牢把握“创业脱贫”这一根本，做到有所为有所不为，不能全盘包揽包办，也不能普降细雨，遍撒“胡椒粉”，尤其要极力避免在那些“扶不起的阿斗”身上枉费心机。否则，金融扶贫就会失去本来意义，导致与初衷和意愿相背离。对于那些鳏寡孤独、老弱病残群体不能苛求农信联社去介入，而应举社会之力，通过加快完善社会保障、救济、救助机制等途径来解决问题。近年来，衢江农信联社所做的一系列探索创新之举，正是围绕着“创业脱贫”而展开的，切合金融扶贫工作实质性要求，故而收效明显。

启示三：“授之以鱼”更要“授之以渔”。有不少人认为，制约贫困农户脱贫致富的主要因素是资金缺乏，其实这是个误区，最根本的因素乃是创业素质缺失。尤其是近年来，可以说，外界已给贫困农户脱贫致富营建了良好的政策环境和平台，然而许多贫困农户却仍然无从找到合适的创业发展项目，无法利用现行扶贫政策去实现脱贫致富。致之何由？问题的症结就在于创业素质缺失。因此，扶贫帮困应以提升农民实际创业素质能力为核心要素，“授之以鱼”更要“授之以渔”，坚持“输血”与“造血”并举，通过深化和完善农民素质提升机制，加强农民观念理念引导、职业技能与实用技术培训、产业信息和发展项目指导，促进农民增强自主创业意识，提升自我发展素质和“造血”功能，这样才能使农民的主体作用和潜能得以充分发挥，进而走上创业发展、脱贫致富的道路。

编写：吾建英

打通便农服务进程的“最后一公里”

——衢江农信联社“普惠制金融”服务模式的创建与推广

案例背景

2008 年，出于对农信联社风险管理的顾虑，银监部门要求全面撤销农村信用社代办站。2009 年 8 月，衢江农信联社最后一个信用站——举村信用站被撤销。

几十年以来，农村信用站一直是信用社分布在最基层的细胞，承担着农村地区千家万户的金融服务。信用站撤销后，大量农村小额存取款、贷款等业务均移交给当地信用社办理，网点业务量成倍增加，加上原来适应信用站手工操作的农户们不习惯在柜台办理业务，给网点的内外勤人员均带来很大的压力。

对农户而言，到信用社办理业务与以往相比，不仅麻烦还要排队，经济成本和时间成本都提高了。随着农村经济的快速发展，尤其是近年来国家对农村地区的各类补助补贴增多，财政惠农补贴资金、新农合、新农保政策一项项落实，农民存取款、缴费、结算的需求日益增加。农民的金融服务需求得不到满足，由此带来社会对农信联社的一些负面影响，对农信联社自身的发展极为不利。

案例情境

如何与时俱进创新农村金融服务模式，开展普惠金融，解决农村金融市场日益发展与农信联社网点区域限制矛盾和农信联社人力、物力、精力有限的两个矛盾？衢江农信联社因地制宜探索服务模式，从无到有，由试点一个带动一批，逐步拓展便农服务的深度与广度，直至延伸至“普惠制金融”进程的最后一公里。

衢江农信联社进行了多方位的大胆尝试，相继推出了消灭金融服务空白乡镇工程、银行卡助农服务、支农联络员工程、离行式 ATM 及自助银行创建、“驻村金融指导员”等创新服务模式。其中，走在全市乃至全省前列的典型模式有：

模式一：消灭金融服务空白乡镇工程

2009 年下半年开始，在银监部门的部署下，衢江农信联社通过制定目标、逐个消灭的工作举措，将消灭金融服务空白乡镇工程作为履行社会责任的一项重要工作来抓，先后在灰坪、举村、岭洋、双桥 4 个空白乡展开了“定时、定点、定人”的流动式金融服务。在此基础上，经过精心筹备，2011 年 6 月 8 日至 11 日，该农信联社在灰坪、举村、岭洋、双桥乡所建的金融服务网点相继开业，其中，灰坪、举村、双桥三处设立的为非全日制金融服务点，每周安排一天为固定营业时间，岭洋乡设立岭洋分社。衢江区从此告别金融服务空白乡镇的历史。

4 年来，该农信联社累计开展流动服务 208 次，办理各项业务 6 200 笔，为山区村民服务存取款业务 1.2 亿元。

模式二：银行卡助农服务

2009 年 11 月，山东省农信联社在全国率先推出农民金融自助服务终端。衢江农信联社理事长宋献礼从金融网和《金融时报》上看到了山东的做法，认为农民金融自助服务终端是填补信用站撤销后农村金融服务不足和缓解网点临柜压力的好做法。为此，宋献礼理事长多次专程向人民银行、银监部门、市金融办积极建议，在省农信联社金丽丽主任来衢江调研的时候，也提出农民金融自助服务终端的做法值得借鉴。

经过多方努力，建议得到重视。2011 年，在深入推进“便农支付工程”活动中，人民银行衢州市支行通过调研，提出创建“银行卡助农服务点”做法。衢江农信联社成为衢州市首个“银行卡助农服务点”试点单位。

通过大量的前期准备，2011 年 1 月，衢江农信联社在上方镇新京村、高家镇段家村等 5 个行政村启动试点工作，1 月 31 日，在上方镇新京村创建了第一个银行卡助农服务点。同年 5 月，批量存折换卡工作从高家镇的安仁村、欧塘村、湖仁村的 835 户着手试点，为银行卡助农服务拓展持卡群体，优化用卡环境。

与此同时，积极提升服务点的功能。针对服务点只办理取款业务，资金只进不出，对商户资金储备要求高，以及水电费、电话费、养老保险、医疗保险的代缴，农户对存款业务的需求日益迫切的现状，同年 9 月，在新京村银行卡助农服务点率先尝试代存业务。一个满足当地群众基础金融服务需求的“家门口的银行”应运而生，小额存取款，村民足不出村就能办理。

一石激起千层浪，银行卡助农服务操作便捷、饱含诚意的服务方式被当地农户欣然接受，也在《金融时报》、《浙江日报》上崭露头角，引起了广泛关注。在试点成功的基础上，衢江农信联社开始在辖区内逐步推广银行卡助农服务点的创建，稳扎稳打，从零发展至 2012 年末的 218 个，累计交易量达 31.5 万笔，交易金额 4 526.9 万元，惠及农户千千万万。

2012 年 9 月，衢江农信联社创建了首个便农自助金融服务点，借助便农自助服务终端，为村民办理 1 000 元以下的小额存取款、代理转账、余额查询、存折补登、交易明细查询、口头挂失，缴纳水、电、电话费等业务，进一步补充和完善了银行卡助农服务点的功能。至同年年底，该农信联社已在辖内投入便农自助服务终端 5 台。

银行卡助农服务模式通过在乡镇及以下农村指定的商户安装 POS 机终端或便农自助服务终端，借助终端的刷卡（折）消费、转账功能，以商户代付现金并通过银行网络实时清算的方式，为农村持卡人办理小额存取款、转账业务。

模式三：驻村金融指导员

2012 年 12 月 13 日，“客户经理驻村担任村金融指导员”在樟潭街道举行启动仪式。衢江农信联社向当地派出了第一批驻村金融指导员。即由客户经理担任驻村金融指导员，延伸拓展金融服务，持续开展进村入户，传导金融政策信息，宣传普及金融知识，推广金融产品服务，调查掌握农民创业意愿和资金需求，适时提供零距离、贴身式金融服务，逐步构建与“三农”紧密互动、互惠共荣的新型客户关系，满足广大农户普惠性金融服务需求。

“驻村金融指导员”助农服务模式采取“先试点、后推广”方式，先行在衢江区樟潭街道的大安、徐尚、缪家、南山底、樟潭等 5 个行政村进行试点，取得经验后在全区逐步推广。截至目前，樟潭信用社 5 位村级金融指导员共走访农户 325 户，为 41 户农户发放贷款 383. 7 万元。

该模式由信用社向当地行政村派驻驻村金融指导员实现。指导员的主要工作有：列席村务会议，认真听取村两委、村民对信用社提出的金融需求；深入宣传国家支农惠农方针政策，帮助群众理清发展思路，促进各项惠农政策“落地”；每周下村不少于一次，认真收集农户信息，确保阳光信贷工作做实做细；广泛宣传动员创建信用村；根据拜访情况填写客户经理下村日志。同时，农信联社通过工作日志、客户回访制度以及引入外部评议机制等，强化对驻村金融指导员的监督，提高助农服务质量和效率。

驻村金融指导员的做法一经推出便备受关注。2012 年 11 月 22 日，省政府《昨日要情》刊载了信息《衢江区实施金融助理村村通工程》，对这一创新进行报道。2013 年 5 月，衢江区政府《调研与参考》、省农信联社门户网站“经验交流”栏目刊载了文章《樟潭信用社创新驻村“金融指导员”制度助力农民创业》，跟踪报道了衢江农信联社推出驻村金融指导员的成效。

案例分析

衢江农信联社通过便农服务模式的不断创新，致力于打通普惠制金融服务的“最后一公里”，从而将农信联社的金融触角广泛延伸，助农服务全面覆盖，取得了显著成效。

截至2013年初，衢江农信联社在辖内创建银行卡助农服务点218个，设立自助银行2个，布设便农自助服务终端5台，派驻驻村金融指导员5名，聘用支农联络员159人。通过不断创新便农服务模式，客户离行式自主服务比率已达到21%。2013年，该农信联社计划在部分中心村布设自助银行10个，2014年实现离行式ATM及自助银行工程在衢江区的全覆盖。

通过各项服务模式的延伸，逐步在农村地区构建起服务网络。衢江农信联社千方百计便农支付的做法赢得了上级部门和媒体单位的关注与肯定，荣获2011年度衢州市“银行卡助农服务工作先进集体”、“便民支付工程”省级先进集体等称号。银行卡助农服务也被《金融时报》浙江记者站、《浙江日报》、《青年时报》、浙江电视台、浙江电台、浙江在线等9家媒体聚焦报道。2012年，“银行卡助农服务工程”的全覆盖被列为衢州市十大民生工程之一。

总体来看，衢江农信联社一系列创新型普惠制金融服务，可以概括为“微小、便民、普惠”三个特点。

“微小”：这主要体现在农村普惠金融创建小型银行、聘用支农联络员、派遣驻村金融指导员的服务功能上。因为微小，所以灵活。银行卡助农服务点在配置上只需要POS机终端或便农自助服务终端，监控设备，保险箱，及工作人员一名。“银行卡+电话宝”模式投入成本低，总投入不超过5 000元；“自助终端”设备，投入总成本（设备+线路租金）不低于25 000元。而支农联络员与驻村金融指导员同样着眼于细微，从“小”处出发。这些模式均操作简单，可复制性强。并且，服务点设立的定位是方便农户支取各类补助补贴，以及缴存水电费、电话费等，存取额度小，风险易控。

“便民”：上方镇新京村姐妹山自然村72岁的老汉储春裕，家住姐妹山自然村，离服务点所在的东京自然村4公里，其中一半为山路。以前到信用社网点取钱，得走路到东京村，再搭乘中巴，来去要大半天，还得花6块钱的车费，因此，半年才去一趟集镇上的信用社。而自从新京村银行卡助农服务点设立后，权当散步就可以走到服务点里取钱。政府补贴的养老金，只要高兴，可以月月取。足不出村，刷卡存取款成为可能，极大地方便了当地农户，尤其是农村年老体弱、享受国家补助及养老金补贴人群。而随着银行卡助农服务点的布设、便农自助服务终端的投入，以及支农联络员、驻村金融指导员网络的延伸覆盖，在农村地区办理业务、咨询金融问题更加方便快捷。

“普惠”：衢州市衢江区有271个行政村，目前衢江农信联社已在辖内创建银行卡助农服务点218个，并且，已投入便农自助服务终端5台，布设自助银行2个，聘用支农联络员159名，派出第一批驻村金融指导员5人，基本实现了全辖村级金融服务的全覆盖。服务点、支农联系员、驻村金融指导员“助农”的定位，“便民”的布设与操作、亲民的熟人服务，使广大农户成为实实在在的受益者。农村生活的质量和农村生产的效率也得到了提高。

案例启示

从衢江农信联社不断创新便农服务模式，致力于“普惠制金融”这一实务案例中，可总结出以下启示。

启示一：准确定位，做小做广

农村信用社的根在农村，最广的客户资源在农民。随着新农村建设的深入推进，农村正发生着日新月异的变化，农村经济也步入了快车道。作为金融支农的主力军，在新形势下，应该因地制宜地推出新的支农方式、服务模式，为农户提供更优质更周到更全面的服务。从小处着手，从细微处着眼，将最基础的金融服务送至农户身边，提高覆盖面将服务延伸至每个行政村，开展农村普惠制金融服务无疑是应时应景的一个大胆创新过程，也在差异化竞争中赢得了先机。

启示二：优化功能，做优做强

巩固深耕农村自留地，立足开拓城镇发展新阵地，农信联社“普惠制金融服务”的开展至关重要，既是农信联社发展根源，是农信联社发展的力量源泉，也是农信联社积极面对银行业激烈竞争的最有效防范手段。衢江农信联社普惠制金融服务在推广的覆盖面及成效上均已取阶段性成果。而随着农村经济的发展，以及农村地区同业竞争的加剧，需要紧跟市场需求变化，不断开拓创新，注入新元素。在管理上更规范，在功能上更完善，形式上更多样，在不断自我探索、实践和修正中，将普惠制金融服务模式完善至最优、最佳状态，并使之真正成为农信联社在农村地区有温度、最直接、最敏感的神经末梢。与此同时，农信联社依托点、面辐射宣传、服务，使农信联社支农的根基更加稳固。

编写：柴志勇　方琪

村级互助担保　共建“信用”桥梁

——衢江农信联社探索建立农村互助担保模式

案例背景

近十余年来，各大型金融机构纷纷撤出了农村金融市场，唯农信系统一直坚守。2008年，根据银监部门对农信联社风险管理的控制要求，浙江省衢州市全市范围内又开始全面撤销农村信用社代办站。这样一来，农村部分地区出现了金融服务空白。但是，随着农村经济的不断发展，农民对金融的需求增加，使农村金融需求与供给矛盾愈加突出。信用缺失导致农村信用体系难以建立，信息不对称带来融资成本较高，资金市场不活跃导致区域资金外流和信贷投入缺失，这些矛盾因素使得农村贷款难成为普遍现象。

农村贷款难的“瓶颈”集中表现在农户贷款缺乏可靠的担保。在现有的金融产品和服务方式下，金融机构难以平衡在“三农”领域的成本、效益和风险。农信联社如何提高自身在农村金融市场的服务质量和水平，又如何破解“三农”领域担保中介缺失，探索支农领域金融服务模式，成为当时面临的一项重要课题。

案例情境

模式一：互助担保　“信用”桥梁

多年以来，衢江农信联社一直在探索农户与信用社之间寻求合适的担保中介，坚持既破且立，打破常规，搭建起村级互助担保“信用”桥梁。

在信用社的指导下，衢江区杜泽镇姜孟村，自发组建成立了浙江省首家农民贷款担保公司——衢江区诚信担保有限公司。2010 年，在衢江农信联社及区农办、区扶贫办，衢江区划船塘村村两委的共同努力下，以区扶贫办低收入农户集中村补助资金为平台，参考衢江区诚信担保有限公司模式，试点创建了全省首家村级互助担保机构——衢江区划船塘村农业担保公司。这两个模式从不同程度上帮助了区域群体在“担保”上的自给自足，为农户脱贫致富奔小康发挥了积极作用。

模式二：农民贷款担保公司　单户最高可贷 2 万元

衢州市衢江区杜泽镇姜孟村位于杜泽镇东北，是一个只有 120 户人的库区小山村。该村主要以山林毛竹为主产业，共有山地面积 9 600 亩，其中，竹林面积 3 000 亩。村民生活贫困，1997 年，被列入全县百个重点扶贫村。

在农村信用社代办站撤并以前，姜孟村一直通过信用站办理贷款解决生产资金难题。姜孟村信用站撤并后，该站 16 笔、金额 50 余万元信贷业务划入杜泽信用社管理。杜泽信用社距离该村近 20 公里，给当地村民的金融服务带来不便，信用社日常贷款调查也有较大难度。通过多方协商，2003 年 1 月 20 日，由该村村民童飞雁（当地毛竹主要采购商浙江雁杰建筑模板有限公司主要负责人）与村两委等 6 人共同注资 10 万元，组建成立浙江省首家农民贷款担保公司——衢江区诚信担保有限公司。2008 年，公司担保业务进一步扩大，注资增加至 20 万元。

衢江区诚信担保有限公司依法注册为独立法人，其基本运作模式参照一般担保公司，为该村村民提供担保业务，但不以盈利为目的。该公司以注册资本金为担保基金保证金，与信用社签订最高额度为担保保证金 3 倍、单户不超过 2 万元、贷款享受信用村优惠利率等相关约定的协议，即信用社最多可向该村农户发放 60 万元贷款。入股农户遇到资金困难时，可由担保公司出面提供担保，向信用社进行贷款融资，单户最高可贷款 2 万元。

目前，依托该担保公司，衢江农信联社已为姜孟村村民办理贷款 150 余笔、累计金额近300万元，不仅解决了当地农民农业生产的资金需求，也有力地支持了毛竹产业的发展，使一大批农户走上创业增收的致富路。

模式三：互助基金担保　助低收入农户脱贫

衢州市衢江区划船塘村位于浙江省衢州市衢江区高家镇南郊，地处金衢盆地中段，西临衢江，总面积40多平方公里，下辖12个行政自然村组，大多数为乌溪江库区移民，总户数530余户，其中，低收入农户占319户，系省级低收入农户集中村。该村村民以种养殖和销售柑橘作为主产业，农业生产周期较短，如生猪、谷鸭养殖等产业均在一年左右就能实现销售回本。但长期以来，流动资金不足成为制约该村经济发展的重要“瓶颈”。

2008年省扶贫办、省财政厅开始启动低收入农户集中村资金互助组织试点。2010年5月，划船塘村争取到了30万元国家级低收入农户集中村资金互助组织试点资金。当月，衢江农信联社与衢江区政府联手在该村开展村级农业担保公司组建工作试点。经过宣传发动，在87户低收入农户自愿入股20万元资金、创立总额为50万元的互助担保基金后，7月份全省首家村级农业担保公司——衢江区高家镇划船塘村农业担保有限公司正式挂牌成立。与此同时，衢江农信联社量身定制推出“心连心”互助基金担保贷款产品。

划船塘村农业担保有限公司系非营利性担保机构，专门为入股农户免费提供贷款担保服务，其担保额度可达担保基金额的10倍，即由村担保公司担保，信用社最多可向划船塘村低收入农户发放500万元贷款，单户最高可贷款5万元。

“心连心”互助基金担保贷款，实行“个人申请、成员公议、综合授信、用信放款”。由入股农户向村担保公司提出贷款授信需求，经村担保公司签署意见后，报当地信用社。信用社根据成员生产经营情况、资产总额、还款能力核定其年度贷款授信额度。农户发展生产遇到资金难题时，向村担保公司提交书面贷款申请，经村担保公司审核后，向信用社申请。经过信用社调查审批，签订合同并办妥相关发放手续。

通过与划船塘村农业担保有限公司的合作，衢江农信联社向该村发放贷款

200 余笔，累计发放金额 600 余万元，信贷投放量与原来相比扩大 4 倍，有力地支持了当地种植、养殖、来料加工等产业发展，帮助了一批低收入农户脱贫致富。

案例分析

农信联社的根据地在农村，要扎稳脚跟，必须有应势而变的观念和开拓创新的执行力，不断满足当地的金融服务需求，甚至“想未所想，做未所做”，走在改革与发展趋势的前沿，引领农村金融通往更好更优之路。衢江农信联社一直为之努力不懈。

在衢江区诚信担保有限公司与划船塘农业担保有限公司的筹建、成立以及运营的过程中，衢江农信联社扮演着牵线搭桥、推波助澜的角色。“信用”桥梁建成，信用社将贷款调查的主要职能转移给担保公司，免去了信息不对称带来的问题，而村级担保公司凭着人熟、地熟、情况熟的优势，提供担保的积极性较强，顺利打开了双方共赢的良好局面：农信联社提高了资金使用效率，促进信贷业务良性发展，也让农户真正得到实惠。

姜孟村人的竹制品加工从家庭手工作坊发展成为以机器为主的加工工厂，全村农民人均纯收入达到万余元，5 年来翻了 3 番。这个曾经的重点扶贫村转身变成了浙江省首批“兴林富民示范村”。过去，村内只见泥瓦平房，如今已新建楼房 63 幢。不少村民在家乡完成最初原始积累后开始走出乡村，走向城市开店经商，有 36 户村民在衢州市区购买了商品房。

划船塘村人均收入由 2010 年的 4 000 元增至 2012 年的 8 000 多元，贫困户相继走上了脱贫致富的道路。村民缪国祥，在自家柴房饲养 4 头母猪，多年来，年收入一直徘徊在 1 万元左右。在“心连心”互助基金担保贷款的帮助下，缪国祥获得了 5 万元贷款，盖起两幢现代化的猪舍，圈养了四五百头猪，年出栏生猪 250 头，净利润达 5 万多元。

村级互助担保模式的建立与推进，是金融机构探索中介担保的重要尝试。

在农户与农信联社之间引入中介作为担保有助于制约农户的信贷风险尤其是道德风险，减少收贷的不确定性，增强贷款业务的自主履约，推进农村信用体系的建设。因此，成功的农村互助担保机构在许多国家已被认为是加强农村地区金融服务、加快区域经济发展和消除贫困的主要措施。衢江农信联社在村级互助担保的创建中的突破，得到了上级部门的高度评价。浙江银监等部门多次到划船塘村展开调研。2012 年 3 月，浙江银监局局长韩沂到划船塘村走访调研后，在发表的《把准脉搏促进加快发展》(《中国农村金融》2012 年第 9 期“高端论坛”) 一文中详细介绍并充分肯定了衢江农信联社这一创新做法。

金融服务需要不断深化和完善。随着“阳光信贷”工程的创新推出，衢江农信联社将阳光信贷工程的推进与“心连心”互助基金担保贷款有效结合，取得了不错的效果，不仅便于担保公司开展业务，也推动了信用社业务发展，区域内逐步建立信用体系，不良贷款大幅下降。

案例启示

从衢江农信联社助力搭建村级互助担保“信用”桥梁的实务案例中，可以总结出几点值得借鉴的经验。

一、政府联动，区域发展

一直以来，国家都在强调加强对“三农”的支持，各部门都有相应的办法和措施，比如政府部门的财政贴息、税收减免、扶贫资金的下拨，信用社的支农贷款、贴息贷款等，但是大多支持方式是零散式、单一式的。通过互助担保贷款业务，将包括政府、村合作社、信用社等多个主体有机结合起来，产生了联动效应，财政扶贫资金和信用社信贷资金在村合作社这个平台上得到对接并产生了有效的杠杆效应。

二、信息对称，节约成本

村级互助担保公司立足村域，能充分、及时掌握农村生产动态和农户融资需求，同时选择性为盈利能力强和信用能力较好的农户提供担保，也间接向信用社推介优质客户。通过互助担保公司，信用社将贷款发放与贷款监督部分转嫁，缓解了信用社信贷人员紧张、信息不对称问题，节省了农信联社的信用监督成本与运营成本，使经营成本外部化。贷款业务操作中结合阳光信贷业务、小额贷款卡产品一并开展，同时采取统一授信，适应了农户借贷需求特点，能够满足频繁的交易，提高了融资速度，及时满足了经济发展要求，而且有利于实现信用社规模经营。

三、非正式约束，有效担保

在村级互助担保贷款业务操作中，担保公司需要承担对农户贷款运用的监督，这就能够很好地利用区域内的信息优势和乡村的声誉机制并加以整合。在农村区域往往是以非正式约束对村民行为产生影响，包括人情、亲情等道德规范、舆论监督，均具有较强的约束作用。个人和集体联系在一起，不能按时还款的人、违反规范的人在区域内会受到舆论的关注与谴责，形成一种无形的压力。同时，尽管如农户的房屋和土地对于金融机构来说没有担保价值，但在集体内部是具有流通价值的。通过一定的反担保机制的建立，非“合法”的抵押担保物也能在集体内部实现担保价值，在一定程度上实现了经济资源的潜在价值开发。

四、阳光信贷，互促共进

从创建到运行，形成一个固定模式并非一项服务举措的终点，仍需要与时俱进地不断完善，修剪旁枝，锦上添花。以阳光信贷为依托，通过开展农户测评，使农户信息更加清晰，便于担保公司业务开展；通过担保公司的宣传与引导，以及在业务过程中对信用社的监督，也有效地杜绝了信贷人员的操作风险，使得信用社的业务更加透明，增加了农户融资数额，减少了农村资金外流，推动了信用社业务发展。

编写：卢燕停

种粮农民：政府给信心　信用社给底气

——衢江农信联社多管齐下加大金融支持粮食生产力度

案例背景

2012年，全国粮食总产量达11 791亿斤，比2011年增加367亿斤，实现“九连增”。然而，在浙江省衢州市由于种粮面积扩大，投入增加，产生了资金缺、贷款难的问题，影响了下一步粮食增产的稳定性。

“一年种粮不如一月打工”的现实，促使更多的年轻农民离家外出打工。由于经济杠杆的作用，造成农民种粮积极性下降，土地季节性抛荒。同样，由于经济杠杆的作用，即使种地，比起种粮，农民更乐于种植经济作物。粮食生产在很多地方成了农民事实上的“副业”。

案例情境

为激发农民种粮积极性，有效解决种粮资金短缺和贷款难的问题，一直以来，衢江农信联社认真做好春耕生产调查，积极探索信贷产品创新，点面结合，从培育农业生产主体到支持粮食产业发展，分别推出了农户信用贷款、经营权抵押贷款、粮农互助担保贷款和粮食订单质押贷款等，对承包经营到种植、收获，全程跟进种粮资金扶持，无缝对接支持当地粮食种植，促进加快土地流转和粮食生产规模化、服务社会化新格局的形成，取得了明显的成效。

自2008年以来，衢江区连续5年被评为浙江省粮食生产先进县，继2007年之后，2012 年再获“全国粮食生产先进县”的荣誉称号。

小额贷款——一本信用证走天下

为了支持农户开展粮食生产，培育了农村的信用环境和农民的守信意识，衢江农信联社于 1999 年在衢州市率先试行小额信用贷款，2008 年，衢江区人民政府在衢州市率先将信用工程建设纳入政府工作目标考核项目。目前，衢江农信联社已为 87 971 户农户评定信用等级并建立了信息档案，评定信用农户 33 915户，信用村 93 个，信用街 6 条，信用镇 2 个，衢江区产粮大镇莲花镇月山村被评为省级信用村。

为适应农村经济发展变化和信用代办站撤销后的管理需要，2007 年下半年开始在产粮大镇——高家和莲花镇试行“一证通”小额农贷。转变小额信用贷款工作方式，引入超市管理模式，把重点放在贷前调查、客户基础档案建立、扩大授信面和贷后集中管理等工作上，把贷前调查、贷款审批、贷款授信、合同签订等手续全部提前处理就绪，农户要用资金时凭信用贷款证及身份证在柜台就可直接办理，手续与存折取款一样方便快捷。

在此基础上，衢江农信联社经省农信联社及衢州银监分局同意，成为衢州地区的丰收小额贷款卡推广试点，2009 年 8 月 20 日，首张卡在高家信用社试发放成功，实现了个人小额贷款一次授信、循环使用、随用随借，随有随还。“这么薄薄的一张，以后我可以随身携带、直接到信用社的柜台办贷款了，想用多少就办多少交多少利息，不仅方便还省利息”一位农户说。截至目前，全辖共发放丰收小额贷款卡 19 086 张，累计授信额达 6. 36 亿元。

从 2010 年开始，衢江农信联社试行特级农户授信，3 年来授信特级信用农户 352 户，金额 4 198 万元，最高授信额度由 2 万元增加到 50 万元。授信的特级信用农户中，种粮农户占了近一半。种粮农民徐文荣的发展就是最好的例证。

因需而动——产品创新培育市场需求

徐文荣，衢江区莲花镇庙垅村人，1992 年从莲花分社贷款 1 000 元，承包了10亩地，迈开规模种粮的第一步。二十多年来，徐文荣在信用社的支持下，承包种粮从当初的10亩到2008年的780亩、2009年的1 020亩和目前的2 700亩，贷款从1 000元到现在的35万元。

种粮利薄，但规模出效应，政府给补贴，徐文荣一年可领取种粮补贴30多万元。他说："一开始没想到能做这么大的，是政府给了我信心，信用社给了我底气。"种粮让徐文荣他们充满信心。目前，衢江区共有20亩以上种粮大户1 334户，种植面积达到11.80万亩，分别比2004年增长16%和190%；粮油专业合作社252家，社员总数达1.42万人，合作社种植水稻面积10.84万亩。共有100亩以上种粮农户46户，粮食种植面积10 916亩，分别占全市的56.79%和57.42%。

粮农互保——破解种粮大户贷款难题

2006年2月，衢州市成立了种粮农民互保合作协会，协会由22个种粮合作社、农机合作社、加工企业、技术服务机构，以及172户种粮大户组成。浙江省委、省政府提出：要建立和发展"三位一体"农村新型合作经济组织，省稻米产业协会、衢州市种粮农民互保合作协会和衢江农信联社三方签订协议，建立了粮食贷款担保基金制度，通过政府扶持、协会牵头、金融合作、市场化运作，共同筹措农民小额贷款担保基金，为种粮农户提供简便、快捷、较大数额贷款互保服务。

衢江区作为试点，区内种粮大户贷款率先获得担保服务。在试点过程中，衢江区共筹集担保基金200万元，存入衢江农信联社，由衢江农信联社与种粮协会共同运作，专款专用，专为协会会员提供担保服务。贷款的审核、发放、风险主要由农信联社负责，贷款额度按照1:5以上的比例放大，贷款利率按相应市场利率优惠10%以上。2007年下半年，上述贷款方式在全市农信系统推开。

截至目前，衢江农信联社已累计发放粮农互保贷款5 000多万元，户均贷款10万元，最高贷款户达70万元，这些贷款对象分布在衢江区莲花、高家、后溪、全旺等8个重点产粮乡镇的46个行政村的种粮农民。

通过提供贷款担保，为种粮大户贷款创造了条件，扩大了信用社对种粮农民的贷款额度，使国家有限的财政资金起到了借力支农的作用。种粮大户由于取得金额大、利率优惠的贷款，进一步激发了种粮积极性，稳定和发展了粮食生产，促进了“订单”粮食收购任务完成。有了生产贷款后，种粮大户不再为资金不足担心，可以更多地承包土地，放心发展生产，减少了农闲地和抛荒地。

粮食订单质押——以时间换空间

由于“订单粮食”预购定金的额度较低，一般每亩只有 130 元到 190 元，且融资期限较短，与种粮大户的融资需求和融资时间难以匹配。为解决这一现实矛盾，充分调动种粮农民生产积极性，切实解决好种粮大户、合作社、农业龙头企业贷款抵押难问题，衢州市贸易与粮食局、浙江省农村信用社联合社衢州办事处和衢州市种粮农民互保合作协会签订了《关于做好种粮农民互保合作资金和粮食订单质押、信贷服务试点的框架协议》。该协议规定，凡衢州市种粮农民互保合作协会正式会员，凭协会发文证明、当地信用社存单、粮食预订单和早稻生产保险单（简称“一证三单”，信用社存单为会员按自愿申报的互保合作资本金承担额度存入当地信用社的存款凭证）即可向当地信用社申请到利率优惠 10%、额度最高为粮食预订单总额的贷款。

2011 年 2 月，衢江农信联社开始实施粮食订单质押贷款。“存 1 万元的互保资本金，协会配套 2 万元，信用社以 3 万元计算，按 1∶5 放大，会员就可以取得 15 万元的贷款额度，依此类推，最高可达到粮食预订单价款总额。”衢江农信联社莲花分社主任向种粮大户这样解释。

粮食订单质押贷款创新放大了“订单粮食”预购定金的助农效应，实现了粮食订单以时间换空间，有效解决了种粮大户的融资难题，金融支持粮食生产的效果十分显著。

抵押贷款——从承包经营权到流转经营权

衢江区辖内占地 5 万余亩的十里丰监狱，有大片粮田。随着犯人改造方式从农业转向工业及手工业，监狱富余的农田向外承包。承包要交承包费用。应农户的需求，衢江农信联社推出了土地承包经营权抵押贷款，凭承包合同，种粮户可以向农信联社申请到占承包款50%的贷款。承包50亩以上的农户，每亩还可享受种粮优惠贷款，利率为人民银行挂牌基准利率，贷款不受信贷规模控制，随到随贷。这些措施有效促进了粮食的规模种植，还催生了周边莲花镇农户土地流转经营试点的诞生。

2012年，衢江区新增流转土地7 885亩。目前，全区已累计流转土地8.95万亩，占承包耕地总面积的36.02%。其中，重点产粮乡镇——莲花镇土地流转率已达49.8%，提高了规模连片效应。

同时，结合土地流转及耕种成本的增加，从2010年开始，衢江农信联社将种粮优惠贷款从每亩200元提高到600元，有力地支持了一大批农民成为种粮大户。有利于粮食生产的专业化和规模化经营，有利于农民采用先进农产品品种、技术及先进的大型农机具，提高劳动效率，进一步提高粮田综合经营的效益。通过扩大规模，实行粮经结合、种养结合、农副结合，以促进农业增效、粮农增收、保障和促进粮食安全。

案例分析

从农户信用贷款、承包经营权抵押和流转经营权抵押到粮农互保贷款和订单质押贷款，这些创新融资服务充分整合了当地政府与相关部门的资源，以这些资源为支点，以信贷为杠杆，撬动了当地种粮大产业的兴旺，让政府的支持从输血转换为造血，产生了“四两拨千斤”的实效。

一、金融服务全程伴随

农户信用贷款为农户鼓劲，承包经营权抵押（流转经营权抵押）为农户壮胆，粮农互保贷款为农户加力，订单质押贷款为农户消除后顾之忧，每亩600元的种粮优惠贷款为农户种粮吃下了定心丸。近年来，衢江区粮食连年增长，与政府的重视与支持分不开，也与衢江农信联社供应链金融信贷扶持模式分不开。

二、惠农资金效应放大

无论是粮农互保贷款还是订单质押贷款，都充分整合了本地政府与相关部门的资源，以这些资源为支点，以信贷为杠杆，撬动了种粮这个大产业，让政府的支持从输血转换为造血，鸟枪打出大炮的效应。

三、农民种粮效益提高

十里丰农场位于衢江区境内的独特优势及创新推出的灵活的土地流转机制，为规模经营创造了条件，规模经营为微利的粮食生产带来规模效益。由于解决了资金问题，种粮大户增加了投入，在发展粮食生产的同时，积极开展多种经营。实行种养结合，粮经结合，积极推广良种、应用农业机械和先进技术，提高了农业综合经营效益，提高了种粮大户的积极性。规模经营需要吸纳周边的劳动力，小户农民将自己的承包田土地流转后可以收取流转费用，家门口还能打工挣钱，而且不需要承担传统种粮靠天吃饭的风险，促进一些农民选择留在家里帮人种田，既能享受天伦之乐又能够维持生活，同时实现生活和谐稳定。

四、金融支农后劲更足

农信联社一直以来的服务定位就是“三农”，有了农村、农业、农户的发展，农信联社才是有源之水，有本之木。事实证明，发放给种粮农户的贷款，无论是农户信用贷款、承包经营权（流转经营权）抵押贷款、粮农互保贷款，还是粮食订单质押贷款，都几乎不产生不良贷款，这也是该农信联社将种粮优惠贷款从每亩200元提高到600元的重要原因之一。

五、粮食生产稳中有升

通过政府的扶持及衢江农信联社供应链金融模式相结合，形成对衢江区粮食产业支持的无缝对接，涌现出大批种粮大户，并迅速成为粮食新品种、新技术推广应用和规模经营的主力军。毛金岳、吴金有、高荣根、杨红卫先后被授予“全国种粮大户”荣誉称号，吴金有还获得“全国十大种粮大户标兵”的殊荣，成为浙江省历史上第一个种粮标兵。全区建成粮食生产功能区1.62万亩，莲花镇东湖畈、全旺镇全旺畈两个粮食生产功能区通过省级验收认定，其中，莲花镇东湖畈省级粮食生产功能区还被评为浙江省示范性粮食生产功能区。目前，衢江区有2个省级粮食功能区、13个市级粮食功能区和46个区级粮食功能区，全区共有水稻、大小麦复种面积20亩以上的种粮大户1 300多户，2012年，粮食作物播种面积达46.87万亩，实现单产381.7公斤/亩、总产量17.89万吨。

案例启示

粮食生产是关系到中国13亿人吃饭的大业，但种粮却是微利，有时甚至是赔本的行业，虽然从2006年开始，中央出台了全面取消农业税和发放种粮直补等一系列惠农政策，目前种粮大户可获得不少于10项的补贴，还采取了保护价收购，但农药化肥涨、油价涨，短工工资和土地承包费与2004年相比翻了3番，单纯的种粮很难赚到钱。而种植西瓜、草莓等经济作物，亩产最高可达万元，禽流感之前，养殖业效益远胜于种植。收益的不匹配，容易挫伤粮农的积极性。在市场经济条件下，粮食未实行市场化是主要原因。

衢江区多年来一直保持粮食增产势头，与衢江区政府政策上激励、生产上指导、技术上培训、销售上保障分不开；与种粮农户自身动脑子、想点子，采取种粮与种经济作物相结合、种粮与养殖相结合的规模化经营方式，以丰补歉，走上勤劳致富路分不开；与政银联手，放大政府支农政策效应，增强支农资金的“造血”功能分不开；与信用社不离不弃，一直相伴，全程跟随的金融服务分不开。

从农村的实际情况来看，愿意在农村种粮的，大都是勤劳实在、踏实肯干的农民，是对土地有着深厚感情的人，也是值得农信联社信赖和政策保护的人。衢江农信联社发放贷款在支持本地粮食生产的同时，也拓展了自身的业务，赢得了当地农户的信赖，为农信联社在农村的根据地打下坚实的基础。

编写：吾建英

阳光信贷　惠泽万家

——衢江农信联社公开信贷服务过程的探索与实践

案例背景

衢州市衢江区地处浙闽赣皖四省边界，素有“衢通四省”之称，下辖21个乡镇（街道），271个行政村，总人口41万，农业人口占95%以上，是浙江省25个欠发达地区之一，也是典型的农业大县。

近年来，随着衢江区农村经济的快速增长，农户“贷款难”与农信联社“难贷款”的矛盾越来越突出。为有效解决这一矛盾，切实加强农村金融服务，衢江农信联社展开了一段史无前例的“破冰”之旅。

案例情境

2009—2011年，衢江农信联社理事长宋献礼随衢江区政府组织的“三上苏北取真经”考察团前往苏北地区学习，在与当地农信联社对接交流后，经过一番深思熟虑以及调研探讨，2011年5月，衢江农信联社在莲花镇月山村启动“阳光信贷”试点工作，成为全省农信系统首家试点行社。

“阳光信贷”这一做法成功了，它很好地解决了农户的贷款难问题，赢得了社会的好评和政府的支持。一年以后，由衢江区政府发文在全区推广“阳光信贷”。

“阳光信贷”，即将对农户的贷款调查、授信、定价、操作流程和公开承诺服务全过程置于社会公众的有效监督之下，实现信贷管理模式和经营理念的根本转变，满足农村多元化的金融服务需求，具体操作流程为：

一、健全组织架构，完善工作机制

成立乡（镇、街道）成立阳光授信工作领导小组，各乡（镇、街道）分管农业副乡（镇）长任组长，信用社主任任副组长，信贷组长、分社主任为成员，领导、协调和处理农户贷款授信工作。

成立调查问卷小组，各行政村负责人任组长，信用社主任任副组长，农信联社抽调的信贷人员、信贷组长、所在分社主任和信贷人员、调查问卷选取的群众代表。

成立村民评议小组。按行政村成立村民评议小组，行政村负责人为该组评议小组组长，成员为群众代表。

二、收集基础信息，建立客户档案

采集好一套全乡（镇、街道）所有农户的档案资料，编制内容主要有“农户户号代码、家庭成员、姓名、身份证号码、称谓、家庭住址、电话号码、承包田亩”等信息，建档的农户信息要全面、准确，这是开展好“阳光信贷”工作的基本保证。

从信用社存量贷款信息资料中采集全镇（乡、街道）农户家庭成员已有贷款信息。

三、进行调查问卷，确保信息真实

将采集到的“农户户号代码、家庭成员、姓名、身份证号码、称谓、家庭住址、电话号码、承包田亩、经营项目、技术专长”等基本信息，填写“阳光授信调查拟授信表”。

进行问卷调查。采取“背靠背”的方式，选取熟悉本村情况的人大代表、村干部、学校校长、村民议事代表、电工、水工、医生、小商店业主、个体大户、现有贷款大户等人员为主的各类代表进行问卷调查，每户至少填写 3 份调查表。

四、采取群评群议，确保授信公正

由村民评议小组对“阳光信贷调查拟授信表”进行加权汇总，对每户调查问卷可除去最高和最低授信额，取中间平均数，初步确定拟授信人员及金额。

五、公示评议内容，确保授信公开

召开村民评议小组会议，根据调查问卷加权情况，结合农户现有贷款余额、贷款形态、历史借贷记录、到村组现场实地贷前调查情况等因素，交村民评议小组评定授信对象、授信额度（超出信用社贷款权限的经农信联社批准后生效），对列入待授信农户暂时不予授信，同时填制“阳光信贷”农户贷款授信汇总表。要求农户测评面达到100%，授信面一般要求在90%以上。对未能授信的农户，要逐户说明原因。将农户授信情况在行政村的村务公开栏、村会议室、人口集中的菜市场（或批发部）至少三处以上张贴公告。同时，将阳光信贷授信通知书送达每一位农户，向农户告知授信额度、授信期限、用信方法、服务承诺、客户须知、联系方式、监督电话等，并让农户知晓“能否贷、贷什么、贷多少、如何贷”。

六、公示用信办法

申请信用贷款：授信农户申请信用贷款时，由本人持贷款证、身份证到农村信用社办理丰收小额贷款卡方式用信，直接到柜面办理贷款手续［10万元（含）以下贷款都可以采用丰收小额卡方式发放，下同］。

申请抵（质）押贷款：授信农户能够提供有价证券、房产等实物的，可采用抵（质）押方式用信。

申请保证贷款：授信农户可以由取得授信的其他农户担保（为他人担保的农户按担保金额扣减其授信额度），也可选择稳定收入企事业单位职工或有一定经济实力个体工商户、自然人担保，通过签订保证的方式用信。

其他方式：取得农户贷款家庭授信额度的农户组成联保小组，签订联保借款合同后，借贷时不再需要其他任何担保手续，便可向本镇（乡、街道）信用社申请用信。

2012年，“阳光信贷”试点村莲花镇月山村被评为省级信用村，跻身衢州地区获评的6个省级信用村之一。衢江农信联社“阳光信贷”的做法先后被《金融时报》、《省政务信息》、人民银行上海总部《上报信息》及银监部门的专刊报道。省农信联社衢州办事处杨中萱主任看到阳光信贷报道材料后，作出“农信阳光信贷，政府发文推广，值得肯定”的批示。

同年8月7日，衢州农信系统阳光信贷推进会在衢江区莲花镇召开，农信联社作了阳光信贷工程建设经验介绍，全市农信系统分管信贷领导对试点村月山村进行现场观摩学习，标志着全市开始推广阳光信贷。同年9月26日，衢江区政府发文通知并主持召开全区阳光信贷工程推进会，创造了农信联社历史上的又一个“第一次”。2012年末，衢江农信联社完成阳光信贷授信行政村155个，参加测评总户数57 547户，授信户数47 650户，授信总金额408 107万元，授信户数和授信金额分别比试点前增加户数10 483户、金额208 134万元，累计向授信农户发放贷款15.19亿元。

案例分析

衢江农信联社前瞻性地谋划和尝试，为今后农村经济的发展，以及稳固自身在农村金融市场的地位布下了一盘好棋。推出“阳光信贷”，在很大程度上突破了小额农贷不能满足农户发展生产资金需求的“瓶颈”，成为撬动现代农业发展的杠杆，壮了农民的胆；操作程序阳光化，颠覆了百姓心中贷款就要“求人”的思维定式，挺直了农民找信用社贷款时的腰杆；信用好可以多贷款，可以享受优惠利率，让农民真正意识到“信用生金”、“人无信而不立”。

作为“阳光信贷”的受益农户，衢江区大洲镇外焦村运输户汪华富深有体会：“到信用社贷款很简单，和在店里买东西一样方便。”他需要添置一辆农用车，到大洲信用社营业窗口申请贷款。当值柜员马上从数据库中调出他的信息，确认所申请贷款金额在该农户授信额度内，不到十分钟，就顺利地拿到所申请的5万元贷款。“这就是阳光信贷的好处之一，授信额度一目了然，贷款快捷便利。”大洲信用社负责人解释道，通过了阳光信贷测评、授信的行政村，其符合贷款条件的村民资料都录入动态数据库，只要在授信范围内，农户贷款做到随到随办，手续简单、方便快捷。

“阳光信贷”让贷款不再是难事，并且，理性定位，将扶持重点放在粮食生产、食用菌、花木种植、生猪养殖、柑橘等龙头主导产业，促进了高效农业产业化、规模化、现代化发展。同时，带动农户走合作社规模化经营路线，提高产品的品质，解决了劳动生产力问题，外出打工的农民返乡创业者越来越多。受益农户资金反哺信用社，促进了各项业务取得了新突破。从具体层面考察分析，“阳光信贷”主要有以下几个亮点：

一、支农力度加大，推进普惠金融

“阳光信贷”将所有农户纳入建档对象，建立纸质和电子文档相对应的信息档案，金融服务覆盖到每家农户。通过实地走访、外围调查、背靠背测评等途径准确掌握农户信息，有效地保证了信息采集的真实性和准确性。农户信息录入信贷辅助系统，为信息资料的快捷检索、动态更新、查询对比和审查审批提供了方便，实际运用的效率和效果得到了大幅度提高。依托信息的真实性和准确性之上的授信，其额度包含信用、担保和抵押的贷款额度之和，属于综合授信。客观公正，额度大幅提高，更加契合农户的需求及其偿还能力。通过授信评议和授信公示及在这整个过程中一对一的宣传，消除隔阂，让所有农户都知道他们享受农信联社服务的权利，乐于让农信联社来解决他们的难题。

二、积极鼓励守信，营造诚信环境

“阳光信贷”通过差别授信、联保的贷款方式和“优秀信用户”评选，信誉差的授信额度低，甚至得不到授信额度，信誉好的可以得到更大的授信额度、更方便的贷款方式，评上“优秀信用户”还可以享受利率优惠，这让所有农户看到守信、重诺、按期还款带来的回报，使“守信用光荣”的思想深入人心，并且这些信息通过公示不仅让全村人知道，还会通过口口相传，到达四邻八乡，促使习惯于传统熟人社会中的农户更加看重信用。更为直接的是，在成立联保小组时，信誉好的人很明显地更受欢迎，这是很好的触动，更有利于培育良好的农村信用环境。

三、转变信贷作风，支农效率提升

农户信息的真实、全面建档，联保方式的贷款发放，较好地解决了银行和客户间的信息不对称问题，降低了贷前调查的压力，借农户之力有效地防控了信贷风险。同时结合丰收小额贷款卡，农户一次签订合同，三年可以循环发放，使贷款像“存款”一样方便。每户持有“廉政名片”，农户只要符合授信条件，就可以理直气壮地贷款，无须“跑人情、拉关系”，杜绝了“贷与不贷、贷多贷少、利率高低”由信贷员说了算的现象，使信贷员“以贷谋私”的道德风险失去滋生的土壤，也极大地提升了信用社良好的社会形象。

案例启示

启示一：发展业务，眼光要放长远

从服务“三农”的经营宗旨和“支农支小”的市场定位出发，农信联社要应对激烈的同业竞争，就必须在农村地区站稳脚跟，这就需要在农村金融市场的竞争中取得主动权。“阳光信贷”就是这先走出的99步，之后农户只需走1步。然而，这不是一个一蹴而就的任务，而是一项需持之以恒的系统工程，不仅覆盖面广，扎根也要深。自启动以来，需要政府、行政村、农户与信用社等通力合作，倾入大量的时间和精力。因此，务必放眼远观，将“阳光信贷”视做打基立业，做实做细做优。

启示二：主动参与，与区域经济共提升

区域经济发展中多元化的需求，需要不断提升金融服务水平。农信联社立足本土，想要在区域经济发展发挥金融主导作用，需要及时跟进当地政府发展区域经济的思路与规划，以主动的姿态争取政府关注与支持，进而将各项业务发展融入到区域经济发展战略当中去，成为发展蓝图上的一部分。

编写：郑新兴　方琪

“抱团”取暖　合作共赢
社地联袂谱写金融支农新曲

——龙游农信联社“信用社＋合作社＋社员＋基金”支农运作模式

案例背景

龙游县作为浙江省农业大县，畜牧、笋竹是该县传统的农业支柱产业，辖内的小南海镇、溪口镇分别活跃着一大批从事生猪养殖销售的农户以及新兴竹制品加工小微企业、山林承包大户。由于种养大户、家庭作坊式小微企业苦于缺乏有效认可的抵押资产，融资难、贷款难的现实问题一直难以有效解决，成为制约其发展的一个“瓶颈”。为切实帮助上述农产业种养大户、加工大户解决在产业扩张过程中遇到的融资担保难题，缓解融资压力，龙游农信联社经营层审时度势，在充分调研、借鉴基础上，创新推出“信用社＋合作社＋社员＋基金”支农模式，为农业增产、农民增收、农村发展搭起强有力的信用载体，穿针引线地引导龙游县种养大户、加工大户“抱团”发展，合力“划桨”推动“三农大船”破浪前行。经过近两年时间运作推广，该“社社”合作支农模式成效逐渐显现。

一、客户认可的支农模式

“筹备成立龙珠畜牧合作社时，信用联社两位主任亲临现场建言献策，并带来‘社社’合作方案，提振了全体社员信心和底气，两年多的实践证明只有该模式才能推动龙游养猪业实现大发展。”龙游龙珠畜牧合作社理事长赵春根高度评价“信用社 + 合作社 + 社员 + 基金”运作模式。

“有了这 5 000 万元授信，无疑是给合作社里一些作坊式竹拉丝户、木材加工户、炭化篾业主这样的社员扩大生产规模、实施项目技改提供了资金后盾，这对于提升龙游林业品牌，增强产品竞争力有着巨大的促进作用。”龙游农信联社与浙江龙游银农竹木专业合作社签署《融资担保合作框架协议》后，该合作社理事长梅城由衷地说道。

“现在我到信用社贷款可方便多了，不需要找担保人，不需要抵押就可贷 100 万元。”兰塘养猪专业户钱庆国讲述了加入龙珠畜牧专业合作社前后贷款的不同经历，以前贷款找担保人、找抵押物是最让他伤脑筋的事，后来又参加了联保贷款但最多也只能贷 35 万元，想扩大规模、想精细化谈何容易，现在加入了合作社可根据入股基金的份额由合作社为社员提供担保。

“真是多亏了信用社的资金帮扶，这下我可以开足马力生产了！”欣远竹木制品有限公司总经理龚亮宇欣喜地表示。这家年产值 3 500 万元的公司是一家生产专业竹地板的企业，产品主要出口美国，前段时间由于追加投资和资金回笼难等原因急需再贷款，但苦于没有抵押物，后来通过合作社融资担保运作顺利贷款 300 万元，为公司启动第二条生产线备足了资金“马力”。

二、媒体关注的支农模式

2011 年，省政务“要情”刊载《龙游农信联社与当地专业合作社“社社联姻”结硕果》、省政务“选编”刊载《龙游县推出“信用社 + 合作社 + 社员”信贷模式》、省政务“专报”刊载《龙游“信用社 + 合作社 + 社员”信贷模式助推养猪产业规模化和转型升级》、省政务“选编”刊载《龙游县推出“信用社 + 合作社 + 社员 + 基金”林业信贷模式》；浙江电视台经济时空栏目现场聚焦报道《龙游农信联社推出“农信联社 + 专业合作社 + 社员”贷款模式助推产业开放》。2012 年，《浙江日报》以“龙游：盘活小微企业”为题对龙游农信联社创新信贷产品支持地方小微企业发展的做法进行报道；农业部领导、省银监局领导、衢州银监分局领导先后实地调研并肯定该合作模式。

案例情境

一、合作社成立基金，农信联社放大担保比例

专业合作社设立500万元融资担保基金，为其成员融资提供信贷担保。龙游农信联社与该专业合作社签订《融资担保合作框架协议》，合作期限为五年，协议明确双方合作的原则及责任、权益。龙游农信联社对专业合作社提供的担保基金按10倍放大担保额度，专业合作社可为本成员提供最大额度5 000万元的信贷担保。在综合授信额度内，农信联社对专业合作社成员按出资金额的5倍发放贷款，单个成员最大担保贷款额度为500万元。

二、农信联社普惠服务，合作社借力减负发展

龙游农信联社对专业合作社成员给予三项优惠政策，全力做好信贷服务工作。一是单列信贷计划。在央行控制农信联社贷款增量的信贷政策下，农信联社单列该专业合作社年度信贷计划，优先安排信贷资金，确保合作社成员合理的贷款需求。二是提高信用额度。专业合作社成员在农信联社获得抵押、联保及基金担保贷款的基础上，可获得更高的信用额度贷款。成员为特级信用户的，信用贷款授信额度从10万元提高到20万元；一级、二级、一般信用户分别从3万元、2万元、1万元提高到10万元、5万元、3万元。三是优惠贷款利率。专业合作社成员基金担保的贷款利率按人民银行公布的同期同档次法定利率上浮幅度最高为50%，比一般保证贷款利率少上浮40%；以城区房产抵押的贷款利率按法定利率上浮30%执行。成员还可按照贷存比实行减点优惠，贷存比在3%～5%（含）的，贷款利率优惠5%；贷存比5%以上的，贷款利率按贷存比实绩予以1∶1优惠减点。

三、合作社严格准入，农信联社跟进配合监督

合作社成立之时依据产业信息对称，对社员准入进行严格把关、筛选，对社员资产、资信等情况进行严格报备审查；社员按期向合作社通报生产规模、经营销售等明细，供合作社填制报表，备份农信联社留存。农信联社基于合作协议中贷款条件、贷款用途、贷款期限、还款方式等约定，参照合作社社员备份情况，实施上门调查，重点关注借款人资信情况，合作社配合做好借款人资格、贷款条件等审查工作，并主动协助农信联社监督其成员信贷资金的使用。专业合作社在农信联社开立担保基金基本结算账户并确保账户余额每日不低于500万元，其服务的成员经营结算资金通过在农信联社开立的基本结算账户核算；专业合作社承诺对其成员担保额度内的贷款承担无条件的连带责任保证。

案例分析

模式成功运作两年多来，龙游农信联社与畜牧、竹木两大产业合作社取得了“双赢”的局面。

一、有效解决担保难题拓融资渠道

合作社担保基金成立后，突破了信用贷款、联保贷款授信额度较小的限制，社员无须找担保人、找抵押物，可随时向农信联社申请发放基金担保贷款，贷款额度大大提高。2012年末，3家合作社共设担保基金1 593万元，龙游农信联社对合作社担保基金给予信贷比例1∶10放大支持，授信总额达到1.59亿元，目前3家合作社社员利用基金担保的贷款达到1.01亿元。同时，出台让利回馈，对合作社基金担保的贷款利率上浮不超过50%，以城区房产抵押的贷款利率按法定利率上浮30%执行。同时，还实施贷存比减点优惠，贷款利率最多可按贷存比实绩1∶1享受优惠减点。仅此让利一年可为社员节省近300万元利息支出。

二、有效实现贷存联动促“双赢”局面

按照基金、社员开户协议以及存贷让利考核，促使合作社成员及其家属资金回流到农信联社账户，达到良好贷存联动，年内3家合作社相关存款8 200多万元，日均存款近6 000万元。

三、有效防控信贷风险保资金安全

贷款发放后，农信联社与合作社共同监督社员贷款资金的使用，保证资金专款专用。同时，合作社履行职责义务，为社员提供业务培训、专业指导、信息咨询等后勤服务，提高了社员的盈利能力和还贷能力，模式运作以来，经受价格波动、产业不景气的考验，目前未产生一笔信贷风险。

四、有效实现产业带动显抱团成效

一是应用领域得到延伸，基于与全县首个生猪养殖合作社——龙珠畜牧合作社产生成效以来，先后又与龙南山区银农竹木、龙鼎畜牧两家合作社开展融资合作，目前该模式已成功运作于该县两大支柱农产业领域。二是产业带动集聚效应。以龙珠畜牧合作社为例，通过信贷保障支持，社员由成立之初的 30 户发展到 50 户，合作社成员的经产母猪达到 13 003 头，较成立之初增加 5 236 头；年出栏生猪数量 13.95 万头，较成立之初增加近 9 万头。同时，合作社按照发展规划实现了饲料配送统一、疫病监测兽药采购统一、废弃物回收统一，生猪销售统一目前在实践过程当中。而银农竹木合作社运行以来，为一批作坊式竹拉丝户、木材加工户、炭化篾业主等社员实施项目技改、做大产业提供了资金后盾，有利于竹产业龙头企业的培育和提高山林承包大户发展笋竹产业的积极性，有效促进了龙南山区竹原料加工基地和笋竹产业的健康发展。同时，竹产业的发展解决了当地农村近 30 000 名空闲劳动力的就业问题，带动了相关运输业、服务业、商品流通、农家乐休闲旅游等行业的发展。

案例启示

一、信息对称是基础

一是对产业发展过程中“瓶颈”问题要掌握，比如技术突破、政策限制、融资困难等等，并施以具体分析研究，对症下药。二是对产业基本情况要了解，这对信贷人员具备相关专业知识素养提出一定要求，如调查生猪养殖户综合实力，根据养殖户场地面积、养殖规模等要素就基本可以评估该户实力状况；同时，对整条产业的上、中、下基本情况均要心中有数，确保在出现行业风险、市场风险时，心中有底。三是对合作社运行管理流程要了解，在与合作社合作过程中，既要做好对合作社成员的扶持，也要注重对信贷风险的防控。要通过对合作社成员的三查以及与合作社加强沟通，引导好合作社建立、运行合作社成员按月的养殖经营情况报备机制，监督合作社经营过程中的风险金提取和补偿机制，并通过合作社推动合作社成员全面的生猪保险制度，达到信息对称的目的，力求将信贷风险降到最低。农信联社可通过不定期组织社员座谈会、查阅合作社运行报表等了解资金运作情况，以此为基础拓宽业务合作，如引导客户、亲属及相关上下游主体资金回笼农信联社账户；同时，通过掌握社员生产发展情况、合作社管理情况，及时给予相应意见或建议，尤其是在共同推进风险防控工作中，信息需要更加透明。

二、创新结合是关键

通过对产业发展主体融资难问题进行分析，通过创新担保方式，鼓励主体“抱团”取暖，将个体担保、抵押压力以社员互助方式进行转嫁，也有效分散了信贷风险。基于合作社在成立之时，对社员准入进行把关，再加上信贷人员通过现场实地调查，有效确保了各社员资金实力、信用等级等信息真实且优质，在实施具体信贷支持时可灵活采取多种方式相结合给予满足，拓宽融资渠道。

三、机制灵活是保障

当前股份制商业银行如潮涌般进军县域市场，村镇银行加快在经济重镇设点步伐，邮政储蓄银行、农业银行等涉农金融机构回归农村阵地，具有一定规模的种养大户、承包大户、小微加工企业群体是其业务营销的重点，通过利率优惠等手段吸引这一黄金群体。面对竞争压力，通过推出“信用社+合作社+社员+基金”支持模式，突出农信联社机制灵活、操作便捷、利率优惠、融资多向的优势，不仅有效巩固这一基础群体，而且由于运作效应，越来越多的非社员群体期盼加入合作社组织，更多行业想延伸实践该合作模式。

四、行业自律是准绳

合作社要以带动产业发展，提升社员效益以及自身可持续发展为目标，强化风险管控，完善管理机制；通过以养殖业为中心向产业链的上、下游行业发展，提高经营效益，增加抗风险能力。同时，作为合作社成员要做到自律，防止因合作社内部矛盾影响合作社的运行和发展。

编写：余荣华　徐小春

精彩生活“理”出来

——龙游农信联社营销银行卡另辟蹊径

案例背景

银行卡产业是传统金融业务与现代信息技术有机结合的新兴产业，在国际上已经发展成为一个庞大的产业体系，并且仍然保持着较快的增长速度。银行卡在方便居民消费、引导消费潮流方面，具有无可取代的优势。因此，建立以银行卡为导向、多头并进的营销模式，是提高银行卡产业竞争优势，促进整个金融价值链发展的需要。

近年来，龙游农信联社不断丰富农村支付结算渠道，全面提升农村地区支付服务效率和质量，紧紧围绕服务城乡大众、服务社区、支持“三农”的社区银行定位，积极履行金融企业的社会责任，加大服务“三农”工作力度，加强金融服务创新，为社会主义新农村建设提供了强有力的金融支持。

案例情境

龙游农信联社广集数据，重点分析，极力倡导服务平台建设，全面提高终端的覆盖深度，通过“优化三步法”有效改善银行卡使用环境。第一步，龙游农信联社因地制宜，合理配置设备，在硬件上为客户提供首道保障。除原先投放125台助农POS机外，新增詹家、浦山等5个村试点投放自助服务终端，在全县率先推出了8台村级离行式ATM。截至2012年龙游农信联社传统POS机总数达130台，安装ATM总数31台，全年ATM交易笔数59.86万笔，交易金额9.07亿元。第二步，龙游农信联社主动出击、拓宽渠道，开展系列送金融服务进园区、进校区、进社区“三进”活动，在普及金融产品知识的同时挖掘潜在客户，为银行卡使用主体搭建了良好平台，为银行卡发展增设了第二道保障。第三步，龙游农信联社另辟蹊径，引商惠民，与省内外多家酒店、餐饮、娱乐商户合作，提供丰收卡刷卡打折，刷卡中奖等优惠政策，为银行卡后续使用融通了第三道保障。

案例分析

综观金融市场，体系形成日益完善，市场功能不断深化。在金融产品与工具开拓市场发展宽度的同时，市场规模与资源配置能力也奠基了市场规模的厚度。在此之际，龙游农信联社厚积薄发，集思广益，重点布置，从多方面开辟了银行卡产业的创新发展之路。

一、完善功能开发，力推衍生产品

龙游农信联社立足实际、放眼未来、科学创新，大力发展丰收“借贷相融”加“网机并用”战略模式。丰收借记卡的发行因其独特的免费优势扎根于城乡市场，沉淀了部分活期资金，但相比于拉动娱乐消费，贡献度还更具发展空间。龙游农信联社通过力推丰收贷记卡，弥补丰收卡透支功能空白，推进丰收借记卡签约还款，两卡并用，在功能上相互促进，在结算中相互关联，从而有效避免睡眠卡的存在发生。与此同时，龙游农信联社从借记卡存量客户和事业单位客户入手营销贷记卡，有效提高了丰收贷记卡营销成功率。另一方面，龙游农信联社创新技术，提升安全，强化服务，加快虚拟渠道建设，实现网银业务上线，将网上银行和手机银行功能普及城乡，并赢得城乡居民的广泛称赞。年内拓展个人客户1 128户、企业客户176户，个人客户全年交易笔数2.4万余笔，交易金额17.09亿元，企业客户全年交易笔数1.5万余笔，交易金额40.2亿元。

二、拓宽用卡渠道，提升附加价值

龙游农信联社立足实际、提升价值，结合传统，力求创新，将银行卡附加值发挥得淋漓尽致，集群众心声谱写一曲“丰收赞歌”。“丰收在手，缴费不愁”，龙游农信联社努力拓展水电、话费和一户通等代收代缴服务，便民之所便，探民之所急，充分缓解客户忙碌缴费压力，为更好建设城乡经济提供了时间保障。“丰收社保，养老最好”，龙游农信联社继续拓展社会医疗保险、社保基金和社会养老金业务。自开放城乡养老保障以来，老年群体乐此不疲，赞声不绝。除日常开销外，将部分闲置资金沉淀银行，积少成多，成为银行资金来源的重要组成部分。此外，充足的养老保障，为青年劳动力投入经济开发搭建了保障空间。“丰收农贷，效益常在”，龙游农信联社全体职工勤勉尽职，内勤外勤密切配合，力求做精阳光信贷工程。阳光信贷，惠农惠民，缓解农户资金压力，融通企业资金需求，辖内民众纷纷响应，经济效益有口皆碑。

三、挖掘服务内涵，树立品牌形象

龙游农信联社将加强员工服务意识，提高服务质量作为首要任务来抓。继续完善和规范员工的服务意识和服务行为，牢固树立“主动服务和整体服务”理念，逐步使服务理念深入人心。与此同时，龙游农信联社为提高服务水平和营销手段，合理制定并完善银行卡服务规范标准和业务操作规程，对工作的每一个环节程序都统一化、详细化、明确化，培养每一位员工接待客户有礼、有节、有度，让客户真正感受到和谐、真诚、温馨。

案例启示

一、拓衍生产品营销，壮用卡环境建设

为提高持卡人用卡积极性，农信联社应该极力改善银行卡用卡环境，为各行各业、各个地区持卡人提供一个快捷、方便的用卡环境，为大力发展银行卡事业提供扎实的基础。再者，农信联社需努力提高通信设备供应商和服务商的网络服务质量，避免出现支付不成功造成客户损失的情况，避免因为硬件设施不足影响客户用卡积极性。此外，农信联社还需以点带面，综合发展丰收贷记卡、丰收支农卡、丰收社保卡，配合丰收 E 网、手机银行、电话银行将银行卡衍生业务引入市场、占据市场、扎根市场。

二、探多层发放模式，促经济有效发展

农信联社应针对不同身份的客户群体，不同区域的客户需求以及信用状况、收入情况、风险承受能力等多方面发放支农卡、公务卡、贷记金卡等卡种，挖掘和培养潜在客户群，提高农村地区金融机具使用率。同时，应当积极借鉴国外的先进经验，在完善多层发放模式的同时，开发适合不同客户需求的服务，比如紧急援助、短信提醒、综合理财等个性化服务，切实改善服务质量，满足用卡需求。

三、构客户信用体系，建营销人才储备

针对当前市场信用体系不全，信用风险偏高的现状，龙游农信联社在阳光信贷基础上，完善信用体系建设，充分了解客户信用层级，及时关注客户经济动态，为发放银行卡提供充足的信用保障，大大降低了恶意透支，银行卡犯罪的风险。同时，农信联社应当致力于培养懂业务、精科技、求创新的复合型人才，加强对专业人才的培训与教育，建立了适应市场竞争形势的用人机制和激励机制，通过不断挖掘优秀人才，顺应银行卡业务专业人才发展的需要。

编写：叶啸

让普惠金融之花飘香“三农”大地

——龙游农信联社“社区银行”打造之路

案例背景

“社区银行”的服务对象是经营区域内中小企业和居民家庭，具有定位优势、信息优势和地区优势。近年来，龙游农信联社扎根本土、立足县域，以“支农支小”为服务重点，紧紧围绕服务城乡大众、服务社区、支持“三农”的社区银行定位，积极向广大社区特别是农村社区延伸服务触角，努力将自身打造成城乡居民和小微企业首选的社区银行。目前农信联社网点分布县城、城郊以及所有乡镇，点多面广，服务网络体系实现了全覆盖，在当地金融机构中最贴近“社区银行”的网点布局要求。

案例情境

案例一

“开春以来正是春耕备耕的时候，买种子、化肥都需要资金，白天忙没有时间跑信用社，多亏有了村级自助银行，24 小时不打烊，别提有多方便了。”龙游县湖镇镇希塘村村民老方在村里自助取款机上取了款后高兴地说。

据悉，龙游农信联社为进一步扩大农村金融服务广度和深度，让广大农民“足不出村存取款，田间地头能转账”，享受“零距离”金融服务，大力实施“支农信息员 + 助农 POS 机 + 自助终端 + 自助银行”村级金融服务新模式，为他们量身打造家门口的“金融超市”。2011 年，龙游农信联社在推进电话 POS 机进村的同时，积极探索在较大中心村设立离行式自助银行，填补了农村金融自助服务领域的空白。

2013 年 1－3 月份，龙游农信联社 8 家村级自助银行共计发生交易 11 114 笔，金额 2 518 万元。试点投放的 5 台便农自助终端也有效发挥便民服务作用，1－3 月共发生交易 1 931 笔，金额 266 万元。

案例二

近日，龙游农信联社与来自城区 7 个社区的 18 名“金融红娘”举行座谈，就金融如何更好地服务基层等事宜进行交流，并签订《金融信息服务代理合同》。衢州市首支社区金融信息员队伍正式上岗。

龙游农信联社把金融信息员建设作为推进“金融服务”的一项举措，疏通金融服务基层的渠道。社区金融信息员把更多、更新、更全的金融产品、服务项目、金融知识介绍给社区居民，提高金融服务的普惠效应，有效沟通信用社与社区居民之间的供求关系，担当金融服务“红娘”。同时，社区金融信息员还担当起调查员角色，帮助信用社在社区开展居民和个体工商户的信用等级评定，并对评级客户进行实时、动态管理。

案例分析

一、致力于“全面覆盖”，完善“统筹兼顾”的服务网络

龙游农信联社倾力打造“家门口的银行”，不断优化营业网点布局，加大在中心镇、城乡结合部的网点布设力度。2011 年县委、县政府工业服务月重点项目龙北信用社顺利开业，系进驻工业园区第一家金融机构，箬塘、团石、士元三个“定点、定时、定人”网点相继开业，基层金融服务盲区进一步消除。蓝天清水湾、希塘离行式自助银行相继开业，官潭村等 7 家中心村自助银行也已于 2012 年 11 月底前开业，充分体现了便捷特色，同时全力推进首批银行卡助农服务点建设，由人民银行批复的 125 台助农 POS 机已全部安装到位。农信联社

在“量”上推进全面覆盖的同时，还着力在“质”上下工夫，在硬件设施上推进网点规范装修，优化再造服务流程，提升文明规范服务水平。与此同时，农信联社大力推广ATM、POS机等金融机具，积极推广助农取款服务点，试点布设便农自助服务终端，大力推广“丰收小额贷款卡”，初步建成了网上银行、电话银行、手机银行等电子银行服务体系，提供7×24小时全天候不间断的金融服务，有效满足小额取款等基础性金融需求。

二、致力于“量质并重”，锻造“知农支农”的服务队伍和服务平台

农信联社深入实施农村信用工程增量扩面，对信用村和信用户进行扩评和等级调整，目前已评定信用村110个，评定信用农户77 834户，授信总额达到12.66亿元，农户电子建档总数达到81 729户。在抓好农村信用体系创建的同时，将该评定及建档方式“再复制”，向城镇个体户、农户专业合作社和小企业领域延伸，个人业务部已在红星社区开展信用社区评定试点工作。龙游县首个信用乡在石佛乡挂牌。与团县委、人民银行开展对接，在全市率先实施农村青年信用示范区创建试点工作。此外，农信联社与各级地方政府合作，运用产品帮扶百姓，丰收卡、创业贷款、联保贷款等支农产品方便了客户融资，为农村居民代收水电费、养老金、医疗保险金、粮补等各项政府惠农资金，不断延伸拓宽支农服务范围。

三、开展金融知识宣传，提升金融安全意识

为向客户提供更个性、更便捷的社区金融服务，针对高校、企业、工厂等不同社区客户需求，开展“金融服务进社区”、“金融服务进校区”、“金融服务进厂区”等系列活动，为社区居民、院校师生、中小企业主、厂区员工提供各类型服务，如对社区居民提供免费的投资理财知识、为厂区工人免费提供用卡安全咨询以及汇款指导服务、为批发市场商户提供账户管理及融资规划服务等，通过定点定期宣传，开展金融知识普及。

案例启示

一、服务对象“社区性”

“社区银行”的服务对象是经营区域内的中小企业和居民家庭。农信联社以

"支农支小"为服务重点，经过多年实践，在对区域内居民、中小企业的支持和服务方面已有丰富的实践经验。

二、网点布局"社区性"

龙游农信联社网点覆盖龙游县每一个乡镇长和部分中心村。全县现有各类金融机构9家，"工农中建"及邮储银行在龙游县拥有网点平均数为4个，村镇银行2个，温商行只有1个。而龙游农信联社现有网点就有35个，按龙游县人口40.4万计算，龙游农信联社平均一个网点服务项目1.15万人，参照美国是4万人口中有一家"社区银行"。从网点布局上来看，龙游农信联社网点分布县城、城郊以及所有乡镇，点多面广，服务体系实现了全覆盖，在当地金融机构中最贴近"社区银行"的网点布局要求。

三、人员素质"社区性"

一是人员配置合理，农信联社目前在职工作人员大都土生土长，熟知本乡本土的风土人情，在业务拓展上有利于发挥"人缘、地缘、亲缘"优势。二是信息较为对称。"脸熟"是一宝，通过多年积累，尤其是近年来客户信息维护，掌握了丰富的信息源。

四、管理模式"社区性"

作为独立的法人机构，机制灵活，实时决策实时实施，操作简单，方便快捷，在总部建设上，龙游农信联社也在积极探索实施。

编写：祝志新　杨梦怡

实现中国梦　青春勇担当

——龙游农信联社率先在全市开展农村青年信用示范户创建

案例背景

为进一步促进青年创业就业，2011 年团中央加强与中国人民银行合作，于 2011 年 4 月联合出台《关于全面开展农村青年信用示范户工作的通知》（中青联发〔2011〕17 号）。衢州市被团省委、省人行确定为全省农村青年信用示范户试点城市，龙游县作为衢州地区社会新型信用体系建设示范县。按照试点工作安排及龙游县信用体系建设积累的良好经验及坚实基础，团市委、人民银行市中心支行决定率先在龙游县开展农村青年信用示范户创建工作，龙游农信联社作为农村金融主力军，在此次创评工作中担当示范行社的重要角色。

案例情境

龙游县辖内农户总数 113 035 户，总人口 40. 4 万，其中 18 ~40 周岁的农村青年 55 596 人，占比 13. 76%。龙游农信联社启动农村青年信用体系建设，对 11 920 户农村青年进行电子建档，并对其中 7 760 户进行信用评定，授信总额 1. 78 亿元，贷款余额已达 7 232 万元。此次农村青年信用示范户创建中，龙游农信联社结合创业项目、创业规模、市场前景、资信状况等综合信息对首批入围的 54 名青年信用示范户进行评级授信，其中，特级 17 户，一级 37 户，授信总额 3 040 万元。

一、落实领导，加强协调

根据《龙游县农村青年信用示范户创建试点工作的实施意见》精神，成立由农信联社副主任任组长，业务管理部、各信用社负责人为成员的创建工作领导小组。信用社对辖内农村青年进行信息采集、建档以及初评，业务部门对初评情况进行审核、汇总，并加强与团县委、县人行协调沟通，落实具体示范申报。

二、有机结合，营造氛围

以前期“走千家、访万户、共成长”活动为契机，依托“万名农信干部下基层办实事”、“送金融知识下乡”活动载体，以及借助首届“信合杯”青年创业创新项目大赛效应，通过上门走访、发放宣传册以及农村信用工程“增量扩面”等方式，对创建活动的意义、性质、流程进行集中宣传，将农村青年创业的带头人、农民致富领头人、规模种养大户、诚实守信个体工商户等四类农村青年能人作为重点创建对象，并落实具体示范创建事宜。

三、建档立案，严格评定

对农村青年信用示范户评定标准严格把关，信用社对符合条件的农村青年进行信息收集并建档，同时会同村级组织、乡镇（街道）团委开展特级、一级初评。业务部门结合“项目有前景、贷款有需求、效应能带动”要求，对初评的重点对象，由龙游农信联社创建工作领导小组进行再审核再评定，然后报县创建试点工作领导小组审定。此次，全县审定的61户农村青年信用示范户中，龙游农信联社推荐入围的就达到54户，占比88%。

四、让利优惠，给力创业

近年来，龙游农信联社为切实增强对有信用、有能力农村创业青年的信贷支持，创新推出青年创业贷款，成功帮助女大学生“猪倌”、大学生“锦鲤王”实现创业梦想；联合团县委举办龙游县首届“信合杯”青年创业创新项目大赛，挖掘培育一批农村青年创业就业带头人，对于获奖的创业青年除提供现金奖励外，还对符合贷款条件的项目获奖者提供5万~50万元的创业小额贷款扶持。赛后，龙游农信联社对10个获奖项目进行重点关注跟踪，通过以信用和有效抵押相结合等形式增加贷款授信额度，如对一等奖项目竹鼠养殖户吴文慧，将其贷款额度提高到150万元，并全部发放到位。此次启动农村青年信用示范户创建，龙游农信联社继续加大支持并优惠力度，一是“增授信”，分别将一级、特级信用户的信用贷款额度从5万元提高到15万元，10万元提高到50万元；二是“降利率”，青年信用贷款利率最高不超过法定基准利率上浮30%。

五、建立示范，全面带动

一方面，龙游农信联社会同团县委对有项目和基地的农村青年信用示范户进行进一步深化建立示范基地，实行联系点制度，培育和支持好示范基地建设。如农村青年信用示范户张双其流转承包土地500亩打造生态农业示范基地；农村青年信用示范户琚益华流转承包土地种粮390多亩，下一步还继续扩种规模。目前，农村青年信用示范户创建各类种养殖业，农副产品加工示范基地15家。另一方面，推出“信用社+合作社+社员+基金”的支持模式，对农村青年信用示范户发起组建或参与的专业合作社给予支持。如农村青年信用示范户梅城，发起成立龙游县首个由山林承包大户、炭化篾加工户、木材加工户以及竹拉丝户组成的浙江龙游银农竹木专业合作社，龙游农信联社及时与合作社签订《融资担保合作框架协议》，对合作社及其成员提供5 000万元信贷支持，单户授信金额最高可达500万元，并享受基准利率上浮20%～50%不等的贷款利率优惠。此模式率先在龙游农信联社与龙游县龙珠畜牧专业合作社合作中取得成功，龙游县不少农村青年养猪大户已然成为该模式的直接受益者。

案例分析

一、示范带动更加明显

自开展农村青年信用示范户创建工作以来，关注信用、主动守信，争当示范的青年群体明显增多，纷纷通过上门或电话咨询信用示范户评定的要求、程序等等，并表示愿意参加下一批评定。可见，此次信用示范户创建在促进农村信用环境建设上发挥了明显的正面引导和激励作用。

二、创业融资更有保障

评定后，龙游农信联社对54个农村青年信用示范户增加了信用授信额度429万元，增加了其他担保方式的授信额度850万元，单户最高贷款余额可达到295万元，户均贷款授信余额也达到56.3万元，而且平均利率比其他人群优惠30%左右，这对于尚处于创业初期或成长期的农村青年来说，无疑是一针强有力的助推剂。

三、创业氛围更加浓郁

随着农村青年信用示范户评定工作的开展，各有关单位，新闻媒体的宣传，支持政策的到位，给广大农村青年创业提供了更大的空间，也为青年创业营造了社会氛围，极大地调动了青年创业的积极性。

四、信息对称更加紧密

通过与团组织网络有效对接，呈现出很强的互补性，搭建了与农村青年之间的桥梁，使信息更加对称，客户资源得以细分。

案例启示

一、创建广度有待拓宽

创建以来，虽然农村领域关注信用、主动守信，争当示范的青年群体明显增多，但仍有相当部分农村青年由于目前无创业项目、无信贷需求，认为自身无参评必要；或是在外创业并取得一定规模，认为信用额度不足于满足其需求等因素，对此次农村青年信用示范户创建工作表现出兴趣不高，活动开展的参与面不广，这有待部门之间再协调、再宣传，进一步提高农村青年对信用示范户创建的认知度。

二、创建深度有待加强

为了确保信用青年示范户创建工作顺利完成，并产生良好的社会效应，创建过程中需要历经信息采集、建档、申报、评定、授信等流程。由于工作量较大，时间紧促，工作开展难免有所欠缺，精细化程度有所不够，随着后期不断深入开展，需要进一步克服困难和压力，实现信用青年示范户创建在全县“开花结果”。

三、长效机制有待建立

建议农村青年信用示范户创评工作建立长效机制，实行动态管理，不搞突击性，要提高农村信用工程建设合力，只有循序渐进地做细做实一些基础性工作，并及时跟进一些配套扶持政策，例如对农村青年信用示范户经营所需贷款由财政部门给予一定的贴息，对农村青年信用示范户经营好的项目由经贸局、科技局等相关部门进行跟踪服务、扶持壮大，实行各部门联动扶持策略，从而能更好地发挥农村青年信用示范户的“示范效应”。

四、提前排摸，注重培育

农村青年信用示范户评定工作难不在于方案标准制定，也不在于评定后的贷款发放办理，难的在于保证把真正有资格的、需要贷款的诚信农村青年都能覆盖到，把优惠政策真正用到扶持有为农村青年身上。因此，要注重对农村的诚信有为创业青年的挖掘、跟踪和培养上，及时为他们的成长提供金融帮助。

五、全面宣传，社会参与

作为一项刚刚启动帮扶农村青年创业致富的惠民工程，如果社会知晓度不高，势必会对诚信农村青年的发动挖掘和评选过程的公平、公正、公开产生巨大的不利影响，会直接影响到这项工作开展的“成色”。因此，在工作一开始就要保持“高调”，利用各种形式加强宣传引导，既鼓励农村青年广泛参与，又确保在社会阳光透明下，参与对象信息真实准确。

六、协调统筹，重在落实

农村青年信用示范户工作涉及各单位的具体工作职责，也涉及金融政策的优惠程度，需要做大量的共同协商。在信用示范户评定后，及时落实贷款申请、跟踪成长轨迹、确保创评实效，是此项工作的最终落脚点，关键需要多个部门配合参与，共同落实。

编写：傅小科

信用评定“再复制”　服务延伸再拓展

案例背景

近两年，龙游县被人民银行衢州市支行确定为全市新型信用体系建设示范地区，龙游农信联社被确定为新型信用体系建设示范行社以来，个人业务部坚持把信用工程工作作为重点工作来抓，以龙游农信联社“打品牌、聚合力、促发展”为工作中心，“以围绕中心，服务大局，促进发展”为出发点和落脚点，围绕打造社区居民、城镇个体工商户以及园区中小企业立体信用体系建设不断探索。

在开展信用体系建设的工作中，龙游农信联社注重多种宣传教育结合的方式，促进信用户树立“守信光荣、失信可耻”的信用观念；广泛宣传农信联社支农、惠农、便农各项服务措施，充分吸纳对农信联社服务的意见和建议，有针对性地提高和完善服务功能。不仅为农村信用社探索非公有制经济的信贷管理模式、拓展城镇金融市场进行了有益的尝试，也为该县优化经济环境，促进县域经济发展作出了积极贡献。

案例情境

案例一：2011 年拓展业务工作成果

2011 年，个人业务部自开展社区居民小额信用贷款业务，各项工作进展顺利。城区共 6 个社区，有居民 21 564 户，人口 59 317 人，除老年居民、长年在外居民和暂时不参加评级居民外，社区居民参与评级共 7 476 户，占总户数的

34.6%，已评级居民信用户971户，占参评户的13%，共向信用居民户授信金额3 950万元。其中，特级信用户93户，占信用户的9.6%；一级信用户291户，占信用户的30%；二级信用户391户，占信用户的40.3%；三级信用户196户，占信用户的20.2%。

案例二：2012年拓展业务工作成果

2012年，个人业务部自开展个体工商户小额信用贷款业务，各项工作进展顺利。城区共6条主要街道、4个繁荣市场，有个体工商户6 599户，除已过验审期限的、关停的与暂时不参加评级的工商户外，以及工商户业主户籍在农村的并参与基层社信用评级的，城区参与评级的工商户共2 263户，占总户数的34.2%。到年底止已评级的个体工商信用户298户，占参评户的13.2%，共向信用工商户授信金额3 112万元。其中，特级信用户15户，占信用户的5%；一级信用户36户，占信用户的12.1%；二级信用户141户，占信用户的47.3%；三级信用户106户，占信用户的36.6%。

案例分析

一、加强认识，营造氛围

年初，个人业务部就通过召开全员动员会，加强引导，使全体员工对信用评定的重要性与必要性达成共识，从根本上转变了对信用评定工作的认识，并从思想上给予足够的重视。为确保此项工作的顺利开展，个人业务部明确了步骤和方法：一是完善组织领导。个人业务部成立了各类信用评定的工作小组，负责制定辖内信用户的评级授信计划和实施细则，搞好宣传发动工作，积极组织实施。二是创新业务开展模式。由龙游县农信联社牵头，会同工商局、街道党工委、社区居委会等部门参与，协同开展工作。三是制订工作计划。按步骤、分时段、分小区稳步推进，划分为宣传发动、资信调查、资料收集、信用等级评定、档案整理、贷款发放管理等步骤。四是明确工作方法，根据家庭情况、经营项目，细化评定户信用等级评定项目、条件和程序，保证工作开展有章可循、有据可查。在明确方法和步骤的基础上，信用等级评定坚持“调查—评级—授信—用信”的原则，对信用户核定贷款限额，采取“一次核定，随用随贷，余额控制，周转使用”的管理办法。

二、完善考核机制，增强主动性

俗话说，没有规矩不成方圆。个人业务部在年初就根据龙游县农信联社考核指导意见，制定了各项信用评定工作的考核办法。注重“质”的同时兼顾“量”的考核，为拓展信贷领域，创新贷款品种，真正把城区信用社建设成一个满足社区需要、以零售服务为主的社区性、零售型的金融机构，以满足不同层次客户的资金需求。同时与岗位绩效挂钩，形成了与业务经营相同步的激励机制。个贷部专门设置考核奖金（由员工与本部各半），考核在设置的奖金范围内多做多奖、多劳多得，形成你追我赶的良好氛围。

三、做好宣传，提升形象

在经营管理发展过程中，如何总结提炼特色、亮点工作，如何得到媒体认可宣传并形成品牌价值，把握好工作与信息宣传的结合点很重要。龙游农信联社个人业务部主动把握当前工作要点和宣传重点，结合自身实际，及时进行总结和部署落实，创造工作亮点，并在第一时间将投稿发送刊登部门，如“龙游农信联社助小微”、“龙游农信‘三结合’推动服务上水平”、“龙游农信联社助农增收”等工作亮点被《浙江日报》、《浙江工人日报》等省级媒体刊登，有效地提升了农信联社的社会形象。

案例启示 《

一、思想上要重视，认识上要提高

农村信用社要把小额信用贷款工作作为满足社区居民经营、生活资金需求和提升农村信用社信贷服务水平的内在要求，既是出于业务发展的需要，也是业务竞争的需要。

二、建立长效联动机制，形成合力整体推进

一是要求县政府牵头，成立由分管领导任组长，农信联社、街道党工委、相关部门负责人（税务、工商、公安、法院、建设）、社区主要负责人为成员的信用工程领导小组，下辖办公室，负责具体指导、协调此项工作。政府部门要协同农信联社共同做好此项工作，多方合作，合力将这项惠民工作做好做实。二是成立各类信用户评定小组，成员由信用社人员、社区工作人员、相关部门工作人员（税务、工商、公安、法院、物业管理）组成，负责对需要贷款的客户进行上门调查，召开民主评定会，并确定具体的授信金额。三是各部门要发挥监督职能。工商、税务部门对信用贷款户在经营场所变更、纳税登记变更，需事前与信用社联系。公安部门对信用贷款户在贷款归还前，其户籍变更需事前与社区、信用社联系。物业管理要通过平时在对居民物管服务过程中，了解掌握居民的情况，与信用社建立信息交流平台。法院定期向信用社通报本社区居民涉及诉讼情况，并协助信用社加大对涉诉案件的执行力度。只有多部门协同工作，才能形成上下联动，整体推进的格局。

三、建立长效奖罚考核机制，提高风险管控能力

一是信用社可以借鉴支农联络站的管理经验，聘请社区居委会、个体工商户协会等作为信用贷款的协管机构。社区居委会可以依托分布在各居民小区的楼道长，个体工商户协会可依托各市场管理员作为联络员，在达到规定的本息到期收回率后，可按比例支付一定的报酬，以调动该联络人员的积极性，协助信用社强化贷后管理，最大限度地降低贷款风险。二是政府要把对信用贷款管理纳入到对相关部门的考核中，对在开展信用工程工作成效显著的部门，给予奖励，促进各部门形成合力，共同做好该项工作。

四、改进信贷员责任考核管理办法，充分调动信贷人员工作积极性

在对信贷员的绩效考核中，要适当提高对小额信用贷款笔数和户数的考核比重。同时，对非主观因素形成的贷款风险，适当减轻信贷人员的贷款责任，以消除信贷人员顾虑。

编写：季冬　徐小春

一个“好汉”三个帮 “惠农快车”惠万家

——江山农合行标志性支农信贷产品连获三项全国性奖项

案例背景

2009 年 3 月，江山农合行创新推出的“惠农快车”贷款产品，以其普惠、便捷、广覆盖的服务方式深受服务区域内农户的喜爱和好评，成为该行服务“三农”的标志性信贷产品，同时也赢得了地方政府、社会各界的一致好评，获 2010 年度江山市社会公众评议“最满意单位”的殊荣，荣膺 2011 年度全国十佳服务中小企业及“三农”特优金融产品等称号和 2011 年全国金融机构服务“三农”经验交流峰会“服务三农最佳创新成就奖”。

2012 年，“惠农快车”贷款作为浙江经验成功案例入选《中组部中国干部网络学院精品课程》，该课程高度评价“惠农快车”贷款案例细分农村客户市场，产品针对性强，适应农户、小企业不断发展壮大的实际需求，是“团体贷款模式的成功范本”，并要求中央和国家机关司局级领导干部在线学习该课程。

“买化肥、购猪仔，就找信用社”，这句话从 20 世纪 90 年代开始便在江山市农村地区广为流传。其实，早在 1980 年农村推行联产承包责任制时，江山农信联社 50 年代设立的信用代办站就逐步担当起代理发放农户贷款的任务，90 年代初期配合信用社开展以信用户资信等级评定为内容的农户小额信用贷款业务。信用代办站遍布江山市各村各落，农信联社建立了一 张广阔的金融覆盖网络，为农户随时提供存、取、贷、还款等金融服务，被江山人民称为“家门口”的银行。

这种随借随还的“家门口”农户小额信用贷款模式一直延续到2008年。期间不仅有效解决了农户小额融资难的问题，取得了丰硕的支农成果，同时也不断完善了农村信用工程体系建设。

同年7月，江山农村信用社改制成立江山农村合作银行，并同时按照银监部门的严格要求，于2008年12月前“一律停止信用代办站代办存贷款业务，解除农村信用社与信用站代办员之间的委托代理关系，收回信用代办站的名牌、账簿、印章、凭证和业务周转金。”

信用代办站按期完成清理撤销工作，“家门口”农户小额信用贷款模式一夜之间便土崩瓦解。农村居民存钱取钱不方便，贷款更是难上加难。一时间银行信贷室人满为患，营业厅人潮涌动，农户们手持“农户贷款证”叫苦连天。

怎么办？贷款授信覆盖面广与农村居民借款难矛盾十分突出，如何坚守“改制不改根、换牌不换心”，“撤站不撤服务”，该行分管副行长姜永福带队深入实际，进行调研，积极谋划信用代办站撤销后农村居民享受最基础金融服务难的问题。为了一如既往地服务好“三农”，提出了以创新为驱动，进行贷款流程再造，重点解决农村居民贷款从客户经理经手发放直接到柜台放款的突破，实现贷款授信与用信的有效对接。该行领导班子高度重视调研结果，精心组织，快速推进以柜台化直贷的创新产品。

“惠农快车”贷款产品就是在这样的背景下，于2009年3月“呱呱坠地”，一出生就肩负着解决农户贷款难及银行柜面压力大的双重任务。

案例情境

“惠农快车”贷款产品是以农户、个体工商户及私营业主等为服务对象，以信用等级评定为基础，依据其资信、林权、农村住房等状况进行资信评定综合授信，对贷款流程进行优化再造后，直接在柜面发放的系列支农产品，具有以下特点：

第一，实现一个“快”字，农户直接到农合行网点柜台办贷时间一般不超过10分钟，就像办理存取款一样方便。

第二，强调一个“便”字，原农户小额信用贷款实行的“一次授信、循环使用”仅指信用户贷款授信两年内有效，实际用款是还要办理相关手续，“惠农快车”贷款前移贷款循环合同的签约、录入审批等流程，突破了从授信到用信的“循环使用”跨越发展，天天可以到柜台随借随还通借通还，便利度达100%。

第三，倾力一个“惠”字。据农户及所在信用村星级不同实行差别化的贷款利率，最低的可享受人行规定的基准贷款利率。据不完全统计，自2009年以来，该产品利率水平比我行各项贷款的平均利率低了1.8个百分点，优惠农户的利息额达2 000多万元。

第四，着重一个“提”字，提高信用户贷款授信额度，信用户最高的信用贷款授信额度可达到12万元，比原农户小额信用贷款最高的信用贷款授信额度3万元放大了4倍。

第五，着力一个“广”字，面向辖内所有符合条件的农户，能满足绝大多数农户基本的生产生活发展资金需求，覆盖对象广。

第六，提供一个“畅”字，即指销售渠道通畅。该行在全市行政村设立支农联络员服务点，顺应农户零星分散、额度小、总量大的金融服务需求，搭建该行与当地村民资金融资需求信息交流平台，构建服务农户的桥梁，为农户“惠农快车”用款需求随时提供服务，对该行服务“三农”，拓展新的发展空间、增强可持续发展能力起到了积极的推动作用。

该产品一经推出就深受农民群众、地方政府的一致好评，一时间备受全国各级媒体的关注和好评，有效满足了普惠性金融的需求，提升了我行的金融服务水平，不断推进城乡金融均等化发展。

案例分析

众所周知，农民贷款难的原因主要有“四缺”：一是缺抵（质）押条件，二是缺银农信息不对称，三是缺有效服务终端客户的人力资源，四是缺科技信息支撑。

“惠农快车”贷款产品面对千家万户的农民群众普遍缺乏抵质押条件、信息不对称等原因而导致农村金融服务不足问题，走出一条以综合利用信用资源为核心、以信贷管理系统及核心系统为平台、以支农联络员为“红娘”的农村金融创新之路，扎根于“三农”，丰富了农村金融市场。自2009年3月推出至今，普惠5.4万次农户，累计投放32.54亿元，贷款余额12.03亿元，较好地满足了大力发展地方食用菌、蜜蜂、畜禽、茶叶、蔬菜等五大亿元农业主导特色产业，有力地发挥了信贷调整产业结构的杠杆作用，催生了中国白菇之乡等中国之乡及全国先进县市。在服务区域内，“惠农快车”贷款在贷款投放额度、办贷速度及覆盖农户等方面在同业之间具有明显优势，占据领先地位，发挥了以点带面率先示范的作用。

同时，“惠农快车”良好的复制性能，为破解当前“三农”难题、助推农民创业致富、推进城乡统筹和新农村建设作了一次有益的尝试，探索出了一条实现农村金融供求对接的有效途径，成为该行标志性支农信贷产品连获三项全国性奖项，并作为浙江经验成功案例入选《中组部中国干部网络学院精品课程》，成为当地家喻户晓的“好汉”，主要有“三个帮”。

首先，有“一个工程”帮，即有良好的农村信用体系和科学的管理规程作基础。

从1999年开始，该行就开始探索以信用户、信用村、信用乡镇为载体的农户小额信用贷款模式，十几年的时间，日趋成熟的信用工程建设一直走在全省农信联社的前列，为“惠农快车”贷款提供了源源不断的客户群体，并有效解决了农户贷款信息不对称的难题，为该产品开发及稳健发展夯实了基础。

其次，有“一平台”帮，即以省农信联社核心系统、信贷管理系统等科技系统作为系统平台，充分运用信贷管理系统信息录入、合同审批与核心系统“普通放款”程序，进行贷款流程再造，实现农户贷款从原来的客户经理发放到柜台直接发放的跨越，为“惠农快车”贷款提速提供有效的科技支撑。同时

OCR 系统风险预警处理子系统对客户账户资金进行监督，并根据风险程度进行预警、提示，为该产品稳健运行提供强大的保障。成功对接省农信联社“丰收小额贷款卡”IT 技术，实现了“惠农快车”纸质化与电子化并轨运行，集循环小额贷款、存款、资金汇兑、电子缴费、农民直补发放等功能于一体、在该行内所有网点均实现通借通还和全省农信系统通存通兑、在 POS 机办理消费及 ATM 办理取现业务等的功能提升，综合兼具消费、取现、转账快捷的“银联”功能。

最后，有“支农联络员队伍”帮。该行在全市行政村设立支农联络员服务点，支农联络员队伍填补了信用站撤并后金融服务“盲区”，顺应农户零星分散、额度小、总量大的金融服务需求，勇当“金融红娘”，发挥当地人熟、地熟、情况熟的优势，搭建农合行与当地党政领导及村民信息交流的平台，积极喜筑服务新农村建设的“鹊桥”，收到良好的业务成果和社会效果。为农户“惠农快车”用款需求随时提供服务；对该行服务“三农”，拓展新的发展空间、增强可持续发展能力起到了积极的推动作用。

案例启示

一、服务点多面广的“三农”客户需要创新农村信用体系建设

以扎实的信用工程建设为基础，通过良好的激励体系让镇、村委与农户之间形成相互制约、相互监督的自律氛围，共同营造良好的信用环境，才可以为支农信贷产品创新打下坚实的基础。

二、创新支农信贷产品应该积极借力科技手段

以先进科技手段为依托，既可以为完善信贷系统、改造业务流程、创新信贷支农模式、提升信贷风险管控能力等提供条件，也为实现使农户享受到更为快捷、更为便利、更为多样的金融服务带来了便利。

三、提升支农水平要有一颗责任心

以服务“三农”为本，牢固树立为农户提供普惠式金融服务的理念，密切跟踪“三农”旺盛的金融服务需求，是创新“惠农快车”贷款等系列便农、利农金融产品的不竭动力。

四、沟通农村金融市场信息的支农联络员制度具有积极的现实意义

农村金融市场存在的关键问题是严重的信息不对称，而支农联络员凭借熟悉本地情况的优势可以较好地解决信息不对称这一基本问题。支农联络员搭建起了农户与农村金融机构之间的桥梁，解决了农村金融市场上供给与需求之间的矛盾。

编写：王令威

从错位竞争中赢取市场空间

案例背景

近年来，温州银行、泰隆银行、浦发银行、交通银行等股份制金融机构纷纷进驻江山，当地建信村镇银行、数家小额贷款公司也迅速兴起。随之而来的是，银行特色金融产品激烈较量，人性化服务及科技能力正面比拼，江山金融信贷市场竞争越来越激烈。每个新银行（或贷款机构）的进驻或设立都会造成江山农合行客户的“被分流”，在金融同业的竞争下，大中型企业、相对优质客户的议价意愿和能力不断增强，传统的利息收入空间不断压缩，作为县域农村合作金融机构，江山农合行如何巩固既有阵地同时积极寻求新的发展空间、开辟新的利润增长点显得尤为迫切。让我们看一下，下面两个场景是否异常熟悉！

场景一

某小微企业主老板：“您好，我想贷点款要怎么办呀？”

某贷款部客户经理：“您好，请问你有房、车或其他可以抵押的东西吗？”

某小微企业主老板：“没有……”

某贷款部客户经理：“那您有可以帮您担保的人吗？”

某小微企业主老板：“很难……”

某贷款部客户经理：“那您有完整的财务报表吗？”

某小微企业主老板：“我们是小本经营，哪来这么些东西呀……”

某贷款部客户经理：“那不好意思，您可能暂时不符合我们贷款的条件，欢迎下次光临……”

场景二

某银行客户经理："××总，您好，我是××银行的，请问您要贷款吗?"

某大型企业主："我来你们银行贷款有什么优惠策政呀?"

某银行客户经理："当然有啦……"

……

为何类似的场景总在不同的银行相似地上演？以孙赤董事长、周涛行长为核心的江山农合行高层们陷入长久的思考中……

多年来，江山农合行坚持以"零距离"服务"三农"和中小企业为己任，锐意探索、创新与实践支农支小走差异化竞争新路子，先后推出"惠农快车"、"金伙伴动车"、"丰收粮农直通车"等车系贷款产品，取得了很好的社会成效。但随着多家金融机构多角度多区域的进入，特别是邮储、村镇银行加快进入农村力度，江山农合行在本地农村金融中的传统服务优势正遇到前所未有的挑战，如何巩固既有、突出重围，实现特色发展，就显得尤为重要。

在深入市场开展多次调研后，农合行高层们将目光集中在了这样一个经营群体身上：微小创业者们。这些街边的小摊贩，家庭的小作坊主们，早已习惯性地被银行金融信贷服务所遗忘，起步低、微创利以及"四无"（没有标准化的管理、没有财务报表、没有抵押品和担保人、没有和银行打交道的经验）的特征，让他们难以获得正规金融机构的金融支持。一边是各家金融机构使尽十八般武艺抢夺优质客源的，早已是一片"红海"，另一边是有着迫切资金需求却难以获得金融信贷支持的小微客户，一片蔚蓝的"海洋"。很快，江山农合行的高层们就达成共识，一定要抢占先机攻克这片"蓝海"，以特色的产品，灵活、适合的信贷技术服务这些金融弱势群体，将金融服务触角延伸到微小创业者这一广阔客户领域。定位微小、特色经营、强势服务，充分发挥点多面广和经营灵活的优势勇于承担社会责任，在服务金融弱势的同时，在激烈的县域金融市场竞争中形成错位优势，赢取更大的市场发展空间，实现自身的可持续发展。

案例情境

心有定数的江山农合行高层们一方面梳理总结“惠农快车”小额农贷成功经验，另一方面开始积极关注国内外先进的微贷理念和技术，行领导多次亲自带队外出学习和调研，迫切寻找着一个“点石成金”的契机。2009 年上半年，周涛行长参加了浙江大学浙江省农村合作金融系统金融管理高级研修班 A210 班，7 月 5 日上课时结识了浙江大学经济学院副教授何博士，双方就农村合作金融开展微小贷款的重要性、必要性达成高度一致，周涛行长第一时间就向何博士发出合作邀请。周涛行长回行后就微贷业务合作相关事项向孙赤董事长做了汇报，农合行党委组织讨论，达成一致认识。经过一年多的认真筹划和准备，2011 年 3 月江山农合行正式携手浙江大学金融研究院、浙江省金融研究院合作开展《江山农村合作银行微小贷款发展研究》项目，迈出了关键性的一步。

微贷项目对江山农合行而言是一个全新的课题，它在为江山农合行带来了全新信贷理念的同时，也带来了新的挑战。微贷的主要服务群体大多是“没有标准化的管理、没有财务报表、没有抵押品和担保人、没有和银行打交道的经验”的“四无”客户，在传统信贷的观念中这类群体是一个典型的高风险、低回报的群体。因此，在“AFR”微贷项目开展之初，很多员工不理解，甚至在中层干部中也流传着一些非议，而总行领导层对如何实施微贷项目，在项目开始之初也曾产生过较大分歧。可贵的是虽有分歧或不同看法，但大家始终都能摆在桌面上来讨论，在多次的思想碰撞后，最终形成统一意见，给予了浙江大学经济学院、浙江大学金融研究院 AFR 微贷专家项目组充分的授权和支持。

在浙江大学经济学院、浙江大学金融研究院微小贷款项目组的指导下，江山农合行相继完成两期微贷培训生招生与培训并成功培训了 13 名微贷客户经理，组建了微贷中心，推出“小营生早班车”微贷产品，健全了制度体系，并基本形成了微贷技术自主复制能力。江山农合行微贷中心自成立以来，秉持微小贷款 = 弱势群体 + 零隐性成本 + 可持续发展利率 + 强势服务 = “微笑”贷款的理念与技术，在县域农村金融微贷体系建设、业务拓展、管理创新及系统建设方面展开了一系列创新实践工作，取得了突出成绩，深得微小创业者喜爱并得到当地政府的高度认可，当年喜荣获浙江银监局2012年度全省“支持县域实体经济发展先进集体”荣誉称号。

截至2013年5月20日，江山农合行微贷中心已累计发放微贷658笔，金额11 877万元，最大的一笔30万元，最小的一笔仅1万元，笔均18万元，余额9 507万元，不良贷款率为零。投放微贷客户中，个私经营户贷款330笔，金额6 556万元；失地或离地农民贷款163笔，金额1 338万元；微小生产型企业165笔，金额3 983万元，凸显出微贷不走寻常路、独特的草根“门槛”及助微扶弱的特性。经过近两年的磨合、吸收与消化，微贷技术已在江山农合行成功落地生根，开始本土化发展，主要做法和特色有：

一、定位弱势群体，提供强势服务

江山农合行微贷中心把目标客户定位为具有一定劳动能力，从事生产经营活动并且有三个月以上经营经验的小企业和个体工商户。他们都是传统意义上的金融弱势群体①，大都没有正规金融机构的信贷经验，资金需求呈现出“金额小、期限短、需求急、次数频”的特点。在服务方式上，微贷客户经理从根本上转变等客上门的工作作风，设身处地地为客户着想，与其进行心与心的交流，通过市场合作、扫街营销、多媒体宣传等方式，主动出击，去挖掘金融弱势群体的金融需求并以规范的微贷技术和双方认可的价格使其方便、快捷且有尊严地获得金融服务，赢取“小微”市场。客户办理一笔微贷一般只要到银行两次，第一次是申请，第二次是办理手续。

案例【“你们行是不是在搞优惠活动啊”】

水果店老板王先生是典型的“四无”先生，之前多次跑过银行想贷款，然而总被婉言相拒，前几天他接到一笔订单，但缺了4万元进货资金，这可急坏了他。听说江山农合行新推出了“小营生早班车”贷款，他抱着试一试的心态，

---

① 此处金融弱势群体是指具有强烈劳动意愿和一定劳动能力、劳动经验却长期被正规金融体系边缘化的微小经营群体，主要包括城市化、城镇化和土地流转等原因形成的失土、离地农民和自主创业或扩大生产经营的新生代农民、新生代居民和新生代微小业主。

迈进了江山农合行微贷中心。没想到，当天早上申请，微贷员当天就对其经营情况进行了实地调查，并且微贷员在得知其妻子在老家坐月子不方便到银行签字时，二话不说便上门为其办理了签字手续，第二天早上便向他发放了4万元的信用贷款。一直以为只有通过好关系才能获得贷款的王老板，面对这样高效率、免担保、零费用、真便捷的贷款模式，一时竟有了些不适应。王老板质朴的一句“太谢谢你们了，你们农合行是不是在搞优惠活动呀，以后还有没有这个活动啊……”质朴又略带期许的话语深深触动着在场的每一个人。

二、简便办贷流程，量身定做方案

江山农合行推出的“小营生早班车”贷款，是在核实客户贷款用途的基础上，以客户的经营现金流与家庭可支配收入作为贷款条件与还款来源，为客户量身定做贷款方案，根据客户实际情况确定贷款金额、期限及还款方式，它具有“高额度、免担保、零费用、真便捷、好灵活”五大特点。即为微小创业者提供金额在30万元以内的经营性贷款；突破抵押，以信用和准信用（保证）为主；除双方协商确定的贷款利息外，无其他任何费用；贷款办理一般只需3天；每月等额本息还款等多种还款方式。

案例【外地人也可以贷款吗】

“外地人也可以贷款吗?”一个问号换来了一句肯定。李女士夫妇是江西人，在江山市经营窗帘生意已经有很多年了，生意情况良好，最近想趁原材料涨价前多存些货，资金却出现了紧张，在得知该情况后，江山农合行的微贷客户经理立刻为其介绍了该中心的“小营生早班车”贷款。李女士在其他金融机构吃尽了外地人不能在江山市贷款的苦，在江山农合行两天就为其办好10万元的准信用贷款，并根据其经营情况制定的前三个月还利息后六个月每个月还本付息的灵活还款方式的贷款方案时，感激之情溢于言表……

三、创新信贷技术，降低准入门槛

微小创业群体生意结构简单，以现金交易为主，无财产、无抵押、无规范的财务管理和记录。江山农合行微贷中心创新信贷技术，通过实地调查和交叉检验，遵循“到户调查”和“眼见为实”原则，从客户的家庭到企业整体考察经营状况和现金流，从外围环境了解客户的诚信度情况，分析偿债能力，确定其是否符合贷款标准。改变了传统信贷业务对抵押担保的过分依赖，确保客户既有还款意愿又有还款能力，从而大大降低了客户准入门槛。

案例【卖菜的也可以办贷款】

摆摊做蔬菜生意的陈老板，最近经营上出现了资金缺口，想贷几万元周转一下，可是跑了几家银行都被拒之门外，在得知江山农合行有“小营生早班车”贷款业务后，抱着试一试的心情来申请了贷款。当时，看着客户小小的摊位，空空的账本，微贷客户经理也犯了愁，这样如何测算其经营收益呢？好在交叉检验技术帮了我们大忙。微贷客户经理通过对周边商户的交流、同行业的利润率分析、上下游经销商的了解，迅速作出了判断，为其发放了 3 万元的信用贷款。该客户至今还款情况正常，无风险预警发生。

案例【微贷员“蹲点”侦查的艺术】

经营超市多年的郑老板为人老实保守，从来没和银行打过交道，虽有资金需求，提出了贷款申请，却只说“你们放心，我是个信用人，肯定会还款”而不愿透露相关经营信息。难道这样就放弃？不，微贷中心的客户经理小王灵机一动，便悄悄展开了侦查之旅。他通过隐蔽在客户超市周边两小时的蹲点式观察，了解期间超市的人流量以及售出的主要商品，从而分析客户超市的现金流以及发放贷款的可行性，最终以创新性的信贷调查技术，让现金流说了话，快速为其办理了贷款手续，让客户真切感受到了江山农合行贷款的方便快捷。

四、严格工作纪律，推进“阳光信贷”

微贷客户经理有着最严厉的“工作纪律”（“六不准”原则，即“不准喝客户的一口水、不准抽客户的一支烟、不准吃客户的一餐、不准收客户的任何礼品、不准泄露客户的任何信息、不准收取客户除利息收入的其他费用”）、“宣传纪律”和“日常行为规范”，看似毫无人情味的“六不准”，体现的却是微贷客户经理从业行为的准绳。以简明一致的标准为客户提供微贷业务流程化服务；对客户的相关信息保密，时时刻刻尊重客户，以高度的责任心回报客户给予我们的信任；忠诚农合行，忠诚微贷事业。“铁的纪律”打造出的是一支“技术过硬、责任心强、忠诚度高”的微贷客户经理队伍。

案例【你们真的一口水也没喝呀】

夏日炎炎，微贷客户经理小潘与同事小林几经周折，终于到了地处偏僻的种菇户周老板处进行贷款调查。周老板很客气，一见面就递上了两杯凉开水来解渴。两人虽然有些口渴，却坚守着“不准喝客户一口水”的原则，并高效完成了贷款调查。临走时，周老板由衷地感叹道：“开始我还不相信你们的‘六不准’，就想来试试真假，没想到你们真的是一口水也没喝呀……”

五、实现自主复制，强化本土培训

江山农合行的主要领导班子在实践中意识到，微贷与传统的小额信用贷款不同，作为一项“劳动、技术、管理密集型”信贷业务，微贷业务需要大量的专业技术人才来完成整个信贷流程，要实现江山农合行“AFR”微贷项目的可持续发展，注重人才队伍的建设，建设本土化、自主化的培训模式才是可行之道。为积蓄微贷力量，打造微贷客户经理培训基地，江山农合行微贷中心在一、二期培训、优化了AFR微贷项目组二期联动培训模式的基础上，完全独立地开展了三期培训且取得了阶段性成果。培训方式以前期开放式理论、技术学习，中后期技术固化、见习实践为主，同时集中专题、案例进行研讨与交流。培训初期培训生利用休息日不脱岗参加微贷技术培训，同时严格遵守江山农合行培训生学习纪律、工作纪律、宣传纪律和日常行为规范，签订保密协议，坚持“先固化，再优化”的项目培训和实践原则，中后期经微贷中心系统考核，合格者分批脱产进入微贷中心工作。目前，江山农合行可持续微贷客户经理长期自主的本土化培训机制已基本形成。

六、勇于创新发展，实现系统管理

江山农合行为适应新生代农民、新生代居民和新生代小微业主生活、生产的网络化特征，不断创新服务方式，以规模推进微贷业务发展，实现客户数据原始积累，完善微贷业务系统化、自动化操作流程，提升微贷管理可控性，提高微贷操作效率。2012年6月江山农合行高层多次精心谋划并精心选择IT公司，选派具有IT背景的微贷员全程参与微贷管理系统研发团队。2013年3月底江山农合行微贷管理系统已开始在中心试运行，该系统在日常工作中所提供的便利性初步显现，其系统数据库中已成功新增录入微贷营销客户信息2 400多条，目前经一、二期培训合格的微贷客户经理和三期培训生已可带自携式电脑，开展上门营销和实地调查工作，实现“背包式”办公，极大地提升了微贷运营效率和微贷管理能力。

案例分析

江山农合行微贷业务的发展，源于孙赤董事长、周涛行长等农合行高层领导对市场需求敏锐的观察，对江山农合行社区性银行建设的深入认识，审时度势、扬长避短，依靠集体智慧作出的前瞻性决策；成于行领导的正确领导，各部室、支行和员工们的理解和强有力支持；更借助于浙江大学经济学院、浙江大学金融研究院微型金融专家团队的力量，得益于江山农合行微贷学习小组（后期为微贷中心），特别是一期四位的辛勤努力和背后家人的大力支持。

一、战略谋划、错位竞争

企业要在激烈的市场竞争环境中求生存、谋发展，就必须自觉地从实际出发，对企业的未来作出总体运筹和谋划，制定并实施企业的发展战略。江山农合行深知实施正确战略的重要性，特别制定了将“微贷”项目发展成为该行四大支柱的发展战略，推出了战略发展的载体，即主要支持在经济上处于微小弱势群体的车系贷款产品新成员——“小营生早班车”微贷。本着“不求最大，但求最优；不求最大，但求最强”的发展原则，高度重视我们现在拥有的，开拓我们现在缺乏的，集中力量做强做优，走差异化竞争之路，在自己的阵地上和服务领域内，做到社会高度认同，别人难以超越，增强主动抵御市场竞争风险的能力。

二、准确定位，强势服务

面对竞争，小法人金融机构要与大中型银行错位发展，做大中型银行不愿做、不能做、不会做、来不及做的小微企业和个体工商户，“做微、做散、做精”是最佳出路。与大银行在大客户上竞争，我们在资金实力、人才素质、科技力量及管理水平上存在着难以弥补的劣势，但我们服务“三农”多年，开展小额贷款已累积较多经验，从事小微贷款业务却具有天然优势。针对微小经营客户的需求，在服务方式上，“小营生早班车”小微贷款的客户经理从根本上转变等客上门的工作作风并严格执行“六不准”的工作纪律，通过扫街营销、多媒体宣传、市场合作等方式，主动出击，上门服务。

三、整合资源，优化配置

江山农合行高层长期关注国内外成熟的微贷理念与技术并慎重选择合作伙伴，在得到各职能部门和各支行领导、员工理解和强有力支持的前提下，借助“外脑”，通过择优选拔业务骨干组建专业化微贷学习小组，坚持“先固化、再优化”的项目运行原则、有序推进微贷理念和微贷技术的固化和优化，经过两年的吸收、磨合、消化和微贷业务的试验和实践，形成可自主复制的本土化“1 + N”培训新模式，实现了微贷技术的本土化并为微贷业务规模化可持续发展奠定了坚实的基础。

四、助小扶微，赢取市场

多年来，江山农合行坚持以“零距离”服务“三农”和“中、小、微”企业为己任，锐意探索、创新与实践支农支小的新路子，在服务“三农”的道路上获得了社会各界的肯定，该行在制定一切新战略的同时，立足“三农”，助小扶微，秉承“没有贷不了款的客户，只有放不了款的银行”工作理念，坚持“微贷款、铁纪律、强服务”服务理念，着力打造江山人自己的微小金融服务品牌，同时也赢取了新的市场空间。

案例启示

江山农合行“小营生早班车”微贷的运作，在实现自身商业可持续发展的同时，有效地破解了个体工商户、微小企业发展、失土、离土农民、异地人员创业中融资“瓶颈”问题，较好地适应了新生代农民、新生代居民和新生代小微业主创业融资需求；同时，随着“小营生早班车”微贷规范可持续地发展，相信对当地的地下金融、高利贷等非法金融产生有效的“挤出效应”，为当地金融稳定、经济发展与和谐社会构建将起到积极的促进作用。

一、传统的信贷哲学必须且能够改变

传统的信贷哲学几乎无一例外地把“四无”群体置于最不利的信贷地位，实践中表现为银行的贷款需要接受贷款者提供必要的、足够的抵押或担保。首个获得诺贝尔和平奖的经济学家尤努斯，在2007年海南博鳌亚洲论坛上曾指出，全球60%的人口只拥有全世界总收入的6%，这种贫困是制度失灵所致；经济学家德·索托也曾有一个著名论断：贫困人群之所以贫困，是缘于其不具有资源资本化的能力；易纲在2006年金融论坛上指出，一个富人或社会精英不喜欢的地方，不喜欢的制度，是没有希望的；同样，一个没有同情心、不帮助穷人，不帮助弱势群体的金融制度，同样是没有希望的。江山农合行通过国内外先进微贷理念和微贷技术的本土化，创新信贷制度，小微客户“四没有”的就不要，通过规范调查将其潜在的“四有”资源资本化（有时间、有信用、有强烈劳动意愿、有交易痕迹），解决了长期以来信贷业务发展靠“押品和担保”的束缚问题，对陌生客户作出“快速反应”，使得为广大的金融弱势群体提供优质、高效的金融服务成为了现实。

二、穷人的信用值得信赖

江山农合行“小营生早班车”微贷中60%以上的贷款获得者平生中首次享受正规金融机构的服务，在江山农合行微贷中心创新型信贷制度的规范、激励与约束下，他们事业得到发展的同时，金融素质也得到了空前的提高，由此所带来的扩散与示范效应必将是显著的，同时“小营生早班车”微小贷款业务也为江山农合行带来了可观的经济效益与良好的社会效应。江山农合行的实践表明：穷人的信用是值得信赖的！

三、服务金融弱势群体可以成为新的利润增长点并能优化客户经理队伍

“大中企业富国，小微企业富民”，金融机构服务实体经济要讲究“门当户对”。大中型银行服务大中企业，是因为地位对称；小微金融服务小微企业、个体工商户，同样也是因为对称。“小营生早班车”微小贷款运营经验提示我们只要有适当的制度保障与技术支持，正规金融机构完全有可能成为微小贷款的主要力量且能实现商业可持续发展。商业金融机构支持弱势群体当前收益表现为利息收入及相关延伸金融服务费用的收入，但这些小微客户经过一两年的发展，往往能成为金融机构核心客户和忠诚客户，成为信用卡等中间业务产品交叉销售对象，为其带来的综合效益不可低估；更为重要的是微贷中心自主培训机制能快速培养出标准化、高质量的新型信贷人员，通过若干年运营，必将稳步有序改变现有信贷员队伍结构，极大地提升其金融机构金融服务的水平和质量。

四、服务金融弱势群体可以提升国民素质促进社会和谐发展

弱势群体因贫困长期被正规金融机构边缘化致使“可行能力的剥夺”成为常态而陷入恶性循环局面。“小营生早班车”微贷运营表明：弱势群体中大多数若能通过适当的方式得到少许资金支持，其本人及家人本可能沉没的人力资本与货币资金结合起来会很快改变其贫困状况，这不仅有助于提升其创业的信心，还会促进他们挽回本可能失去的诸如享有教育、医疗等权利进而有助于提升其综合素质，由此在邻里间产生的示范与扩散效应也将十分明显。

编写：潘翌

十年坚守铸诚信　历经创新结硕果

——江山农合行打造“江山模式”信用工程

案例背景

“买化肥、购猪仔，就找信用社”，这句话从20世纪90年代开始就在江山市农村地区广为流传。

自1999年9月，江山农合行（江山农信联社改制成立）就开始积极探索以信用户、信用村、信用乡镇为载体的农户小额信用贷款建设，历经近10多年的建设里程，不断实现形式突破、外延拓展和内涵创新，凭着“信用”立行，普惠“三农”，扎根农村市场，支持农民增收、农业增效、农村区域经济发展，在改善当地信用环境、提升诚信意识、构建农村经济诚信体系中始终发挥主力军和先锋队作用，其信用工程建设经验及成果被全国地方金融专用媒体《地方金融》称为“江山模式”，多家兄弟行社来该行学习信用工程建设经验。以信用工程建设为基础的“惠农快车”贷款产品创新案例，作为浙江经验成功入选《中组部中国干部网络学院精品课程》，成为中央和国家机关司局级领导干部在线学习的课程。

江山农信联社的小额信贷工作，从家庭承包责任制以后就开始试点，但随着它的不断实施，这项政策遭到了空前的信用危机。就农信联社而言，放贷难、收贷更难、呆账坏账不断出现等，对农户来说，贷款难、担保抵押难。农户“难贷”、金融机构“惜贷”成为制约县域经济发展和农民增收的“瓶颈”。究其根源主要是因为农户的诚信意识淡薄，还贷意识不强，贷款农户贷款后还款与否完全靠个人自觉，缺乏有效的监督与约束机制，因此，诚信缺失问题在农村小额信贷上表现得尤为突出。信用是金融发展最基础、最本质的内涵。因此，发展农村金融，破解农户贷款难问题，重点是构建以“信用户、信用村、信用乡”为主要内容的现代农村信用工程。

案例情境

信用工程以诚实守信、按期偿还债务为核心，遵循实事求是、自愿申请、逐级推荐、按程序评定原则，用定性与定量相结合的方法，按照统一的评定标准，对辖属农户、个体工商户等、行政村（社区）和乡镇（街道）的信用状况进行信用综合评定。该行信用综合评定除遵循“提出申请、调查建档、信用评定、公示定级”常规做法外，拓宽思路，创新驱动，推出了富有成效的新举措，主要表现在“两模式”、“三机制”，被《地方金融》称为“江山模式”。

一、“两模式”

一是“信用村”星级管理模式。该行“信用村”创建工作一直走在衢州地区前列。其中，2001年创建的岩下“信用村”农户联保模式，得到时任衢州市委书记茅临生同志的肯定，指出“金融部门要借鉴江山市须江镇岩下村开展‘信用村’活动的经验，积极做好新形势下的支农信贷工作。”其成功的经验得到相继推广。

2008年由江山农信联社改制成立江山农合行后，在全省率先推行“信用村”星级管理模式。对“信用村”细化星级标准，实行三星级管理，把农户的授信额度及利率优惠幅度与“信用村”及星级密切挂连起来，创评热情明显提升。

二是“三联四授五结合”信用工程创评模式。2011年该行拓宽思路，探索推进“三联四授五结合”的新办法，以农户“诚实守信”要素为着力点，吸纳农户“农房、林权”新元素，全面推开了新一轮的信用工程工作。“三联”以农户的房权、林权有效资产为切入点，对农户的信用、林权、房权有效资产综合联评，确定信用等级；“四授”即按照抱“物”增信的思路，根据“三联评”

结果，对农户小额信用贷款、农房抵押贷款、林权抵押贷款、丰收贷记卡实行“一揽子”贷款授信，确定贷款授信额度；“五结合”，即一是信用工程建设与“客户档案管理信息系统”结合，借助该系统农户信息并进行维护更新；二是与“走千访万”相结合；三是与个人征信系统、信用奖惩情况、客户经理调查采集的客户信息及评定工作小组提供的信息相结合；四是与改善授信管理，提高服务水平相结合；五是与做实做细做透“丰收小额贷款卡”、“惠农快车”贷款、低收入农户奔小康贷款等支农品牌相结合。该模式的推出，提高了农户抱“物”增信能力，有效满足农户多元化的融资需求。银监会、省银监局以《浙江江山抱“物”增信激活农民沉睡资产》为题分别在《工作动态与研究》、《专报信息》（2011 年第 23 期）作了肯定报道。

二、“三机制”

首先是信用奖惩机制。该行按照“警示在先、惩戒在后，立信为主、处罚为辅”的原则，率先在全省乃至全国建立信用奖惩机制。通过对信用良好的信用户等创建主体授予荣誉，贷款授信额度提升，利率差别化优惠，向社会公示等正向激励机制，激发激励信用创建主体加强诚信守信自律建设；对有失信行为程度不同的农户等创建主体采取防范、提示、降级、吊销农户贷款证、停止发放贷款、列入“信用黑名单”、撤销“信用村”等惩罚机制，制约督促信用创建主体。

其次是信用恢复机制。为鼓励信用缺失的信用户、信用村（社区）及信用乡镇（街道）在一定的期限内主动实施整改，自我纠正失信行为，解封失信不良记录，建立信用修复机制。

最后是构建差别化的利率运作机制，根据农户及行政村不同的资信状况，执行相应利率优惠政策，充分发挥利率调节器作用。

案例分析

信用工程建设成果运用的主要内容是农户小额信用贷款，对于相对贫困的家庭，可能一笔及时的小额贷款就能帮他们渡过难关；对于从商的信用户也许一笔小额信用贷款就能帮他们走进市场，创造一个创业的平台，从而给更多的人创造就业机会，社会更加祥和诚信。因此，信用工程建设看起来是小事，但我们实际上做的是一项利国利民的大事。该行遵循信用工程建设常规做法外，重点从以下两点为切入点，深化信用工程建设内涵，推进信用工程建设新台阶。

一、捆绑农户房权、林权有效资产

以林权、房权为切入点，探索信用评级、增信等激励方式，凝聚农村市场中的“物”，丰富信用工程建设内容。山林、农村房屋等是绝大多数农民手中最值钱的沉睡资产，如何让农民林权、房权与信用评级、增信有机结合起来，是深化信用工程建设必须探索的内容，也是当前信用工程建设面临的难题。本次农户信用等级复评实行信用、林权、房产三联评。依据农户的信用状况、住房物权、林权等指标要素，对农户的整体信用状况进行综合分析判断，确定农户信用等级。

二、建设信用工程建设长效激励机制

具体要做的就是建立一种客户主动还款的激励机制，这也是小额信贷成功的最基本的运作机制。要建立客户主动还款的激励机制，该行主要从四方面入手，出台《信用户、信用村（社区）、信用乡镇（街道）评定及信用户授信管理办法》。

一是要使农户能够手续便捷、交易成本较低地享受到金融服务。该行主要通过加大支农产品创新，再造贷款流程，推进农户小额贷款上柜台及借力科技信息等办法，简化贷款手续，提高办贷效率。如“惠农快车”贷款一般10分钟左右即可办结，丰收小额贷款卡实现跨网点放贷。

二是给守信用的农户以正向激励，给予守信者获得重复贷款的机会，并且提升信用等级而得到更大额的贷款机会。如通过对守信用农户进行信用评定加分、捆绑房权、林权提高其信用等级及授信额度，增加获贷能力。

三是给守信的农户以一定的利率优惠。如对守信用农户每隔两年持续进行利率优惠。

四是给守信的信用共同体的农户给予贷款额度提升及利率优惠。具体采取对信用村（乡）内的信用户普遍提升贷款额度、降低贷款利率的办法。

正是基于上述的分析思考，最终形成了“两模式”、“三机制”的创评新办法，创新之处主要体现在以下几个方面：

（一）形成合力，联动推进

江山市政府转发该行的信用评定及授信管理办法（江政办法［2008］200号），并把信用工程建设内容纳入乡镇“经济发展与基层基础工作双争先”的考核，市农办与该行联手成立信用工程建设领导小组，形成合力，由此形成政府牵头，银农合作，部门参与，整体联动的工作机制，提升信用工程的社会影响力和实际效用。

（二）借力三缘，实现三公

充分借力支农联络员、当地村两委人员及村民代表“亲缘、人缘、地缘”优势，建立并维护更新客观真实的农户信息档案，实现评定结果公开、公平、公正，有效克服客户信息不对称的难题。

（三）正确引导，典型带动

该行在开展信用工程建设中，深入实际、调查研究，尊重群众意愿，充分调动广大农民的积极性和主动性，因地制宜，坚持从实际出发，确定发展目标和实施步骤，紧抓试点和典型培育，着重抓典型带动，以点带面、扎实推进，总结推广先进经验，及时解决新问题，分类指导，把信用工程建设作为长期工作来抓。

（四）打响品牌，转化成果

2009年初，该行创新推出“惠农快车”贷款产品，以其“资金倾农、手续便农、利率惠农、对象普农”的优势，惠及千家万户，有效地转化信用工程建设成果，实现了信用户“增量、扩面”的目标，当年“惠农快车”贷款余额达58 559万元，新增达19 263万元，年增幅达49%，截至2012年12月，贷款余额达77 540万元，比2008年底净增38 244万元，增幅达97.32%。2009年初，该行创新推出“惠农快车”贷款产品，以其“资金倾农、手续便农、利率惠农、对象普农”的优势，惠及千家万户，有效地转化信用工程建设成果，实现了信用户“增量、扩面”的目标，当年“惠农快车”贷款余额达58 559万元，新增达19 263万元，年增幅达49%，截至2012年4月，贷款余额达77 540万元，比2008年底净增38 244万元，增幅达97.32%。自信用工程建设以来，累计投放51.86亿元农户小额信用贷款，受惠农户204 016人次。

该产品深受农户、私营业主及低收入群体等的喜爱与称道，成为该行服务“三农”的标志性信贷产品，并荣膺中国银行业协会2011年服务小企业及“三农”十佳特优金融产品等全国三项大奖。

（五）专家调研，交流指导

上海理工大学管理学院，硕士研究生导师，国内商业银行经营管理和多家著名大学CEO、CFO等培训机构特聘教授陈玉菁，来该行调研考察信用工程建设情况，用国内其他行社的做法进行交流，并由衷地说：“全国信用工程及小额信用贷款的做法我也作过研究，但从没有发现您这里做得这么好。”这是对该行信用工程建设给予的总体评价。

案例启示

一、农户的信用是值得信赖的，但需启动多方力量加以激活农民的“沉睡资产”

通过将农户的农房抵押、林权抵押等纳入信用评定标准，以此激活农民的“沉睡资产”，为农民贷款额度的提升、贷款途径的突破打开了大门，从而有利于拓宽农村融资渠道。

二、多方合作、形成合力，是推进信用工程建设的抓手

农村信用工程建设是一项复杂的系统工程，通过加强组织协调，调动各方力量，形成政府牵头，银农合作，部门参与，整体联动的工作机制，才能实现以较小成本建立起农村社会信用制度，提升信用工程的社会影响力，最终实现农民、农村经济、政府、农村金融机构等多方受益。

三、建立信用激励和约束机制，才能确保农村信用工程发挥实效

通过建立对信用户、信用村信用状况的动态管理机制，对信用良好者给予资金额度倾斜和利率优惠等政策，激励其强化诚信守信观念。通过健全负面信息披露制度，对有失信行为的农户采取停发贷款，对不良贷款率达到一定比例的村镇给予撤销“信用村”、“信用镇”称号等惩罚，促进形成信用自律。由此，守信鼓励和失信惩戒制度的健全，就把农民群众关心的贷款问题与提高自身信用素质结合了起来，确保信用工程取得良好成效。

四、借力三缘、实现三公，确保了信用等级评定的质量

充分借力支农联络员、当地村两委人员及村民代表“亲缘、人缘、地缘”优势，全面调查了解农户的基本情况，建立、维护并不断更新客观真实的农户信息档案，完善各项指标评价体系，并采取自愿申请、集体审议、结果公开的方法，实现评定结果公开、公平、公正，从而为有效保障信用工程建设的质量奠定了基础。

编写：王令威

政银联手掀开农村信用体系建设新篇章

案例背景

为加强信贷风险管理，提高信贷资产质量，进一步深化农村社会信用体系建设，从2008年5月起，常山农信联社与常山县人民政府联手打出重拳，以农村社会信用体系建设为平台，展开了一场力度空前的农村社会信用环境专项整治，构筑农村合作金融系统风险管控的屏障。一石激起千层浪，此举在当地引起了强烈震动，由此也掀开了政社携手创建农村信用工程的新篇章。

信用滑坡　情势告急

2008年以前，常山农信联社信贷资产质量在全省农信系统可是出了名的差，不良贷款率最高时达81.34%，信贷质量排位一度处在全省81家县级行社倒数第一。脱钩后，经过几年艰苦努力，资产质量恶化状况逐步得到改观。然而，近年来在当地农村，信用缺失现象却又死灰复燃，农户逃、废、债、赖债行为愈演愈烈，导致不良贷款强劲反弹。现有不良贷款基本都是50万元以下的自然人贷款，其中，单户3万元以下的农户不良贷款就有2 250笔，金额2 000.16万元，分别占全部不良贷款笔数、金额的88.6%和42.4%。让人震惊的是，全县342个行政村中，竟有63个村的71位村支部书记、主任欠有不良贷款，金额达309万元，欠贷时间最长的达15年之久，大部分都已丧失诉讼时效。更有甚者，一些村干部不仅拖欠贷款不还，还在社会上进行反面宣传，不以赖债为耻，反而把骗贷、逃贷、拒绝还贷看做是一种本事。于是，“村看村、户看户，群众看干部”，一些村民纷纷仿效，拖债、躲债、赖债现象逐步蔓延，农村社会信用发生整体滑坡，农村信用社信贷资产质量恶化，风险凸显，强化风险管理工作已刻不容缓地摆在了常山农信联社领导班子的案头。

案例情境

政银联手　重拳出击

2008年初，常山农信联社领导班子进行了换届。新班子到任后，首先着力追根溯源，找寻信用环境恶化的原因。经过翔实调查和深入剖析认为，造成信用环境恶化的主因有三：一是信用创建缺乏合力。农村信用体系建设是一项社会系统工程，需要政府主导、相关部门联动和农户广泛参与。而之前常山农信联社所开展的信用农户、信用村评定工作却是单兵作战，给政府、农户感觉这是信用社单纯业务发展的需要，因而未能集聚创建合力，创建效果大打折扣。二是村干部信用缺失。在农村，村干部的言行举止对老百姓具有极端的影响作用。而在常山正是由于大面积的村干部信用缺失，引发了普通百姓跟风拖欠贷款，直接导致农户信用整体滑坡。三是信息不对称。农户贷款涉及面广、地域分散，尤其是近年来当地农村劳动力大量输出，受空间、时间、人力等方面的局限，农信联社客户经理难以及时准确掌握千家万户的动态信息，社农之间信息不对称问题凸显，贷款管理出现断层，农户贷款潜在风险增大。锁定原因后，常山农信联社党委将面临的困境及下一步工作设想向当地党政主要领导作了专题汇报，引起了高度重视，“整治信用环境，构筑诚信保障”的主题迅速被提上党政重要议事日程。随后，常山县政府作出了“重建农村信用工程，完善农村信用体系”的决定，同时启动实施了“政府主导、农信主角、多方联动”的农村信用工程创建实践新模式。同年5月9日，县政府组织召开全县农村信用工程创建动员大会，一场声势浩大的农村信用环境专项整治拉开了帷幕。

一、抓住一个“突破口”

把整治村干部拖欠贷款行为作为突破口，以点带面，以局部整治促动整个农村信用环境整治。对整治村干部失信行为，常山县委、县政府表现出了强硬态度和坚定决心，并采取制裁与鼓励并举策略，打出整治组合拳。一是对村干部欠有不良贷款的行政村不予开展信用测评。将村干部不良贷款进行张榜公布，并限期落实处理，若限期内未处理，则其所在村将不予信用测评。二是信用记录纳入村支部换届选举条件和优秀党员评选条件。县委组织部作出规定，今后凡有不良信用记录的党员将被取消村支部委员候选人提名资格，并在年度优秀党员评选中实行信用不良记录“一票否决制”。与此同时，县委组织部、常山农信联社还联合出台了《常山县农村信用合作联社党员创业贷款管理办法》，对守信党员创业实行贷款优先、利率优惠等倾斜政策，以此鼓励和鞭策广大党员在农村信用建设中发挥模范带头作用。

二、注重“两个结合”

延伸创建触角，有机地将信用工程创建与信用社拓展业务、优化服务结合起来，追求创建效果的最大化。一是信用创建与支农联络员队伍建设相结合。鉴于当时正值清理信用代办站、组建支农联络员队伍，信用社便利用进村入户开展信用评定之机，一方面摸清信用代办站底子，为清理做足准备；另一方面将物色、挑选支农联络员融入其间，为组建联络员队伍打好基础。二是信用创建与放好贷款相结合。按照信用社向信用农户所作的“贷款优先、利率优惠、手续简便”的服务承诺，及时向已评定的信用农户发放贷款，边评定，边兑现承诺，让农民群众真切感受到信用工程创建所带来的看得见、摸得着的实惠。同时，借助政府力量，强力清收不良贷款，力求“户户到、笔笔动、村村清”。

三、建立“三项机制”

立足当前，着眼长远，积极推进农村信用创建长效机制建设。一是建立考核激励机制。常山县政府办公室下发的《关于常山县农村金融信用体系管理暂行办法》中，不仅明确了政府在信用体系建设中的主导地位，而且将信用创建工作直接纳入乡（镇）、村政绩考核范畴。常山农信联社也相应建立了基层信用社创建工作考评奖惩机制，从而促使信用创建成为了各相关层面的常态化工作。二是建立风险补偿机制。由县政府出资建立信用农户贷款风险补偿基金，专项用于对信用农户因不可抗拒因素形成的贷款风险施以补偿。三是建立监督制衡机制。对农户超过小额信用贷款授信额度的贷款需求，由信用农户按照自愿原则组建联保贷款小组，形成联保连责、相互制衡机制，变单一农户个体信用为集体信用，在增进农户经济合作的同时，强化相互信用监督，解决信贷投入中的信息不对称问题，提高抗御风险的能力。

四、落实“四个到位”

一是组织到位。县、乡两级分别成立分管领导任组长的信用工程创建领导小组，同时成立由乡（镇）驻村干部、信贷员、村干部、村民代表等人员组成的创建工作小组和信用评定小组。二是制度到位。在总结经验、集思广益的基础上，分别从信用户、信用村（社区）、信用乡（镇、街道）三个层面科学设置信用评定条件和操作规程，重新制定了《常山县农村信用工程评定办法》，并以县政府名义行文下发至各乡（镇），为信用工程创建提供了行动指南。三是宣传到位。借助各种宣传载体和资源，通过立体式、全方位的宣传，舆论先导，大造声势，形成轰动效应，全面将信用创建的政策、条件、要求等传导和灌输于广大民众，使之家喻户晓，人人皆知。四是工作到位。信用创建工作小组和信用评定小组成员深入一线，走进村户，贴近群众，真实掌握第一手材料，有的放矢地展开信用评定和建档工作。

有序推进　成效显现

一石激起千层浪。常山政银联手专项整治农村社会信用环境之举，引起了强烈社会反响，呈现出积极效应，掀开了农村社会信用体系建设崭新篇章。到2012年末，常山农信联社不良贷款率降至0.79%，比最高时下降80.55个百分点，比整治前下降4.87个百分点，达到了“好银行”标准；信贷质量全省排位从原来71位升至25位，从全市垫底升至第1位；特别是全县村干部贷款实现了“零不良”。目前，共建立农户信用档案78 666户，覆盖面达100%；建立信用农户58 388户、信用村103个、信用乡镇1个，创建面分别达74%（剔除全县外出务工人员较多的因素外，在家农户的信用户覆盖面达到了86.5%）、30%和

7%，其中市级信用户25户、省级信用村2个、省级信用镇1个。2011年，还将信用创建实践经验进行延伸嫁接，率先在全省创新开展了农民专业合作社信用等级评定试点，评定信用农民专业合作社475家，其中，五星级1家、四星级6家、三星级27家、二星级28家、一星级413家，评定面达46.98%。此创新做法受到浙江省委常委、副省长葛慧君批示肯定，要求在全省推广，中央电视台也专程前来采访报道，这在常山农信史上尚属首次。以上是反映在数据上的成果，综合考察分析，信用环境整治的积极效应还突出体现在：

一是遏制了信用环境恶化之势。信用创建工作的开展，农民群众从中得到了实实在在的好处，深切体会到了信用的价值。评上信用户不仅脸上光彩，更有既得利益，未评上的则感到了一种无形的压力。如今，在众多农民眼里，“信用证”已成为“经济身份证”，拥之为荣，呵护有加，诚信形象已被当做脸面来维护，“争当信用户，争做诚信人”蔚然成风。“大家这么信任我，选我当村民主任，如果因为我不守信用而造成全村农户得不到信用评定，那我就愧对全村的父老乡亲了，我会想尽法子将贷款处理掉的。”球川镇棋盘山村村民主任徐富来如实向村民们郑重表态。“以前见村干部拖欠贷款，自己也跟着学了样，现在看太不值了，不说别的，光算经济账就已经亏大了，还是赶紧把旧欠贷款还了，也争取当个信用户。”一些欠贷户纷纷表示要以实际行动来洗刷自己的信用污点。

二是缓解了贷款“两难”矛盾。农村信用环境的有效整治，农民信用观念的增强，使得信贷投入环境同步改善，农信联社投放贷款的信心随之增强。同时，农信联社方便快捷的信贷服务承诺为农民群众融通发展资金开辟了一条“绿色通道”，特别是新的信用创建办法，成倍扩大了贷款授信额度，极大地拓展了农户贷款增长空间，贷款“两难”矛盾得以缓解，这对促进农民创业增收、提升信用社发展水平等都形成了强有力推动。

三是密切了党群社群干群关系。创建过程中，党政干部、农信员工通过进村入户，与农民群众面对面交流，在双向互动中加深了解，增进沟通，密切了相互关系，政府部门、信用社在农民群众心目中的形象得到有效改善和提升，务实的支农行动赢得了民众高度认可和普遍赞誉。在2012年全县机关满意不满意单位评比当中，获得满意单位称号，是全县唯一一家获此殊荣的金融机构。招贤镇浦口村村民郑有联在拿到信用贷款证后感慨地说："以前想贷款，不知道该找谁？如今拿个证就可以直接贷款了。政府、信用社可真为我们农民做了一件大实事啊！"言语间充满着感激之情。

四是促进了农信业务长足发展。随着信用创建不断深化，农村社会信用环境显著改观，农信联社经营环境随之改善，各项业务长足发展，综合效益和发展质量持续向好，成功实现了华丽转身。到2012年末，常山农信联社各项存款规模达33.54亿元，比整治前增长3.94倍；各项贷款规模24.87亿元，同比增长2倍；存、贷款增速从2010起，连续三年位居全省前五名。2008—2012年平均利润增长率达到56.6%，2012年末在提取6 400万元资产减值损失的前提下还创利3 951万元，彻底摆脱了2008年前在亏损临界点徘徊的局面。纳税额在2012年末达到2 341万元，超过供电烟草，跃至全县第三位。同时资本充足率、不良贷款率等主要指标全面达到监管的"好银行"标准。

案例启示

信用建设　任重道远

市场经济的本质是信用经济，信用经济的基础是社会信用，社会信用好坏直接关系着经济金融发展环境的优劣。实践证明，创建农村信用工程是一项为民办实事、办好事的重要实践载体，是促进农业增投、农民增收、农贷增效的"多赢"之举。从本案例中，我们可得到以下几点重要启示：

一是信用建设需要集聚合力。农村社会信用体系建设是一项社会工程，涉及众多要素和领域，需要集聚社会力量，形成合力共推格局。本案例中，常山农信联社在政银联手前，信用创建已经搞了好几年，可为何收效甚微？问题的症结就在于缺失合力。而在政银联手后，信用创建成效很快显现，可谓立竿见影。这就是因为在“政府主导、农信主角、多方联动”这一新型信用创建模式下，各方资源和力量得到集聚，形成了合力共建机制，尤其是政府部门有效发挥了自身在信用体系建设中的主导作用，由此赋予了信用创建强大的生命力。

二是信用建设需要持之以恒。农村信用体系建设涉及农村千家万户，而农户情况又千差万别，创建基础及条件各不相同，并且农户信用状况本身就处在动态变化之中，这就决定了信用建设是一项长期而艰巨的任务，不可能一蹴而就，也不可能一劳永逸，需要周而复始的精心培育，贵在坚持。本案例中，常山县自启动政银联手信用创建模式以来，就一直在不间断推进，由此而收获了持续性创建实效。因此，绝不可以视信用建设为应时文章、权宜之策，不能浅尝辄止，必须充分认识信用建设的长期性和艰巨性，增强持久创建意识，持之以恒，常抓不懈。

三是信用创建需要创新求变。如前所述，农户信用是动态变化的，农村信用体系建设没有既成模式，也没有固定版本，不同时期会赋予信用创建不同使命和内涵。这就要求创建工作必须与时俱进，应时而创，顺势而创，主动创新求变，拓宽创建视野，注入时代元素，创造性地开展。只有这样，创建工作才能体现时代特征，提升“高度”，拓展“广度”，挖掘“深度”，不断实现形式突破、内容扩充、外延拓展和内涵创新。也只有这样，创建工作才会有不竭动力和持久生命力。本案例中，政银联手共建农村信用体系，这本身就是一种创新，而其过程中诸如政府出资建立贷款风险补偿基金、信用记录纳入村支部换届选举条件、开展农民专业合作社信用评级等做法同样是创新之体现。

四是信用创建需要体系保障。在开展信用工程创建当中，由于对工作的不理解以及对个人信息保管、使用的安全性存在质疑，加上怕露富心理，很多村民不愿配合信息调查或者配合时也故意瞒报或不报，导致采集的信用信息量少质差。另外，农户文化水平低，也影响了信用信息采集。所以，在创建过程当中，需要加大宣传力度，构建农村诚信教育体系。一方面是加大对农户的宣传，让广大农户认识和了解农村信用体系建设的目的和意义，消除其顾虑，积极配合信息采集工作。另一方面要积极协调有关职能部门，充分运用政治、经济、法律、纪律、舆论等综合手段，适时开展专项或宣传活动，对失信行为公开曝光，增加失信者的失信成本，加大惩戒力度，对那些诚实守信的农户采取正向激励政策，运用多种手段教育引导农户树立诚信意识，增强守信观念，形成“诚信光荣，失信可耻”的浓厚氛围。综合运用广播、电视、标语、报纸等公共舆论工具，要采用符合农村地区特点和形式多样的群众喜闻乐见的宣传方式，进行长期和固定的大量的宣传，建立信用及金融知识宣传教育长效机制；充分调动农村金融机构、基层政府组织等各方资源，形成宣传合力。同时还要在乡规民约、中小学教育中加入诚信教育内容，将诚信教育作为农村精神文明建设的一项重要内容，使诚信教育长期化、规范化、制度化。

编写：樊利军

常山农民种粮“不差钱”粮食预订单能变钱

案例背景

近年来，随着国家对种粮的补贴和优惠政策不断加强，各种大大小小的种粮专业户和合作社如雨后春笋，纷纷涌现。以常山为例，经粮食局等部门现场认定的百亩以上种粮大户和合作社有 87 家，仅去年全县就新注册粮食专业合作社 21 家。这些种粮专业户有好多原本规模一直都在十几亩或几十亩之间，现在一下子扩大了数倍，资金一下子就成大问题。由于种粮投入大、风险多、效益低，而农民无抵押物，种粮大户融资难已成为影响和困扰常山粮食生产的突出问题。

政府为保障和鼓励种粮大户的积极性，也配套出台了“订单粮食”政策，种粮大户凭借签订的粮食回购订单可以领取部分预购定金。但该政策对种粮大户的扶持力度较小，难以满足渴望做大做强的种粮大户的发展需求：一是发放数额较低，按照每亩订单数量（350 公斤）最低收购价的 20% ~30% 比例发放，一般只有每亩 130 元到 190 元左右；二是融资期限较短，一般不得超过 6 个月；三是粮食部门对发放的预购定金缺乏风险保障手段；四是村级经济组织或企业一般都不愿为种粮大户提供担保。

针对种粮大户规模经营中普遍出现的融资难题，常山农信联社领导班子在 2009 年学习实践科学发展观活动的调研当中，发现种粮大户由于土地流转、农机购置等需要，生产资金十分缺乏，都希望金融部门能量体裁衣地推出一种专门帮助解决种粮大户融资问题的专项贷款。以常山县天马镇大麦淤村种粮大户林小良为例，2009 年粮食种植面积 400 亩，土地流转费用、农机购置以及化肥、种子、生产人工费等成本共需 27 万元。可是其自有资金只有 10 万元，再加上好友担保从信用社贷出 6 万元款和粮食部门提供 2.5 万元的“订单粮食”预购款等，还有 9 万元的资金缺口。信用社传统的信贷产品已经远远不能满足其正常生产的需要。

案例情境

常山农信联社领导班子针对像林小良这样越来越多的吃不饱现象，仔细地算了一笔账：国家直补资金全年加起来是每亩 220 元，每亩订单收购的粮食是 220 公斤，折价 390 元，每亩政策性保险金额是 198 元……届时，如果县财政局、粮食局等部门的奖补、收购等资金以及有关理赔资金能统一打到信用社的账户上进行质押，信用社不就能根据粮食订单的数量来放贷了吗？就这样，常山农信联社领导班子在认真调研基础上，一个用粮食订单质押的方案就油然而生，主动向政府进行了汇报。于是，在政府的协调下，与财政局、粮食局、农业局、保险公司多方沟通联系共同制定出台了《常山县农村信用合作联社种粮大户粮食订单质押融资管理办法》，主要做法是：

一是成立组织机构。用粮食订单质押来放贷，牵涉到政府的好几个部门。为此，在常山农信联社领导班子的多次汇报争取下，县里专门成立了种粮大户粮食订单质押融资协调小组，由县政府分管领导任组长，县财政局、粮食局、农业局、人民财产保险公司、农信联社、种粮大户土地流转所在乡镇政府为成员单位，负责全县种粮大户粮食订单质押融资工作的组织指导工作，建立健全了各部门分工负责、通力合作、协调推进的工作机制。

二是出台扶持政策。出台了《种粮大户粮食订单质押融资管理实施办法》，明确规定将财政部门的种粮大户种粮直补资金、粮食部门的种粮大户粮食订单收购和奖励资金、人民财产保险公司的种粮大户理赔款等资源进行整合，全部划入县农信联社账户，综合作为质押担保，由农信联社为种粮大户提供短期流动资金贷款。同时，针对试点过程中部分种粮大户反映贷款发放时间滞后，不能及时有效用于早稻生产的实际，在2010年，常山农信联社又与各部门深化完善了该办法，创新实行了粮食“预订单”质押贷款，即参照种粮大户上年早稻订单实绩，按照当年土地流转面积以及早稻播种计划，从3月开始与种粮大户签订“当年早稻预订单”合同，并由粮食部门向农信联社出具“粮食预订单”凭据，再由农信联社审核发放粮食订单质押贷款，贷款发放时间由7月份提早至3月份，及时帮助种粮大户解决了生产资金，有力地促进了早稻生产。

三是规范贷款条件。明确规定了贷款对象、贷款额度、优惠利率、贷款约定用途等。其中，贷款对象为种粮面积在100亩以上的种粮大户和粮食专业合作社，额度原则上按照600元/亩，利率按照同期人民银行基准利率发放，还贷期限则根据粮食生产的季节特点、生产经营周期和综合还贷能力等灵活确定，一般为早稻收割后一个月归还贷款额的50%，年底之前归还全部质押融资贷款。同时，规定了种粮大户必须与县粮食部门签订粮食订单收购合同、参加了政策性农业保险、无不良信用记录、承诺将种粮直补资金、订单收购和奖励资金、理赔款用于归还订单质押贷款等。申报贷款时，种粮大户或专业合作社需提供土地流转协议书、粮食订单收购合同、政策性农业保险保单等证明材料。

四是建立风险保障机制。建立不良贷款风险保障机制，即由财政局、粮食局、农业局根据获得质押融资的种粮大户的承诺，将资金划入县财政在农信联社开设的县财政涉农贴补资金专户中的个人或合作社法人账户。订单质押贷款产生不良贷款后，各乡镇政府负责对土地流转、种粮面积等进行严格限制；贷款逾期半年以上，经贷款人催收仍无法落实的，由种粮大户粮食订单质押融资协调小组成员单位根据职责给予相应处罚。

五是建立贷款专项管理机制。由农信联社对粮食订单质押融资信贷实行专项管理，每半年将粮食订单质押融资信贷的发放、收回情况报送种粮大户粮食订单质押融资协调小组各成员单位。

案例分析

截至目前，常山农信联社已累计发放粮食订单质押贷款39笔，发放金额557.2多万元，有力地促进了该县粮食规模经营发展。深受种粮大户的欢迎，都称粮食订单质押贷款是“及时雨”。原省委赵洪祝书记、衢州市胡仲明副市长都先后予以肯定和批示，并在全市涉农金融机构中得到示范性推广，主要成效体现在：

一是有效破解了种粮大户的融资难问题。自身资金不足，缺乏有效融资渠道，是发展农业规模经营的种粮大户面临的主要难题。粮食订单质押贷款政策推出后，按照贷款额度标准，加上粮食预购定金，每百亩可以获得生产融资7万元，基本上可以不需另筹生产资金，融资难问题得到有效解决。

二是极大地提高了种粮大户的种粮积极性。近年来，国家出台了众多的支农扶农政策，对种粮农民给予了多方面的政策倾斜，在此基础上推出的订单质押贷款后更是提高了农户的种粮积极性，规模效益加上政策补助，让种粮大户吃上了“定心丸”。2008年常山县百亩以上的种粮大户仅5户；2009年土地流转面积就达到9 100多亩，种粮大户增至37户，并首次出现了3户种粮千亩以上的大户；2012年土地流转面积则增加到23 000多亩，百亩种粮大户则增加到87户，全县粮食种植面积和产量连续几年保持18%以上的增幅，位居全市前茅，为衢州市粮食工作荣膺省“三连冠”、“八连优”作出了积极贡献。

三是实现了种粮大户、金融机构、政府的三赢局面。订单质押贷款推出以前，鉴于质押、担保等因素，金融部门想放贷又不敢轻易放贷。该政策推出后，金融部门凭借种粮大户的种粮直补资金、奖励资金和粮食收购订单，可以放心放贷，对出现的不良贷款，由县财政局、粮食局、农业局、人民财产保险公司、农信联社、种粮大户土地流转所在乡镇政府等协调部门联合制约，风险保障能力大大提高。如常山县金融部门订单质押贷款业务量由2009年的6笔、80万元增至现在的42笔、480.8万元。在粮食订单质押贷款推出后，常山农信联社又针对全县粮食收储全部采用现金支付的落后方式，及时在全县7个粮食收购点营销布设“丰收电话宝”7台，不仅一朝化解了全县半个多世纪现金收粮带来的不便和安全隐患，突破现金结算的瓶颈，而且还网住了每年4 000多万元的粮食收储资金，并保证了粮食订单质押账户资金流。同时，该产品荣获全省银行业首届服务小微企业及“三农”双十佳金融产品，是衢州市2013年唯一一个获此殊荣的金融产品，并被推荐参加全国银协双十佳产品评选。

案例启示

一是农信联社金融创新必须立足地方经济，坚持服务“三农”的市场定位不动摇。农信联社作为地方金融主力军，长期以来积累了丰富的支农经验，与广大农户、农村经济组织也建立了深厚的感情基础。农信联社应坚持发挥自身优势，利用长期形成的支农服务网络，进一步扩大支农贷款的覆盖面和扶持力度，巩固农业乡镇、城郊地区传统的市场。创新涉农贷款服务领域，努力适应当前社会主义新农村建设的具体要求，找准“三农”经济发展的突破口，积极支持农村产业结构调整和农业产业化发展。在此基础上，积极拓展中小企业客户群，逐步推进符合县域特点的中小企业贷款，有重点地满足各类县域经济主体发展的实际需求，实现政策性支农与商业化经营的有机结合。

二是农信联社金融创新必须以客户为中心，实现做产品向做客户转型。客户资源是我们农信联社生存、发展的战略资源。只有根据客户的实际需要，才能创新出有市场拓展空间的产品，并具有实际操作性；只有根据客户的实际需求，充分利用手中的产品，为客户量身定制所需的产品，才能满足客户的需求；只有以客户为中心的经营战略，才能根据客户需求变化积极进行金融创新，赢得市场。常山农信联社推出的粮食订单质押贷款就是按照“粮农需要、订单保证、互惠互利”的原则量身定做的支农信贷产品，合理有效地整合了种粮大户预期将取得的效益作为质押，不仅方便快捷地解决了种粮大户的融资难问题，支持国家粮食安全生产，而且在多部门通力协作下，还款来源有保障，风险易控制，客户经理放贷积极性也十分高，真正形成了“粮农易借、信用社敢借、粮食生产有保障”的多方共赢局面。

三是农信联社金融创新，必须学会借力借势，争取方方面面的支持与配合。作为地方性金融机构，信用社所面临的对象、立足的地域决定了服务半径不可能离开“三农”，不可能离开县域经济。通过近几年粮食订单质押贷款的探索与实践，常山农信联社领导班子深刻地认识到，要促进“三农”发展，实现社会效益和经济效益双丰收，必须紧紧依托地方政府，争取包括政府、财政、农业等各部门的支持和配合才能创新出更多符合客户实际需要和更多具有可操作性的金融产品，才能营造一种全社会共同关心和支持“三农”发展的社会效应。

四是农信联社金融创新，必须做长产业链，实现创新效益的最大化。农信联社要牢固树立跟踪服务意识，根据客户产前、产中、产后环节的需要，不断创新产品和服务模式，实现存贷款、中间业务、社保卡、POS 机等业务的捆绑交叉营销，让客户不想走、不能走。同时紧盯核心客户的上下游客户群体，深度挖掘每一核心客户的上下游客户链，积极创新提供适合的一站式的金融产品服务，从而达到客户群体营销价值最大化的效果。常山农信联社领导班子在创新推广粮食订单质押贷款的过程当中，一方面即营销巩固种粮大户和种粮专业合作社这一农村新兴客户群，另一方面通过订单质押的方式，巩固了财政、粮食等部门每年上千万元政策补助款的代理发放业务。通过在售后环节积极营销布放丰收电话宝，网住了每年全县 4 000 多万元的粮食收储资金，并保证了订单质押账户的资金流和信贷资金安全，可谓是收到营销一个核心客户带动营销相关 N 个客户，抓住一种金融产品带动一片市场的营销链条集群效应。

编写：樊利军

复制小额农贷成功经验
点金农民专业合作社

案例背景

近年来，农民专业合作社作为一种新型的合作组织，在各级政府和有关部门的精心组织与大力支持下，呈蓬勃发展之势，对农民增收、新技术推广以及推进农业产业化发展等方面起到了不可忽视的作用。然而，大部分农民专业合作社面临发展程度不高、组织规模偏小，市场化程度不高、竞争力不强，管理不够规范、关联度偏低，担保抵押物缺失、融资能力较弱等一系列问题。针对此情况，常山农信联社认真贯彻近年来中央一号文件中的相关支农工作精神，组织人员对本县的农民专业合作社进行了深入调研，并就当前形势下农信联社如何更好地支持农民专业合作社、如何加强对农民专业合作社的有效扶持并促进农业发展、农民增收、农信增效等问题展开了积极的探索和实践。

案例情境

农民专业合作社伴随着农业产业化而诞生，伴随着组织制度创新、内部机制创新而发展。自 2000 年以来，衢州市的农民专业合作社进入了快速发展时期，目前已超过 4 400 家，年均新增 400 多家。特别是在作为农业县的常山，合作社更是如雨后春笋般地冒出。目前常山县注册凳记的专业合作社有 1 216 家，约占全市的 27%，社员总数 6 598 人。从组建的牵头对象看，主要有六种形式：

一是农村专业大户、经营能人，利用生产、经营、购销等优势来组建，这类约占40%；二是基层农技部门，利用技术、服务等优势组建，约占30%；三是基层供销部门，利用场地、经营等优势组建，约占15%；四是农业龙头企业，利用其加工、品牌、营销等优势组建，约占10%；五是农产品批发市场，利用流通、中介等优势组建，约占3%；六是村级基层组织，利用组织优势等组建，约占2%。这六种形式基本涵盖了柑橘、胡柚、茶叶、竹笋、蔬菜、生猪、禽类、食用菌、粮食、水产养殖等各种主导产业，在促进农业增效、农民增收中起到了积极的作用。

然而，在评定初期，并非一帆风顺，大多数农民专业合作社经营户认为从中得不到实惠不愿参与评定，积极性不高。针对这种情况，常山农信联社不断与经营户和工商局之间进行沟通，采取不同措施，促使评定落地。

一、政银联动，确定信用合作框架

2010年9月，常山农信联社主动与负责农民专业合作社监管的当地工商局进行沟通对接，就农民专业合作社信息共享、信用等级互认、风险协管的基础上联合进行信用等级评定达成共识后，随即出台《农民专业合作社信用等级联合评定办法》，各乡镇工商所、信用社建立信用等级联合评定小组，负责对辖内1 216家农民专业合作社挨家挨户上门调查摸底、建立经济档案和开展信用等级测评，对优质评级的农民专业合作社实行信用贷款。

二、六维指标，构建动态信评体系

常山农信联社在总结农户信用等级评定工作经验和农民专业合作社监管部门建设性建议的基础上，选取工商信用监管等级A级以上的专业合作社，按道德品质、信用记录、经营能力、经济实力、规范管理、资质荣誉六个维度全面测评专业合作社、负责人及社员信用情况，依据测评得分评定一星级至五星级专业合作社，同时每两年进行动态复评并相应调整授信额度，作为信用放款的依据，构建动态信用评价体系。

三、信用放款，实行贷款利率优惠

综合考虑信用等级评定等级、工商监管评级结果及各种资质荣誉，分别授予农民专业合作社3万～50万元的信用贷款额度，利率设定方面为减轻农民专业合作社财务负担实行同等条件同档次基准利率只上浮30%。信用额度尚无法满足农民专业合作社创业实际资金需求时，采用有效资产抵押、林权抵押、承包经营权质押、有相应实力保证等多种形式申请贷款，利率实行同等条件同档次利率基础上优惠10%。

四、流程再造，确保放贷及时高效

主要借鉴农户小额信用贷款的模式，农民专业合作社可凭借农信联社、工商局、农业局联合颁发的《农民专业合作社信用证》办理信用贷款，信贷流程大大缩减，实现了快速放款，客户经理权限内随到随贷、立等办结，需要农信联社审批的一般也能在两个工作日办结。另外，为了适应部分农民专业合作社发展快速的实际情况，在为期两年的信用评定周期之间，农民专业合作社信用等级联合评定工作小组可发起临时决议，提高信用级别并上调授信额度，为农民专业合作社送上资金“及时雨”。

五、五统五公，打造阳光信贷工程

在评定前，常山农信联社多次就信用评定指标、信息采集内容、联合评定流程、具体授信标准、补评复评机制等和工商部门进行了不下数十次的沟通协商，前后还多次单独或和工商联合通过座谈和走访的形式，征求了80多家各个层面合作社负责人的意见和建议，最终才实现了评定指标、信息采集、评定流程、授信标准和补评复评常态机制的五统一。在具体评定中和评定后，常山农信联社还和工商部门在政府、媒体、人民银行、银监部门及部分合作社代表的参与下，先后召开信用协作框架签字仪式和授信发证仪式，将评定的标准、评定的流程、评定的结果和具体的办贷流程、办贷条件等进行五公开，自觉接受社会监督。同时，还组织客户经理利用上门授信发证的契机，将包括贷款条件、贷款用途、贷款期限、贷款利率、放贷流程的简明小册子一并送到每一家合作社负责人的手中，确保每一家星级合作社享受到阳光透明的信贷服务，不跑空趟、不跑多趟，一站式知晓和完成所有放贷流程。

案例分析

2010 年以来，常山农信联社积极探索将农户小额信用贷款经验复制推广到农民专业合作社层面，通过和工商联合开展信用等级评定挂钩优化授信效果，取得了明显成效。

一、完成信用建档，有效缓解银企“信息不对称”

通过信用等级的评定工作，特别是农业局的加入，使常山农信联社较全面掌握了全县 1 216 家农民专业合作社资产状况、社员构成和个人能力、经营状况等基本情况并逐个社建立企业经济档案，有效前移了贷前调查，加快了贷款发放速度。同时，由于充分借鉴了工商、农业两部门的管理信息，对农民专业合作社的经营状况及经营能力把握更加到位，有效减轻了银企“信息不对称”问题。另外，信用等级评定过程中对每家农民专业合作社的面对面实地走访也能够增进其对银行信贷政策和信贷产品的了解，提高授信沟通效率。

二、增加有效授信，农民专业合作社获得成长动力

根据典型调查情况，2010 年以来由于农产品价格持续上升，投资农业效益逐步增长，农民专业合作社投资信心增加，扩大生产规模的意愿增强，但资金需求也随着人工工资、原材料价格上涨而快速增加，且部分农民专业合作社经过多年发展逐步从松散型向公司化、规模化运作转型，传统的以社员个人申请小额农贷提供给合作社使用的融资模式已无法满足其融资需求。常山农信联社则通过农民专业合作社信用等级评定及时掌握了资金需求和风险状况，截至目前已有 475 家经营较为规范的农民专业合作社获得授信支持或意向授信 1.5 亿元，并通过信用、联保和资产抵押等多种方式已对其中 456 家实际发放贷款 8 500 万元，其中，发放信用贷款 380 家贷款金额 5 200 万元。另外，由于农业专业合作社贷款对民间借贷具有较强的替代性，也在一定程度上疏导了部分无序的民间借贷行为，减轻了农民专业合作社的财务负担。

三、发挥社群优势，多种途径带动当地农民致富

常山县 1 216 家农民专业合作社共有农民成员 6 500 余人，借助信用社授信扶持力量顺利发展的同时既增加了农产品市场供应，拉长了产业链，对稳定农产品价格和抑制通胀起到积极作用，又通过社员红利、雇用当地农民发放人工工资和支付土地流转费用带动了农民增收，社会效益显著提高。典型调查显示近几年人工工资和土地流转费用分别增长了8倍和2倍，当地农民分享了农民专业合作社竞争力增强的实惠。2010年常山县农民人均纯收入8 018元，增长12.5%，首次超过城镇居民人均可支配收入增长幅度。2011年农民人均纯收入则达到9 309元，增幅为16.1%。2012年农民人均纯收入达10 361元，增幅为11.3%，继续拉开了与城镇居民人均可支配收入的增长幅度。与此同时，通过支持合作社发展，农信联社在当地政府、各类经济组织和广大客户特别是农民兄弟中树立了良好的企业形象，受到了社会各界的广泛关注，中央电视台、《中国工商报》、《浙江日报》、《浙江市场导报》等均作了报道。省政府副省长葛慧君、衢州市胡仲民副市长、省工商局局长郑宇民和副局长黄笑苹等先后作了批示，也直接助推了省农信联社、省工商、省农业厅三部门联合推广农民专业合作社信用体系建设的进程。2013年，常山绿玲珑茶业专业合作社等八家合作社入选国家级示范性合作社名录，登上常山县农民专业合作社的最高荣誉。

案例启示

一、创新改善金融服务，量身定做信贷产品

农信联社要及时了解掌握有关农民专业合作社相关信息，结合家庭农场，找准信贷投放切入点，及时提供有效金融服务。在信贷投放模式上，探索扩大农民专业合作社、入社社员贷款抵质押品范围，积极开办农村土地经营权、经济林权质押、订单质押、仓单质押、大宗农副产品质押，有效解决其贷款担保难问题和不同层次的资金需求。同时，要不断创新贷款方式，采取“专业合作社+基地+社员”和“中介担保+专业合作社+社员”等多种模式，有效支持农民专业合作社社员的信贷需求。

二、协调政府相关部门，建立健全合作机制

农信联社要结合各部门联合开展信用等级评定工程的契机，要把农民专业

合作社纳入农村信用体系建设范畴，尽快与当地涉农部门构建长效合作机制，对辖内农民专业合作社逐一建立信用档案，加快建立和完善符合农民专业合作社特点的、操作性强、共同认同的信用评价体系，稳步构建专业合作社自愿参加、政府监督指导、金融机构提供贷款支持的授信管理模式，为实施信贷支持打下基础。和工商、农业等部门建立定期的信息共享和严格的奖惩机制。对于因农产品质量问题被工商或农业部门处罚、受行政处罚两次以上、合作社（包括负责人及直系亲属）出现信贷违约并且至今未归还、被媒体曝光及发生其他事件造成极其恶劣影响的，要及时通报信息，互通有无，并共同采取降低信用等级、禁止项目申报、资金补贴、授予资质荣誉、发放各类贷款等等惩罚机制。反之，对于遵纪守法、诚信经营、示范带头作用强的合作社，则可采取提升信用等级、优先报批项目、优先推荐授予资质荣誉等进行正向激励。同时，要建立信贷担保机制，加强与政府之间的协作，使政府对合作社提供最直接的资金支持，如对合作社贷款进行贴息和担保支持，构成政府、合作社、农信联社三位一体的联动格局。

三、强化保险业务渗入，建立风险补偿机制

农信联社要加强同保险公司的合作，建立风险补偿机制。农民专业合作社社员贷款时可通过合作社集中向保险公司投保意外保险，社员贷款后如在生产经营过程中遭受自然灾害和突发事故造成损失的，由农民专业合作社集中向保险公司进行理赔。理赔所得资金用于偿还信用社贷款，转移和分散农信联社信贷资金风险。

编写：胡金红

FENGXIAN
GUANKONG PIAN

风险管控篇

审计为“合规”护航

——柯城农信联社非现场审计量质并举上台阶

案例背景

与时消息、与时偕行、与时俱进，源于《易经》。大意为随着时代的变迁、事物的发展，我们必须当着时机，得到最新的、正确的情况；当着时机，作出正确的行动；当着时机，达成合理目标。柯城农信联社审计工作踩着“与时”的节奏，为农信联社合规经营保驾护航。

在科技信息化迅速发展的今天，经济活动记录的处理技术已经向电子化、集成化、广域化、数字化和无纸化的方向发展。农信联社作为社会经济活动的成员，各项业务的发展也从传统的手工化时代大步迈向了信息化时代。

近几年，省农信联社开发、应用了多项系统，如新一代核心系统、财务管理系统、信贷管理系统、网上银行、报表管理系统、支票影像系统、OCR 系统，等等。这些系统的应用为农信联社的各项事业带来了更为科学、便捷、迅速的发展。

同时，也对金融审计带来的一个最直接影响，就是反映经济活动事项的载体发生了变化。由纸质变为磁性载体，并且记载的方式不是简单地模拟纸质凭证和账本，而是多种关系表的链接，从而更深刻地反映了各经济事项之间的逻辑关系，网络技术提供了比单个账、证、表更多、更全的信息。

因此，充分利用电子数据信息量大、相互关联的特点，根据不同的对象，确定适宜的审计思路和方法是非常重要的。为此，柯城农信联社适时引进了非现场审计的理念与方法，并进行了一些有益的探索。

案例情境

非现场审计是指审计人员通过连续地收集、整理被审计对象业务经营管理的数据和资料，运用适当的方法和流程进行分析的远程审计程序。它是现代信息处理和传递方式下迅速发展起来的一种审计监督方式，与现场审计相比具有全面性、时效性以及审计成本低、效率高和规范性强等方面的优势。

农信联社的非现场审计是指运用计算机辅助审计系统的分析方法，结合OCR系统及远程监控等系统对审计项目进行非现场分析，“有的放矢”，排除或找到有力的审计证据，提高审计效率，减少审计误差的一种新兴的审计方法。

2012年6月，柯城农信联社审计部在进行计算机辅助审计系统数据分析时，发现其中的一个模型——银行卡业务分析模型“丰收卡非正常激活”数据存在异常情况，即某信用社丰收小额贷款卡发生的明细在一定的时间频繁发生且发生的金额非常相似。

审计部马上到集中监控中心调阅当天的监控进行查看，并进入到OCR系统对传票进行查阅。经查实：2012年6月18日，该分社客户经理徐某在本分社办理业务时，给多张丰收小额贷款卡存入一定数额的现金。经调阅OCR系统相关凭证发现，当天共有64张丰收小额贷款卡发生交易记录。

审计部立刻组织人员前往该分社进行现场检查，并对客户经理徐某等人进行约见谈话。查明该行为的发生是为完成助农POS机消费刷卡任务，由本人给每张卡存入一定数额的现金，次日再到助农服务点进行刷卡。通过此次问题的发现，柯城农信联社领导高度重视，马上组织专业人员成立检查小组，分赴各个信用社进行全面排查。

通过上述案例，可以得出在实施审计过程中，通过非现场审计——计算机辅助审计系统，找出疑点或异常之处，并结合非现场审计——核心系统、OCR系统、远程监控系统，进一步查找相关资料，掌握较有力的证据后，马上进行突击性的现场审计，从而迅速找出违规事实，采取相应的措施，并举一反三，以达到防控与减少风险的目的。

案例分析

2009 年初，柯城农信联社引入非现场审计的理念，并在审计部配备了专业人员，为非现场审计工作的开展创造了条件。最初是审计部自行编写 SQL 语句，然后运用较简单的 SQL 模型进行人工数据分析。

2011 年 9 月计算机辅助审计系统的上线，农信联社的非现场审计已经实现了较大的一个飞跃，计算机辅助审计系统查询查证的查询和分析模型已达一百多种，巨大的查询分析模型能力，为审计部开展审计工作如虎添翼。

柯城农信联社通过一系列举措，推广应用计算机辅助审计等非现场审计方法，有效地提升了审计水平，使内控建设上了一个新台阶。

1. 改变原有的部门框架结构，引入非现场审计岗位，增配计算机人员，专门对计算机辅助审计系统进行管理，从而使非现场审计工作的开展更专业、更有所保障。

2. 制定了计算机辅助审计的管理办法，建立了定期排查制度，使计算机辅助审计系统的使用常态化，而不是每次都需要审计项目才进行审计，并对审计数据系统中分析出的疑似数据进行梳理、分析、下发、反馈、处理等流程进行了规范。

3. 审计部在实施审计项目前，通过计算机辅助系统对被审计单位的相关数据进行筛选、整理与分析，排查出其存在的可疑点与风险点，为现场审计提供线索和资料，使审计人员在现场审计前就能事先了解审计对象有关情况，正确制订审计工作计划、合理安排审计资源，减少现场审计时间，提高审计效率。

柯城农信联社自开展以计算机辅助审计系统为主的非现场审计以来，通过对向有不良贷款的客户发放贷款、贷款月末发放月初归还、贷款资金流向、贷款资金是否流入股市、柜员自办业务等近百种业务数据的排查分析、专项检查，并对查出的违规问题采取扣处违规积分、经济处罚、通报批评等手段，违规问题已逐渐减少。

下面以柯城农信联社 2011 年与 2012 年的自办业务、贷款月末发放月初归还、向有不良贷款的客户发放贷款为例进行说明。

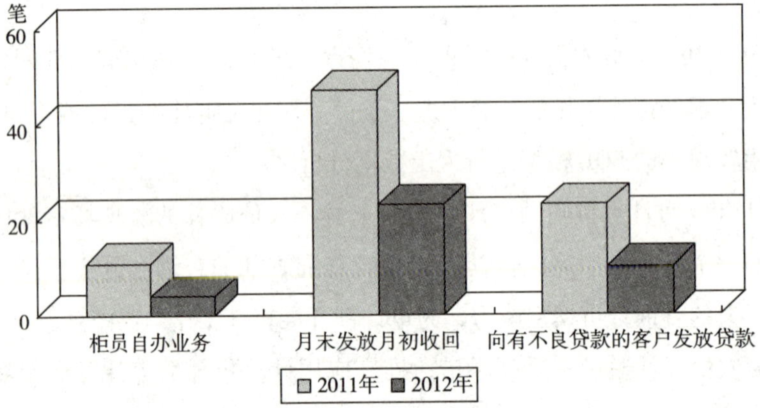

案例启示

浙江农信作为浙江金融业的佼佼者，各项业务在迅速地发展，审计工作必须顺应业务发展的潮流，上下探索，只有这样才能为信合事业的健康有序发展作出应有的贡献。从上述案例中，我们可以得到非现场审计的以下几点启示：

一、非现场审计，能发现传统审计方法难以发现的问题

通过上述案例分析，此次违规情况的发生，如果是运用传统的审计方法几乎是不可能察觉的，除非是进行专项审计时，凑巧翻阅传票、调阅监控时或可发现，或待有更严重的违规事件发生，才会追根溯源，从而发现。所以，开展非现场审计对违规问题的发生及早预警，将其扼杀于萌芽状态，从而更好地达到三大防线之一的作用。

二、降低时间成本，整合并提高了审计效率

实施现场审计，存在经费成本较高、时间紧迫等不足。而在非现场审计模式下，一方面大大提高了审计效率，另一方面节约了被审计单位的陪同时间，并通过审计专业人员，对核心系统、OCR系统的数据进行综合分析，提高了审计资源的利用效率。

三、及时进行风险预警，发挥内部审计的建设性作用

非现场审计阶段，审计人员通过分析、整理数据，可以从不同的角度分析各信用社、各行业、各时间段的趋势变化，发现风险点，及时进行预警，有利于发挥内部审计的建设性作用。

四、建立、完善相关的非现场审计管理制度

为了保证非现场审计的实施，需要制定相关的非现场审计管理制度。比如，对审计部门开展非现场审计的权限、职责、内容、范围等要作出明确的规定；对非现场审计的程序、方法，电子数据的取得要有可操作性的强制性规定；制订对审计部门和被审计单位具有约束力的非现场审计处罚规定。从管理制度上做好非现场审计的开展工作，有利于更好地发挥非现场审计的作用。

五、提升科技支持，对审计系统不断升级优化

以现有各类业务信息系统为基础，一方面应当探索建设，能从核心业务系统、信贷管理系统、财务管理系统等多个系统中调取相应权限的数据，并设有相应的查询、分析功能；另一方面则应不断升级、优化计算机辅助审计信息系统，为不断发展的农信联社业务提供更为强大、先进的监督保障。

农信联社审计工作的开展必须顺应各项业务的迅速发展，以深入掌握业务流程与风险点为前提；审计人员必须要开拓思维，以发展的眼光来辨析问题；审计方法必须要推陈出新，利用科学的审计方法来查证问题，提高审计效率。这样，农信联社的内部审计工作才能“与时消息、与时偕行、与时俱进”，保障农信联社各项业务的稳健发展。

编写：毛颖芳

对接《人民调解法》实现诉讼"零成本"

——柯城农信联社风险防控引入新机制

案例背景

2011年1月1日，《中华人民共和国人民调解法》正式施行。该部法律对新时期人民调解工作行为从法律的高度进行了规范。柯城农信联社在甘文智理事长对不良贷款要"用好法律、和谐诉讼、讲求实效"的指示下，紧紧把握这部法律，及时引入人民调解司法确认这一纠纷解决机制，将部分借款纠纷案件进行人民调解司法确认，有效解决了以往诉讼"赢官司、输人情"和"赢官司、难执行"的老大难问题，达到了化干戈为玉帛的良好效果。

案例情境

一、案例一（陈年旧账案例）

2003年7月毛某向衢州市柯城农村信用联社（以下简称该农信联社）借款4.5万元用于养殖，约定于2004年7月归还。因养殖失败未能按期归还，为友好和平解决贷款归还事项，农信联社工作人员和毛某于2011年2月17日在毛某所在的行政村调解委员会（因人民调解法实施之初调解委员会没有在法院设工作室，所以第一案是双方当事人到村里的人民调解委员会进行调解的）进行了人民调解并达成了协议。

2011 年 2 月 17 日，该农信联社与毛某拿着调解协议书到柯城区人民法院对人民调解协议申请司法确认。当日，柯城区人民法院有史以来首份人民调解司法确认书出炉，该农信联社工作人员与借款人毛某在法官的主持下对人民调解协议逐个条款进行确认，这里没有原告、没有被告、没有审判槌，有的是相互间的谅解和法官的劝导，双方作为共同申请人，大家就像朋友间聊家常般地结束了这场借款纠纷。在这和谐的氛围中，毛某按司法确认的内容也愉快地还清了贷款。

二、案例二（新生不良贷款案例）

该农信联社于 2009 年 7 月 22 日向张某发放保证贷款 7 万元，约定由杨某保证、借款期限至 2011 年 7 月 21 日止，但贷款逾期后，张某因生意亏损答应分三期慢慢归还，为了不使借款人这一口头承诺落空，2011 年 8 月 11 日，该农信联社与张某、杨某一道在柯城区人民法院（因当事人和司法界看到了司法确认和谐、零费用的好处，为方便工作，柯城区调解委员会于当年 3 月份在法院专门设立驻法院工作室）对这笔贷款达成了司法确认。现张某已按司法确认的内容归还了二期合计 5 万元的贷款。

三、案例三（原服务站发放借名贷款无时效案例）

该农信联社原服务站（该服务站于 2008 年下半年被撤销）会计朱某于 2005 年 5 月 4 日分别以朱某某、朱卸某某的名义贷款，自己审批发放两笔贷款共计 1 万元，贷款逾期后，借款人拒绝签字，该笔贷款已丧失诉讼时效，经信用社多次与借款人及实际用款人朱某交涉，迫于道义的责任，2011 年 9 月 22 日，朱某与该农信联社工作人员一道对该两笔贷款进行了人民调解司法确认，此举不仅挽回了诉讼时效，还取得了具有强制执行的法律文书。现朱某已按司法确认书归还了5 000元。

案例分析

调解制度在我国源远流长。古有乡里讼事先由“里正、坊正”调解。在当下，我国很多法律技术都是舶来品，而人民调解制度是具有中国特色和中国传统的法律制度，是我国创造的解决矛盾方式，是维护社会稳定的“第一道防线”，国外对我国的人民调解工作给予高度评价，誉之“东方经验”。

在《人民调解法》实施以前的人民调解协议，如一方不履行约定的义务只能起到一个证据补强的功能，因不具有强制执行力而在效率上大打折扣；在经济体制深刻变革，社会结构深刻变动，利益格局深刻调整，思想观念深刻变化的新形势下，人民调解工作面临新的发展机遇和挑战。2010 年 8 月 28 日全国人大常委会高票通过了《人民调解法》，并定于 2011 年 1 月 1 日正式施行。

高昂的诉讼费用、律师费用让一些纠纷当事人看见法院高悬的国徽却无钱告状，而有些商业银行贷款一逾期就委托社会律师进行诉讼，最终将诉讼费、律师费转移到由借款人或担保人承担。2011 年 3 月 30 日施行的《最高人民法院关于人民调解协议司法确认程序的若干规定》第十一条规定“人民法院办理人民调解协议司法确认案件，不收取费用。”从而明确了人民调解协议司法确认是“零成本”的纠纷解决机制。

2011 年以前的纠纷各方在各级调解委员会或其他组织主持下达成的调解协议，当一方不遵守调解协议时，这份协议形同废纸，更有甚者利用调解协议玩逃避时效的工具。2011 年 1 月 1 日实施的《人民调解法》第三十三条第二款规定“人民法院依法确认调解协议有效，一方当事人拒绝履行或者未全部履行的，对方当事人可以向人民法院申请强制执行。”这一“黄金条款”彻底改变了以往调解书只作为证据使用，经司法确认摇身一变成了和判决书一样具有强制执行力的法律文书。

为防范利用人民调解协议司法确认侵害第三人的利益或是虚假调解确认，最高人民法院出台了《关于建立健全诉讼与非诉讼相衔接的矛盾纠纷解决机制的若干意见》，该意见规定当事人提出确认申请时，应当向人民法院提交调解协议书、双方当事人签署的承诺书。承诺书应当载明以下内容：（1）双方当事人出于解决纠纷的目的自愿达成协议，没有恶意串通、规避法律的行为；（2）如果因为该协议内容而给他人造成损害的，愿意承担相应的民事责任和其他法律责任。另外，浙江省高级人民法院为谨慎起见将人民调解司法确认案件标的额设在100万元以内，100万元标的额能很好地满足信用社小额贷款纠纷进行人民调解司法确认。

案例启示

该农信联社第一次利用调解确认程序解决贷款纠纷时遇到过困难，因当时衢州市法院系统没有操作过，又没有相关的操作程序，该农信联社工作人员领会法律精神，设计文本，积极促成衢州市司法界首笔人民调解司法确认。截至2012年底，该农信联社已进行司法确认案例27起，金额达232.17万元，最高案件标的86万元，最低案件标的0.5万元，平均案件标的8.60万元，借款人全部能够按司法确认文书的还款计划履行义务，该农信联社这一贷款纠纷解决机制被浙江银监局2012年第29期《监管工作信息》、银监会《监管工作信息》2012年第134期，以经验介绍的形式予以推介。通过这些人民调解协议司法确认案件获得如下几点启示：

首先，是解决借款纠纷要“和为贵”。对于经营困难又有诚心还款的客户，我们尽量不用对抗式的诉讼，而司法确认是双方作为共同申请人进行协商解决纠纷的机制，无论是确认前的商量、确认中的协议达成还是确认后的自觉履行都营造了一种和谐的氛围。

其次，是解决借款纠纷要“低成本”。依法诉讼要涉及诉讼费、保全费、律师费、公告费、执行费、评估费等等，这无论从情感上还是经济上都是一场消耗战，这对有些遇到困难而又有心还款的客户来说是雪上加霜，而人民调解司法确认是一项不收费的非诉讼解决纠纷机制，这种“零成本”的机制为困难客户坐到谈判桌上来协商问题提供了保障。

再次，是解决借款纠纷要“化风险”。对于有些借名贷款、冒名贷款、无时效贷款等这类“历史问题”的贷款，在没有拿到挽回时效文书，在没有追加实际用款人责任文书之前一味强行诉讼，还款责任人会以时效对抗，即使名义借款人被判还款，但因实际用款人没到位往往会躲避还钱。而如果这些有问题的贷款背后实际用款人愿意来做个还款计划，又经过了法院的司法确认，这对化解我们贷款风险、缓释名义借款人的怨气、苛责实际用款人的法律责任和道义责任都是极有好处的。

最后，是金融从业人员要学好法律、用好法律。客户的需求不断变化升级，银行的产品也不断翻新和丰富，法律、法规、规章及监管的制度也是日新月异，用“法制史”解决不了新问题，而新的“法知识”才是更好的问题解决之道。

编写：朱德良

正气内存　邪不可干

——龙游合规建设铸就风险防范的“铜墙铁壁”

案例背景

巴塞尔委员会会计工作组主席 Arnold Schilder 先生说过，“发展和实施合规风险管理的挑战不亚于实施《巴塞尔新资本协议》所面临的挑战”。2005 年，巴塞尔银行监管委员会发布了“合规与银行合规部门”文件；2008 年，该机构公布了对 21 个国家或地区银行业合规原则实施状况的调查报告。

调查结果表明，有 20 个国家或地区提出了合规要求，一些国家已将合规作为全面风险管理框架的一部分。大部分国家将合规部门作为银行重要风险管控部门，强调“合规从高层做起”以及合规部门的独立性，这表明合规管理的重要性已得到广泛认可。调查报告指出，引发合规事件最为明显的原因是：不能持续强化全面合规的政策和程序，合规文化、意识和培训不足，不能有效识别或确认已发生的合规风险。报告指出，合规建设是一个长期持续的过程，必须从各个方面得到加强。

银行业合规建设工作是一项需要持续进行的必要性工作。早在 2006 年，中国银监会主席刘明康就从中国银行业经营管理发展角度强调了合规工作的重要性。他指出，“国内外银行业金融机构不断暴露重大违规事件，机构业务受到限制，财务损失数量惊人，机构声誉严重受损，危及公众对银行业的信心，大量合规失效的案例足以说明合规风险正成为银行业主要风险之一，银行业金融机构正面临着巨大的合规性挑战。而机构的规模越是庞大、综合化和国际化程度越高，发展和实施合规风险管理的难度就越大，投入的资源就越多，花费的成本也就越高。”

2006年，银监会出台了《商业银行合规风险管理指引》，作为中国农村金融的主力军的农村合作金融机构属于“参照执行”。显而易见，合规作为一门独特的银行风险管理技术，如今已日益渗透到龙游县农信联社全面风险管理框架之中，已成为农信联社内部的一项核心的风险管理活动。合规风险是除信用风险、市场风险和操作风险之外的龙游农信联社面临的重要风险，因此，完善合规风险管理已是龙游农信联社当前刻不容缓的重要任务。

近年来，龙游农信联社为加强内部控制，防范风险隐患，着力培养良好的合规文化，不断规范员工行为，增强员工的合规意识和执行制度的自觉性。龙游农信联社多措并举全面提升合规建设水平，筑就风险防范的“铜墙铁壁”。

案例情境

2012年1月9日，一位男士到横山信用社窗口办理定期存单支取业务，递给当班柜员一张定期存单，要求取款。柜员接过存单后，发现该存单比平时经办的存单颜色偏浅，记账操作员号码与本社的记账操作员号码不符，存单下方经办人员没有加盖印章，所盖业务公章与正常的公章大小不一样，在向综合业务系统输入信息后，业务系统反映无此存款信息，认定该存单为假存单，立即不动声色地告诉主办会计，主办会计又迅速将情况报告信用社主任。主任立即启动临柜业务风险应急预案，同时叮嘱主办会计和柜员先稳住该男子，当班柜员以需填写相关信息为由，稳定局面，此时，时间已过去5分钟，男子有些做贼心虚，慢慢向营业场所外移动，准备逃跑，该社主任和外勤员工迅速将其紧紧围住。此时，当地派出所干警及时赶到，将该男子控制，带回讯问，进行立案侦查，并成功捕获了该制造假存单的连环诈骗团伙组织。

此次假存单成功堵截诈骗案件并不是偶然事件，而是面对突发风险，龙游农信联社对案件防控严密、业务操作规范、应急处置得当的必然结果。此次案件，反映了龙游农信联社员工能够在潜意识状态下通力合作，将存在风险隐患的事件“化险为夷”。近年来龙游农信联社先后成功堵截客户持假存单、毒品包裹诈骗以及社保补贴诈骗等事件，避免客户损失，得到了客户的高度赞扬和认可。

案例分析

龙游农信联社牢牢把握合规建设这条主线，积极谋划、稳步推进，把合规建设和案件防控有机结合，力促合规理念深入农信人心，合规面貌明显改观，风险隐患得到消除，案件防控成效明显，连续多年保持合规风险“零案件”。龙游农信联社风险防控、合规文化深入人心，精细化管理水平得到了进一步提高。

一、合规责任为“启动器”

龙游农信联社将合规责任的承诺和落实作为启动器，坚持逐级分解落实，责任到人，强化案防机制建设。农信联社机构逐级、逐层、逐岗位签订“岗位合规责任书与承诺书”，使合规责任层层分解、落实到人。完善制度建设，强化制度落实，根据业务发展和内控管理需要在制度跟进、流程完善、系统优化等方面建立和完善持续整改机制。以合规的刚性要求为基础，从管理体制上逐步建立内控有效、执行有力、管理有序、施制有度的案件防控工作体系。

为增强员工的业务规范操作，定期对业务操作和风险重点进行学习培训，将标准化的业务操作流程和严格的管理制度贯彻落实到每一个岗位和柜员，使员工知晓并熟练掌握各项业务的风险点及控制措施，养成规范业务操作的良好习惯，尽快掌握前台业务操作规范和新的规章制度，不断提高个人业务素质和网点核算质量。同时，重视开展法纪、风险要点教育，对全体员工特别是新进员工开展职业操守教育、法规制度教育，增强员工遵章守纪、按章操作的意识。从分析案件和重大违规事件暴露出的突出问题入手，梳理、提炼若干易于记诵、便于执行的风险防范要点，使员工耳熟能详，形成操作上的自学，有效提升了全员对合规重要性的认识，提升了农信联社合规建设水平。

“凡事预则立，不预则废”，农信联社建立了一套科学完善的银行业突发事件应急预案，提高了突发事件处置响应与协调应对能力。每年组织员工对突发事件进行应急预案演练，力求员工真正遇到突发事件时能临危不乱，最大限度地减少突发事件的损失。

二、合规文化为“助推器”

坚持预防为主、打造合规文化是做好案防工作的关键。龙游农信联社通过宣传、监管等文化辐射带动农信联社合规文化建设，使合规理念内化为农信联社人员的自觉行动和基本职业操守，发挥“助推器”作用，构建起全员参与的案防体系。

领导带头，注重宣传发动结合。龙游农信联社各级领导多次到各分社机构进行合规宣讲，重点宣讲开展合规建设的重要意义，有效提升了农信联社员工对合规重要性的认识，提升了各分社合规文化建设水平。

内容上力求拓展，落实警示教育，注重一线业务结合。加强各类业务学习，除农信联社内刊外，按季度推出财会、安全保卫线情况通报，对近期社会上出现的风险及安全案例进行收集整理，供全员学习，增强员工的合规意识和执行制度的自觉性。

机制上讲实效，注重合规文化建设，积极推进合规文化建设作为常态机制，以尽职监督工作为主线，努力在健全机制、体制、制度上寻求新突破。通过狠抓检查整改，强化合规执行，筑牢内控案防体系，让合规文化建设，作为从上到下每名干部职工的责任，写在纸上，记在心上，落实到工作的全过程。

行动上落到实处，积极开展督促员工做好学习笔记工作，让员工结合自己的岗位，剖析操作中存在的偏差，阐发自己的心得体会，真正做到“知其然更知其所以然”，达到学有所获，学以致用的良好效果。农信联社通过相关考试，制定奖惩措施，在一定程度上激励了员工日有所学、学有所长，无形中提高了合规文化的“助推器”作用。

三、督导检查为“催化器”

根据农信联社合规制度要求，以提升农信联社合规水平为抓手，大力开展各项督导检查工作，努力排除案件风险隐患，以督导检查为“催化器”，强化风险排查。

加大监督检查力度，强化问责机制。加强全面检查、重点检查、专项检查、突击检查相结合的“四位一体”风险防控体系建设，及时发现和化解风险隐患，坚持检查与风险教育相结合，检查人员针对检查中发现的薄弱环节和风险环节，强化对临柜人员的风险教育，进一步提升员工的风险防范意识和遵纪守法意识。通过组织职工学习各项内控制度和法律法规知识，提高案防工作能力。

实施违规积分考核，实行员工违规积分管理办法。该管理办法首次将管理人员责任追究纳入到违规积分范畴，上至农信联社班子成员下至分社主任，只要在职责范围内未能有效遏制员工违规、违纪行为，就要承担管理责任，进行积分认定并接受相应处罚。每年年初对各业务条线进行风险排查，在合规检查中发现暴露的问题与违规积分细则相挂钩，将违规事项明细、违规积分、经济处罚等情况全县发文“上榜”公布，列出违规积分最高的个人、信用社，同时将管理人员的责任追究也进行明细公布，绷紧全员“合规弦”。

龙游农信联社将全方面根植、巩固合规文化建设，力促案防工作取得新成效，不断提高合规意识，着力构建合规长效机制，严守风险底线，突出抓好重点风险防范，力促做到整个农信联社思想认识提升、内生动力增强、制度建设水平提高、各项规章制度执行效果显著，以合规长效机制建设为“稳定器”，有力促进龙游农信联社合规运行、科学发展。

案例启示

近年来，举世闻名的“法兴银行案”和“巴林银行案”给全世界银行业带来了巨大的震撼与影响，也给银行合规管理敲响了警钟，合规管理逐渐成为国内外银行业经营管理环节的重中之重。根据巴塞尔银行监管委员会发布的《合规与银行内部合规部门》高级文件的界定和中国银监会《商业银行合规风险管理指引》的定义，我国银行业的合规是指商业银行的经营活动必须与国家法律、规则和准则相一致。

俗语“无规矩不成方圆”也形象地诠释了合规的重要性。合规，界定了对与错，是与非，划分了善与恶，美与丑。建设合规文化，树立合规意识，既是时代的要求，也是历史的必然。正如中医学里所说，“正气内存，邪不可干”，只有自身“合规”意识深入人心，让“正气”筑就风险防范的“铜墙铁壁”，“邪气”便无可入侵。

“合规”建设是一项长久有效的系统工程，涉及农信联社合规经营和管理的方方面面。龙游农信联社已经意识到合规风险管理应是实现稳健经营的关键所在，全社上下正在掀起一场轰轰烈烈的合规文化建设活动。作为中国农村金融的主力军，如何强化合规管理，做到依法合规经营，龙游农信联社有以下几点思考。

一、坚持“内化于心”，让合规意识扎根于心

由于认识上的误区和理念上的偏差，农信联社合规风险管理意识还比较淡薄，表现在：一是重业务拓展，轻合规管理；二是重事后管理，轻事前防范；三是重执行层操作人员管理，轻管理层人员约束。而合规理念作为农信联社合规文化的重要特征和必要内核，是龙游农信联社企业文化构架中不可缺少的重要内容。坚持“内化于心”，要将合规理念转化为“潜意识”。古人云：矩不正，不可以为方；规不正，不可以为圆，法律、规则都是外在的东西，如果只是用来死记，而没有用来约束行为，则再好的法规制度也只是纸上谈兵。要让合规意识扎根于心，我们要使“合规创造价值”、“合规人人有责”、“人人主动合规”、“信任不忘制度”、“习惯让位制度”、“指示服从制度”等合规文化理念在员工思想上根深蒂固，形成潜意识，成为员工稳定的价值理念和行为取向。

要想让合规意识扎根于心，可在合规文化教育上力求创新，要以建设合规教育形式的新突破、新样式为目标，寻求教育效果的新途径。要以人为本，紧贴业务经营实际，把反映农信联社特色的新素材、新内容编排成歌曲、相声、小品等，打破固有模式，借助会前、班后、节假日以及各项庆助活动上传递给广大员工，以喜闻乐见、生动活泼的形式诠释合规文化新理念，积极打造“合规文化走廊”，提炼合规文化新元素，营造良好的舆论氛围，增强教育效果。

二、坚持“固化于制”，让合规风险掌控于制

健全的合规管理体制是实现合规风险管理的前提。努力建立和完善合格的“规”，有效的合规风险管理机制是农信联社构建全面风险管理体系和有效内部控制机制的基础和核心，是合规文化形成的基础。要让合规管理掌控于制度建设，就需要制定一套统一完整、全面科学的合规风险管理法规制度及操作规则。合规管理实现于“固化于制”要具备三性，一是实用性，在制定规章制度时，一定要针对性强，要具体化，对贷款审批、发放、管理、监督等岗位进行分设，建立健全前台、中台、后台相互分离、相互制衡的管理机制，推动信贷管理从粗放型向精细化迈进。二是全面性。新的合规制度一定要覆盖到所有客户、产品和服务，要涵盖所有从业人员的行为操守和道德规范，使合规管控覆盖工作的各个环节，建立起一套层次分明、衔接有序、约束有力的合规制度保障体系。三是操作性。合规制度要紧密结合工作实际，实践上更易于操作，拒绝对其他商业银行的照搬照抄和“假大空”。

通过制度层面不断修订与完善的方式，形成事事都有明确合规守法的工作标准、处处都有严格的合规经营管理纪律约束，使合规工作达到有规可循，有据可依。

三、坚持“外化于形”，让合规管理优化于形

从持续发展的角度看，农信联社的合规管理必须培育和建立内部控制和外部监管相结合的长效机制。按照合规管理要求，农信联社内部必须要具有清晰的责任制和问责制，以及相应的激励约束机制，形成所有员工理所当然要为其所从事的职业和所在的岗位工作负责任的氛围，因此，要建立合规管理文化机制，必须坚持“外化于形”。

要实现合规管理的最佳执行效果，需要农信联社全员协作，各有侧重，建立合规管理的层层防线，提高合规风险的管控能力。要达到合规管理优化于形，要求合规监管制度建设细化，实现责任和义务的统一。一是规范业务创新的流程，在新产品、新业务推出前进行合规审核与风险评估，做到有产品先有制度、有操作先有流程，有效避免合规风险。二是加强内控管理创新，不断推出加强合规管理的新制度、新方法。如积极探索建立适合农户贷款、微小企业贷款企业类项目贷款、公司类大额贷款等客户不同特点的信用评级制度，逐步建立覆盖所有业务和全面、准确、及时反映风险动态变化的内部评级系统，提高对信用风险和市场风险的鉴别分析能力，提高贷款质量。三是引进先进的风险管理工具如风险评级，风险预控，以及资产组合分析和各类风险缓释技术等，形成对合规管理的有效支撑。

四、坚持“实化于行”，让合规建设落实于行

合规建设的主要目的是依法经营、合规管理，要实现这一目标，必须坚持“实化于行”，真正地将合规文化建设落到实处。因此，我们需要建立一套完善的风险防控体系，实现农信联社全方位合规经营管理，规范发展的高效执行能力。一是建立合规经营教育体系。龙游农信联社要根据合规文化建设的要求，开展多种多样的学习和教育活动，尤其要对发生在身边的违规操作案例分析解剖，从而使广大农信联社员工思想境界得到锤炼，风险意识得到提高，业务水平得到提升，真正将合规经营意识理念转化为合规经营的实际行动。二是建立合规文化体系。在具体工作中，应坚持以人为本，倡导柔性管理。注重人文关怀，不断激发员工的工作积极性、创造性和团结协作精神，营造合规经营氛围。强化感恩教育，增加员工的归属感，增强员工合规行为的主动性。三是健全稽核监督体系。稽核监督不但要对业务经营真实性进行监督，也要对员工的合规性进行有效监督，把稽核监督覆盖农信联社业务的各个层面，不留死角。同时建立相应的奖罚措施，把合规经营纳入考核，调动员工合规经营的积极性。四是建立社会监督体系。利用设置意见箱、监督岗、举报投诉电话和网站等形式，让社会各界参与评价信用社员工的职业道德和合规经营情况，从而促进和推动整个经营管理工作的合规、有效、顺利、可持续开展。

编写：王俊

做迎信贷风险的总“舵手”

案例背景

20 世纪 90 年代以来，相继发生了对世界经济产生重大影响的若干金融危机，如 1994 年墨西哥金融危机、1997 年亚洲金融危机、1998 年至 1999 年巴西金融危机以及 2002 年阿根廷金融危机。2008 年，一场席卷全球的金融“海啸”给世界带来重创的同时，又一次给我们以巨大启示。信贷业务是信用社的传统核心业务，信贷风险也是世界金融体系面临的最主要的风险。上述金融危机大多与金融体系的不完善、银行信贷风险管理薄弱密切相关。信贷风险管理不仅是信用社自身经营发展的需要，更是金融稳定的前提，是社会稳定和健康发展的基础。

随着农村金融体制改革的不断深化，农村信用社肩负着服务“三农”的重任得到显现，真正成为了农村金融的主力军。农村信用社集聚多年的信贷风险也日益暴露出来，信贷资产质量差和不良贷款率居高不下等状况层出不穷。截至 2008 年底，仅在龙游农信联社贷款的信贷客户中，就发生 7 起老板外逃避债案例（按照省农信联社重大信贷风险标准），涉及金额达 5 728 万元（其中企业 3 户计 4 445 万元），给农信联社信贷资产造成了重大风险。

为有效落实处置这些重大风险贷款，龙游农信联社集中了精干力量，投入了较大精力，运用各种方式方法处置化解信贷风险，取得了良好成效，积累了成功经验，也吸取了深刻教训。信贷资产质量作为金融企业的生命线，如何规避风险，实现资产的安全性、流动性和效益性，始终是农村信用社业务经营中的重要课题。因此，研究重大信贷风险案例，加强其成因分析，强化风险源头控制，优化信贷结构，化解处置信贷风险工作意义重大。

案例情境 《《

全额清偿案例

浙江浩东珠宝有限公司受2008年金融危机影响造成经营恶化，加上涉及民间高利贷，年底该公司业主潘某举家外逃避债，龙游农信联社的790万元信贷资金产生重大风险。农信联社在该公司风险暴露时就马上行动，其分管信贷主任积极与衢州市中级人民法院联系沟通，及时保全并查封了该公司所有财产，并雇用保安24小时看管，力求将该企业的贷款风险程度控制到最小化。

经诉讼该案于2009年8月7日判决生效。随后农信联社申请法院强制执行，因该企业欠有民间借款、税款、在建工程款及部分民工工资，加上企业法定代表人无法联系需公告送达，导致该企业的抵押物一直拖到2010年5月26日才公开拍卖。而且因龙游农信联社查封的机器设备和生产成品、原材料等无人报名参与拍卖，只能将它们与公司的房地产进行捆绑拍卖。但这时拍卖形势趋好，最终拍卖成交价为1 743万元。

当公司资产全部处置完毕时，因债务人债务较多，市中院考虑债权分配因素，经农信联社与其进一步协商沟通后，市中院同意在未进行清偿分配情况下，于2010年7月29日先行支付给龙游农信联社执行款790万元，用于清偿贷款本金，贷款利息和相关费用留待市中院下一步统一分配。

此后，龙游农信联社一直与市中院保持沟通联系，至2011年1月初，市中院按照本金偿还日的积欠利息加上诉讼费用和其他相关费用支付给龙游农信联社执行款2 753 468. 77元。其中，归还利息金额为2 470 023. 77元，支付保安公司的看护费用174 400元，收回暂付的诉讼费74 135元，收回暂付的不动产评估费用34 910元。至此，该公司的重大信贷风险全部化解，未造成资金损失。

代位偿债案例

2008年1月24日，浙江亿达纸业有限公司向龙游农信联社溪口信用社申请短途流动资金借款450万元，保证人为洪光明，到期日期2008年12月6日。后该公司法定代表人因欠税款且涉及民间高利贷而外逃，企业名存实亡，致使农信联社信贷资金造成重大风险。后该笔贷款落实到保证人洪光明户，但该户当时正在筹建创办龙游县生猪屠宰场，资金较为紧张，若落实到洪光明户，势必加剧该户的经营负担。龙游农信联社经过细致的调查走访，了解到洪光明女婿祝波正经营衢江某沙场，效益前景尚好，但存在流动资金缺口的情况，农信联社通过做工作，将浙江亿达纸业有限公司的450万元贷款落实到祝波户，同时配套其流动资金贷款，并给予适当的利率优惠，这样一举两得，让祝波经营的沙场在发展自身的同时，也消化处理了农信联社的不良资产。

防控风险案例

浙江龙游金泰塑业有限公司是一家注册资本为300万元的小型企业，专门制造塑料橘筐、油壶、水壶等产品。2009年7月该公司由台州人陈伟军以770万元费用拍卖原龙游卓豪塑业公司房地产所得，按当时拍卖合约，龙游农信联社与其配套贷款380万元，经过半年多的生产经营，公司逐步走上了正轨。随着订单的增多，2010年1月龙游农信联社给予其增加了320万元流动资金贷款，贷款余额达到700万元（由该公司房地产作抵押）。2010年8月，该公司要求继续增加贷款授信额度，农信联社公司业务部总经理及客户经理经实地调查其产品出入库量、所用电费并考察其他非财务因素，决定退出该企业贷款。时隔8个月，该公司老板因经营无方，加上染指赌博且涉及民间借贷1 000多万元而跑路。

案例分析

一、风险管理意识淡薄

部分农村信用社信贷发放未严格执行信贷发放操作程序，贷款发放把关不严。一般借款自上而下，先取得上级贷款意向，再向下逐级办理，致使基层信用社信贷人员错误认为既然上级已经有贷款意向，我们遵照办理。这种与商业银行自下而上实行贷款营销的逆程序操作使相当一部分信贷管理人员淡薄了风险意识，甚至会出现第一手调查材料就存在虚假、谎报、瞒报等不真实反映的瑕疵行为。

二、担保抵押流于形式

当前农村信用社除发放小额农户信用贷款外，一般为防范信贷风险，采用担保抵押形式贷款。但在实际操作中，存在以下问题：一是对抵押物的价值评估偏高或对有权部门评估的权利价值认可比例过高。在借款人第一还款来源不够处置抵押物时，其变现价值不足抵偿贷款本息，有的甚至还要付出昂贵的资产保全和执行费用。二是对有抵押、担保人的能力调查不实，出现一人多保、交叉互保等情况，平时对担保抵押物监管不严，潜在风险大。三是签订抵押担保合同范本不一、要素不全、主体不符，诉讼时致使担保抵押合同无效，形成无效抵押。

三、信贷资产质量反映不够真实

一是未及时调整贷款占用形态，即使已经形成不良贷款却仍旧在正常贷款科目反映，如个别农村信用社按贷款五级分类反映不良贷款余额占比例高达70%以上，农村信用社信贷风险隐患较为突出；二是贷款到期转贷较多，贷款到期后，只要能收回贷款利息，诸多信用社都采取办理转贷方式，有的大额贷款多次转贷，影响了信贷资金的流动性，掩盖了潜在的信贷风险；三是放贷收息现象依然存在。

四、贷款管理不严、内控制度乏力

一是贷前调查不够深入，对借款人第一还款来源分析不准，重视不够，只片面注重第二还款来源（借款抵押物的变现处理）。二是贷时审查与贷款审批有待加强，部分信用社和参与贷审会人员对借款人的基本情况所知甚少，难免会造成决策失误，存在未严格执行审贷分离制度的现象。三是疏于贷后管理，重放轻收轻管理思想严重。

五、信息反馈不及时、不准确

一户多借贷、交叉借款、跨区域借款等违规借款的调查信息不能通过信贷咨询系统及时了解，对有不良信用记录的客户信息得不到及时发现，致使多头借款、一户多社交叉借款现象普遍。

案例启示

一、转变经营理念，把握市场定位，防范信贷风险

随着农村产业结构的合理调整和农业产业化发展步伐的加快，农村经济发展日新月异，农村信用社要在深化改革中把握机遇，切实转变经营理念，端正经营方向，超脱陈旧的经营模式，坚持立足农村，服务“三农”的市场定位，利用点多、面广、线长的优势来拓展业务空间，信贷投向要在满足小额农贷合理需求的基础上，大力支持前景好、有经济效益、有发展前途的农村中小企业和个体私营企业的发展，合理的优化信贷结构，达到经营利润的最大化和信贷风险的最小化。

二、营造诚信环境，切断不良资产的根源

如何改善社会信用观念，是一个多系统的长期工程，要从农村信用社自身做起，找准信贷调整的切入点，把信用意识渗透于各项业务的全过程。一方面，要加强小额农贷的管理，把资信评定和贷款授信工作做深、做细、做活，引导广大农民树立诚信意识，把有借有还，再借不难的思想内涵植根于农；另一方面，要潜移默化农村经济中最活跃的中小企业主和个私企业主，在社会上积极营造诚信氛围，把不良资产遏制于萌芽状态。

目前，农村信用社对历史遗留的不良资产处置束手无策，其中，较突出的难题是处置村集体贷款、乡镇企业、国有企业和政府部门及其干部职工的不良贷款。这些贷款沉淀时间长，担保抵押形同虚设，有的甚至失去了诉讼时效，而且，这些贷款与当地政府往往有着千丝万缕的关系。因此，对这些贷款的处置，农村信用社必须依靠当地人民银行分支机构、地方政府和司法部门的有效支持，形成合力，在三个有利于的原则指导下灵活处置，采取一户一策的办法进行清收或债务重组，并重点落实已悬空的债务，必要时应特事特办，把资产损失降到最低限度。

三、科学决策，注重贷款的营销效果

近年来，农信联社引入了贷款营销理念，然而，在实践中，这一机制的运作尚未成熟，在一定程度上具有主观性、盲目性和欺诈性。如对贷款营销的对象调查失误，打着营销的旗号盲目放贷，或被一些精明的贷款营销对象钻空子，趁机骗贷等等，很容易导致信贷决策失误而带来人为风险。因此，贷款营销必须坚持原则，循序渐进，审慎操作，科学决策，注重效果，绝不可一哄而上，重量轻质，重放轻管，更要杜绝过去垒大户的现象再度重演，要以科学的尺度来衡量贷款营销对象的诚信度和债务承受力，从中发现优良客户，培养黄金客户，进一步防范信贷风险；另外，要大胆创新，引入贷款营销承包责任制，强化信贷员的管贷责任心，把信贷风险防范转化为工作动力，从而提高资产质量。

四、以人为本，遏制信贷风险

人是生产力的第一要素，是企业赖以生存和发展的根本。农村信用社防范化解信贷风险也是如此，必须强调人的因素，要通过多种形式的强化培训，迅速提高信贷管理人员的政策水平、理论水平和业务水平，造就一支懂业务、懂法律、善经营、求实效的信贷管理队伍，要防范三种风险和强化四种意识，即防范职业风险，道德风险和法纪风险；强化发展意识、经营意识、风险意识和责任意识，全面提高信贷管理人员的整体素质和经营管理能力，有效地遏制信贷风险。

五、完善担保抵押机制和保险机制，规避信贷风险

随着农村经济的快速发展，对信贷资金量提出了新的要求，大额贷款需求量日益增加，因此，农村信用社完善担保抵押机制和保险机制刻不容缓，务必安置好这道信贷资产安全保障防火墙，才能更好地规避信贷风险。一是办理手续要规范、严密；二是对抵押物的评估论证要从实际出发，既要考虑其现实价值，又要顾及处置变现的可行性。评估机构提供的评估结果，信用社只能参考，切莫绝对引用；三是推行抵押物保险和借款人家庭财产保险制度，不应因过多地为客户负担着想而忽略了可能给农村信用社带来的不可预见的种种信贷风险。

编写：黄国航　柳萌

不懈探索风险管控与业务发展的均衡

案例背景

银行作为经营风险的金融企业，风险管控与业务创新发展是其经营过程中最重要的两个方面，过度盲目业务创新发展，必然增加相应风险；单纯强调风险防范，势必影响业务创新发展，只有力求兼顾两者均衡，在矛盾当中寻求解决矛盾，才能形成有机统一体。

江山农合行尚未改制成立之前，其风险管控职能主要依托于相关业务科室，零星分散于各科室得到体现和发挥，这对于主要经营各类风险业务的农村法人金融机构来说，其风险管控职能的发挥必然存在一定的缺失。因此，在各项业务创新发展过程中，并没有充分考虑其风险点及其有效防范措施，在实际风险没有发生时相安无事，但一旦实际风险发生匆忙应对所暴露风险时，又没有一套系统有效应对风险防控措施，难以有效解决风险本质，往往治标不治本；或出现风险防控一控就死，一放就乱的乱象，风险管控总是滞后于业务的发展创新，直接影响各项业务的可持续发展。江山农合行成立后，以风险管控服务于业务创新发展理念，探索风险管控与业务创新发展之间均衡的途径，促进业务发展速度和风险防控能力同步提高。当然，在防范各类经营风险，提升整体风险防控水平，促进业务创新发展等方面，力求做到业务创新发展与风险防控两者之间的有机统一，是江山农合行不懈探索并着力完善的基本目标，也是一个持续研究探讨的重要课题。

案例情境

江山农合行自成立以来，董事会及高级管理层不断发掘并丰富风险管控服务于业务发展的内涵，注重完善与创新风险管控手段，促使各项业务既风险可控，又快速发展，在不断解决矛盾的过程中，力求两者之间均衡。为突出风险管控职能，适应市场竞争需要，探索寻求风险管控与各项业务创新发展之间的平衡点，风险合规部应运而生，并承担起客户授信、创新业务风险评估、潜在风险排查与监测等许多风险前置把控和后续风险控制的职能。2012 年初，按照“更适应市场拓展、更适合风险管控、更适于集约运作”的基本要求，为增强依法合规经营能力，遵循“制度先行”原则，专设法律合规部，并将风险合规部更名为风险管理部，通过流程整合优化，完善流程描述及明确风险控制点，充分体现风险管控质量与效率有机统一，增强灵活快捷、风险可控的服务优势，以更专业的风险管控水准服务于业务创新发展。

一、注重风险防控体系完善和风险管控文化塑造

风险管控是江山农合行整体管理战略的重要组成部分，作为风险管控主切入点首先就是风险防控体系的建立和完善，只有在制度建立健全的前提下，才可能有章可循、按章办事，才可能整体提升风险管控水平，促进业务稳健发展；同时，加强对全体员工风险管控文化的培养和灌输，风险管控文化的核心内容是自觉执行风险管控制度。自专设风险管控职能部门以来，着手从完善风险管控体系、塑造风险管控文化等方面入手，收获累累硕果。

（一）以业务发展需求为核心，完善风险防控体系

江山农合行以业务发展需求为核心，依托有关法律、法规、金融方针政策规定，逐步建立涵盖业务经营、内部管理和创新业务等领域的风险管控制度。按照“对内规范化、对外简单化”的流程设计理念，通过优化核心流程，修订规章制度，改进授信、资金运营、财务管理等流程，减少非增值环节，构建起事前预防、事中控制、事后监督的流程化风险防控体系，达到提升流程运行绩效和防控风险两大目标。建立和完善“分工明确、职责清晰、相互制衡、运行高效”的风险管控组织架构：一是形成由董事会直接领导的风险管控组织体系，决定整体战略、风险管控政策、风险限额和重大风险管控制度，明确风险偏好和可承受风险程度，对风险管控承担最终责任；董事会下设合规与风险管控委员会、关联交易控制委员会等专门委员会负责各自领域内重大事项审议和决定。二是经营管理层负责落实风险管控政策，制定覆盖全部业务和管理环节的风险管控操作程序，对各类风险进行日常监测、评估、管理和报告。三是风险管控职能部门负责所有风险集中管理，拟订风险管控相关政策、制度和流程，并对风险管控政策、制度和流程的执行情况进行评估，研究确定风险识别、评估、计量、监控和缓释方法，对风险状况进行动态监测和分析，并提出风险监测、评估意见等。四是重视风险管控团队建设，其所实施的“风险经理委派制”，风险管控职能贯穿于各项业务前、中、后各个阶段，是确保风险管控全覆盖的有效载体。

（二）以风险管控文化塑造为引领，提高全员防范风险意识

从长效和可持续发展的角度来讲，提倡培育、塑造风险管控文化，强化风险意识教育，在正确处理业务发展和风险防控关系时显得尤其重要。因此，江山农合行始终致力于企业风险管控文化的发掘和培养，从初期培养到逐步形成潜意识遵守再到形成风险管控企业文化是漫长且艰辛的过程。

首先，树立以“业务发展与风险管控均衡”新型风险管控理念，在健全风险管控体系的基础上，注重以人为本的风险管控文化塑造，克服对风险管控“讲时重要，做时次要”、“讲形式，不讲实质”的麻痹思想，从而整体提高全员自觉防范风险意识，促使员工在实际工作中不想违，在严格执行制度面前不敢违。

其次，通过实施违规行为积分管理、责任追究等方式，对员工因违规造成的风险和损失，追究相关人员责任，以约束其风险行为；同时，在准确反映资产质量前提下提足各项拨备，通过有效风险补偿机制、不良贷款容忍度等一系列尽职免责机制有效兼顾各项业务健康发展。

二、调整客户授信管理方式，适应业务发展需求

江山农合行自2008 年第一次制定《客户授信管理办法》以来，先后 4 次对

其进行修订和完善，充分体现“以客户为中心”，不懈探索寻求风险管控与业务创新发展平衡点的经营理念。

（一）以服务“三农”为主基调，灵活采用多种授信方式

江山农合行遵照“统一授信、适度授信、优先授信、分类授信”原则，坚持以服务“三农”为主基调的市场定位，对以“三农”为经营方向的客户，如从事农业生产经营的农户、农民专业合作社、农业龙头企业及农业集体经济组织等在信贷资金上给予优先满足。在此基础上，根据客户经营状况、信誉、产业政策等情况，将客户分为适度支持、逐步压缩、锁定退出三大类，并对这三类客户都制定详细授信政策，让客户经理授信调查时能提前预判，把好风险防控第一关。另外，在采用基本授信方式前提下，对因特殊原因发生变化的客户，可采用追加授信、临时授信及授信调整等方式灵活实施授信，以充分考虑客户需求和风险管控需要。

（二）逐步扩大会议授信、简易授信的适用范围

会议授信按照“对内规范化、对外简单化”的理念设计流程，通过对制度修订和完善，逐步优化核心流程，在风险可控前提下，逐步扩大会议授信适用范围，如会议授信适用范围从最初只适用于农户小额信用贷款，向农民专业合作社、黄金客户等优质客户群逐步延伸。简易授信适用范围也因业务发展变化需要，在稳步调整和扩大，从最初30万元及以内个人贷款和30万元以上至500万元及以下个人消费性贷款采用自动授信方式，扩大到30万元以上至500万元及以下由合规与风险管理委员会授权风险管控部门直接授信后报备，又扩大到全额保证金银行承兑汇票、存款质押贷款不受额度控制，全部由各机构自行授信后报备，实现风险防控和授信提速的同步。

（三）改变传统授信流程，提高授信工作效率

一是合规与风险管理委员会作为客户内部授信最终决策机构，尝试改变传统以定期会议方式进行授信决策模式，灵活采用多形式会议方式进行授信决策。对总体经营状况、担保状况等指标变化不大的客户，灵活采用将相关授信资料分发至该委员会成员进行单独审核，并形成会议纪要由其成员签字确认授信方

式；改变会议参加者由于各种原因不能参会，而导致会议延期影响授信速度的情形，提高授信工作效率。

二是为充分考虑风险可控与业务发展两方面现实需要，切实解决两者之间主要“瓶颈”问题，江山农合行创新授信管理机制，改变原先由业务部门、风险部门共同对客户授信资料实施审核的管理模式，过渡到由风险部门独立进行授信审核，业务部门根据授信相关内容独立进行用信审核，有效解决业务部门偏重于发展而轻风险管控，风险部门偏重于风险而忽略业务发展机会的矛盾，形成风险管控与业务发展两条线平行管理相互制衡的管理模式，兼顾风险防控和业务发展均衡。

三是为适应不断变化的客户需求，在风险控制条件没有改变或更优于原风险控制条件前提下，从原先对已批准属于单项产品额度授信额度，只能使用对应信贷产品，过渡到在特殊情况下，信贷产品可以相互转换，且无须重新授信。如在承兑汇票保证金敞口部分的担保类型、担保条件与贷款授信一致或优于贷款授信时，允许将贷款转换为承兑汇票；将承兑汇票保证金部分额度在授信额度中自动剔除（存单质押除外）后，保证金敞口部分额度内贷款担保类型、担保条件与承兑汇票授信时一致或优于承兑汇票授信时，允许将承兑汇票转换为贷款，减少客户授信后在核定期限内因临时变化而重新授信环节，真正体现以“客户为中心”经营理念，为业务发展营造更为便利的经营环境。

三、完善风险监测预警体系，前置风险防控关口

（一）“风险经理委派制”是完善风险监测预警机制的重要方式

2012 年初，江山农合行根据业务发展与风险防控职能之需，开始组织实施“风险经理委派制”，将辖内 6 个支行、营业部、公司业务部、微贷中心根据业务量的不同分成 3 个区域，然后向各区域委派风险经理，已配置信贷风险经理 4 人、综合风险经理 3 人。风险经理的绩效考评由风险管理部门牵头相关部门及风险经理派驻机构进行，考评结果以书面形式报行领导及人力资源部门，因此，在确保风险经理自主工作的同时，较好地理顺了与派驻机构业务发展关系，形成业务拓展与风险管控的联动制衡机制。自实施以来，风险经理开展授信前风

险审查、大额贷款、不良贷款及重点行业贷款风险监测，贷后管理情况督察；同时，按照风险管控“抓大不放小”原则，对柜面业务、资金业务、印章管理、安防、POS机等业务进行风险监测；对操作欠规范问题及时督促落实整改，对潜在风险点按照风险程度不同出具“风险预警提示”或“风险预警处置意见书”，充分揭示各类风险，及时落实预警处置措施。

为提高风险管控与区域经济发展战略紧密度，前移风险管控关口，确保风险决策信息来源更加真实、有效，风险管控职能覆盖面得到进一步延伸。风险经理先后对木门行业、房地产行业、水泥行业、光伏行业等重点行业进行全方位调研分析，形成行业分析报告为经营决策层正确决策提供参考，为各机构在业务拓展中提供借鉴。

以“风险经理工作动态”期刊、风险管理专栏等作为交流平台，通过对身边实际案例进行深入剖析，提炼需要探讨、思考、感悟的精华，供员工交流和共享，有效预防类似风险点重复出现，提升风险预警管理和风险防控能力，风险管控质量得以明显增强，确保风险管控工作的实效性。

（二）以非现场监管报表体系为载体，实时进行监测预警

监管统计工作是江山农合行内控合规体系和战略规划的重要组成部分，其非现场监管报表体系当中的数据分析，是实时监测预警、前置风险防控关口的又一重要手段，实现对潜在风险点早发现、早识别、早干预，增强风险管控前瞻性和有效性。以风险管控职能部门为监管统计归口管理部门，明确专门人员收集和筛选可能预示潜在风险的数据运行指标，定期与不定期对资本充足状况、资产安全状况、盈利状况、流动性状况等相关指标的专项监测与分析，提升监管统计数据指标信息在各项业务运行过程中的预警功能，为各项业务更好开展提供严谨数据依据。在此过程中提出有数据指标支撑的合理化建议，便于决策管理层迅速研判相关业务发展趋势，并及时作出适度微调，促使业务发展回归到合理发展的轨道上来。同时，通过监管统计数据信息及时调整富余资金的合理运用，提高资金使用效率，拓宽盈利空间。

（三）重大风险早预警、早报告，早处置

江山农合行动态关注表内外业务的重大风险状况，对潜在风险点随时进行

预警、报告、处置，其所遵循的“日常监控、一户一策、逐级上报、分类处置”原则得到较为成功实施。在此基础上，继续坚持“欠息即报告”制度，把发现和处置风险的时间敞口整体提前，以便有更充足时间分析和预判各类风险所产生的负面影响，在第一时间制定周密翔实和操作性强的处置预案，为及时处置风险赢得最佳时机，实现前移风险防控目的。明确客户经理是发现客户及债项业务预警信号的主要责任人，对重大风险报告的事项、报告的时间、报告的路径、报告的内容都作出具体规定，确保出现重大风险预警信号能够得到及时响应，同时明确重大风险应急处置程序，成立重大风险应急处置领导小组和实施小组，及时制订风险应急处置方案，并保障贯彻落实，保证重大风险及时发现、及时报告、及时化解。

案例分析

江山农合行一方面继续加快业务创新发展步伐，以适应市场竞争需求，另一方面不懈探索新型风险防控方式，力求业务创新发展与风险防控之间的相对平衡，其最终目的就是为了促进各项业务稳健和可持续发展。因此，要着力改变传统风险管控理念，必然要坚持下以三个“必须”。

一、风险管控必须能够有效防控风险

风险管控最直接目的就是要有效防控风险，江山农合行通过建立和完善风险管控组织体系、制定风险管控制度、创新风险预警体系等一系列措施，有效防控风险的发生；通过风险经理有序开展对贷款的贷前、贷中、贷后管理情况督察、监测，对信贷基础档案收集不完整、调查报告与事实不符、信贷资金趴账、无用途证明资料、没有按规定开展贷后跟踪和信贷资产风险分类等潜在风险点，督促相关人员及时落实整改，增强风险管控质量。所以，风险管控前提就是要确保有效防控风险。

二、风险管控必须服务于业务发展

银行收益来自于业务发展，风险管控必须服务于业务发展之需。江山农合行通过对重点行业进行全方位调研分析，提出防范风险的合理化建议、提示，前置风险防控，风险管控体系向广度和深度延伸，逐步形成全方位监测各项业务的风险监测体系，风险管控体系得以更加完善，实现为各项业务创新发展保驾护航初衷。所以，全新风险管控理念的核心内容就是必须服务于业务发展。

三、风险管控必须根据实际情况开展工作

银行面对的经营情况错综复杂，且是动态发展变化的，江山农合行以动态风险管控思维方式合理进行风险管控，确保业务持续创新发展。所以，风险管控绝对不能简单地抄教条、对制度，必须根据实际情况合理开展工作。

案例启示

一、风险管理是现代商业银行的核心竞争力之一

银行本质上就是经营风险的机构，如果一味地惧怕风险甚至谈“险”色变，不敢发展业务，这将不利于业务开展，在一定程度上也与银行业的本质属性不相符。风险管理和业务发展之间是辩证统一的关系，风险管理的目的不是纯粹的管理风险，而是在业务发展过程中控制风险、驾驭风险和经营风险，目标是收益和风险相匹配。可以认为，处理好风险管理与业务发展的关系既是风险管理工作的核心要义，也是推进银行业务经营又好又快发展的重要前提。

二、农村中小金融机构应按照服务“三农”的市场定位，结合自身业务特点和比较优势，围绕新农村建设中的新需求加快业务转型和经营转型

风险管理也应适应这一变化，只有这样，风险管理才能与业务发展紧密结合。风险管理部门作为风险管理战略的传导部门和风险管理的协调部门，应协助业务发展部门做好对客户需求的分析，通过制定和发布前瞻性风险管理政策，及时发布风险提示和风险预警等方式引导业务发展方向，促进业务稳健发展。

三、科学有效的风险管理，应注重先进的技术方法的采用

随着金融业务不断创新发展，风险复杂程度不断增加，风险管理的技术与手段也应不断改进。要加强风险管理科技信息系统的建设，从风险组织流程、计量模型、数据库等入手，建立系统缜密、覆盖宽泛、信息全面，能准确、及时、有效地反映风险动态变化的 IT 风险监控和评价预警系统。应关注国内外风险管理的发展趋势，结合自身管理现状及业务需求，积极借鉴以 RAROC 为核心的全面风险管理的理念和技术手段，推进内部评级法、风险限额管理系统等风险管理工具的应用，实现风险管理方法从政策管理、授权管理和经验管理，逐步向科学化、数量化、系统化和精细化转变。

四、风险管理并不仅是风险管理职能部门的事，而是存在于银行的每一项业务和每一个环节中

要通过风险管理文化建设，将风险意识体现到每一笔业务、落实到每一个岗位、普及到每一个部门。

编写：杨孝国

“三亮”工作法撑起信息化审计蓝海

案例背景

2008年4月，常山农信联社新昌分社主任和信贷员相互勾结、相互掩盖，长期发放借冒名贷款，其违规违法行为，在群众的举报下，东窗事发。经查，两个当事人自2000年起，通过借名、搭桥、冒名、截留挪用等方法，先后发放借冒名贷款83笔、111万元，占该社总贷款金额的9.42%。虽然两个当事人均已被开除，但是其行为却在当地造成了极其恶劣的影响，以至于许多百姓都不愿意、不放心把钱存在信用社，宁愿再赶10里路把钱存集镇的农行里。

2000年就开始犯案，为什么会等到问题如此积重难返的时候才会被发现。其实，从现在看来，该分社的两位责任人作案手段并不高明。如季度交息前后，两位当事人常常会集中发放1万元不等的小额贷款，用于交息，然后等到贷款到期时合并转贷。如果当时计算机辅助审计系统上线，只要数据一拉，就可以轻而易举进行甄别发现。但是由于当时审计手段的落后，面对浩如烟海的业务数据，只能以手工的方式进行抽样排查，审计面极其有限，再加上缺乏连续性和逻辑性，以至于该案的风险征兆迟迟未能发现，最终酿成大祸。

案例情境

如何从海量的电子数据中，及时、准确判断风险业务，避免重大违规问题成为漏网之鱼，减少经营风险，实现稳健可持续发展，就成为摆在常山农信联社新一届领导班子面前的一大挑战。

“必须加强计算机审计的推广运用，实现‘精确制导’和‘精确打击’，全力保驾业务的稳健经营。”痛定思痛的新一届领导班子以敏锐的嗅觉充分认识到了信息化审计的大趋势，并且旗帜鲜明地提出了“三亮”工作法，助推内审由合规审计向风险管理审计的转型。

一、亮丑

本着应查尽查的原则，进行地毯式地全方位审计排查，不留死角，把该暴露出来问题都暴露出来或者提前揭示出来，坚决防止“小洞不补、大洞吃苦”的现象发生。

利器先行。工欲善其事，必先利其器。常山农信联社领导班子果断地从风险、信贷、会计等部室抽调精通科技的业务骨干重组审计部，将审计人员从原来2007年的2人扩容至5人，并由负责经营层的农信联社主任直接分管。同时在全市率先引进计算机辅助审计系统，并结合2010年省农信联社计算机审计并网，将审计系统模板从最初的二十几个增加到了现在的289个，基本覆盖了存款、信贷、会计、结算、银行卡、中间业务等综合业务数据，满足了审计线索的快速检索和查阅，极大地提高了审计质量和效率。

制度规范。酝酿出台了《常山县农村信用合作联社计算辅助审计管理办法》，以SQL数据库作为计算机辅助审计数据库，每月安排专人对导出的最新业务数据进行分类排查，并基本形成了以可疑数据分析来确定主要风险点，在基本查清主要问题或找出问题线索后再进点现场审计的高效计算机审计流程，实现了可疑数据排查的常规化和模块化。制定了《常山县农村信用合作联社违规积分管理办法》，由审计部统一制订违规处罚实施方案，一条条量化违规积分扣罚标准，作为包括审计部门在内的各部室日常合规管理的执法依据，并录入违规积分系统，由审计部按季度汇总通报。对在一个会计年度内累计违规积分处罚达到一定分值的，酌情作出通报、警告、记过、开除等各类行政处理，坚决杜绝大错不犯、小错不断的现象发生。同时还建立了East可疑数据每月定期报告制度和审计信息每季度披露制度，促进审计工作的制度化和规范化。

数据纵模。审计部将每月排查出的可疑数据，首先横向地传给相关职能部室，由其对可疑数据的真实性在规定的时间内作出专业性的分析报告，并由部室负责人签字。对因顶层制度或规程缺陷造成的，第一时间向分管领导汇报，商讨完善办法。对疑是相关人员违规操作造成的，及时把数据分解到各信用社，由主办会计、风险经理收集提供相关的资料以及主任签字的情况说明，上报给审计部。审计部根据上报情况说明，采取现场检查、外围查证等方式逐笔审核，最后撰写记录单、事实认定书，交给当事人认定。通过可疑数据纵横传导排查，不仅提升了审计部门在海量数据中发现问题的精确性，而且增进了检查与被检查单位之间理解沟通，指引各部室和信用社合规管理的方向。

二、亮剑

本着治病救人的原则，查清查实违规问题，对当事人加大处罚力度，加重犯规成本，营造不愿违、不敢违的氛围。

即时预警。借助计算机辅助审计功能，全方位地开展风险即时预警监测工作，并针对检索排查出来的可疑问题，连续开展兴业通抵押贷款、利率定价、财务费用、固定资产专项审计、丰收卡、诉讼贷款、贷款资金流向等52个专项审计项目，内容涉及业务、财务、会计、结算、安全、内控等各个方面，涉及违规金额2.5亿元。五年来，共对201人进行了1 087人次、24.35万元的经济处罚，并扣违规积分790.7分，及时阻止违规问题的扩大化。

纵深联动。以违规积分为圆点，做好违规积分与信用社等级、分社等级、客户经理等级、柜员星级、员工绩效、分社主任升级、先进集体评选、先进个人评选等八个制度的结合，形成牵一发而动全身的严厉惩戒机制。同时每季度汇总公布违规积分通报，让员工了解自己的行为动态，明确下一步的工作重点与努力方向，营造了合规就是效益的正向激励机制。仅在2012年，就有20位客户经理、15名柜员，因为累计违规积分超过平均水平，失去了等级晋升和评先机会，一个分社和信用社因单位员工平均违规积分超过全县平均数而与先进集体荣誉失之交臂。

三、亮点

本着惩前毖后的原则，对暴露的问题进行梳理总结，将审计成果积极转为经营层完善制度办法的日常经营管理行为，实现审计的增值服务，走出一条富有常山农信联社特色的审计转型之路。

反馈变建议。将以往面对面单纯陈述问题的审计反馈流程变成审计人员和被审计单位面对面的交流剖析违规问题原因的分析会。站在被审计的角度，与当事人讨论审计中发现的问题，共同分析改进的必要性，探讨改进的可行性，以便及时采取措施予以改进，避免发生更大的风险。让违规单位和责任人知晓明白为什么不能为，怎样才能不为，也就是找到问题的症结所在，做到知其然，杜绝同样的问题再犯。

通报变教材。按季度编制工作通报，将每个季度的审计内容、检查要求、检查动态、处理情况、兄弟农信联社审计案例及外出审计情况进行梳理汇总，形成可供借鉴学习的案例教材。做到有则改之，无则加勉，避免重蹈覆辙。截至目前，已经编印《常信联审计工作通报》6 期，建立带有普遍性和典型性的问题库 27 个，超到了较好的警示教育作用。

问题变成果。改变以往审计注重揭示问题的片面性，注重审计问题的综合分析和成果的运用，从制度和机制上提出解决问题的意见和建议，如针对近年来信贷产品创新层出不穷、不易掌握操作的问题，及时提出一产品一流程的建议。如针对贷记卡、网银、结算等新业务培训部分员工不认真学习，导出新业务差错不断的问题，及时提出一培训一考试的建议。如针对农信联社固定资产财务、业务、办公室多头管理的问题，及时提出由统一由办公室入销账管理、招标委员会统一采购的建议等等，都得到了经营层和相关部室的采纳。近年来，审计部共向经营层提出有建设性的意见和建议 107 条，被采纳的有 86 条，占比达到 80.37%。

案例分析

近年来，常山农信联社计算机辅助审计从无到有，从入门到专业的质变过程中，成功实现传统手工审计向现代信息化审计的蜕变，积极有效地应对了现代农村合作金融风险控制的需要。

一是前置了风险防控的关口。通过计算机审计专职人员每月的定期取数排查，将可疑数据的发现时间从过去的一年后缩短到现在的一个月内。有了这些时间差，就能够及时将违规行为扼杀在萌芽状态。并且通过轻点鼠标，还能够对整改进度和结果进行实时地督促查证，确保按时整改到位。既减少风险隐患的爆发概率，同时还能对违规员工起到提前警示的效果，避免问题蔓延恶化。

二是扫除了风险监测的盲区。在计算机辅助审计运用前，由于没有科技支撑，审计部门只能采用传统手工抽样检查，由于概率和现场检查的人为干扰因素，审计的覆盖面大打折扣，以至于一些应该发现的萌芽没有发现，成为漏网之鱼。采用计算机辅助审计后，SQL 数据库直接与业务数据库连接，并且依托 289 个审计模型和 114 个分析模型，实现每月计算机全量检索，扫除了风险监测死角。同时通过一个违规点的分析审计，还能进行上下辐射，延伸到另一个点，带动一个面的检查，让违规问题无处遁形。如本农信联社在对兴业通这一新贷款产品开展规范化审计过程当中，还查出利率定价随意性问题，从而又把审计引入到贷款利率执行这个面上，及时规范利率定价问题。

三是营造了主动合规的氛围。一方面，在计算机审计明察秋毫的利剑下，员工彻底放弃了违规可以侥幸逃脱的幻想，不敢有一丝的懈怠，形成了不敢为的氛围。“现在的审计是又快又准，逃都逃不掉，如果再马大哈一样的办业务，就要吃苦头了。”新桥分社谢健，在被审计部门查出一笔五天前才向一个次级类客户发放新增贷款的违规问题后感慨地说道。另一方面，由于违规名单的按月通报制度和牵一发而动全身式的违规惩戒机制，让员工深深感到违规的不值，渐渐形成了不想为的氛围。现在每月导出的可疑数据已经从原来的 10 万条降至几千条。最后通过核实，真正有问题出现在也只有几百条而已，而且基本上都是些偶发性的失误为主，可以说，从系统中基本已经很难查到违规错误了。而且从这些数据可以基本看出来，员工主动性犯错几乎没有，只有少量的过失性错误。

案例启示

审计信息化技术的运用可以极大地促进审计效率，提高审计效果，将很多非法违规行为消灭在萌芽状态。因此，审计信息化是对现代金融审计的最优选择，也是促进对业务规范的必由之路。

一是加强复合型人才培养是信息化审计的重要推手。审计信息化就是要利用计算机的批量性处理功能提取业务数据与现有的审计和业务准则进行对比，从而高效精确地排查出相关的可疑数据和风险点。因此，不仅要求审计人员精通会计、财务、审计、信贷业务及审计法规等准则，而且还要熟悉信息化处理中的程序及控件管理，审计信息化的重要推手就是要培养一批懂本社业务和精通计算机运用的复合型人才。

二是注重审计问题库建设是信息化审计的过程目标。推广信息化审计的过程化管理，不是单纯地查错纠弊过程，而是着力实施并达到以点带面，检查一个，整改一片，影响全部的目的。因此，要注重梳理、归类和分析审计发现的问题，建立健全审计问题库，并对具有普遍性和典型性的案例建立风险提示，以达到警示教育的目的，尽量避免或减少同样或类似的问题不在同一个单位、同一个人或者不同单位、不同的人身上再犯。

三是创新审计成果运用是信息化审计的转型目标。审计的目标不是查出问题，发现问题是结果，更重要的是发现非法违规行为的产生原因，将审计成果转化为管理制度或经营管理行为，真正实现从合规审计向风险管理审计转型。对重要审计项目和审计要实行连续追踪审计，监督落实审计整改，将审计发现的问题汇总进行综合分析研究，从制度和机制上提出解决问题的意见和建议，改变普遍性问题在被审计单位以外的机构得不到纠正，倾向性问题在审计范围、期间以外的年度得不到有效整改，审计监督仅对被审计单位起作用的现象。

编写：王鹤云

“鱼池理论”辟蹊径　不良双降茧化蝶

案例背景

2007年以来，常山农信联社实现了跨越式发展，贷款总量实现三级跳，从2007年底的8.2亿元到2010年底的15.46亿元，将近翻了一番，再到2013年6月底的30.20亿元，在2010年的基础上又翻了一番；不良贷款率则实现了十米跳台式的一跳，五级不良率从6.82%下降到1.18%，不仅达到并且远低于3%好银行标准，而且完成从千年老幺到全市第一的华丽蜕变；四级不良率也从期初的4.61%下降到0.73%；特别是四五级绝对额，经历2010年的反弹后，新增不良贷款也得到明显的遏制与降低。提取贷款损失准备1.14亿元，超额提取了7 300万元；一般准备得到有效补充，贷款损失准备充足率达到282.12%，拨备覆盖率达到了318.38%，抗风险能力得到了极大地提升，如下图所示。

这些数字是冰冷的也是鲜活的，凝聚着农信联社领导班子的智慧与结晶，团队的凝聚力与执行力得到了空前的提升，发展之路也变得平坦而又光明。

案例情境

2008年初，常山农信联社新一届领导班子成立后，就面临着不良贷款占比高、资产质量差的困境，加之金融危机爆发后外部经济大环境不景气，信贷资产潜在风险甚至有集中爆发的可能，而许多客户经理存在着畏难情绪，对于发展缺乏信心，尤其是一些历史遗留不良贷款的责任难界定，责任无从落实等。针对复杂多样的各类问题，农信联社领导班子以不良双降为突破口，通过实地

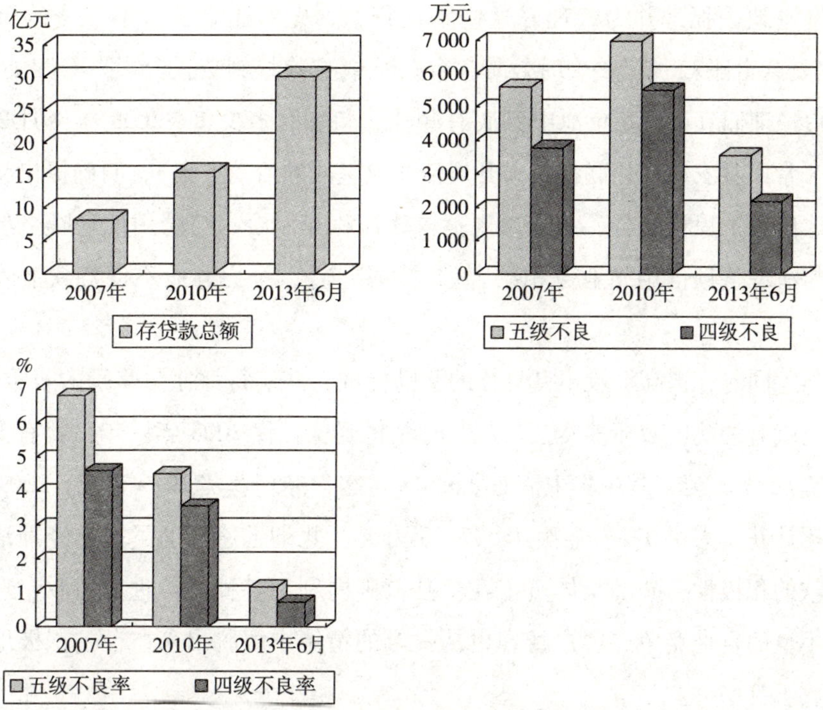

2007 年以来常山农信联社存贷款情况

调研发现当时不良贷款基本为50万元以下的自然人贷款，其中3万元以下的自然人不良贷款的笔数与金额占比高达88.4%和42.4%，而这些小额农贷具有“人不死、账不烂”的鲜明特点，针对这一特点，农信联社领导班子审时度势提出了“鱼池理论”。所谓“鱼池理论”，就是将旧欠不良圈定，建起鱼池，然后扎好堤坝防止新鱼混入，只要丰富了抓鱼的手段并提高客户经理“捕鱼”的积极性，“鱼池”的“鱼”总有一天会抓完的。在“鱼池理论”的指导下，农信联社步步为营，相继出台各种政策，成功实现了不良贷款持续“双降”，并取得了如今不良率全市领先的良好成效。

一、一步攻心，新旧划断建鱼池

为澄清不良贷款底子，常山农信联社大胆进行新旧划断，将之前产生的不良贷款按相关规定进行责任追究后，视做鱼池里的鱼，把这个“鱼池”先圈起来再慢慢地去抓，并为管理好这些不良贷款，先后建立了《不良贷款台账》、《诉讼贷款台账》、《已丧失时效贷款台账》、《置换核销贷款台账》等四类台账，让客户经理们真正清楚鱼池中到底有些什么鱼、有多少鱼。2008 年 4 月 20 日，制定《常山县农村信用联社关于开展清非攻坚战的活动方案》，明确提出将清非与创建信用工程相结合、与贷款规范操作流程相结合、与聘用信息联络员相结合、与清理整顿信用站业务相结合的“四结合”，全力开展不良贷款清收抓降工作。

与此同时，提高清收不良贷款的奖励标准，并实行评比与奖励的双重激励，抓到鱼就有的奖，多抓多奖，并且及时兑付到位。仅 2008 年一年，就有 119 人次获奖 43.7 万元，其中集中清非期间 45 名客户经理获奖 10.9 万元，2009 年至今，累计获奖人次 672，金额达 537.53 万元。此举迅速调动了客户经理清收不良贷款的积极性，鼓励全体员工在全县范围内利用各种资源进行清收，形成了清收不良的良性竞争，客户经理也从畏难的情绪中解脱出来，自主积极地参与到清收不良中去。

二、二步成行，追根溯源立新规

追根溯源，做好收旧更要堵新，圈好鱼池后，就要防止新鱼再进入鱼池，否则鱼池中的鱼永远也抓不完。

鱼池里的鱼从何处而来，其原因是复杂多样的，信用工程创建基础薄弱、客户经理绩效考核缺失、责任追究不到位等，农信联社领导直言信贷违规成本太低造成某些客户经理不怕罚，也罚不怕，必须要真正提高客户经理的违规成本，让每一位信贷人员切实提高放贷责任心，筑好堤坝，力阻贷款新增不良。

对此，常山农信联社于 2008 年 5 月 21 日出台了《常山县农村信用合作联社个人贷款责任追究管理办法》，对新增不良贷款进行严格的认定与严厉的处罚，确立了逐笔审查，明确责任的原则，对于“三违”贷款进行全额赔偿并追究责任，提出小额农贷必须“凭证发放、包放包收、全额赔偿”及其他贷款 2008 年 2 月后权限内新发放的贷款承担 100% 责任，权限外按比例承担但最少不低于 30% 的处罚标准。仅 2008 年下半年处罚金额就达 5.7 万元，查处三违贷款 4 人次，对5人进行调离信贷岗位，其中2人开除。2008年至今，累计处罚人次627人次、金额271.88万元。农信联社将责任追责化成了悬在客户经理头上的合规之剑，只有这样才能筑好堤坝，减少新增不良贷款的产生，倒逼客户经理在发放新增贷款时更加注重风险合规。同时，不良贷款的责任追究在执行过程中也得到了细化与优化，例如实施了风险金缓冲制度，并开始探索可行的尽职免责办法，可以说，现行的责任追究制度的力度不减，只是更细化、更人性化了，客户经理也没了之前的质疑，更多的是积极主动地去“堵新收旧”。

农信联社在树立责任追究的新规后，还出台了《常山县农村信用合作联社案件责任追究实施方案》、《常山县农村信用合作联社信贷资产风险分类基本制度》、《常山县农村信用合作联社贷款诉讼管理办法》、《常山县农村信用合作联社不良贷款管理办法》等一系列新办法、新制度，将合规风险的意识，提高信贷资产质量的宗旨贯穿政策的始终，并将不良贷款清收与防范纳入到百日劳动竞赛与季度考核之中，让风险与绩效相挂钩，通过绷紧客户经理，信用社控制不良贷款这根弦，让控制风险成为客户经理的习惯，风险管理更加全面到位，不良贷款这个“鱼池”的堤坝已然扎实，不良贷款双降也水到渠成了。

三、三步合纵，各方联动显成效

全面地看待“鱼池”，要善于合纵，讲究抓鱼捕鱼方式方法的多样性和实效性，不仅自已能够成为捕鱼高手，也要善于团队协作，形成合力。

所谓合纵，即将不良贷款的产生前与产生后均作为一个整体来看，也就是将不良贷款过程扩大化。首先，对于企业贷款及个人100万元以上的大额贷款制定统一授信听证会制度，保证贷款授信符合安全、高效的原则；其次要求每个信用社每季度均向农信联社提交不良贷款情况预测，建立风险预警机制；再次实行贷款逾期必报制度，贷款只要逾期次日必须上报原因分析、落实风险化解措施，并将书面材料上交农信联社备案；最后在贷款逾期之后，建立“三月原则”，即前三个月追究管理责任，后三个月追究贷款责任，六个月之后必须提交诉讼，通过不良贷款的扩大化管理，来遏制与化解新增不良贷款，做到及时评估风险，有效化解风险。只有对不良贷款进行事前与事后的全面监测与管理，才能真正做到全力堵新。

“鱼池理论”要求的团队协作指导客户经理不能拘泥于传统的我收我的，你收你的，更要利用团队的力量来清收贷款。一是加强了银政协作，与县纪委以整治村干部、行政事业单位人员拖欠贷款为“突破口”，全力做到不良贷款“户户到、笔笔动、村村清”，共收回金额309万元，实现村干部“零不良”。二是加强与法院合作，每年定期与法院执行庭开展为期一周以上的集中执行。盯住典型户、钉子户不放，打击那些久欠不还、存心逃债人的气焰，特别是2010年6月18日启动的集中执行活动，仅15天时间就现金收回604万元，重新落实债务214万元，拘留了18名赖账不还的钉子户，电视台公开曝光56人，引起了强烈的社会反响。通过集中执行活动维护了良好的信用环境，彰显了常山农信联社清收不良的决心与信心。三是对支农联络员清收不良贷款的标准进行明确，独立收回不良视同员工标准进行奖励，协助客户经理收回的则按照比例计付，真正发挥他们人熟地熟的优势提高清收不良贷款的积极性。四是将部分确实有清收难度的不良贷款外包给专业律师事务所进行法律催收。

案例分析

一、符合实际的决策是成功的前提

“鱼池理论”提出并不是偶然，它是农信联社领导班子集体智慧的结晶，并通过实践证明是正确合理的，面对剪不断理还乱的成因复杂的不良贷款，不能只是通过简单粗暴的奖或罚，而是要分析特点，跳出桎梏，通过大胆的“割断圈定”，一方面加强业务发展是消化和减轻历史包袱拖累最有效措施，必须在发展中解决一些实际问题；另一方面也给客户经理卸下了原有心理负担，不再顾虑盘活资产有什么责任，不但清收不良贷款的积极提高了，控制新增贷款风险的责任意识也随之能够逐渐提升。

二、丰富有效的手段是成功的条件

光有“鱼池理论”，却没有丰富有效的手段作支撑，那么这个“鱼池理论”

也就成了空谈，“鱼池理论”提出后，运用并创造了多种行之有效的手段。对内，从一开始的新旧划断到不良责任的追究再到一系列管理文件的激励约束；对外，以自身的努力获得了政府的支持、部门的协作，通过社会各方力量的支持才能达到肃清不良恶习、改善信用环境的成效。正是运用了这些丰富有效的手段才营造了“守信光荣、失信可耻”的良好经营环境，同时也让“鱼池理论”落到了实处，真正具备了可操作性。

三、提升主动性是成功最大正能量

农信联社的新旧划断，及对于清收不良贷款的高标准奖励与产生不良贷款的严格追责等一系列措施，直接迅速地提升了信用社与客户经理们主观能动性，让他们积极主动地去清收不良贷款、控制新增不良，只有提升信用社与客户经理的主动性，才能真正做到“疏旧堵新”，让清收不良贷款从传统意义上的“只收不堵”转变成为实际意义上的“疏堵并重”，让以前被动应战的信用社与客户经理们转变成为积极求战的优异团队。

案例启示

启示一：成功的理论是企业文化的重要组成部分

企业的成功离不开企业文化的建设，一个成功的理论则是企业文化的重要组成部分，而理论不仅要建立在实际之上，并且符合实际又能指导实际，既具备战略性与前瞻性，更要能够易于理解，将抽象的东西形象化，复杂的东西简单化，“鱼池理论”的实质是新旧划断，疏旧堵新，然而直接提出实质，客户经理们未必理解，也未必接受，通过“鱼池捕鱼”这个比喻，不仅形象地说明了常山农信联社不良贷款的特点，更点明了如何做的方式与方法，让客户经理们有了努力的方向，不良双降才能落到实处，而农信联社也建立起控制不良贷款的独有文化，更为农信联社今后的风险管理打下了坚实的基础。

启示二：三木方成森，企业文化需要更多的理论支撑

尽管“鱼池理论”在不良双降中取得了良好的效果，但是，“鱼池理论”并非是放之四海而皆准的真理，因此，一个“鱼池理论”是远远不够的，我们需要在每项业务都拥有符合自身实际的“鱼池理论”，让更多的“鱼池理论”来指导我们发展，树立起属于常山农信联社独有的企业文化，来完成属于常山农信联社自己的“常山农信梦”。

编写：吕鹏　陈群

扶持重点行业的应变之道

——开化县农信联社应对光伏产业寒冬侧记

案例背景

开化县光伏产业起步于20世纪60年代末期，是全国较早发展该产业的地区之一。2005年较多企业进入光伏产业，特别是在县委、县政府“打造百亿硅产业、推进新跨越发展”规划的引领下，该县光伏产业呈现爆发式增长，产能快速增长，经济效益突出，工业经济主导地位逐步确立，被省政府命名为“浙江省硅产业基地”和“硅材料省级高新技术特色产业基地”。期间经历了2008年金融危机的洗礼，产业发展曾一度出现停顿，但随着美国次贷危机影响的消退和全球经济的复苏，自2010年始产业又逐步走出困境回暖向好并迎来了新的一轮高速发展行情。然而受欧债危机和美国“双反”等影响，“三头在外”的光伏产业遭遇了前所未有的冲击，产业整体陷入了寒冬。

具体主要表现为以下六点：一是市场“量价齐跌”，生产大幅萎缩。二是经营效益快速下滑，企业普遍陷入亏损。三是订单大幅减少，开工严重不足。四是应收账款大幅增加，企业资金紧张。五是企业应对举措短缺，投资意愿锐减。六是企业关停增多，信贷资产风险显现。

据统计，截至2012年12月末，全县共有生产光伏及电子级硅片生产企业69家，产能主要集中在直径为150～200毫米（6.5～8英寸）单晶硅棒、硅片和太阳能组件生产上，拥有单晶炉736台、多晶硅铸锭炉26台、线切割机145台、线破方机11台、电池片生产线5条。其中，规模以上光伏企业18家，基本处于停工、半停工状态，占全县工业总产值比重从高峰期的半壁江山跌到现在的17%。

案例情境

一、应对策略

2012年4月，农信联社领导带队，相关业务部门参加，赶赴与本农信联社有信贷业务关系的15家光伏企业进行深入调研，了解各家企业的具体实际情况，分三种不同类型有针对性地提出应对策略。

（一）专题解困行业龙头企业

如浙江华友电子有限公司、浙江矽盛电子有限公司等，和企业主一起分析当前面临的困境和机遇，不等不靠，加大技改、升级步伐，提高产品技术水平，增强核心竞争力，形成产品高端化、差异化的竞争优势，以期在新一轮行情来临时尽快抢占先机、走出困境，实现跨越式发展。一是采取稳健的发展理念，即尽量减少原材料、产成品库存，以应对原材料、产成品价格的继续下跌。二是借助大公司的资源，进行各种项目、加工、生产、产品等方面的合作。利用产品品质优势、市场网络优势，扩大市场销售力度。三是积极加大产品研发力度，开发新品，力求利润最大化。四是进一步加强企业内部管理，挖掘潜力降低生产成本。

（二）合力转型兼业经营企业

鉴于前几年光伏产业的高利润回报，许多传统行业的企业纷纷转行投身光伏，兼业经营，有些企业甚至将主业荒废抛弃，致使光伏的寒冬来临之际，造成经营困难。如浙江皇岸丝绸科技有限公司原本经营蚕茧这一农业传统行业，年净利润可达300万元，但受到光伏产业的诱惑，不顾多方劝阻，企业主毅然携1 800万元资金投身光伏产业，恰遇“寒冬前的疯狂”，得到微薄回收后，整个产业便陷入停滞，致使原本的蚕茧主业也难以顺利开展。企业主也充分认识了自己决策的失误，决定专心经营蚕茧主业，力争通过3～5年的努力，消化投身光伏的这一遗留问题。农信联社在多次召开该企业情况分析会后，认为该企业属农业龙头企业，本身具有较好的盈利能力，企业主自身也有充足的信心来认真解决问题，故采取合力助推该公司的策略，提供信贷支持，从而使公司的蚕茧主业高效运作。

（三）快速退出小型停产企业

如开化光耀电子有限公司、浙江伟盛电子有限公司等部分小型企业受这波光伏寒冬的冲击后，由于本身资金实力不强，造成企业生产难以为继，正被市场逐步淘汰，债权人相继对其催收债权，本农信联社充分分析了这部分企业情况之后，决定以最快的速度实施信贷退出策略，全额收回了开化光耀电子有限公司的200万元贷款，而浙江伟盛电子有限公司原有贷款200万元，由于资不抵债，通过政府土地回购、设备转让等方式收回了185万元，尚余15万元贷款形成不良，以待下一步追偿。

二、取得成效

上述措施有效地防控了光伏行业的信贷风险，稳定了光伏企业贷款资产质量，贷款总量也从最高峰的9 700万元下降到目前的7 200万元，对光伏企业的整体整合起到了较好的促进作用。

（一）行业龙头企业转型初见成效

如浙江华友电子有限公司2012年已归还各家银行借款2 060万元，使公司大大降低了融资带来的财务费用负担。到2012年12月，公司实现销售收入5 302万元，主营业务利润1 016万元，净利润59万元，为企业下一步的发展奠定了基础。浙江矽盛电子有限公司2013年每月在2 000万元左右，8英寸产品占80%，到年底实现销售收入2亿元，利润500万元左右。产品毛利仍维持在10%以下，下半年单晶开工率将在50% ~70%，线切开工率将达到100%。

（二）兼业经营企业主业利润支撑强劲

浙江皇岸丝绸科技有限公司通过着力抓主业经营，公司现在生产线全部满负荷开工，生产能力正常，预计可产生年利润300万元，逐步消化原有光伏负债。

（三）小型停产企业兼并整合

浙江伟盛电子有限公司受这波寒冬的冲击，造成资不抵债，破产清算。同为光伏行业的浙江开化同力电子科技有限公司瞄准市场行情，购并了浙江伟盛电子有限公司的机器设备，在内蒙古进行装机生产，实现资源的再利用。

案例分析

本县光伏产业由于整体市场的产能过剩，集体陷入行业危机，呈现出普遍性、全方位特点。作为县域经济重点行业，也是本农信联社的信贷支持重点，迫切要求对行业整体状况作出分析，整合措施，帮扶企业尽快实现良性发展，也保证农信联社光伏行业的资产质量风险可控。

一是产能过剩是本次光伏行业风险的主要原因。化解产能过剩的思路是“疏堵结合”，既要淘汰落后，加大兼并重组，又要提高行业门槛，严格限制新增项目。而“疏堵结合”对于农信联社而言，就是落实好“有保有压、区别对待”的信贷政策。要防范和化解产能过剩行业引发的金融风险，需要从结构调整以及经营模式转型等多方面着手。如何在处理存量贷款可能带来的风险的同时，又要支持产能过剩行业尽快实现良性发展，对农信联社的信贷投放和回收的应变能力是一个重要的考验。

二是灵活驾驭信贷主动权是化解行业风险的重要手段。农信联社要化解行业风险，就是要灵活驾驭信贷主动权，深入企业调研实际情况，抑制企业重复建设和投资，但要支持和鼓励企业开展技术创新和产品升级。在总量控制的前提下，对抵押物、现金流都比较好、影响力比较大的龙头企业，仍要积极给予支持，从确保信贷资产质量不变，经营收益不变，社会影响较小等因素来平衡判断，采取对应的信贷政策。

案例启示

一个行业或者一个公司出现风险的情况下，作为提供信贷支持的银行，应该及时思考相关的信贷政策，积极和企业站在一起，携手共进，共渡难关。如这次出现大风险的光伏产业原是开化县的主导产业、农信联社信贷支持重点产业，然而随着产业的持续低迷和潜在信贷风险的显现，出于风险考虑开化农信联社对光伏产业的信贷政策也出现了变化，由以往的大举介入积极支持转向谨慎对待。

一、区别对待，有扶有控，授信适度

在产业发展面临巨大困难时期，绝不能以保信贷资产安全而简单地釜底抽薪抽贷、压贷，而应区别对待有保有压，对风险可控有发展前景的企业，要确保企业正常的生产、技术改造等资金需求，在存量贷款周转足额保证的基础上适度予以新增支持。而对生产经营不正常、救助无望的企业，要适时并坚决有力退出。

二、加大产品、服务、机制的创新，探索建立信贷支持长效机制

要积极引导和帮助企业扩大直接融资，支持企业借助集合票据、集合债券、短期融资券等工具进行融资，有效扭转完全依赖银行信贷的单一融资模式，拓宽企业融资渠道，解决企业资金困难问题。对部分企业，支持其尝试走资本开放的道路，引进战略合作伙伴，渡过难关，共谋发展。

编写：徐忠明

JIXIAO
GUANLI PIAN

绩效管理篇

理念嬗变催生经营“蝶变”

案例背景

城区是金融竞争极为充分的区域，处于市场竞争前沿的柯城农信联社比其他县域行社更早感触到发展的压力。鉴于应对竞争和自我发展的需要，该农信联社理事长甘文智在2007年创造性地提出了“一个客户经理就是一个网点”的全新理念，并将其导入客户经理制度改革实践之中。理念上的嬗变，催生了该农信联社价值理念上的一场深刻革命，并由此带来了经营发展的华丽蝶变。

案例情境

甘文智理事长认为，从工作内容层面上讲，每个客户经理肩上背负的各项考核指标任务与一个网点并无太大的差别，一个客户经理就是一个流动的银行、一个流动服务网点。客户经理制模式下，客户经理需要具备较强的公关能力和营销策略，强烈的服务意识，以及主动积极调动各项产品和资源为客户提供全方位、一体化服务的能力，能够代表整个营业网点去满足客户的各种金融需求，包括存贷款、支付结算、信用卡以及其他各种中间业务、代理业务，等等，并负责维护客户关系，同时做好各种风险的防范和廉洁自律，以及产品和服务的创新。在考核方面，也应把每个客户经理当成一个网点来看待、来管理。在此理念指引下，该农信联社着力推进客户经理队伍的市场化、专业化、职业化、体系化建设。

但客户经理制的推行并不是一帆风顺的，在刚开始的几年中均不同程度地遇到了传统体制所形成的思想观念等诸多方面的巨大阻力，从难融入、难执行，直至产生不和谐。制度刚施行时，包括中层管理人员在内的很多人都表示不理解，认为这么多年都下来了，没必要搞商业银行那一套；有的认为对客户经理与柜员收入差距应加以控制，不宜拉得过大。一段时间试行下来，更多的问题接踵而至。有相当一部分客户经理表现出的思想观念非常落后、竞争意识非常麻木，不比贡献比报酬，薪酬分配“不患寡而患不均”的吃大锅饭思想依然存在。不少客户经理对考核收入差距拉大后表示不理解，难以接受绩效考核打破的“大锅饭”，出现了一些不同声音：有的客户经理反映分户管理和指标分配存在不合理性，是人为因素导致了收入差距拉大；部分柜员和业绩较差的客户经理觉得自己在一线辛辛苦苦，付出那么多，回报却这么少，心理不平衡，认为这样的考核制度不公平。如此等等，员工颇有微词，反响强烈。不少信用社还或多或少地实行了“软抵制”，讲归讲、做归做，上有政策、下有对策，仍是“大锅饭”、搞平均主义，你好我好大家好。尤为突出的是，在对该考核理念贯彻得比较到位的信用社出现了信用社主要负责人与极个别员工之间矛盾激化，甚至还出现员工以“人民来信”等方式越级向有关管理部门反映“问题”，各种内部不和谐现象越来越突出。

面对这种境况，该农信联社领导班子在广泛调研和科学分析的基础上，坚持这一理念导向，并从理念转换、制度规范、素质提升、后台保障等多方面为客户经理制进行全方位的设计与安排，将客户经理管理引入制度化、规范化轨道，逐步形成了科学合理的制度体系。通过不断的努力，目前农信联社上下对客户经理制达成了基本共识，有了认同感。客户经理队伍也得到了持续壮大，人数从最初的40多名增加到目前的113名，其中，普通级客户经理65人，二级客户经理23人，一级客户经理7人，高级客户经理18人，客户经理人员比重从原先不足15%提高到现在近1/3。

案例分析

客户经理制的推行，对于打破长期以来因体制机制不完善带来的弊端、提高客户经理积极性、增强市场拓展能力等方面产生了积极的效应。特别是在实施过程中形成的蝶变效应，更值得我们认真思考、学习借鉴。

蝶变之一：从要我做到我要做

2010 年 9 月，农信联社一名分社主任（二级客户经理）跳槽至筹建中的泰隆商业银行。在该行尚未正式开业时，她便一改以前在农信联社工作时的状态，自觉主动地不分昼夜、不分周末，夜以继日地工作，主动上门走访营销以前在农信联社工作时熟悉的客户、开拓新的客户，干劲十足，积极性极高。同样一个人，在不同的金融机构从事性质相同的工作，从原来等客上门到现在的主动营销，为何反差如此之大？这引起农信联社领导班子的深思，认为不同的工作环境、不同的工作模式、不同的评价体系确实会对客户经理的蜕变起到积极的促进作用。股份制商业银行“多劳多得、少劳少得”的业绩考核文化早已习以为常，深入人心。

对此，该农信联社将员工观念的转换作为推行客户经理制的首要工作，通过培训教育、宣传引导等多种方式来促使客户经理更新观念、转换理念，营造健康的考核文化，树立正确的绩效观，引导全员树立正确的竞争意识。通过卓有成效的推动和实践，农信联社上下也发生了“内化于心、外化于形”的转变，逐步接受“多劳多得、少劳少得、不劳不得”的薪酬分配制度，树立起“以客户为中心、以市场为导向”的经营理念，“绩效挂钩、多劳多得”的考核理念和“基本薪酬保吃饭、绩效薪酬靠实干、管理薪酬论奉献”的分配理念。在理念嬗变的触动下，客户经理主动营销服务意识不断强化，工作积极性、能动性和创造性得到了最大限度地发挥，农信联社整体的经营成果和客户经理个人的业绩都得到了相当大的提升。尽管近五年市区相继有 7 家银行进驻，同业竞争到了白热化程度，但正是因为客户经理制的实施，使得客户群体得到有效维系和拓展，各项业务得以持续快速发展。到 2013 年 3 月末，农信联社各项存款额达到 75.2 亿元，连续五年在全省农信系统“走千访万”劳动竞赛中荣获三等奖。与客户经理制实施前相比，各项存款增加 53.45 亿元，增幅达 245.75%，实现了翻番增长。客户经理平均管贷户数也从 2006 年的 43 户上升到现在的 133 户，客户经理管贷户数最多达到642户。

蝶变之二：从大锅饭到小灶台

科学合理的薪酬考核评价体系是客户经理制从“概念”走向“操作”至关重要的第一步。从一开始，甘文智理事长就将酒店服务员主动开酒的案例作为考核部门薪酬考核评价办法设计的根本理念。如何参照酒店服务员薪资与酒水紧密挂钩的营销和激励制度，形成一套既简单易行、行之有效，又能充分体现多劳多得的考核机制是摆在农信联社考核部门的一道难题。为此，农信联社进行了一系列的探索和实践，对基层网点考核分配上存在的“大锅饭”现象，客户经理营销责任、业绩混淆不清等状况进行了不断的优化解决，为客户经理制的推行提供了制度保障。

经过多年的探索完善，该农信联社从制度层面上对客户经理的绩效评价、地位职权、素质培养、营销费用、风险规避、任职聘用、岗位职责、工作制度、准入退出等逐步进行了统一和规范，实现了规范化、制度化、体系化管理。农信联社先后出台了客户经理管理暂行办法、客户经理等级评定办法和客户经理绩效考核办法，并配套制定了贷款责任追究办法、违规行为积分管理办法、客户经理“双十”禁令、客户经理执行“信贷业务八项铁律”承诺书以及“每季之星”、“十佳客户经理”评选办法等一系列管理规范，在客户经理管理、激励、约束等方面形成了较为系统、完整、有效的管理制度。同时，相继探索建立了一套包括客户经理业绩考核、等级管理、风险责任、准入退出、后续监督等要件在内的激励约束机制，客户经理等级依据《客户经理等级评定办法》中既定的标准进行评定确认，以业绩论英雄，只要业绩做出来，就能享受到相应客户经理级别的贷款审批权限，并相应建立了机构模拟升格制、岗位评优评先活动机制，逐步形成较为系统的客户经理评价体系，不断走向成熟。近年来，通过对客户经理加大考核目标，根据评价体系以正向激励和严格考核促使客户经理积极主动进行营销，较好地发挥了每一位客户经理的优势和潜力，达到了一定的成效。特别是加大考核力度，真正实行“绩效薪酬靠实干”，一线客户经理收入差距明显拉大，近年绩效薪酬高低差距10万元左右。而且，通过末位淘汰机制，客户经理如果不积极主动去营销业务，最终不仅体现在收入上只能拿基本薪酬，还有可能被末位淘汰。通过制度的规范和约束，变外在激励为内在驱动，促使客户经理达到自觉挖掘潜能、创造活力，增强市场营销能力。

蝶变之三：从放贷员到“土专家”

汪正芳是石梁信用社一名普通的客户经理，从事农村信贷工作18年的他，对客户经理制给农信联社经营方式和客户联系带来的强烈冲击有着最为直接的感受。回顾这18年信贷工作历程，汪正芳颇有感触。“2007年以前，那时候叫信贷员，其实就是放贷员，主要的工作内容就是放贷、收息、收贷，并且那时候每个村还有农村信用站会计帮忙做这个事情。那个时候的贷款，都是客户上门来，有求我们办事的感觉。到了2007年，改叫客户经理了，其实跟原先没有什么区别。”汪正芳回忆道。到了2010年，情况在一点点地改变，从考核到理念，“坐等客户就生意兴隆”的场面一去不复返。客户经理队伍发生了巨大的变化。经历过客户经理的变革发展，汪正芳也发生了脱胎换骨的变化，从原来单纯地发放贷款到现在借记卡、大小额支付系统、银行本票、网上银行、贷记卡、理财产品、代销黄金、水电费代收等网点业务都熟记于心。同时，他还对生猪行情、柑橘市价等各种信息都了如指掌。汪正芳维护管理的客户数已经达到1 000多户，较之前翻了十倍之多。在石梁镇的田间地头总能看到他忙碌的身影，全能的业务素质提高了客户的满意度，他俨然已经成为客户心中真正的“土专家”。

2010年，正是省农信联社在全省农信系统全面推进客户经理队伍建设工作的起始之年，柯城农信联社借此东风，进一步完善内部激励机制，加强资源整合与优化，在思想观念更新、队伍素质提升、考核评价完善等方面取得了长足进步，客户经理的服务意识和市场竞争能力得到有效加强。客户经理在实践中经受了多方位磨炼和锤炼，在业务素质、全局意识、营销服务技巧、业务创新意识、风险控制能力、自律意识等方面得到锻炼和锤炼，队伍整体素质有了很大提高，工作作风得到转变，核心竞争力明显增强。特别是切实改变以往等客上门、坐堂放贷的惯性做法，变被动为主动，能力素质不断提升。现在，该农信联社 90% 的客户经理基本完成了从“放贷员”到“土专家”的蝶变，不仅熟练掌握各项业务知识，具备了为客户提供全方位金融服务的素质与能力，并且还能够实时把握各种农副产品和农资的价格行情，了解掌握各种产业动态和经济金融形势，为客户生产经营出谋划策。据统计，目前该农信联社客户经理基本都取得证券从业资格证、期货从业资格证、代理保险资格证等相关执业要求资格证书，同时还有 252 人获得各类银行业从业资格证书，8 人获得金融理财师（AFP）资格证书，1 人获得本币交易市场交易员资格证书，45 人获得外汇从业资格证书，2 人取得国家法律职业资格，1 人获得国家心理咨询师，1 人获得高级人力资源管理师。

蝶变之四：从添加剂到催化剂

随着业务的发展，纳入客户经理考核的任务指标日益增多，如何将客户经理的努力反映到绩效考核中去，是评价体系必须关注的问题。但如何将这些指标都如实反映、统计出来，却是一个让农信联社上下焦虑多年的顽疾。虽然农信联社在客户经理制实行之初就开发了客户经理业绩考核评价及客户管理等应用系统，但系统功能缺损，存在数据采集不及时、不准确，数据分析、运用、提炼能力不强，数据统计不准确、滞后性等现象，影响考核的准确度和效率，科技支撑不力的问题突出，难以完全适应客户经理考核之需。

农信联社领导班子针对实际情况，一方面通过优化机关后勤管理来弥补科技力量的不足，真正形成“一线为客户服务，二线为一线服务”的经营管理格局。要求机关部室通过有效调研和数据分析，对客户经理工作进行动态分析总结，为建立最优化管理方案、最合规风险防范体系、最有效培训体系等提供决策参考依据，以此完善客户经理的考核评价体系。另一方面积极提升科技支撑力，通过自我培养和外部引进的方式，加强科技人才队伍建设，重点加快科技研发人才的培养，填补管理系统开发人才空白，提高自我研发能力，适应改革发展、管理服务和考核评价之需。经过持续的探索实践，目前该农信联社已经成功开发并上线运行了以经济资本为核心的绩效考核系统，运用该系统便可以对包括客户经理在内的各项任务业绩实时提取、分析、汇总、挖掘，准确计算评价员工的贡献值，为考核结果提供决策参考。与此同时，由农信联社自主开发的客户关系管理系统等多项成果的应用，使客户经理能够即时整合和反馈客户信息，并满足客户多方面的要求，为客户经理营销活动的开展提供参考依据，获得事半功倍的效益。科技支撑平台从可有可无的添加剂，成功蝶变成了业务发展的催化剂。

案例启示

客户经理制的成功推行，源自管理者理念的嬗变，进而对企业的发展、员工的提升产生了极富戏剧效果的转变。认知、制度、能力、保障的层层蝶变就如同为企业的发展注入了不竭动力，为企业开拓市场扎下了长青之根，构建了企业永续发展之魂。

（一）理念付诸实践，全员认同是首要

理念再先进、制度再优越，若没有被员工认同接受，最终也无法得到执行。因此，企业应将统一员工的思想观念作为理念付诸实践的首要工作，为理念从概念走向实践奠定思想基础。一项理念，只有被大多数员工认同，达成共识，并且能够自觉去执行才是一个好的理念。所以，应促使员工思想观念和工作态度发生根本性的转变，实现执行原则与理念初衷的统一，达到“要我做”变成“我要做”的转变，充分发挥员工最大潜能，释放其强大干劲和能力，产生以一当十、以百当千的乘数效应。

（二）理念转化成果，评价机制须配套

评价体系是理念转变为客观现实的重要环节，它既是理念现实化、具体化的体现，又是理念得以实现和贯彻落实的重要保证。企业应根据实际情况，综合运用多种机制，通过一系列制度设计、制度安排和制度创新，建立起真正适应企业特色、时代特点和员工需求的评价机制，从而将理念真正落到实处，以保证组织目标的实现，提高企业的核心竞争力，树立发展之基。

（三）理念全然释放，队伍素质要提高

员工能力的水平差异会导致理念内涵表达出不同的水准，员工队伍素质提升是理念内涵得以全然释放的根本所在。简而言之，若员工素质不能够同步提升，那么就会因为能力短板而使得理念在执行过程中大打折扣。为此，不断提高队伍的综合素质能力，这不仅是将理念内涵充分体现的关键所在，也是适应和满足业务发展和客户需求变化的需要，更是实现企业又好又快发展的原动力。

（四）理念应用推广，后台保障应牢靠

从理念到推广应用，诸如科技支撑等后台保障方面的作用不可小视，优秀理念造就的良好卓越前台表现来自优质强大的后台服务配合。随着业务种类、方式和手段的多样化和复杂化，服务效率和质量越来越是服务管理和服务支撑的问题，其根源也更多与后台的管理和支撑紧密相关。企业应为前台提供力所能及的保障和服务，使前台将更多的时间和精力投入到更好地为客户提供专业化的服务当中。推进总部机构改革，打造流程管理，真正实现机关服务基层，后台服务前台，全员服务客户。

编写：童呈飞　徐　佳

客观公正　注重实绩

——衢江农信联社改进内部管理模式激发员工活力

案例背景

自1996年以来，衢江农信联社一直沿用原有的管理方式，收入分配缺乏科学的衡量标准。信用社员工之间的收入相差不多，员工干多干少一个样，形同吃“大锅饭”，服务态度差，办事拖拉、推诿，不良贷款长期无人催收。员工收入跟不上形势发展，整个团队人心涣散。

案例情境

如何调动员工的工作积极性，成为摆在衢江农信联社面前的一道必须迈过去的“大槛”。衢江农信联社坚持“以人为本”的原则，积极探索行之有效的管理方式，在培养与激发员工的创造力，实现“人尽其才”的过程中充分发挥了“源头活水”的积极作用。

近几年，衢江农信联社边实践边探索，先后尝试推出农业信贷员贷款营销考核、临柜人员业务量考核、员工等级管理、信用社经营者等级年薪考核、重点分社垂直管理、分社争先晋级管理等多种实践模式，对活跃不同岗位、不同层面的员工群体产生了积极影响。其中，在全市乃至全省率先尝试、成效显著的典型模式有：

模式一：农业信贷员贷款营销考核

2003 年初，为改变信贷员人浮于事，工作主动营销少，被动应付多，工作量大小不均，信贷业务开拓缓慢，计酬工资一个样的不利分配方式，衢江农信联社首先选择了从农业信贷员入手，进行改革。当时，辖内贷款余额为 11.4 亿元，其中，不良贷款余额为 9 839 万元，占比达 8.64%。农信联社共派出近 10 个工作小组，对全辖各网点分片信贷员所管理的贷款进行摸底工作。经过一轮又一轮的探讨与测算，《衢江区农村信用社农业信贷员贷款营销考核办法》出台，第一次打破了分配方式上的“大锅饭”。

考核办法的主要核心是：农业信贷员贷款营销考核取消固定工资制，实行“以绩计酬，多劳多得”，以量定员、划片定人，合理确定各单位的信贷员人数、每位信贷员分管农业贷款业务量档次，并设立贷款管理风险责任基金、实行岗位责任制考核，充分调动起广大信贷员的积极性和主动性。

模式二：员工等级管理

2004 年，衢江农信联社推出《衢江区信用社临柜人员业务量考核办法》，至此，不论外勤人员、内勤人员均实行按绩计酬，一个相对完善的工资考核体系基本形成。在“多劳多得”的全新考核机制下，员工的工作积极性得到明显得升。为建立与现代金融企业制度和市场竞争要求相适应的员工管理机制，2008 年 6 月，农信联社试行员工等级管理。

员工等级管理办法规定，员工等级与奖金系数挂钩，奖金系数随员工等级升降而变化。员工等级管理，将全体员工对应奖金系数由 0.5 起至 2 分为十六个等级，员工现行等级按照现任职务系数进行确定，实行动态管理。员工根据规定条件进行等级升、降后，享受同等系数级别人员的待遇一年，特殊情况由该农信联社员工等级管理领导小组讨论决定。员工等级升降坚持实事求是、客观公正、严格有序、注重实绩、公开透明。

1. 具体升级条件

创新办法、举措在地市级得到总结和推广的，则对提出原始创新办法、举措人员的所在单位、部门给予 0.3 个系数的奖励；创新办法、举措在省级得到总结和推广的，则给予0.4个系数的奖励。受奖单位、部门要根据各有关人员的参与程度、作用大小，将奖励系数分解奖励到具体的人员，分解奖励的最小系数为0.05。

信贷岗位：在岗位三年以上（新设网点的客户经理三年后才能申报），年度内本人管理的风险责任贷款余额应高于同一类型客户经理的平均余额以上；必须完成当年单位下达的管理责任贷款清收目标任务；且各季度末风险责任贷款达到“三无”（即无不良贷款、无应收表内表外利息、无违规贷款）的，同时具备上述三个条件的，则给予0.1个系数的奖励；连续两年达到上述要求的，再给予0.1个系数的奖励，依此类推，最高升三个等级。

综合柜员岗位：对个人年平均业务量（以农信联社清算中心统计数据为准）在全区信用社柜员中位居前十五名，且年平均差错率在后十五名之内，全年无被投诉和严重违规操作等行为的柜员，则给予0.1个系数的奖励，连续两年达到上述要求的，再给予0.1个系数的奖励，依此类推，最高升三个等级（被评为岗位明星的按岗位明星奖励，不重复奖励。柜员平均业务量和平均差错率排名剔除当年新参加工作和当年由信贷转为柜员的员工）。

对年度经营管理目标责任制考核获得第一名的信用社，对信用社主任、副主任分别给予0.1个、0.05个系数的奖励；对连续两年获得第一名的，再给予0.1个、0.05个系数的奖励，依此类推。对年度内会计基础规范化工作达到一级标准的信用社，对信用社主任、主办会计分别给予0.1个系数的奖励。

对在地市级以上业务技能比赛中获得前三名的员工，分别给予0.2个、0.1个和0.05个系数的奖励。对在省级以上业务技能比赛中获得前三名的员工，分别给予0.6个、0.5个和0.4个系数的奖励；对获得其他表彰名次的人员，给予0.3个系数的奖励。对被评为系统内省级以上综合先进的员工，给予0.3个系数的奖励；对被评为系统内省级以上单项先进的员工，给予0.2个系数的奖励。对被评为本农信联社年度明星的员工，给予0.1个系数的奖励。对其他有特殊贡献的人员，作为个案，可视贡献大小，经农信联社员工等级管理领导小组审核批准，可给予一定的系数奖励。并且，个案将作为今后奖励的范例。

2. 降级依据

当年辖区内网点出现经济案件及重大责任事故，除按有关规定追究相关责任人责任外，对网点其他人员等级各降一级。因违反规章制度或违规操作，给单位造成经济损失或严重后果的，则由农信联社员工等级管理领导小组视情节轻重，对责任人作出相应的降级处理。

对年度经营管理目标责任制考核倒数第一，且综合指标完成率 80% 以下的信用社，则对信用社主任实行降低 1 级，副主任降低 0.5 级的降级处理；对连续两年考核倒数第一，且综合指标完成率两年平均 85% 以下的信用社，则对信用社主任实行降低 2 级，副主任降低 1 级的降级处理。对会计基础规范化工作达标等级下降的信用社，每下降一个级次，对信用社主任、主办会计各降低 1 个等级。

因员工本人因素，被客户投诉，经查属实且性质严重或负面效应较大的，对责任人实行降低 1～2 级的降级处理。员工业务技能达标考核不合格的，则每一项降 1 级。对个人办理业务平均差错率（以农信联社清算中心统计数据为准）排名在最后三名，且高于平均差错率 3 个千分点以上的，对责任人降低 1 个等级。员工违反《浙江省农村合作金融机构工作人员违规行为处理办法》等相关规定的，降级处理由农信联社员工等级管理领导小组讨论决定。对受到行政警告以上处分的员工，按农信联社有关规定执行。对除上述所列之外的违规行为，可作为个案，由农信联社员工等级管理领导小组讨论决定降级处理。并且，个案将作为今后降级处理的范例。

员工等级管理突破了部分员工因年龄限制、岗位局限而无法实现个人晋升的“瓶颈”，创造了第二条享受升级待遇的渠道。自实施员工等级管理 5 年以来，衢江农信联社共对 132 名员工予以上升 16.7 个等级的奖励，对 178 名员工进行降低 32.6 个等级的处罚。

模式三：机构等级管理

2010 年 6 月，衢江农信联社创新提出设立重点分社的构想，并制定《重点分社管理办法》，标志着机构网点实行扁平化管理和差别化管理模式的启动。重点分社由农信联社垂直管理，单独考核。2011 年 5 月，推出了《信用社经营者等级年薪考核办法》，同年 12 月，又制定《分社争先晋级管理办法（试行）》，将差别化管理覆盖至全辖网点，充分激活了网点的进取精神与竞争意识。其中，信用社等级管理的具体做法：

根据辖内各信用社的经营业绩，将机构等分为特等、一等、二等、三等共四等，每等中均设特级、一级、二级、三级共四级。先确定“等”，再确定“级”，“等”以信用社经营规模相关指标确定，“级”以信用社当年经营情况确定，将经营规模与经营实绩相结合，最终确定信用社等级。

“等”确定指标及权重：当年日均存贷款规模（权重 30%）、当年人均日均存贷规模（权重 15%）、当年模拟利润（权重 30%）、当年人均模拟利润（权重 15%）、四级不良贷款率（10%）；“级”确定指标及权重：实收利息上升比例（权重 15%）、季度经营目标考核平均得分（40%）、日均存款上升比例（15%）、当年日均存款指标完成比例（10%）、利息回收率（20%）、内控管理得分（必要条件）。如农信联社下达的各项业务年度指标中有一项及以上未完成的，不得评为特等，最高为一等。任一季度经营目标考核得分低于基分的，不得评为特级，最高为一级。

等级的计算方法：信用社的等次 = ∑（“等”的各项指标等值 × 指标权重）

信用社的级次 = ∑（“级”的各项指标级值 × 指标权重）

其中特等值 =0，一等值 =1，二等值 =2，三等值 =3；

特级值 =0，一级值 =1，二级值 =2，三级值 =3。

各等级年薪的薪点计算公式。等级年薪薪点（个） =500 + （5 - 等次） × 150 + （5 - 级次） ×150。如某信用社 2012 年度等次 =1.5，级次 =0.8，2011 年等级年薪薪点（个） =500 + （5 - 1.5） ×150 + （5 - 0.8） ×150 =1 655。

依据信用社所在的“等”与“级”给予信用社经营者相应的等级年薪，实行“等级计酬、按月预发、年终结清”的分配制度。年薪统一采用“薪点”的表示方式，即年薪 = 薪点总值 × 单价，每一“薪点”的单价由农信联社另行确定。

自2010年起，下张、南区、全旺、莲花先后被列为重点分社管理，重点分社主任享受中层副科级等待遇。而实行信用社、分社等级管理历经两年，该农信联社各项业务取得了飞速发展，日均存、贷款规模上升到89.28亿元，年均增长28.7%，做大了蛋糕，在全区的市场占有率达到近60%，取得了经济效益、社会效益与员工个人收入的同步良性增长。

案例分析

员工是企业的根本，机构网点是发展的阵地。历经近十年的实践与探索，衢江农信联社在员工、机构网点管理上充分开阔思路、挖掘潜力，直至开发出一汪活水，从源头建立一个较为完善的激励考核体系，孕育出欣欣向荣、绿树成荫的良好发展势头。

全体客户经理（信贷员）实行以绩考核以来，截至2012年底，衢江农信联社各项贷款余额为380 106万元，比实施之初增长了3.34倍，其中，不良贷款余额为4 381万元，占比1.16%，比实施之初下降了5 382万元和7.48个百分点，个人客户经理的人均年收入达12万元左右，增长近6倍。

员工一改以往“等、靠、要”面貌，而向“争、上、优”方向良性发展，在本职岗位上充分发挥创造力，建功立业。傅雪金同志荣获省银监局授予的2009年度金融支农工作先进个人称号；留文毅荣获省农村合作金融系统2009年度“走千家、访万户、共成长”劳动竞赛优秀信贷员称号；2010年度，舒亨景、刘晓同志获全省农村合作金融系统先进工作者荣誉称号；2011年度，叶耀土同志获浙江省农信系统“岗位廉洁合规从业标兵”称号；吕利平同志获评浙江省“便农支付工程”实施先进个人；徐万洪同志获评2012年度省级优秀团干部，余建国同志获评“浙江省优秀农村工作指导员”。同时，在信息写作、技能比赛、文艺表演、书法绘画等方面各展所长，大放异彩。吾建英、倪利平同志连续多年获评全省农信系统优秀通讯员；陈林峰同志代表浙江省农信系统参加全省银行业业务技能比赛，省农信联社代表队在全省金融机构人民币点钞技能竞赛中获优胜团队第二名，陈林峰个人获人民币识假技能竞赛第三名。

机构网点等级管理也取得了丰硕成果。2008 年，农信联社营业部荣获“全国模范职工小家”称号，成为衢州市获此殊荣的三家单位之一，并获评省农信系统 2011 年度“网点转型先进单位”。高家信用社在 2012 年度“双先竞赛”活动中被省银监局授予“支持‘三农’发展先进集体”，并且，在银监会组织的“双百竞赛”活动中获“2012 年度全国农村金融服务先进单位”称号，成为衢州农信系统唯一获此殊荣的单位。沈家信用社综合柜组获评 2012 年度省级“巾帼文明岗”，另有各类市、区级荣誉，不胜枚举。

在创先争优、百花齐放的大环境中，衢江农信联社各项业务发展显著提速。至 2012 年末，各项存款余额 51.27 亿元，比年初新增 10.02 亿元，增幅 24.28%，完成年度发展计划的 200%，分别超过全省、全市平均增幅 10.12 个百分点和 1.17 个百分点；各项贷款余额 38.01 亿元，比年初新增 7.48 亿元，增幅 24.52%，完成年度发展计划的 192%，占衢江区存贷款市场份额的 53.87% 和 52.01%，分别比年初上升 1.87 个百分点和 3.06 个百分点。并且，赢得了一系列荣誉：连续八年蝉联区长特别奖、连续两年被授予浙江省农信系统年度十强支农支小单位；被评为 2007—2009 年两个年度浙江省 AAA 级纳税人，获得省银监局授予的 2009 年度金融支农工作创新奖；同年度市级、省级“财贸系统生活后勤保障先进企业”，浙江省“模范职工之家”和“全国模范职工之家”；2011 年度便农支付省级先进集体；浙江省农信系统思想政治工作先进单位、省级先进团委称号。此外，该农信联社原创节目连续三届代表衢州农信系统参加省农信系统文艺会演取得优异成绩。

案例启示

从衢江农信联社创新管理模式，实行员工、机构网点等级管理这一实务案例中，可总结出以下值得借鉴的经验与启示。

等级管理需因地制宜。员工、机构网点等级管理的核心主体是员工与网点。

员工由于年龄、岗位和教育程度等的差异，对等级管理中的升降级依据存在不同的需求标准。

机构网点由于地理环境、当地经济状况、自身成长年限、发展情况等的不同，也需要通过相对合理的标准来进行等级的确定。这就要求等级管理根据岗位、员工年龄层次等拟定合理的升降级标准，不偏颇，不失衡，为各个岗位的每位员工提供公平合理的机会。根据分社、重点分社、信用社的实际情况，因地制宜地进行考核评级，不揠苗助长，也不纵容懈怠，通过公正准确的定级，推动网点顺势而为。

等级管理要循序渐进。推行员工、机构网点等级管理是一项长期的工程建设。不论是调研、建立，还是实施的环节，均涉及方方面面的利益。员工结构不相同，机构网点的发展状况也不一样，这就决定了等级管理的实施需要经过系统的调研，在充分征求意见、考虑各方利益的情况下，循序渐进加以推广实施。

管理创新无止境。管理无固定模式，一项管理模式是一个时期的产物，随着企业的发展、员工结构，以及大环境的变化，也会产生局限性。因此，管理模式的创新不能止步不前，需要与时俱进。根据不同发展时期的不同需求，不断创新求变，突破固有形式，充实新的内容与内涵，提升管理的高度与广度。

编写：倪利平

借三部分立之东风　创零售银行之先机

——龙游农信联社营业部成功案例简析

案例背景

农信联社成立60多年来，一直以“三农”为主要服务对象。近年来，随着农村经济的发展、农村城镇化建设步伐加快以及县域金融机构群雄逐鹿局面日益形成。在国有商业银行依托科技支撑、政策支持；股份制商业银行更加主动灵活、专业专一经营机制的多重压力下，农信联社在县域市场一家独大的经营优势逐渐削弱。同时，龙游农信联社在城区面临着营业部、龙游信用社两家机构重复竞争，资源配置不尽合理的经营困扰，对此，龙游农信联社新一届领导班子高瞻远瞩，提出“农村与城区市场并重”策略，在抓好农村基础阵地的同时，立足服务空间和服务对象，大胆尝试城区网点转型，对城区营业部、龙游信用社两家机构进行大刀阔斧地改革，重组的重组、合并的合组、分立的分立，朝着打造城区零售银行目标不断前行。

案例情境

自2008年底，龙游农信联社城区原龙游信用社与营业部机构撤并重组，成立营业部、公司部、个贷部，实行三部分离、各负其责。尤其是转型后的营业部，与公司部、个贷部做好协调，根据自身资源优势，促进贷存客户衔接，通过做细做实做优服务，扎实存款基础，市场份额有效扩大。

营业部与各网点负责人签订聘用承诺书，明确目标，制订计划，全力抓好存款工作。由网点负责人兼任客户经理，关注客户资金动态，按存款日均数对客户进行细分，营业部总经理主要负责联系机关事业单位等日均存款3 000万元以上的特大客户，网点负责人负责联系网点大客户，分级负责，不断提高服务性、针对性。注重服务前移，2012年11月，营业部组织网点负责人与信贷员结对走访主要街道、市场的个体工商户，主动将金融信息带出去，把客户需求带回来，共发放宣传手册561份，进一步加强与客户沟通联系。通过本次活动，共拓展新客户73户。从2008年12月至2012年12月，各项存款余额从8.56亿元上升到19.84亿元，净增长11.28元；占全县金融机构市场份额从15.6%上升到17.04%；对私客户从63 540户增加到85 330户，对公客户从846户增加到944户，对公日均300万元以上客户从15户增加到39户。

案例分析

规范管理，网点转型升级，优化品牌形象。按照农信联社党委的要求部署，高度重视企业文化建设，坚持将提升服务作为带动业务发展的主线。近几年来，营业部在全县范围率先开展了文明规范化服务建设，力争在各项工作、各个领域做到“创先争优”。如组织开展“对标创标，推行‘三化’”活动，明确对标方向，创建服务标杆，亮化形象，优化服务，量化考核，进一步营造见贤思齐、争创一流的浓厚氛围。明确分工，确保各项创建活动始终有人抓、有人管，力度强化，“一竿子到底”，保障了创建工作持续深入推进。通过“创先争优”，营业部员工的服务理念进一步树立，业务素质进一步增强，职业形象进一步提升，对社会的贡献度也在不断加大。通过大家一致努力，近年来营业部成绩斐然，先后获得省级农村合作金融系统文明服务单位、省级银行业文明规范服务示范单位、会计规范化一级单位、市级三八红旗手、省级巾帼文明岗等荣誉称号。

案例启示

一、合理设置组织架构是提升工作绩效的基础

原龙游信用社与营业部的撤并重组，减少了农信联社城区网点之间的竞争，强化了网点间的信息交流，有利于营业部统一管理运营，减少内耗；营业部与公司部、个贷部的相对独立，进一步优化了部门职能，使营业部能全力投入到存款工作中。三部考核相互挂钩，增强了营业部与公司部、个贷部的工作联系紧密度，有助于提升信息收集、分析和挖掘能力。

二、主动靠前优化服务是提升工作绩效的保证

分社主任兼客户经理，填补了农信联社目前暂无专业客户经理的空缺；要求分社主任主动走出去，塑造良好的主动服务形象，提升了营业部业务拓展能力；细分客户，使客户维护工作更具重点性，特别是对地方财政拨款的相关单位以及负责人进行跟踪走访，全力捕捉目标客户的需求信息，广泛挖掘客户存款及项目资源。

三、规范内部管理机制是提升工作绩效的根本

营业部采取多种方法与措施，不断强化内部管理，提升员工职业素养。一是精心制定服务工作标准，通过组织和推进服务标准规范，优化操作流程，做到“岗岗有标准规范，人人按标准履职”，使每位工作人员言行有规范，办理有程序，操作有原则，服务有方向。二是打造标杆网点，开展互学互比。通过相互学习服务经验，相互比拼服务质量，改进工作，提高效能。三是突出示范带动，切实培育典型。进一步深化“一句话承诺”活动，组织引导员工亮身份、亮职责、亮承诺，大力开展岗位先锋、服务标兵、窗口明星评比活动。四是把服务质量列为一项硬指标纳入到经营绩效考核中，与个人的评优评先、工资奖金紧密挂钩，激发岗位自豪感和工作热情，营造出以服务促发展的强势氛围。促使营业部成功实现网点转型，树立良好的企业形象和服务品牌，提升了农信联社软实力并促进了信合事业和谐发展。

编写：徐祖俊　杨梦怡

“一站式”服务 “伙伴性”银行

——龙游农信联社成立小微企业服务中心之路

案例背景

随着银行业的快速发展和竞争加剧，加快网点资源整合、深入实施网点战略已成当下银行业金融机构亟待落实解决的关键。近两年，受国家经济金融政策的引导，国有商业银行、股份制商业银行、村镇银行、小额贷款公司等越来越重视县域市场的争夺，越来越注重中小客户的营销。而小微企业的快速成长，已成为推动县域经济持续、稳定、快速发展的支柱力量，信贷支持小微企业发展在调整经济结构、转变发展方式、缓解就业压力等方面起着巨大推动作用。

2008 年全球性金融风暴席卷下，龙游县域小微企业遭受沉重打击，或关停或倒闭或资金链处在岌岌可危的地步。县域其他商业银行为了自身利益、经营风险考虑，或抽贷或停贷，无疑是给本来就内外交困的小微企业雪上加霜。作为地方性金融主力军，龙游农信联社敢于担责，毅然与县域小微企业共度时艰，当年 8 月份着手筹建以小微企业为服务对象的专业化服务机构，即成立公司业务部和个人业务部两个专营化的小微企业服务中心，有效加大了对县域小微企业的支持力度，为小微企业创造了一个更高效便捷的融资平台，全面提升了农村合作金融在助推小微企业发展过程中的服务功能和服务水平。

案例情境

龙游县域金融竞争在衢州地区相对较为突出，如何能做到正确定位、特色办社与提供差异化服务，这对提升经营管理能力和核心竞争力起到决定性作用。龙游农信联社充分认识到细分客户市场、读懂客户需求、提升专业服务的重要性，及时成立“两部”——公司业务部和个人业务部，为城区的个体经营商户和县域两大工业园区的小微企业提供专注、专业、专一的融资需求服务，对于巩固并扩大市场份额，实现长远持续发展有着巨大的推动作用。

一、整合资源，谋划长远

龙游农信联社原先在城区设有两家一级分支机构，即营业部和城关信用社。随着业务发展、竞争加剧，该网点布局模式给整体管理、考核以及提升市场占有等方面带来诸多弊端。一是城区部分客户在信贷业务上有自主选择权，既可以在营业部办理，也可以在城关信用社办理，同时客户经理队伍年龄、素质参差不齐，在客户维护管理、服务及管理上存在不便。二是由于个体之间在客户拓展实行单独考核，难免出现交叉冲突现象。同时，客户对象涉及企业、个体工商户、企事业单位职工、农户等，在竞争激烈的城区市场难以突出考核重点，特色、专业服务无从谈起。三是城区信用社营业网点密集度大，仅县城太平路就分布有桥下分社、城关信用社、城中分社、西门分社四家网点，内耗型竞争大，整体竞争力受到影响。龙游农信联社新一届管理层充分意识到问题的严重性以及改革的急迫性，多次召开会议研讨城区机构整合和业务主攻方向问题，最终确定撤销城关信用社机构，组建公司业务部和个人业务部两个主营小微企业贷款服务中心的机构。农信联社及时成立了小微企业贷款服务中心筹建工作领导小组，期间通过召开座谈会、发放调查问卷等多种形式广泛征求内部员工、小微企业主以及当地监管部门的意见和建议，并及时汇报进程。在人民银行、银监部门及省农信联社衢州办事处的大力支持和指导下，两个小微企业贷款服务中心于2008年10月顺利完成组建。城关信用社机构撤销后下辖网点全部归属营业部，主营存、取、转账、汇划等零售金融服务；原城关信用社和营业部的贷款业务进行分类归并，公司类、个人经营类、农户小额分别划入公司业务部、个人业务部和城郊信用社管理。主营业务实行分工的同时，又在综合经营指标对营业部、公司业务部和个人业务部实行捆绑考核，确保城区存贷业务协调发展。

二、优化配置，专业服务

一是精心打造团队，为服务中心添动力。通过公开竞聘方式在全县择优选拔一批年轻的信贷业务精英组成专业服务团队，出台严格的进退机制，适时调整和充实人员配置，精心打造一支服务意识强、办事效率高、开拓能力佳的客户经理队伍，以提升服务小微企业专业水平。二是明确主攻方向，为服务中心导好航。个人业务部门主要负责做好对城区个体经营商户、私营企业主、城区辖属村失地农民等群体在经营和创业中的信贷帮扶工作。“以营销论英雄、以业绩得薪酬”，用业绩动态考核取代原先的指标性任务考核，按城区现有专业市场、综合市场、主辅街道格局实行客户经理分片包干，加强客户经理主动营销意识、上门服务意识；公司业务部负责做好对城北、城南两大工业园区入园小微企业的信贷服务工作，并采取客户细分、归属管理，按行业将客户种类分为特种纸、机械装备、建材、农业、商贸等类别，客户经理根据自身管理水平和经验自主选择类开展专业化服务。推出小微企业金融服务汇报和例会制度，对小企业潜在客户进行分行业建档，加强对企业、个体工商户信息的动态管理，对走访企业、个体工商户已建档的及时更新相关信息。

三、完善机制，提质增效

一是完善利率定价，加大让利力度，实施农信联社主任特别授权，扩大公司业务部和个人业务部两个小微企业服务中心的贷款定价自主权，根据小微客户的忠诚度、贡献度等综合因素自主确定更为合理的优惠幅度，省去向农信联社贷款管理委员会报批环节。二是完善服务流程，加快办贷效率，分别为两个服务中心配备风险经理，常驻中心开展贷款即时审查，贷款审批突破原来固定审批时限，根据客户实际情况实行急贷急批。下放并扩大服务中心的审批权限：对300万元以下的小微企业贷款，由公司业务部、个人业务部直接审批发放，小企业贷款办理时间从原先的10个工作日缩短到5个工作日；将简易授信的上限额度从原来的300万元提高到500万元，确保客户小额融资需求不出“两部”就得到满足。三是完善激励考核，加强主动服务，单列小微企业贷款新增指标考核，突出新增户数、新增额度、增速、同比增量考核重点，实行按季度考核，按季度兑现；推行客户经理贷款风险“尽职免责”制度，对产生信贷风险的小微企业，经核查管理确已尽职到位的，对责任人实行相应的责任豁免；引入经济资本管理模式，细化计酬项目，使分配制度更趋于科学化。四是完善风险预警，保障信贷资金活力，实行差异化政策，重点支持成长型、税源型、科技环保型小微企业，通过信贷杠杆作用，引导小微企业努力开展节能减排、转型升级；建立企业贷款动态监测制度，对企业生产经营、资金使用等情况进行监测，定期分析风险，建立完善企业贷款违约信息通报机制，对有不良信用记录的企业拒绝发放贷款或及时压缩、收回贷款，对列入“黑名单”的企业，停止发放新增贷款等多种有效措施保全信贷资产，规避和化解信贷风险，最大、安全地发挥有限信贷资金支持实效。

四、创新服务，满足需求

一是加强宣传，搭建平台，要求客户经理以人民银行、银监等部门“金融服务进园区”、“工业服务月”、“小微企业金融服务宣传月”活动为契机深入企业，进驻市场，走近商户，积极宣传小微企业服务中心的信贷政策、服务产品、办贷流程等，并发放专门制作的宣传册以及客户经理联系卡等资料；以网点LED屏幕、十字路口露天屏幕为平台，滚动播放服务中心的服务功能、金融产品、服务项目，广而告之，为有意寻求业务合作的潜在客户提供一个良好的信息平台。二是针对小企业“短、频、急、快”的资金需求特点，农信联社通过积极探索与实践，不断创新信贷品种以及融资担保方式，相继推出了小微企业信用贷款、小微企业联保贷款，以及“专业合作社+担保基金+社员+信用社”的融资担保合作模式，有效缓解小微企业融资担保难问题。在开展好适合一般小微企业的抵（质）押、保证、承兑汇票和贴现业务的基础上，借鉴加创新相继推出小微企业循环贷款、小微企业主创业贷款、小微企业林权抵押贷款、履约保函等业务品种，以最大限度地满足小微企业日益提高的金融服务需求。同时，主动联合县工商局开展个体工商户和小微企业主的信用等级评定工作，信用商户最高可获得额度为30万元的信用贷款授信。

案例分析

一、业务发展长足进步

一是以贷促存日益明显。至3月末，两中心50万元以上信贷客户的存贷比达到11.5%，以贷促存资金近2.4亿元。二是市场份额有效提升。至4月末，两个服务中心的贷款总额达到19.71亿元，比成立之初增长9.35亿元，年平均增速约22.6%，高出全县金融机构平均增速4.2个百分点。2011年，两中心新增贷款3.03亿元，占全县金融机构贷款新增总额的17%，2012年1~4月新增贷款2.48亿元，占全县金融机构贷款新增总额的20.7%。在经济下行及同业竞争激烈的背景下，两中心保持市场份额有增无减。三是信贷质量稳步增强。至4月末，两中心四级不良贷款余额为1 977万元，不良贷款占比1%，分别比成立前下降1 802万元，2.65个百分点；担保结构逐步优化，至4月末易处置变现的有效资产抵押贷款比重较成立初上升27个百分点，抵（质）押贷款占比达到70%以上。四是人均效益更加突出，2011年全县人均收息额为351万元（按信贷人员配备计算），两中心人均收息额达到1 009万元，为全县平均水平的近3倍。五是队伍素质得到优化。客户经理队伍综合素质，如在主动服务意识、专业服务水平、拓展业务技能等方面能力有了较大提升。

二、帮扶力度显著增强

一是受惠领域不断扩大。突出差异分层支持，按照“好的、困难的、弱小的”三类，采取不同的扶持政策。如浙江华飞色纺有限公司，其作为龙游县重点骨干企业，经招商入园后服务中心主动对接介入，并及时发放2 000万元的流动资金贷款予以支持；浙江佳禾化工有限公司，该企业主通过购置厂房、更新设备，资金链出现困难，在“金融服务再进园区”活动中了解到企业难处后，及时向该企业发放贷款1 200万元，缓解发展“困境”；龙游德辉食品有限公司，原先只是一个家庭作坊式弱小企业，在服务中心全程帮扶下，现已成长为远近闻名的农业龙头企业。两个服务中心成立以来累计向1 729家小微企业提供55.8亿元的资金支持。二是融资成本持续降低。两个服务中心成立后，农信联社逐步扩大其利率定价自主权。如特优级小微企业能够享受基准利率的优惠政策，而对一些科技环保型企业、高效生态农业企业以及在税收和解决就业方面有突出贡献的重点骨干企业的贷款利率在正常定价的基础上实行再下浮20～40个点的特惠政策，仅2011年以来，累计让利小微企业1 476万元。以浙江凯丰纸业有限公司为例，企业贷款授信余额2 500万元，按正常利率定价本要上浮60%，但由于该企业为特种纸骨干企业，同时又是节能环保企业，利率定价后仅上浮20%，一年让利近50万元。三是担保难题逐步缓解。推出个体工商户和小微企业信用贷款，最高可获得信用贷款额度分别达到30万元和500万元。以合作社担保基金为单个社员担保额度最高可达600万元。通过采用信用、联保、林权抵押、合作社担保基金担保等方式累计向小微企业发放贷款2.16亿元，在一定程度上缓解了融资担保难问题。省政务信息、《浙江日报》、浙江电视台多次报道帮助小微企业度过发展“困境”的做法及成效，在全县金融工作会议上县政府领导也肯定表扬支企担当。

案例启示

一、合理布局，准确定位是金融企业稳中求发展的先决条件

客观地评价自身的经营实力，以及存在的优势与不足，进而果断地进行机构整合，确立“巩固农村、拓展城区、服务小微”的战略发展方向，从而确保各项业务稳健发展。

二、整合资源，优化配置是金融企业加快发展的必然要求

通过择优选拔业务骨干组建专业化服务中心，在很大程度上做到了人尽其才、物尽其用，从而使得特色化、专业化服务逐步成为现实，也让业务得以快

速发展。

三、扩大自主，科学考核是金融企业持续发展的动力源泉

对于一个金融企业来说，如果没有形成一套科学的考核分配机制，那么就如一潭死水，毫无生机可言。反之，当一个机构一旦有了更大的经营自主权和行之有效的激励机制，经营团队的工作潜能将得到最大化地发挥，只有如此，企业才会拥有源源不断的发展动力。

编写：吴国华　徐小春

星星之火可以燎原

——龙游农信联社绩效考核的“火种”作用

案例背景

绩效考核对于农信联社的员工来说并不陌生，它通过制定岗位工作目标和考核指标，激励引导员工创造更好的工作业绩，促进农信联社的改革发展，它和每个员工息息相关。在农信联社改革发展过程中，建立一套科学、完善、公平的绩效考核评价体系对促进农信联社建设成为体制机制健全、具有可持续发展能力的现代化金融企业有重大意义。如何进一步完善绩效考核制度，更好地发挥绩效考核的激励约束作用，有效促进经营业绩和管理水平的提高，仍然是农信联社面临的一个重要课题。

龙游农信联社作为具有现代企业制度的营利性金融企业，具备一套科学、合理、有效的绩效考核体系势在必行，这对农信联社经营发展具有十分重要的战略意义。绩效考核作为一种有效的管理手段，在农信联社经营管理中发挥着越来越重要的作用，它既对农信联社的经营管理活动起着重要的导向作用，又成为资源配置和内部激励的主要依据，是农信联社改革和完善内部经营机制的核心内容。近几年来，龙游农信联社为适应经营改革的需要，在绩效考核方面作了许多积极的探索，逐步形成了具有自身特色的绩效考核制度和考核体系。

案例情境

龙游农信联社绩效考核体制改革的进步不能忽略实际运用中出现的各种不足，但有关考核办法历经多年的持续增补与修订，形成了目前以基础薪酬和业绩薪酬相结合的薪酬结构。一方面有效改革基础薪酬，将员工学历、工龄、证书、荣誉等作为评定基础薪酬依据，掀起员工学业务、提能力、练技能、争先进热潮；另一方面逐步实行绩效薪酬考核，把个人收入与工作业绩相挂钩，在农信联社各项业务经营指标稳步增长的同时，员工的年收入也逐步增长；另外实行网点等级差别化，打破过去中层干部职务系数“一刀切”，实行与业务发展综合竞争能力相挂钩的差别系数，使信用社（部）主任（总经理）之间可达到0.4个系数差，分社主任之间可达到0.3个系数差，激励各网点抓管理、抓业绩、抓创优。

案例分析

龙游农信联社年度经营管理综合考核指标体系由业务经营定量指标、管理工作定性指标、专项案件扣分类三大部分组成，并基本建立起“区别对待、相互挂钩、分类考核”的绩效管理框架。当前龙游农信联社的绩效考核内容已不仅仅只是单纯的“核”字——核经营成果，而是事关战略导向、过程持续改善的“考”字，形成眼前的“绩”和未来的“效”自然对接。

一、坚持成果绩效与过程绩效并重，绩效考核突出发展导向

龙游农信联社员工内部出台客户经理拓展客户数量及日均存款增长额的考核制度，突出员工联系客户考核实效，一改当前银行绩效管理只重考核结果而不重考核过程的“通病”。考核要基于未来持续改进，目的不仅仅在于根据结果奖优罚劣，更重要的是在于不断地引导员工持续改进未来的工作。只有同时强化成果绩效与过程绩效的双导向，才能有效平衡业务发展与管理过程之间的关系。

二、坚持存贷指标与鼓励创新并重，绩效考核突出能力培育

出台让利回馈考核，促使外部客户，立足资金回流农信联社账户，加大对50万元以上贷款客户存贷积数考核，提高让利回馈力度，如辖内塔石信用社50万元贷款以上客户贷存比保持在15%以上。龙游农信联社抛弃粗放经营时代的“业绩论英雄”，更注重能力与知识的挑战。在近乎白热化的竞争面前，“清醒的头脑”更重要，强化绩效考核，“让专业的人干专业事”，提升核心竞争力。通过客观评价员工的工作绩效、态度和能力，帮助员工提升自身工作水平和能力，从而有效提升农信联社整体绩效，推动农信联社发展战略与人力资源战略。

三、坚持产品优化与服务优化并重，绩效考核应突出持续改进

近年来，龙游农信联社立足市场变化、客户需求，不断更新服务设施、改进服务方式，创新服务品种、改善服务作风，其中以工作态度、服务水平与质量作为薪酬指标之一，以客户为导向、为客户创造价值，体现在服务的便捷与效率上、体现在产品的功能优化与整合上。因此，绩效考核不仅通过强化督察来解决服务态度与效率问题，而且更要关注产品与服务营销中客户的接受程度、满意程度问题。通过考核促进上下级沟通和各部门间相互协作，增进团队合作精神，促进员工逐步形成“客户至上”、乐业专业的服务意识。

四、倡导价值奖励与违规惩处并重，绩效考核突出正向激励

鼓励基层信用社加大自主考核体系创新，如辖内溪口信用社率先取消职务系数分配考核，按劳分配、按绩论酬，员工之间季度奖金差距超过9 000元。龙游农信联社绩效考核不仅限于扣分形式，更偏重于加分奖励，以调动员工工作积极性。农信联社将全方位地从正面激励员工，绩效考核的效果不仅要与薪酬挂钩，更是与员工成长挂钩、管理任职挂钩。员工创造价值，农信联社肯定价值，绩效考核合理分配价值，从而驱动员工创造更大价值量，形成个人价值创造与带动集体价值实现的良性循环。绩效考核机制的优化，使员工的思想观念迅速发生重大变化，以绩取酬的分配方式使绝大部分勤奋敬业的员工欢欣鼓舞，给极个别业绩平平的员工带来压力。改革前，员工工资分配存在“大锅饭”，干多干少一个样，工作积极性调动不起来。改革后，员工收入与业务实绩挂钩，彻底打破了过去的平均主义，员工由过去“要我干”变为“我要干”，充分激发了工作热情。

案例启示

古诗曰：“不识庐山真面目，只缘身在此山中”，经营中的问题往往都是源于“山中看山”式思维，传统绩效考核缺乏系统的长远规划，本是着眼于绩效考核的“火种”效力却没能充分爆发。值此在绩效考核不断探索、完善与规范的契机，立足全局实际，着眼长远发展，对龙游农信联社现行的绩效考核进行一次具体、明确、开放式制度规划。为此，龙游农信联社从全局、动态、平衡发展的角度，突出“客户、流程控制、风险管理、成长能力、财务”等关联维度，来探讨绩效考核的“火种”作用。

一、客户维度

对客户的关注正是“客户导向”发展战略的具体体现，同业竞争对我们的冲击首先表现在客户上，表现为大量优质客户的流失，从这个角度来说，绩效考核的起点应该基于客户的价值主张与市场潜力。由于龙游农信联社业务的特殊性，居保金、低保金、电费等中间业务的客户群体占了部分客户份额，而对大客户业务的办理造成了一定的影响。因此，在绩效改革转型期，以下几个考核依据显得尤为重要，一是客户忠诚度，包括存款客户数量的增减及业务量的变动，这两个考核数据结合被考核单位所占当地市场份额变化情况最能反映经营单位维持市场份额的能力；二是新客户成长率，通过增量客户数量的变化及其业务量波动来考核经营单位市场拓展力度；三是客户满意度，减少客户投诉量，产品与服务优化，都有助于员工绩效评估；四是产品与服务创新表现，客户的反映效率，激发员工创新能力，实现新产品开发与推广实绩。

二、流程控制维度

建立“流程银行”的根本目的在于推进再造流程的服务效率与规范发展，通过绩效考核与流程管理相结合，以保证每项业务的办理按流程的顺序能够顺畅、完整、合规，从而促使每一位经办人员形成强烈的合规意识和效率意识，其中包括，一是合规性指标，重点强化管理制度、操作流程、合同文本、业务规范与协议等合规性审查的改进落实的考核；二是制度执行力指标，在基础性工作考核扣分与罚款基础上，推行年度“违规积分”考核，并与干部员工管理、等级评定等挂钩，强化审计“最后防线”的震慑力度，加大问责追究力度；三是效率指标，以限时服务、质量服务接受客户评价；四是服务差错率，从服务质量和经营安全性两个角度来理解落实，具有一定的实质意义。

三、风险管理维度

银行是经营风险的行业，加强风险管理不仅是自身持续发展的需要，也是外部监督要求的社会责任，我们就应持续推进信用风险、市场风险、操作风险并举，信贷资产与非信贷资产并举，组织流程再造与技术手段创新并举，事前、事中、事后并举的全面风险管理。农信联社内部的违规扣分制度，虽然对于规范员工合规操作有一定的积极作用，但是长期以来重“封、堵”的惩罚型被动式管埋已经不能满足发展需要，应尽快建立以绩效考核为基础，以重“疏、导”的激励型主动式管理为核心的风险考核体系来实现“人人控风险、人人重合规”的良性循环。

四、成长能力维度

银行的兴衰，往往可以追溯到是否具有别人难以模仿的自己的核心能力，这种能力来源于组织内部机制的激励、氛围的同化、行为的强化，绝非一时的产品的创新或服务优化所能达到的。因此，在竞争日益激烈的环境下，我们应该更多地投资于内部成长能力的培育。业务条线以“业绩论英雄”是必然的，但同时，管理条线就应以质量、规范、效率、效果为重，立足于系统发展引导、整体能力提升与支持保障服务。因此，当前绩效评价还应着力强化员工整体素质改善、工作能力提升、信息言路流动等方面的考核，以促进员工与农信联社共成长。

五、财务维度

作为市场主体，银行自然要以盈利作为生存和发展的基础，经营管理各方面的改善只是实现生存与发展这一目标的手段与能力，而不是目标本身，所有的改善最终都要通过财务成果的达成来实现。我们可以从成长、成本、效率三个方面来规划财务指标，一是发展水平指标，旨在强化主营业务竞争能力和高附加值产品服务为发展导向，如各项存款新增计划指标、各项贷款新增计划指标、日均存贷款指标、个人网银及手机银行指标、企业网银指标、中间业务等经营收入对利润贡献占比等，既要体现高附加值重点业务调整策略，又要强化主营业务的市场竞争地位；二是管理成本指标，如营业费用率等，以成本核算考核来强化经济资本理念，有利于改变拼资源、靠投入取得业务发展的被动“粗放经营”管理模式；三是效率价值指标，如推进人均模拟利润考核、专项业务模拟经济增加值考核等，不仅是为衡量各分社、各员工对农信联社的贡献绩效，更重要的是引导低风险高回报业务的发展。

编写：郑莉　杨梦怡

打造“金融红娘” 撤站不撤服务

——江山农合行联络员管理的嬗变

案例背景

一纸撤销令，面临“撤站不撤服务”的考验

2006年4月，中国银行业监督管理委员会《关于清理农村信用社信用代办站、邮政储蓄代办机构的通知》（银监办发［2006］120号）一纸信用代办站撤销令，与农信联社风雨同舟走过的信用代办站于2008年12月彻底退出了广袤的江山大地。

为加强当地“三农”金融服务，做到“撤站不撤服务”，银监办发［2006］120号文件规定，对原信用代办员进行考试考核审查合格后，签订协议书，建立信息联络员队伍，发挥其服务员、信息员、协管员、通讯员“四员”作用。但由于信息联络员不设账簿、凭证、名牌、印章及业务周转金，其提供的业务信息纳入我行综合业务系统核算。该行进行了调研，制订清理撤销方案，有序推进该项工作，历时两年多，于2008年12月全部完成信用代办站“摘牌”工作。从此，信用代办站退出了50年的历史舞台。据《江山农村合作金融志》记载，江山市信用代办站于1958年6月首次开始组建，当时以方便群众储蓄为主，1980年农村推行联产承包责任制以后，信用社的存贷业务对象面对千家万户，工作量大，信用代办站担当起代理社员储蓄和发放农户贷款的任务，90年代开始配合信用社开展以信用户、信用村、信用乡镇为内容的信用工程建设。到

1990 年江山市设立的信用代办站 614 个，达到历史高峰，遍布全市各村各落，为农户随时提供不受时间、地点限制的存、取、贷、还款等金融服务，在方便群众储蓄、破解农民贷款难支持农民发展生产等方面发挥过很大作用，深受当地百姓的欢迎，被称为“家门口”的银行。

信用代办站的撤销，该行当时仅有的 71 名信贷员，很难“填补”信用代办站撤销后留下的金融服务空缺，基层乡村特别是偏远乡村金融服务一度出现脱节、“断层”现象，不少身患残疾，年高体弱等行动不便的老人，因体力不支等因素，在营业场所发生过晕倒等人身安全现象。

在这种背景下，该行领导创新求变，整合原信用代办站代办员资源，谋划打造支农联络员队伍，积极落实银监部门提出的“撤站不撤服务”要求，让农民享受到最基础的金融服务。

案例情境

支农联络员是江山农合行延伸农村金融服务网络，弥补服务“三农”力量不足，接受客户委托为本地农民群众提供金融服务的服务员、情报员、协管员、宣传员。

支农联络员队伍的建立，与服务“三农”的市场定位相吻合，基本实现了“撤站不撤服务”的要求，有利于扩大该行服务“三农”覆盖面，减少服务“三农”的盲区，提高服务“三农”的水平；有利于持续推进全市信用户、信用村等信用工程建设，助推江山金融生态城市建设；有利于将党和国家的支农政策及金融政策宣传到位，深入人心。

从 2008 年撤销信用代办站建立信息联络员以来，该行一直致力于“有法可依”及“法无禁止”的联络员角色定位及管理模式的探索与实践，先后经历了从银监部门的“信息联络员”角色转换到省农信联社的“支农联络员”角色，发展到至今的“居间人”角色法律定位，并完成“支农联络员居间合同”文本，在全市支农联络员队伍中全面签订推广，完成了从制度管理向法律法规管理的新的跨越，从而形成了一合同（居间合同）、二办法（联络员管理办法、操作规范）、三激励（报酬激励机制、参与激励机制、荣誉激励机制）、四制约（履约保证金制度、违规赔偿制约制度、回访制约制度、公众监督制约制度）的有效管理新模式，充分发挥了支农联络员队伍支持“三农”的“金融红娘”作用。

“三激励”。一是报酬激励机制。按照“多劳多得”及其提供信息量、计付标准并结合支农联络员完成实绩和履职情况进行计酬激励。二是参与激励机制。让支农联络员一起参与信用户、信用村的评定工作，不定期地召开联络员座谈会，听取他们对该行业务发展的意见和建议等，使他们产生归属感和责任感，激励支农联络员源源不断地提供真实评定信息，为农户建档及信用评定提质增量提供扎实的基础。三是荣誉激励机制。自 2009 年以来，持续开展以优秀支农联络员、存款信息工作标兵、信贷支农工作标兵及信用工程建设标兵为主题的“一优三标兵”创先争优活动，通过创先争优活动带动支农联络员队伍建设。

“四制约”。一是实行履约保证金制度。联络员一次性交存 2 万元履约保证金，并且每年按全年劳务费收入的 10% 作为履约保证交存支行。二是违规赔偿制约制度。联络员侵占、挪用客户钱款、利用联络员身份充当借贷中介人、恶意套取手续费及其他违法违规行为，给该行信誉和资金造成严重损失的，联络员负全额赔偿责任。三是回访制约制度。按季度定期回访村两委、村民代表等各种客户，认真了解村民的金融服务需求及支农联络员的服务情况，排查支农联络员是否从从事非法金融活动；按季度对支农联络员推荐的贷款进行回访，了解贷款的真实用途。四是拓宽社会公众监督制约制度。在行政村村务公开栏等处设立举报箱、电话监督号码、聘请监督员等方式，认真听取监督员的反响，及时处置来信来访信息，接受社会公众直接有效监督，形成强有力的社会监督网络，促进联络员规范居间行为，端正服务态度。

“三项激励四制约”的稳步推进，激励与制约并施，进一步提高了支农联络员队伍的服务意识、责任意识、合规意识、争先创优意识，顺应了农户零星分散、额度小、总量大的金融服务需求，有效解决撤站后“三农”服务断层的问题，提升了服务“三农”的能力，收到了很好的业务成果和社会效果。

截至2012年12月，全行共建立支农联络员283个，覆盖所有的行政村，联系存款客户数达122 887户，提供存款信息416 411条，存款余额达22.6亿元，占该行储蓄存款的35%，联系农户信用贷款信息28 207户，农户小额信用贷款余额达7.36亿元，占全行同类贷款的89.75%，四级不良贷款为0.47%，低于全行同期0.39个百分点，为该行开展信用工程建设提供农户信息84 513条，深受当地干群的好评。

近几年实践说明，支农联络员充分发挥“人熟、地熟、情况熟”的优势，有效解决了农户“信息不对称”的难题，既助推了该行市场竞争和风控能力，又改善了支农服务，与农民建立了长期的、稳定的金融服务关系，对该行“惠农快车贷款”创新、自助终端的布设、社会养老保险的代理、市场战略、业务前移等服务“三农”，拓展新的发展空间提供源源不断的基础服务，促进该行进一步做好惠民生工程，让农户接受最基础的金融服务，以此促进社会更加祥和。

案例分析

首先，金融实务依法合规才能走得更长远。信用代办站依约撤销，由信息联络员发展到支农联络员最终“化蛹为蝶”演变为居间人角色，无不在创新求变中依法合规进行。

其次，金融实务规范运作才能走得更好。三书（存款委托书、取款委托书、还款委托书）一表（贷款推荐表）规范了委办手续。

最后，金融实务因需而为才能走得更实，满足农民最基础的金融内需。

案例启示

一、支农联络员是完善支农体系的有效载体

为有效解决农民贷款难、农村中小金融机构难贷款的“两难”问题，必须在支农体系建设上进行积极的探索与创新。农村合作银行聘请支农联络员，正

是对村级支农服务体系完善的成功实践。支农联络员制度的建立，延伸了对“三农”的服务触角，借助联络员人熟、地熟、情况熟的优势，促进解决了金融机构与农户信息不畅、管理半径大和支农不到位的问题，密切了农村中小金融机构与农民的联系。

二、严格的管理方能确保支农联络员制度的合规运行，同时规避道德风险

对支农联络员“一合同、二办法、三激励、四制约”的管理模式的构建，才使得“支农联络员”责权明确，定位恰当，在依法合规的前提下使其有效充当起农村中小金融机构支农服务的中介桥梁，并且在调动广大支农联络员的积极性的同时，也成功规避了这一群体的道德风险和越轨风险。

三、在农村社会背景下，声誉机制是进行道德监督的有效手段

支农联络员大多由村委会干部担任，其余基本为当地社会的能人，这些人在当地有较高的社会地位和威信，是农民信得过的人，由此对于村民在社会声誉上形成了有效的约束，在协助清收小额农贷和农村中小金融机构历欠贷款等活动中发挥出难以替代的作用。

编写：王令威

让员工明白“我要做什么”

——江山农合行绩效管理理念转变与模式再造

案例背景

“现在总行这个任务下来，那个任务下来，我们基层员工都成为了一个个机器人了，不知道我们接下来要做什么了，只能根据总行叫我们做什么，我们就做什么”。2008 年一次员工绩效管理意见交流座谈会上，一位老员工无奈地说。

2008 年以前，江山农合行（前身为江山农信联社）的绩效考评工作一般只进行到对辖内机构，对辖内机构考评的指标也主要根据上级部门对我行的考评指标，使得被考评的基层机构无法从实际工作中真正地理解各项指标。长期集体经济所有制的弊端在我行或多或少也有不同程度的显现，绩效“大锅饭”，职责不明晰，“做多做少”一个样等现象，在工作中时有发现，部分员工在遇到相关工作时，不自觉地说出“要我做什么”。

2008 年以来，江山地区银行类金融机构如同雨后春笋般拔地而起，邮政储蓄银行成立了、温州银行抢先登陆了，泰隆银行、交通银行、浦发银行也纷至沓来，本土的安信、红火等小额贷款公司也相继成立，这些加剧了江山地区银行同业的竞争。竞争仅仅是市场表面的现象，对我行最深层次的影响来自于其完备的绩效考核管理制度。

2008 年，对于江山农合行犹如一个历史的节点，不少的重大事件在这一年发生，领导班子进行了换届，农合行正式挂牌成立了，这两件大事为近年来的各项工作奠定了人力和组织的基础，其中当然包括亟待转变的绩效管理各项工作。

案例情境

新到任的农合行领导班子，对全行的绩效管理工作高度重视，并深入一线调研基层员工的工作作风。通过调研初步了解到，之所以在部分员工中存在“要我做什么”工作想法，是因为长期的绩效管理中没有把员工的主体性体现出来，没有有效地激发员工主观能动性，员工在面对总行对他们的考核时，更多的是被动去接受，或者没有完全理解的情况下去执行，同样对于完成工作后能得到多少劳动效能也不予关心。在过往的工作中虽然取得了不错的成绩，但面对日益激烈的市场竞争下，把全行发展战略放于脑后，把全行绩效管理的重点置之不顾，在新形势下，这种绩效管理方式显然是不适应时代需求的。为了顺应时代潮流，我们首先要做到就是要让员工从“要我做什么”向“我要做什么”转变。

为此，总行领导班子带领全行员工进行了不懈地努力。以他人为师，先后拜访、学习瓯海农合行、温岭农合行、南浔农商行、杭州联合银行等兄弟银行；反思自我，继承和发扬农信系统能吃苦、敢突破、勇拼搏的精神，找到了一条突出“价值创造”的绩效管理新模式，实现了思维理念转变与绩效模式再造同步展开。在寻找“价值创造”的绩效管理过程中，江山农合行很幸运地搭上了衢州农信与绍兴农信山海合作的顺风车，在山海协作框架中，作为受助方，新昌农合行向江山农合行提供了关于经济资本管理计算机系统，并传授了一整套关于经济资本管理的理念。在理念的交流中，以张德建副行长为组长的经济资本管理工作推进小组，进一步明确了“价值”对于银行的意义，明确了“价值创造”对于绩效管理的重要性，同时把对经济资本管理的理解引向构建“价值创造”的绩效管理体系中去。

一、让员工明白绩效谁来管

当今先进银行绩效管理基本做到了全方位和全覆盖，每个人、每个工作岗位都有其对应的绩效考评标准。绩效管理对于整个银行业务运转来说犹如指挥部，是有效贯彻总行战略决策的重要抓手，在全面绩效管理理念下，全行各个岗位培训都有相应的考核办法。2012 年以前，全行绩效各部室大家管，一块块“封地”各有各个的“章法”，绩效管理部的成立，是江山农合行在推进绩效管理工作中的重要一笔，充分体现全行上下对绩效管理模式再造的坚强决心，也充分体现了绩效管理模式再造的难度之大以及重要性。绩效管理部的工作职责就是把原先零星分散于财会科技部、业务发展部、人力资源部、风险管理部等部门的绩效管理工作进行有效地归集、整合与提升，在明确了模式再造的客体的同时，对客体进行了提升与完善。以 2012 年为例，江山农合行把原先个位数的考核办法丰富为 20 余个考核办法，做到了绩效考评岗位及人员的全覆盖，此过程中，绩效管理部门密切了与业务部门的联系，与相关业务部门合作，使得每个办法都具有相关的操作性和可行性；同时，通过建立绩效反馈申诉机制，既让机构和员工明白自身的“价值”，也给予其对“价值”计量正确与否申诉的权利。

二、让员工明白绩效做什么

不同岗位有不同的薪酬结构，重构薪酬结构是此次绩效模式再造的重点工作之一。以一线工作的综合柜员、客户经理为例，综合柜员薪酬结构包括底薪、业务量薪酬、存款业务薪酬及薪酬调整数组成，比如业务量薪酬计算中通过明确每一笔业务量单价，对每位综合柜员进行统计；客户经理薪酬结构包括底薪、存款业务薪酬、贷款业务薪酬及薪酬调整数组成，比如贷款业务薪酬中通过明确每一笔贷款利息收息的薪酬率，统计出每一位客户经理贷款业务的薪酬。对于信贷辅助岗、会计助理岗等岗位的考核，通过创新思路，以综合柜员、客户经理薪酬结构为基础做到了科学有效的挂钩。

绩效管理最终到员工层面，起关键性作用的就是薪酬如何分配。以“总行计量、下划，支行确认、分配”二级分配机制，改变了或总行说了算，或分支机构说了算的单向薪酬分配，实现了总行对全行绩效薪酬管理，同时做到了对辖内资源有效再整合。总行层面上，将绩效薪酬以总额的形式下划支行，并初步计量出员工的绩效薪酬向支行提供参考；支行层面上，根据总行下划的总绩效薪酬为基础，参考总行提供的员工绩效薪酬与本支行的实际管理确认每位员工的最终薪酬。“两次分配”既体现了员工服务于总行大局的“价值创造”实际效果，也平衡了员工在分支机构团队工作的真正价值。

“现在一打开电脑就知道，任务完成怎么样了，能得多少薪酬了，现在是有的放矢啊！”“以前多是应付，现在知道自己要做什么了……”一次与一线员工关于绩效交流会上，员工们开心地说。

三、让员工及时明白得到什么

让员工及时明白自身绩效有多少，才能进一步积聚绩效管理改革创新的正能量。江山农合行把科技作为一个重要角色，始终贯穿着整个绩效管理模式再造，从绩效管理办法修订需要考虑科技的实现，到绩效反馈时需要考虑科技数据的收集。再造过程中，江山农合行把相关业务数据统一整理到数据库中，实现绩效管理数字化，有力地保障了绩效管理模式再造，把原本“笔和算盘”手段一下子提升至“电脑与数据库”水平，实现绩效反馈“T+1”。绩效好比指挥棒，是绩效管理的基本定位，考核办法则是绩效管理的着力点。

“从前总感觉什么创建文明单位，离我的生活很远，想不到今年还有薪酬拿，以后会更加珍惜和维护好单位的荣誉了。”一位老员工在看着自身年度薪酬清单时，发自内心地说道。如何对待企业荣誉直接影响着企业员工的集体荣誉观，江山农合行以员工日常行为考核及全行荣誉薪酬为主的特色考评机制，标明了日常工作中员工的行为规范，引导并形成了农合行荣誉员工建，荣誉硕果齐分享的良好局面。通过推行绩效反馈和绩效申诉制度，江山农合行逐一做到了绩效规划、绩效施行、绩效反馈、绩效申诉的全流程。

四、让绩效管理部明白怎么做

“大厦理论”是江山农合行处在发展历史关键期，总行领导班子高瞻远瞩、立意深远提出来的，用于解决当前问题的理论武器，更用于指导农合行关于组织框架建设、机构部门职能定位的科学理论。绩效管理在全行业务发展中起指挥棒作用是众所周知的，也是绩效管理部门在践行“大厦理论”重要理论基础，从定位出发，明确了作为大厦的指路明灯的作用，与大厦基石、大厦支柱等同属于有机的、密不可分的组成“部件”。把绩效管理比做指路明灯，是对绩效管理本身认知，更是绩效管理理念转变与模式再造一个努力方向研判，近年来实践也是如此，如明灯照亮了农合行每个角落，精细到每个岗位和业务，发挥指路作用，通过绩效内在的参数设置，有保有压、协调稳健引导全行各项业务特色发展。

五、让绩效管理部门明白做什么

整个绩效管理再造过程中间，做到了“三个始终，一个坚决”，一是始终紧跟决策层的经营思想不放松，日常性地向党委领导进行工作汇报，深入领悟领导层的思想内涵，并将领导层的系列讲话有效吸收提升；二是始终用全局的观点，全面的方法做好考核，从机构和员工两个维度展开绩效工作，既要注重机构的统盘作用，也要突出员工的主观能动性；三是始终坚持用数据说话，以事实定结论，公正、公平、透明做好考核评价。一个坚决就是坚决贯彻落实全行战略，对于战略突出点绩效管理更是予以高度重视，以“做小、做散、做广”为战略突出点，在绩效考评中明确地标明小额贷款将得到更高薪酬费率；为了实现资产质量继续保持良好态势，在绩效考评中将其列为专项内容。

案例分析

江山农合行整个绩效管理理念转变和模式再造的全过程中，突出了“两个价值”，即员工的主体价值和员工的企业价值，同时进一步理顺了“两个关系”，即员工与绩效的关系、绩效与薪酬的关系。

一、突出员工的主体价值，是绩效管理理念转变和模式再造的核心

员工是企业真正的主人翁，是利益相关者中起基础性的角色。2008 年以来，农合行推进的绩效管理工作，就是把原先弱化了的员工主体地位再次扶正，深层次转变员工在工作上理念，把“单位要我做什么”转变为“我要为单位做什么”，同时把各项工作与员工进行了紧密联系，进一步阐明了员工在业务开展中的基础性作用。

二、突出员工的企业价值，是绩效管理理念转变和模式再造的要义

员工需要为企业创造价值，在利益相关者中扮演着生产者的角色。2008 年以来，就是明确了企业一切价值创造源于员工的劳动付出，员工的酬薪必须与员工的劳动付出相匹配，同时员工作为生产者必须在企业中应当承担的职责，以及与职责相当的奖惩机制。

三、理顺员工与绩效的关系，是绩效管理理念转变和模式再造首要任务

绩效高高挂起，员工不知如何实现绩效，是存在较多的员工与绩效脱钩的现象。员工是绩效管理各项工作的实施者也是受益者，绩效目标的最终完成需要每位员工辛苦的付出，同时绩效目标完成时，也是员工分享成果的时刻。不明晰的员工与绩效关系，容易造成主客体倒置，出现员工想做事不知如何做，出现员工有抱负却四处受挫。

四、理顺绩效与薪酬的关系，是绩效管理理念转变和模式再造基本落脚点

实现何等绩效、应得如何薪酬一直是绩效管理难点问题，过高的薪酬水平将增加企业的人力资源成本，影响后继的员工激励效果；过低的薪酬水平将引起员工思想的反弹，影响到后续的各项改革。把薪酬与当地经济水平、农合行发展全局，通过数字模拟、情景模拟等方式，对不同员工结构采用了分值计酬与费率计酬的计酬方式，有效地理顺了绩效与薪酬的关系。

在突出“两个价值”和理顺“两个关系”过程中，江山农合行绩效管理从制度和长效机制上做了全方位的工作。通过把绩效管理延伸到每个岗位员工层面，对岗位进行了统一规范，对绩效任务进行了统一计量，对绩效薪酬进行了统一匹配，并以 20 余个文件进行了逐一确定。通过绩效反馈与申诉机制的建立，把绩效管理全过程阳光化了，使得员工的各种感情有了畅通的表达渠道。

江山农合行整个绩效管理理念转变和模式再造的有效推进，根本点就是抓住了银行业绩效管理的大方向，顺应了大潮流，同时找到了突破点。2008 年原江山市农信联社成立改制为江山农合行，从所有制结构、组织框架上都进行了本质性的改革，作为银行就必须有银行的样子，对于长期粗放式的绩效管理模式也必须得以有效地改革。突出“价值创造”内涵，对机构和员工进行有层次的考核，把原本粗活变细，把银行精细化管理的理念成功地运用到了绩效管理上。综观周边股份制商业银行，绩效管理精细化是一个大趋势，也只有如此精细的绩效管理才能支撑起员工们在如此激烈市场竞争中有好斗志，并取得好成绩。

案例启示

一、加强沟通融合是绩效管理成功的必要条件

绩效管理体现了参与和承诺，整个工作务必要找准转变和再造的主体，充分发挥员工的主体性及充分保障员工的主人翁地位，围绕“人”字做足文章，从年初的绩效计划的制订、年中的绩效辅导到年底的绩效反馈，都是由主管与下属共同参与完成的，体现了“以人为本”的企业价值观。绩效管理重在让管理者和员工亲自参与，让管理者和员工从心里接受它，并身体力行执行它，达到预期效果。要让员工明白工作就是要按标准执行，要把任务具体化，并在工作中做好记录，做到科学规范，有源可溯；要让员工了解工作的意义以及完成任务目标之后可以得到的回报，管理者要经常不断地与员工沟通、融合互动，让他了解管理者的目标，避免出现员工工作结果与管理者的目标相差甚远，从而通过共同的参与和承诺，实现组织目标。

二、做实指标体系与考核是绩效管理成功的重要保证

整个工作要紧紧把握银行业绩效管理工作的发展方向，综合粗细化管理、全面绩效管理、科技绩效、数字绩效、经济资本管理等多维度协调推进，同时密切结合相关人力资源方面改革的成果。绩效管理不仅在于考核员工，更是通过一种系统的方式以取得、记录与分析员工在过去的一个绩效周期中工作上的表现，以及工作进度状况，通过评估与反馈来指导员工提升工作业绩，让员工明确以后的工作怎么办和怎样不断地从低目标向高目标迈进，促使员工绩效水平提高，进而挖掘员工未来发展的潜力，以协助员工开拓更宽广的职业生涯发

展空间。通过绩效管理，使员工目标与银行目标协同一致，通过提升员工绩效水平，使银行整体绩效不断得到改善和发展，实现银行与员工的共同发展，确保绩效管理与企业战略目标的紧密联系。

三、有效的培训有助于提升绩效管理的执行力

有效的培训须是全员培训和分层进行，打造专业化的内训师队伍促使技能型培训内部化，如打造培训师队伍，强化内训。本单位的绩效管理理念、知识、指标等适宜内训，使得员工充分了解本单位绩效管理制度、流程、计划和指标的基础上，理解自身的绩效和整体组织的绩效之间的关系，明确自身的工作目标，实现企业引导的行为改变与绩效提高；借助外脑，采取请进来或送出去强化中高层培训。必要的情况下可以借助外力（包括绩效管理专业研究人员、同行和中介服务机构）强化对中高层的培训，既立足于本单位实际又突破闭门造车，不断学习借鉴国内外同行各方面的成功经验，逐步形成一套基于“价值创造”的适合自身特点，符合竞争要求、适应企业未来战略发展的绩效管理体系。

编写：郑睿鑫

变革薪酬"谋"发展 大刀阔斧"塑"机制

——常山农信联社客户经理绩效考核实践

案例背景

"真是太快了，我昨天才给你的材料，今天贷款就办好了，信用社效率就是高!"近日，刚在金川分社贷了50万元的客户江总开心地对客户经理郑根盛说道。无独有偶，《今日常山》编辑朱爱良在行风评议座谈会上说："我经常10点多路过你们信用社，你们信用社都亮着灯，客户经理加班的时间比我们记者赶稿还多，这在以前根本是不可能的事。"

自2009年探索出台客户经理绩效考核以来，客户经理观念从"要我干"转变到"我要干"上来，很多年龄较大的客户经理也一改以往"等、靠、要"的老毛病，主动加班加点，和年轻人比效率、拼业绩，工作业绩得到了极大提升。近三年，常山农信联社贷款平均增长率达到29.16%，员工待遇也水涨船高，达到了客户、员工、农信联社三方共赢的效果。

案例情境

2008年，常山农信联社新一届班子成立后，充分认识到原有的薪酬分配制度由于考核范围不清晰、考核导向不明确、考核指标不完善的弊端，不利于充分调动客户经理的工作积极性，不利于业务能手的成长，更不利于农信联社的长远发展。为此，农信联社党委认为必须尽快完善薪酬分配制度，充分调动员工的积极性与创造性，引导员工创新和改善服务，提高经营效益。最终，在农信联社党委的指导下，在各部室的积极探索实践中，一个具有针对性、多元化、差异化考核激励机制瓜熟蒂落。

一、变革薪酬“谋”发展

面对迫在眉睫的薪酬改革，常山农信联社领导班子提纲挈领，确定框架，突破阻力，顶住压力，给薪酬改革营造了一个良好的环境。

一是改革绩效要以内部公平为原则，业务发展为导向。从制度角度讲就是组织中应该有一个合理的薪酬制度，将员工利益与组织效益相统一。因此，分配时需要实现在能力、贡献、绩效上公平，强调多劳多得，按绩效高低和贡献大小进行分配，实现相对的公平。这样，就可以激发每一个员工的积极性和创造性为实现组织目标而努力。因此，结合实际情况，常山农信联社审时度势成立了以农信联社领导班子为成员的绩效考核领导小组，确定了职位竞聘上岗制度，将薪酬按劳分配，能者上位、庸者让位，能者多得、庸者少得，确保了农信联社对内机会公平、对外竞争有力。对于可以量化的业务指标，逆向试算，从效益量化到成本核算，得到精确的差异价，从而得出制定统一的内部付酬单价。如存款、贷款、中间业务、银行卡业务等，按笔数、金额、模拟利润等条件设置付酬标准，极大地调动了员工的揽储和放贷积极性。绩效考核机制也考虑地域分别，贷款产品区分等多重因素，按多劳多得合理计效，实行多贡献多奖金，上不封顶的浮动薪酬考核办法。

二是健全绩效要以动态调整为主线，透明合规为保障。银行业市场环境风云变幻，客户需求多元化，同业竞争日益激烈。自身而言，常山农信联社在不同时期有不同的业务侧重点，不同业务有不同的突破点。对于不同客户群有不同的营销策略，做到宁可让利，不让市场；对于不同业务实行不同计酬标准，成熟传统型业务，实行成本收益差价核算，对于新兴成长型业务，实行定量考核。绩效考核必然要因时而异、因地而异，提前谋划，动态调整。因此，农信联社专门成立了绩效考核小组，负责对绩效的考核情况进行科学监督，实时评估分析，及时调整引导。同时为了做到透明公开，绩效工资按季度进行内部公开通报，在内刊上表彰先进，统一按时发放，这样既能增强薪酬的透明度、广泛接受客户经理监督，又能激发客户经理的荣誉感和上进心。

三是完善绩效要以综合考核为手段，稳健经营为目标。为了避免有绩效的任务大家抢着做，没绩效的基础工作没有人去做的尴尬情况，农信联社领导班子审时度势做出了分部分、分层综合考核的决定，完善了考核机制，做到农信联社考核粗中有细，信用社考核细中有粗，使得更加适应信用社的业务发展需要。除了基础档案工资，在农信联社层面分等级奖励、存贷款、业务拓展、资产质量四大方面综合计酬。在信用社层面鼓励信用社结合自身情况在农信联社考核框架内进行二级考核，针对信息报道、优质文明服务等任务制定合理的奖罚措施。考核办法送农信联社备案，完善绩效考核机制。机关部室有了主管业务的主抓手，中心社有了全面发展的调剂品，为合规稳健经营提供了内在动力。

二、大刀阔斧“塑”机制

（一）分类管理

农信联社根据客户经理能力水平、社会资源状况，将客户经理分为团队客户经理和零售客户经理。团队客户经理主要负责对企事业单位、日均存款在100万元以上、日均贷款在500万元以上客户的存贷款营销工作；零售客户经理主要负责自然人客户的存贷款营销工作。其中，零售客户经理分为A类客户经理和B类客户经理，A类客户经理即为负责以营销城区自然人优质客户和个体工商户为主；B类客户经理主要负责以营销非城区的农户为主。

（二）薪酬考核

客户经理薪酬考核由五部分组成，即客户经理的基础工资、等级奖励、存贷款绩效薪酬、业务拓展薪酬和资产质量薪酬组成。

1. 客户经理基础工资。即客户经理档案工资，按农信联社人事部门核定的工资扣除个人“三金”后实行按月计发。

2. 客户经理等级奖励。根据不同等级实行差别管理，按照定量指标即日均存贷款存量和增量考核、资产质量考核、效益指标考核、违规积分考核四项，定性指标即信贷档案管理、贷款"三查"制度执行、业务学习与考试和业务技能考核四项所组成。实行一年一评，并对连续两年处于最低等级、新增不良贷款较多或出现严重违规行为的客户经理实行强制退出。

3. 客户经理存贷款绩效。由存款业务考核、贷款业务考核，其中，存款业务考核由存量存款考核和增量存款考核组成，贷款业务考核由存量贷款业务绩效薪酬和增量贷款模拟利润考核组成。

存款业务考核方面：（1）存量存款考核。按上年度客户经理日均存款余额分自营与非自营不同计酬标准计付存量绩效；自营存款计酬标准最高的可按上年度自营日均存款额的0.4%，低的为0.3%；非自营日均存款计酬标准最高的可按上年非自营日均存款额的0.2%，低的按0.1%计付存量绩效；自营存款指维护到客户经理个人名下的各项存款，非自营存款指客户经理经办贷款客户对应还款账号的存款。（2）增量存款考核。按照客户经理上年度日均存款余额与考核期日均存款余额的新增额分为自营日均存款和非自营日均存款，非自营日均存款即为客户经理所贷款账户所产生的存款；新增自营日均存款按1%计付绩效工资，非自营日均存款按0.4%计付绩效工资。

贷款业务考核方面：（1）存量贷款业务绩效薪酬。由存量正常贷款户数、存量模拟利润计酬两部分组成，存量正常贷款户数按每100户一个档次，存量模拟利润按照每10万元一个档次划分，如存量正常贷款户数达到500户则每月计酬1 000元、存量模拟利润达到60万~70万元的则每月计酬800元，依此类推，上不封顶，存量工资保底为每月300元。（2）增量模拟利润计酬为增量模拟利润×增量业绩计酬率（城区为10%，非城区为12%），增量模拟利润为本期模拟利润总额减去同期存量模拟利润。贷款模拟利润 = ∑｛每笔贷款日均余额×（贷款执行利率 - 贷款资金筹资成本利率）×贷款产品系数×贷款风险权重×贷款经济资本权重｝。目前资金成本利率 = [存款卖出利率 - （1 - 存贷比）×平均收益率] /存贷比，存款卖出利率为公共费用率与存款付息率之和。

4. 业务拓展薪酬。根据客户经理所营销的存贷款客户数量、传统POS营销、丰收卡消费、银行卡助农业务、网银及手机银行用户拓展、代理保险和理财、管理支农联络员等业务考核。

5. 资产质量薪酬。主要是由清收不良贷款奖励、资产质量管理奖励两部分组成。

自从实行客户经理绩效考核办法后，客户经理经常主动上门拜访客户、营销业务，服务客户的能力有了跨越式提高，客户满意度也空前高涨，2012 年常山农信联社更是县域内唯一一家获评人民群众满意单位的金融机构。

自从实行客户经理绩效考核办法后，绩效薪酬在客户经理整体薪酬中平均占比高达 70% 左右，按照客户经理绩效考核办法计发业绩薪酬，多劳多得，上不封顶。在实行了绩效考核后，客户经理之间同岗不同酬，按业务按贡献得绩效，2012 年常山农信联社客户经理的薪酬从 5 万元到 17 万元不等，切实地拉开了收入差距，增强了竞争力。

自从实行客户经理绩效考核办法后，常山农信联社实现了不良率从全市倒数第一到正数第一的华丽转身，也在金融机构数目增多，同业竞争加剧的情况下，提升市场份额 10 个百分点，经营效益屡创新高。

案例分析

一是大局为重，形成全体共识，提高积极性。以前员工不理解、不愿意去干，认为大家干的工作本身就是职责所在，没有必要进行绩效考核，没有竞争的动力。现在员工们了解到，绩效管理的目的不是考核员工，而是激励员工，是让员工与团队共成长的先进管理制度。现在大家都接受了绩效管理体系，工作积极性明显提高，营销意识也大大增强，全社自上而下形成了良好的工作氛围。绩效考核制的变化让我们员工得到了实惠，真正实现了信用社管理精细化、发展集约化的转变。

二是动态管理，注重绩效引导，塑造竞争力。市场环境瞬息万变，动态的管理才能保证绩效实时引导业务发展，不断形成错位竞争，留住老客户，营销新客户，淘汰劣质业务，抢夺优质业务。为了提高信贷资金归社率，加入了“派生存款”考核分项，以客户经理管理的贷款额为标准，按比例定派生存款任务，增强了存贷联动，至2013年8月末派生存款余额7 000余万元，占客户经理营销存款的1/3；为了密切客户经理和信息联络员的合作，加入了与服务区域内信息联络员业绩相挂钩的管理考核，切实提高了信息联络员的工作积极性；为了调动员工揽储积极性，对增量存款实行比存量更高的绩效工资，并且在劳动竞赛单列新增存款任务，以短促长。通过一系列的绩效引导，五年间常山农信联社存贷款份额提升了10个百分点左右，在县域金融机构同行中进一步巩固了领先优势。

三是综合考核，护航业务发展，提升服务力。现代银行同业竞争加剧，客户需求多元化，客户对银行服务内容要求越来越多，服务质量要求越来越高。综合化的考核势在必行，同时综合化也意味着复杂化，复杂到客户经理算不清自己的绩效，摸不着工作着力点。为此，农信联社引入了模拟薪酬系统，让客户经理对自己的薪酬组成，薪酬金额一清二楚，直观地知道自己的短板在哪里，查缺补漏，给客户带去了全面的金融服务，提升了服务水平，更让客户经理紧紧跟上市场经济发展的需要，营销理念从以往的“坐等客户上门”转变为“主动拜访客户”上去，主动为客户加班加点，急客户之所急，帮客户之所需，服务质量有了跨越式的提升。优质的服务带来了贷款户数、贷款额的强劲增长，从2009年到2013年8月，贷款余额从11.5亿元上升到30.46亿元，贷款户数从1万户增加到1.2万户，年均增长5%左右，取得了增量扩面的可喜成绩。

案例启示

启示一：决策层支持是绩效改革的关键

许多高层领导在推行绩效工资改革时开始都能坚定支持，但是遇到困难和矛盾时，高层领导往往只注意暂时的“平衡利弊”，缓解矛盾而损害考核办法的公信力，白白失去发展的良机。常山农信联社领导班子在推行绩效工资改革时，积极站到前台，大力支持各级管理人员，这也充分表明领导干部在推行绩效管理中面对困难的态度和决心，处理冲突的技巧，权衡利弊的眼光。农信联社党委要求管理层及职能科室在考核的过程中坚持原则、一视同仁，绝不能夹杂着个人感情和恩怨，公事公办，应发尽发；铁面无私，应罚尽罚，这样激发了员工积极性和创造性，让客户经理可以安心按制度发展业务。

启示二：科技支撑是绩效管理的助推器

随着业务迅猛发展，随之而来的是信息系统承载压力不断加大，信息系统失效的影响同步扩大。信息系统的安全性、可靠性和有效性已经不仅仅是单家银行机构赖以生存和发展的基础，更关系到整个银行业的安全和国家金融体系的稳定。绩效考核系统承载着庞大的数据信息，则需要管理团队对系统日常运行的维护和数据跑评的运算，如果绩效考核数据由于故障、灾备缺失导致业务长时间停顿，甚至数据遭到损毁而不可恢复，将会对整个考核产生系统性的影响。强大的科技支撑还要求科技力量与业务发展紧密结合，加强二次开发能力，解决新问题，克服新困难。因此常山农信联社更需要加强对考核管理团队和科技复合型人才的培养，提升科技支撑业务发展的能力。

启示三：员工归属感是绩效管理的“指挥棒”

实施绩效考核以来，常山农信联社各项业务得到了突飞猛进的发展，员工的收入也不断提高。但不难看出，员工所承载的压力也是越来越大，员工的幸福感和归属感也有所下降，如何营造基业长青的企业文化，和谐团结的团队氛围，增强员工归属感。面对瞬息万变的环境，如何建立合理完善、动态调整的考核指标体系、如何建立与长期风险责任挂钩，与稳健可持续发展相匹配的薪酬激励机制，都需要我们在未来的实践中不断地去思考、探索与改进。

编写：胡俊　姜俊华

RENLI
ZIYUAN GUANLI PIAN

人力资源管理篇

留住卓越　成就未来

——柯城农信联社薪酬管理机制改革的实践效应

案例背景

近年来，金融市场竞争风起云涌，就连衢州市这样的经济欠发达地区，也是硝烟弥漫。自2007年以来，衢州市区相继进驻了20家银行，银行机构从原来的7家速增至27家。这些银行进驻后，不仅导致金融业务市场竞争急剧升级，同时也引发了人才争夺大战，人才流动加速，“跳槽”现象频现。

2007年12月，衢州进驻了首家股份制银行——温州银行，随即引发了市区某银行人才“大迁徙”，大批精英骨干纷纷“跳槽”，其中不乏中高层管理人员，并在短短6个月时间挖走了1.57亿元存款。此后，同样的事件频频发生，几乎是每新进一家银行就会出现一次“震动”，有家银行一夜之间竟然“跳”走了26人，以至于一些银行高管一听说有银行要进驻便如临大敌，寝食难安。同处衢州市区的柯城农信联社也不例外，存在着人才流失的隐忧。

人才“跳槽”的原因有多个方面，但不可否认的是，高薪诱惑乃为其中的一个主要原因。在这种背景之下，如何留住人才、蓄志定邦成了各家银行都必须直面的棘手问题。正因为如此，柯城农信联社党委未雨绸缪，立足当下，放眼长远，前瞻性地探索研究应对之策，其中改革薪酬管理体系即是一项重要举措。

案例情境

“近年来，农信联社在外力推动和自我奋进之下，获得了良好发展，与商业银行的差距快步缩小，特别是员工整体薪酬水平有了长足提高。然而，直面现实，员工危机意识淡薄、内部竞争不充分等问题仍然突出，尤其是薪酬分配上还普遍存在着‘大锅饭’，薪酬管理‘短板’显现，尚未能真正形成与市场法则相对接、与内在目标相匹配的薪酬激励机制。这一机制的缺损，在较大程度上抑制了农信联社核心竞争力的提升，成为其向现代金融企业转型的现实障碍。因此，深化薪酬管理体系改革是我们所面临的一个紧迫课题，是急需走而且必须要走好的一步棋。”2007 年初，在柯城农信联社年度工作会议上，理事长甘文智代表农信联社党委发出了薪酬管理改革动员令。随后，农信联社薪酬改革进入实质性阶段。

一、薪酬管理改革目标取向

对于这场改革，柯城农信联社设定了这样一个总体目标，即通过改革，构建一个以“基础薪为保障，绩效薪为主体，延期薪为补充”的薪酬管理新体系，其中的重大突破点是在薪酬管理体系中导入“延期薪”这一新元素（2011 年以前称为“期薪”，2011 年起改称“延期薪”）。总目标下设定了三个子目标：一是突出效率优先，重在体现按劳、按能和按效分配原则，形成“效率优先”的激励导向，构建以岗位价值评估和业绩驱动为主导的薪酬激励机制；二是强化量化评价，绩效评价指标尽可能实现合理量化，增强评价体系的客观性和可操作性，规避和减少非客观因素干扰；三是形成长效驱动，导入“延期薪”这一新元素，克服短期行为，强化远期激励，形成既能合理体现即期价值，又能引导和体现未来绩效的薪酬分配体系，增强其长效驱动功能，使之适应员工远景需求。

二、改革后薪酬分配体系架构

改革后，员工薪酬将由基础薪、绩效薪和延期薪三部分构成。

（一）基础薪

基础薪是保障员工基本生活的薪酬，实行上封顶、下保底。设定基础薪以不超过薪酬总额的25%为上限，以不低于当地社会最低生活保障水平为下限。

1. 基础薪确定

基础薪主要依据岗位相对价值来确定，即“以岗定薪”，同时适度体现资历差别，具体从以下两个方面加以确定：

一是评估岗位价值，确定“岗位等级基础薪”。首先以“岗位在创造整体价值中的作用，岗位对解决问题能力的要求，岗位对知识技能的要求，岗位所承担责任风险的大小”等为指标参数，建立一套相对严密、易于操作的岗位价值评估机制。在此基础上，评价区分不同类别岗位的相对价值，并按相对价值将岗位分成若干等级，然后按等级确定不同岗位的基础薪（为便于区分，称为“岗位等级基础薪”），由此形成以岗位相对价值为依托的基础薪级别阶梯，体现不同岗位之间的基础薪差距。

二是计价员工资历，确定“资历差别基础薪”。合理地选取部分资历要素（如工龄、职称、专业技能等级）作为计价参数，制定相应的计价标准，对员工资历进行计价，使之价值化，计价结果纳入基础薪体系（为便于区分，称为“资历差别基础薪”）。之所以要在基础薪中适当体现资历差别，一方面是尊重历史，另一方面是防止员工放松或放弃对岗位“非物质”、“软性”目标的追求。

根据上述评价计量，员工基础薪也即为“岗位等级基础薪”与“资历差别基础薪”两项之和。需要指出的是，“岗位等级基础薪”与“资历差别基础薪”虽然都是基础薪构成要素，但两者在基础薪中的权重安排不同，前者为主，后者为次，权重配比设定为8:2。

2. 基础薪调整

基础薪调整采取定期调整和即时调整相结合的方式。一般情况下，基础薪每年调整一次，但当遇到年中员工岗位更换、岗位职责或市场价值发生重大变化等特殊情形时，则即时调整。相应地，对影响员工基础薪增、减变动的因素作如下设定。

基础薪调增因素：当出现职称升级、专业技能等级上升、岗位价值增值以及在业务创新、学术研究、创优争先、技能竞赛领域取得重要成果等因素时，按既定标准相应调增基础薪。

基础薪调减因素：当出现职称降级（未获聘或因故被取消资格）、技能等级下降、行为考核不合格、被客户有理投诉、严重违章违纪或失职以及岗位价值贬值等因素时，按既定标准相应调减基础薪。

基础薪增、减变动因素项的计值标准根据各因素在实际工作中的作用性、实用性大小等进行确定。

3. 基础薪给付方式

基础薪实行定期给付，即按月向员工发放。

（二）绩效薪

绩效薪是与员工岗位绩效完全挂钩的薪酬，实行上不封顶、下不保底。这部分薪酬在薪酬总额中所占份额一般不低于70%，是整个薪酬体系中的主导成分。

1. 绩效薪确定

岗位绩效是确定绩效薪酬的唯一依据，具体按以下分类评价确定：

管理岗位类人员绩效评价，这类人员主要指处在承上启下环节上的农信联社机关科室负责人，其岗位绩效分两块评价：一是管理绩效评价，即岗位管理职能履行情况评价。二是挂钩绩效评价，实行“上挂”与“下挂”双重挂钩评价。“上挂”即与农信联社总体目标完成情况相挂钩；“下挂”即与基层信用社目标完成情况挂钩，这主要通过建立定向联系点的途径来实现。此类岗位评价侧重于管理绩效评价，挂钩评价部分比重一般掌握在40%以内。

市场营销类人员绩效评价，这类人员主要指各基层网点负责人、客户经理人员。网点负责人绩效评价分管理绩效和个人业绩两部分进行评价，前者评价岗位管理职能履行情况，后者评价岗位经营目标值完成情况，其中后部分占比一般不低于80%。客户经理人员绩效评价则完全以岗位经营目标值完成实绩为评价参数。

前台操作类人员绩效评价。这类人员主要指一线柜面操作人员，其绩效评价分为三部分：一是岗位业务量评价，即按账务及非账务流水笔数、批量业务笔数等计量评价；二是岗位质量评价，即以服务质量、核算质量等为指标参数进行评价；三是绩效挂钩评价，即与所在单位整体目标完成情况相挂钩，三部分之间的评价比例掌握在5:3:2左右。

后台保障类人员绩效评价，这类人员主要包括机关科员、委派制会计人员以及清算、事后监督、保卫押运人员等，其绩效评价分为两部分：一是岗位履职评价；二是绩效挂钩评价，即与农信联社总体目标完成情况挂钩。此类岗位评价侧重于岗位履职评价，挂钩评价部分可相对降低比重，一般掌握在20%左右。

鉴于农信联社高管人员已实行年薪制度，故不在上述评价之列。

2. 绩效薪给付方式

绩效薪实行即期给付，即按相应的绩效考核期进行兑现。

（三）延期薪

延期薪是根据国家有关规定，对员工税后薪酬根据以后年度经营业绩情况实行延期支付，单位将员工年度薪酬设置一定基数，基数内按一定比例延期支付，高于基数全额延期支付。这部分薪酬在薪酬总额中所占份额一般不超过10%。

1. 延期薪确定

延期薪主要依据两大因素来确定：一是员工年度薪酬税后总额，二是企业年金20%部分。前者是员工个人薪酬计提，后者是单位薪酬激励手段。延期薪计量标的之所以将员工年度薪酬税后总额纳入其中，基数内按比例计提，超过基数全额计提，主要是为建立有效的激励机制，吸引和留住优秀人才，稳定员工队伍；促使员工自觉遵守各项规章制度，使员工在执行规章制度上"不敢违、不能违、不愿违"；更好地发挥员工的工作积极性，努力完成岗位工作目标，为业务发展作出更大的贡献。另外，企业年金20%部分纳入其中，用于奖励经营管理层和优秀员工，为的是体现"增效共享"，增强个人利益与单位效益的紧密度，培育员工的责任心和忠诚度。

延期薪每年计提一次。根据当年员工年度薪酬税后总额按规定比例计算延期薪，连同企业年金部分一并纳入延期薪管理，农信联社财务部门设立员工延期薪账户，业务拓展部配套建立员工延期薪管理台账，按人分户管理，按年对账。

2. 延期薪给付方式

延期薪实行远期给付，即在未来时期且符合预先设定的条件后给付，不同情况实行不同给付方式。给付设定的总体条件为在本单位连续工作满5年（含）以上，具体条件为：一是当员工退休或内退，经离岗经济责任审计后，一年内未发现在职期间有违法违规等情况的，一次性给付；二是经农信联社同意，员工被招录为公务员或参照公务员管理单位工作人员以及系统内工作调动的，经离岗经济责任审计未发现在职期间有违法违规等问题，扣除相关费用后予以部分支付，但不得超过个人延期薪酬总额的一定比例；三是当员工受记过、记大过、降级、撤职等行政处分，扣除其当年延期薪；四是当员工触犯法律、被单位除名或擅自离开本单位，则延期薪全部没收充公。

三、相关配套改革措施

薪酬改革所涉及的是员工切身利益的重新分配，容易引发各种矛盾和利益冲突，也最容易产生思想波动和人心浮动。改革要平稳推进，机制本身的完善无疑是重要的方面，但仅此还远远不够，还需要有相应的配套措施来辅助、补充和助推。基于此，柯城农信联社配套跟进了一系列措施：一是加强思想教育引导，及时有效地将改革意图和实质意义传导给广大干部员工，取得最广泛的理解和支持，化解抵触对抗情绪，凝聚改革合力；二是完善岗位竞争机制，通过编制岗位说明书、全面开放岗位竞争、建立用工置换机制等途径，摒弃岗位人员配置“领导决定”、“组织调配”的做法，赋予员工择岗自主权，营建充分性的岗位竞争机制，促进人员与岗位最佳结合；三是增强科技支撑能力，通过研发支持软件，建立数据库管理程序，借助现代科技手段进行信息采集和数据统计，提高绩效评价和薪酬管理效率；四是薪酬管理全面公开，做到阳光操作，全程透明，不遮遮掩掩，让员工心里有本“明白账”。

案例分析

薪酬问题是关乎“民生”的重大问题，也是企业发展中无可回避又十分棘手的焦点问题，更是企业吸引人才、留住人才的重要手段之一，成功的薪酬管理机制在企业发展中有着举足轻重的作用。香港著名实业家李嘉诚先生认为，留住人才最有效的办法就是“给他好的待遇”。柯城农信联社面对市场竞争格局变化，前瞻谋略，实施了薪酬管理体系根本性变革，带来了积极效应。

打破传统薪酬管理格局。以“基础薪、绩效薪、延期薪”为主体的薪酬管理体系的构建，矫正了激励导向，很大程度上改变了薪酬分配平均主义、论资排辈、短期行为等消极状况，更加合理地体现了岗位相对价值，凸显了绩效激励主导地位，增强了远期福利激励作用。

绩效激励杠杆作用彰显。改革后，绩效薪酬激励实行上不封顶、下不保底，变动薪酬差距拉大，激励杠杆作用彰显，使“按劳、按能、按效”的激励分配原则得以更充分的主张与体现，既创设了员工施展才华的弹性空间，又增强了员工的竞争意识和危机感。

薪酬激励长效功能增强。“延期薪”这一薪酬管理新元素的导入，使得员工未来绩效与当前绩效、企业整体绩效紧密结合，近期激励与远期激励相互联结，形成了既能体现即期价值又能体现未来绩效的薪酬管理机制，增强了薪酬激励长效驱动功能，这不仅能够促进员工加强岗位进取，而且能促使员工更加关心、关注企业整体和长远发展。同时，加重了员工违规成本和“跳槽成本”，这对防范道德风险和职业犯罪、维护人才队伍稳定等都有着积极的意义。据统计，自2007年以来，该农信联社共有18人相继离职，其中，因考取公务员、外调等正常原因调离的有17人，跳槽至他行的仅有1人。

案例启示

人是生产力中最活跃的因素，人力资源是企业的核心资源。如何留住人才，未来将更具挑战。通过上述案例分析，在分享成功经验的同时也带给我们诸多启示：

启示一：绩效管理要服从战略管理。绩效评价目标、方案要围绕主导战略目标来制定，以是否有利于主导目标实现为唯一标准。

启示二：薪酬分配要凸显公平透明。有研究结果表明：一名员工所获得报酬的绝对值与他的积极性高低并无直接的必然联系，真正影响员工积极性的是他所获得报酬的相对值。也就是说，员工对自己是否受到公平合理的待遇十分敏感和在意，其工作激情不仅受“自己得到什么”影响，更受“别人得到什么”影响。而一旦有了不公平感，激励机制就会失效。所以，薪酬分配要做到政策公开、过程公开、结果公开，阳光透明。

启示三：薪酬管理要融入人文关怀。从本义上说，以成果论英雄，将绩效作为决定员工薪酬的主要依据，这种改革方向是正确的。但由于绩效管理中强调个体之间的竞争关系，个体利益将通过竞争方式来获取，在这种背景下，受利益的诱惑和驱动，容易让员工产生短期逐利行为，弱化互助合作，滋生拜金主义、极端个人主义乃至形成错误的价值观，而这些又将直接导致团队精神、挑战精神和奉献精神的弱化。因此，薪酬管理要融入人文关怀，积极发挥企业文化独特的导向、凝聚、激励和约束作用，借助企业文化的力量激发员工内心深处的潜力、主动性和创造精神，强化对员工的精神激励和职业愿景激励，促使他们超越自利性追求，真正把本企业发展当成实现自己人生目标的不间断的进程，而不仅仅是一种谋生的手段，进而实现人生境界和自我价值的不断提升。

启示四：绩效评价要体现质量价值。防止重数量、轻质量及重结果、轻过程的倾向，既追求量的增长，又讲求质的提高；既关注结果，又重视过程。

编写：诸建明　朱晓灿

高技能队伍是这样锻造的

案例背景

2012年10月，衢州市银行业首届“银行杯”业务技能比赛暨知识竞赛隆重举行，来自全市各金融机构的23支代表队115位选手参加角逐。衢州农信系统6家行社派出的参赛队技惊四座，大放异彩，取得了多个赛项前三名的好成绩，其中，点钞项目包揽冠、亚军；计算机汉字与传票输入前八名中，农信人均占据六个席位；12位参赛技能选手全部挺进八强，赢得满堂彩。本次比赛点钞冠军——柯城农信联社参赛选手陈苏芳更是成了全场瞩目的焦点。“动作美，速度快，扎把流畅，看她点钞简直是一种享受！我单位要是有这样的选手，那多好啊！”监考老师如是评价与感叹。

一直以来，在同行眼里农信联社技能水平低下，根本不是他们的对手。因为，这之前农信联社在与他们同场竞技较量中从未获得过像样的成绩。而这次农信人的出色表现，着实令他们刮目相看，甚至感到吃惊，也颠覆了他们对农信人“技能差”的印象。

农信人业务技能水平缘何有如此大的提升？这非一朝一夕之功，一蹴而就之事，而是历经了一个漫长的过程。就如柯城农信联社，这个过程就长达7年之久。

案例情境

2005年5月5日，柯城农信联社副主任吴庚华在辖内某城区网点调研时看到这样一幕：一柜员办理一笔普通定期存款业务，竟然花了十分钟时间。经了解，该员工业务办理速度之所以慢，是因为电脑打字不熟练，需要对着“字根表”才能打出字，这件事对吴庚华触动很大。随后，他牵头在全系统组织了一次基本业务技能摸底测试，结果是：数字输入达到145行/5分钟测试标准的人员占比不到41%，最快的是178行/5分钟；汉字输入达到135字/5分钟的仅有13.7%，最快的是200字/5分钟；多指多张点钞达到23把/10分钟的占46%，最多的是33把/10分钟。这一结果让人始料不及，也引起了柯城农信联社领导班子的高度重视，“增强业务技能，提升服务效率”的主题迅速被提上重要议事日程，一场岗位技能大练兵、大提升活动由此拉开序幕，并常抓不懈，迄今已持续坚持了7年。

2006年初，柯城农信联社制定出台了《全员岗位达标考核办法》，设置了“汉字输入、数字输入、多指多张点钞”等三个基本技能达标项目，要求在岗人员全部参与其中，以此为抓手，促进人人练技能，强素质。几年来，全员技能达标考核每年组织一次，从未间断，已成常态。

青年员工学习进步潜力大、空间宽。如何引领他们强技能、练本领？2007年，柯城农信联社推出了青年员工技能人才培养行动计划，借力岗位大练兵，着力培养青年技术能手。该农信联社全新修订了《全员岗位达标考核办法》，大幅度提高了30周岁（含）以下员工技能达标考核标准：汉字输入达标标准从原来的135字/5分钟提高到250字/5分钟，数字输入从145行/5分钟提高到200行/5分钟，多指多张点钞从23把/10分钟提高到28把/10分钟。此标准远远高出同行业员工达标标准。在当年的人才招聘会上，有一应聘者原以为能凭自己是某商业银行点钞高手这一特长在竞聘中赢取优势，不曾想到的是，她的最好比赛成绩竟然比该农信联社达标标准少了四把，结果未能被录用。新标准的出台，在带给青年员工巨大压力的同时，也使得新人辈出，培养和造就了一批青年技术能手。

2011年，根据客户经理实务操作和效能建设需要，该农信联社在客户经理技能达标中新设了“建档资料输入”项目，并配套研发了一个集汉字、数字、拼音大小写、切换等功能于一体的应用软件。此举不仅提高了客户经理录入档案资料的速度，也使得岗位练兵跟进和贴近了实务需要。

案例分析

人是生产力中最活跃的因素，是企业的核心资源，从业人员素质高低直接关乎企业、事业发展的成败。在当今金融市场竞争日益激烈的情况下，如何打造一支素质过硬的队伍，是任何一家金融机构都无法回避的课题，尤其对人才原本相对贫乏的农信联社而言更显得重要而急迫。几年来，柯城农信联社管理层以开展岗位大练兵为抓手，持续深入推进员工技能素质提升工程，这无疑抓住了牛鼻子，对锻造高技能素质队伍形成了良好的促进作用，尤其是一大批青年员工受益于岗位大练兵，技能素质长足提升。2008—2010 年，衢州农信系统每年都组织一次青年员工业务技能大比武，而柯城农信联社青年员工代表队连续三年获得团体第一名，成就了“三冠王”。然而，这一成绩的取得并不是一帆风顺的，在起初几年的技能达标中，有部分员工思想上存在侥幸心理，想蒙混过关；也有部分员工责怪标准太高，怀疑标准不切合实际；更有部分员工埋怨扣款太严，不近人情。如何让员工的这些观念得到彻底改变，该农信联社通过 7 年的实践，利用业务技能大比武、全员技能达标等多种载体，将业务技能与员工的等级评定挂钩，做到考核项目、考核标准、考核过程、奖惩办法等公平、公正、公开，让每个员工深刻感受到技能提升事关自己的切身利益，真正将技能练兵作为强化内功的自觉行动，为高技能队伍的锻造夯实了基础，整体技能水平显著提升。该农信联社 2012 年的达标标准比 2006 年提高了很多（见下图），从达标情况看，员工平均合格率一直保持在 80 % 左右，说明员工整体技能水平得到了提高，各个项目员工的平均成绩也逐渐上升。

办事效率大大提高。以前，常听到客户反映：“服务态度不错，就是速度太慢”，该农信联社经过连续 7 年的岗位练兵，早已改善这一局面。以柜员办理一笔普通定期存款业务为例，一般需时半分钟。该农信联社九华分社一员工在办理农村医疗保险签约的业务高峰期，最高一天的业务量达到650笔，手脚之快、效率之高，令同行叹服。

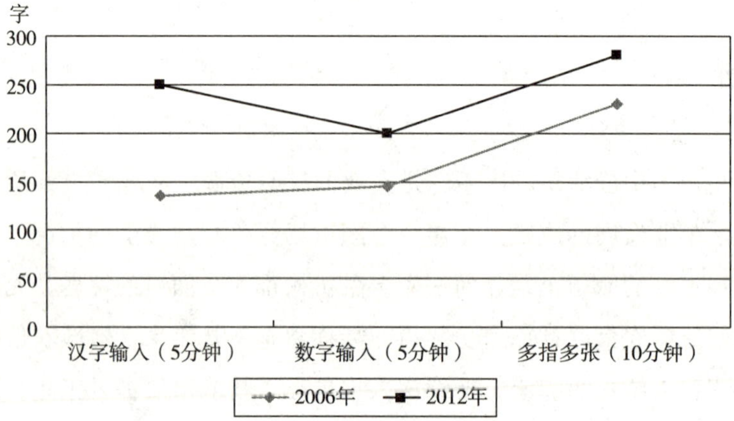

技能人才梯队业已形成。目前，该农信联社汉字输入达到三级（350字/5分钟）的有4人，二级（450字/5分钟）3人；数字输入三级（230行/5分钟）的有2人，二级（260行/5分钟）的有1人；多指多张三级（35把/10分钟）的有9人，二级（45把/10分钟）的有2人。经过7年的实践，该农信联社培养了自己的老师，每年对新员工进行课前培训和课后辅导，解决了本农信联社的技能师资不足的问题；培养了参加技能比赛的选手，随时可以选派出业务尖子参加各类技能比赛；建立了技能比赛的后备人才库，解决了业务技术骨干年龄断层的问题。

社会美誉度不断上升。最近一次的满意度调查中，客户对柜员的服务时间和办事效率都给予了很高的评价，信用社不再是“总体素质差、办事效率低”的印象了。在全国妇女联合会“双学双比”活动中，该农信联社获全国级“巾帼文明岗”1家（金桥信用社），获省级“巾帼文明岗”2家（营业部和花园信用社）；在“文明规范服务示范单位”创建活动中，获银行业协会省级1家、系统内省级2家，有4家获市级“文明规范服务示范单位”称号；在全省窗口单位、服务行业开展的“服务创一流、巾帼展风采”主题活动中，金桥信用社荣获“百家优质服务窗口”荣誉称号，这也是全市金融机构唯一获此殊荣的单位。这些荣誉的取得大大提升了该农信联社的社会美誉度。

案例启示

高技能是练出来的。提高技能水平不是一朝一夕、一蹴而就的，需要的是整个团队持之以恒、坚持不懈的努力。美国西点军校有句名言：成功不是偶然的，也不是等来的。事实上，企业就如同部队，也需要常练兵。该农信联社的员工能够取得技能比赛的三连冠，其中的奥秘就是让员工通过“比赛、达标”，“达标、比赛”周而复始地磨炼，在经常性的训练中一步一步地接近成功。

高技能是逼出来的。现如今在农信联社的员工队伍中，大多是 80 后、90 后，并且多为独生子女，他们家庭条件都比较优越，不太能吃苦。如何激发这部分员工学业务、练技能？该农信联社通过岗位练兵的倒逼机制，迫使青年员工苦练技能，让他们在全员练兵的大环境中感受到压力，从而自觉地投身到岗位练兵中，为技能水平的提高而刻苦训练。

编写：陈素英　林妍　姜雅君

跨越从素质提升开始

案例背景

2007年初，柯城农信联社辖内12家信用社无一获得浙江农信会计基础工作二级单位资格。而至2012年末，该农信联社取得二级及以上资格的信用社达8家，其中，一级3家、二级5家。同时，柯城农信联社整体综合会计管理工作通考核验收取得了二级单位资格，是全省为数不多的取得该资格的县级行社，也为全市农信系统首家。短短的几年内，柯城农信联社如何提升内部管理水平，使农信联社财务管理工作迈上新台阶，实现三个层次的跨越？透过以下两个场景，答案已然揭晓。

案例情境

场景一

2008年7月的某天，在柯城农信联社九楼会议室里，针对无一家单位取得会计二级资格的现状，农信联社领导紧急召开财务管理工作会议。众人从各自信用社赶到农信联社会场时，都已是大汗淋漓。主席台上坐着农信联社领导班子，这么大规模的财务会计管理工作会议还是首次。会议开始了，只见一名财务管理人员开始汇报财务管理工作情况。瞧！她紧张到了极点！手里拿着汇报材料，不停地在颤抖，额头上布满了豆大的汗珠。与会人员的目光齐聚在她身上，她汇报得有些磕磕巴巴，思路不清，条理不清，但是也只能……一个如此，接着另一个也如此，这情形就像传染病似的，在整个会场弥漫开了。一个个信用社内勤主管们轮流汇报了本年工作完成情况，各信用社汇报的内容无功无过、不偏不倚、平平淡淡、大体相同，偶尔领导提出的问题，主管们因为紧张也只能是“犹抱琵琶半遮面”。

领导们越听脸色越凝重，分管领导再也坐不住了，他说道：“财务工作烦琐枯燥，需要管理人员投入恒心与细心。”财务人员需要“满腹经纶”，也离不开“满身汗水”，但更需要提高表达沟通能力，来促成管理层与基层的良性沟通，提高外界对财会工作的理解与重视。现今的管理工作需求的是综合式管理人才。在完成单独一项工作的同时，要对前后工作流程有延展性思考与全面专业的思考，不能满足于“账平表对”，要会创新，要去思考，要学会提炼管理精髓。目前我们农信联社没有一家会计二级单位，现状摆在我们面前，我们应该怎么办？与会的财务管理人员沉默以对、若有所思……

场景二

转眼 1 000 多个日子在重复单调的工作中逝去。农信联社所有会计人员一如既往勤恳努力、事无巨细、踏实认真，似乎什么也没改变。但在农信联社领导的大力支持下，财务管理的工作局面似乎在不经意间早已悄然改变……

2013 年 2 月，同样的年度财务工作会议，会前半小时，财务管理人员们早已携带各自的办公电脑，在会场内认真准备。待农信联社领导班子到场之后，直接按顺序，由各位财务管理人员一边演示 PPT 文案一边脱稿汇报工作，只见一名财务管理人员正在介绍 2012 年度财务工作开展情况、剖析不足及 2013 年度工作计划与目标，她利用精心准备的 PPT 文案，图文并茂、落落大方地介绍了财务管理工作的整体框架、工作方法、工作反思、问题以及下一步的努力方向。其中，近年来业务发展趋势的线性图表引起了领导与同事的浓厚兴趣。平日里大量工作所得到的成果，经过一条细小却耀眼的抛物线呈现在众人面前，各项业务的飞速发展、高速扩张，历历在目，震撼人心。除了她一人汇报的声音在会议大厅里回荡，全场鸦雀无声，大家时而抬头观看 PPT 图片，时而低头奋笔疾书，做笔记。此次汇报得到了农信联社理事长的高度赞扬，内容清晰，有理有据，深入浅出，趣味盎然。理事长即兴提问：“你认为以 2012 年为例，促成资金业务收入增长的最主要因素是什么？”她立刻在文档里搜索，出示了配合该项业务发展的农信联社发展规划，具体规章制度与宏观背景分析文案，并汇报了业务台账汇总情况。“营业部，你们在日常账务管理取得的进步能不能具体说说?”分管领导再次发问，营业部内勤主管徐芬随即充满自信地介绍了辖区内的工作现状，展示了内部考核文件办法的照片，并制作了近五年来会计差错率变化的线性图表。平时做的大量工作一目了然，成绩有目共睹。……就这样一个接着一个汇报着，整个汇报过程，由高层人员随机提问，财务管理人员经过数年的磨炼，早已是落落大方、对答如流……

案例分析

从上面两个场景中，我们看到了会风的转变，看到了一名财务管理人员快速成长的片段，这只是柯城农信联社财务管理队伍建设中的一个缩影。作为“管理—实践”中枢的会计管理人员，其管理能力、综合素质的大幅提升为财务管理实现新跨越奠定了扎实的基础。财务管理工作这一可喜的局面来之不易，它得益于农信联社高层领导在财务管理队伍建设中“重塑人才转型能力、凝聚人才转型动力、释放人才转型活力、深挖人才转型潜力”这一管理智慧的升华。

一、重塑人才转型能力

财务管理人员作为制度的执行者，实践的总结汇报者，上下贯通，无论是基层管理能力还是口头表达能力都突飞猛进。以往执行文件，主管向下传达内容，照本宣科，点到为止，执行效果损失不少。现在从实际工作出发，结合工作中发生的案例做重点学习与对照，极大地加深了基层员工对农信联社制度文件的理解能力与操作能力。同样，在汇报总结工作时，传统方式都是上交文稿，内容雷同。现在，经过几年的锻炼，财务管理人员已熟练掌握电子化传媒工具，结合短片，照片、PPT 等多种方式，力求展示出每个单位各自不同的工作亮点和难点，用事实说话，用数据说话，精简有力，掷地有声。这不仅使柯城农信联社制度高效快速执行到柜面终端，而且使得工作实绩无一纰漏地传导到中层、高层以便及时了解调整工作方案，财务管理人员的“枢纽”作用得以体现发挥，人尽所能，物尽所用，高效流转，成效显著。

二、深挖人才转型潜力

以前柯城农信联社财务管理人员做工作仅限于把工作完成，现今致力于不仅把工作完成，还得把工作做好、做细、做精。为促使财务管理人员强化创新思维，柯城农信联社每年在财务管理工作上都有创新。2008 年，针对屡查屡犯，小错不断，以及每个人对文件制度的理解层次不同，管理人员多次开会探讨，最终历时 7 个月，以情景再现的模式拍摄了《柯城联社规范化业务操作示范片》，该片涵盖柜员从早到晚的全部工作，并且在 2009 年入选省农信联社财务管理课题专项研究，得以在全省范围内被推广使用。在会计规范化的前提下，柯城农信联社财务管理工作创新的视线，作了更深层次的扩大，转向会计规范化与服务规范化有机的结合，历时 5 个月，收集整理了涵盖存取款业务、综合业务、特殊业务等经典案例 49 个，逐个进行剖析，并以服务小窍门的形式对各种临柜业务予以规范。通过创新，凝聚了财务管理人员的动力，为进一步提升财务管理工作奠定了基础。

三、释放人才转型活力

在财务管理人才培育上，柯城农信联社不断创新培训方法和手段，激发培育活力，用好的方法培训人。原有的灌输式学习已经司空见惯，缺乏新鲜感和吸引力，有些人心里虽然很想学，但坐到课堂不久就犯困。柯城农信联社在培育上采用情景式、案例式、体验式、互动式等多种方式，调动参训人员学习热情和创造性的培训方法，需要参与者全身心投入，通过模拟管理、角色扮演、小组讨论等参与者乐于接受的形式，带来的冲击力更大、体验更深，因此，转化为行动的可能性也就会更大。一是培训方法的多样性。培训以培养实际操作能力为中心，广泛采用案例教学、模拟教学、现场观摩、理论讲授、练习、小组辩论、角色扮演、经验分享等教学方法。从 2008 年开始，大部分培训采用“体验式”学习方法进行教学。这种“互动”的学习方法，学员通过思考、实行、总结、体验，把制度、理念内化为自己的行动；管理人员的学习从被动变为主动，学习与获得知识、信息的渠道从单向转向双向，从封闭转向共享（学员与学员之间、学员与教员之间）。二是梯度型培育。柯城农信联社始终坚持以科学发展观为指导，贯彻人才强社战略，遵循人才成长规律，以能力建设为核心，以提高后备会计管理人才的理论水平和实务能力为重点，创新培养机制，科学严格管理，通过笔试、面试、公示三个环节，公开选择后备会计管理人才，通过“师徒制”、“集中培育”、“参与现场检查”等措施，提高其业务能力和操作适岗能力，逐渐形成了一支数量充足、专业素质较高、有发展潜力的青年后备会计管理人才，形成会计人才素材队，实现柯城农信联社会计管理人才在数量上、质量上的承接。通过对会计管理人才的培育，真正培育出一批会干、会说、会写的管理人才，发挥枢纽作用，为推动农信联社会计管理水平提供充足的人才储备和强大的智力支持。

四、凝聚人才转型动力

面对财经领域新知识、新政策不断出现，新业务和新管理系统的不断上线的新机遇和新挑战，柯城农信联社对管理工作转型与人才转型有了新的体验，人才转型中引入“鲇鱼效应”，推出《会计管理工作创优争优三年规划》，打破以往的名额限制，做到能升能降，营造良性“攀比”氛围，单位内柜员之间、分社之间、信用社之间、财务管理人员之间的相互攀比，使得在以后的工作中人人尽量去做那条鲇鱼，而不是去做那些沙丁鱼。

在此基础上，该农信联社为进一步提升会计人员的综合素质，顺势推出“五大平台”，以工作布置平台为先导，学习平台与知识探讨为两大引擎全面开动，深化传导至经验交流平台与情况反馈平台，进行工作成效的梳理与总结，最终回归工作计划高效落实这一根本主题。在平台中，每个财务人员都有目标、有责任、有任务，利用平台，提升综合素质，促进相互学习交流，做到信息畅通，步调一致。

案例启示

一、财务管理要实现跨越，必须观念升级

内存灵魂，保守且落后的观念，极大地阻碍进步。农信联社要发展，就必须先提升管理人员内在素质，形成开明、求学、严谨的工作观，从最深层激活发展的动力。农信联社财会管理人员观念的升级，利于规章制度的迅速反应执行，利于财会工作同步配合金融市场发展步调，与时俱进。人有所短，取长补短；人有所长，学以致用。只有提高财务会计人员的综合素质和业务水平，财务管理才能有所依托，扎实推进。财务管理要实现跨越，必须学无止境（行动升级）；俗话说：活到老，学到老。学海无涯，天道酬勤。每名财务会计人员都应当形成主动学习的积极态度，个人能力的提高，也意味着农信联社人力资本的潜在升值。因此，面对金融全球化与利率市场化的大环境，财务会计人员应当积极顺应潮流，学习新法规，新业务，新产品，将全新的理念根植于传统的土壤，结出更丰硕的果实。

二、财务管理要实现跨越，必须制度升级

制度是保障发展的坚硬骨骼。陈旧且缺位的制度，埋下发展的重大隐患。财务管理要实现跨越，就必须完善构建管理制度框架，主从明分、权责清晰。农信联社财务管理制度的升级，利于规范人与事的行为区间，提升管理效率。通过制度升级，为农信联社提供更强有力的组织结构，强化工作能力，提高工作效率，给不断进步的财务管理人员提供更加适宜的发展平台，从宏观层面为农信联社发展保驾护航。

三、财务管理要实现跨越，必须行动升级

行动是实现发展的必经之路。消极且被动的行动，使得优势观念与完备制度成为“纸上谈兵”。强大的行动力与执行力，让发展成效事半功倍。财会管理发展日新月异，会计准则不断推陈出新，基层工作又涉及众多细枝末节，提升全体人员的反应能力与行动能力迫在眉睫。

编写：张　霞

梦想照进现实

——龙游农信联社与员工圆梦之路

案例背景

近年来，随着放开对大学生员工招聘，农信队伍注入青春血液，如何锻造提升？各家股份制商业银行涌入，展开对业务骨干的争夺，如何防止人才流失？临近退休的员工，积累了丰富的业务、为人、处事经验，如何让余热延续？在老中青三代共融的今天，龙游农信联社通过实施系列“让贤”、“礼遇”措施，让员工有人生出彩的机会，有梦想成真的机会，有与农信事业共同进步、共享成果的机会。

案例情境

王某出生于一般农村家庭，2008 年大学毕业后，她考进龙游农信联社的同时也考上了研究生，如何抉择呢？左思右考之后她选择了参加农信联社工作，她不想再加重父母的负担了。进入农信大家庭后，她被分到一个乡下网点，她为此曾经一度颇感郁闷，想着自己应该念个研究生，然后有更宽广的舞台，而不是待在这种地理偏僻、交通不便的地方。渐渐地，她发现身边的同事，处在同样的工作环境，经历同样的工作程序，但他们并没有抱怨，忙碌却快乐着，慢慢地她也体会到了这种快乐，小小的三尺柜台不仅可以看透人生百态，还给了自己更多学习和锻炼的机会。她爱上了它，她不再郁闷，在这里她的梦想开始起航了。业务知识的日积月累加上优质的微笑服务，她得到了各级领导和客户的一致好评。在一次中层副职的竞选中脱颖而出，成功地当上主办会计。当梦想照进现实时，她以为她的晋升机会很小，她体会到了前所未有的归属感、认同感及幸福感。如今她有了自己的车子和房子，她做梦也没有想到在这个房价飙升的年代，她能凭借一己之力，当上个快乐的房奴。她再也没有后悔过当初的选择。

案例分析

企业文化是一种氛围、一种理念、一种规矩，是一种能够将职工拧成一股绳，心向一处想，劲往一处使的力量驱动。一方面，近年来，随着放开对大学生员工招聘，为农信队伍注入青春血液，增添激情活力；同时，随着各家股份制商业银行涌入，通过开出诱人待遇对业务骨干、精英人才进行争夺；另一方面，部分临近退休的员工群体，积累了丰富的工作、业务、为人、处事经验，是农信联社的一笔宝贵财富。为此，在老中青三代共融的今天，如何充分尊重各方意见表达，及时发现员工不同需求，不同想法，通过采取相应措施，调动员工积极性，让青年员工爱岗敬业，让业务精英晋升有望，让年长员工发挥余热。龙游农信联社围绕“打品牌、聚合力、促发展”的目标，立足公平公正，阳光公开原则，坚持倡导能者上、平者让、庸者下、劣者汰的“让贤”制度，在农信大家庭里员工有人生出彩的机会，有梦想成真的机会，有与农信事业共同进步并共享成果的机会。

一、以薪酬留人，成立幸福小家

生理上的需求即生存需求是最强烈的不可避免的需求，是马斯洛需求层次理论最底层需要，也是推动人们行动的强大动力。薪酬即是为更好地完成生理需求而被需要的。

（一）完善薪酬制度

如何更好调动员工工作积极性，让员工劳有所得，得其所乐，近年来龙游农信联社对薪酬绩效进行不断改革，努力完善收入分配制度。一是完善工资薪酬制度，建立科学的岗位评价体系，以对个人能力进行综合量化为目标，实现了员工个人适岗能力与其劳动价值相匹配的薪酬制度。薪酬方案中特别对员工的各项综合能力给予了充分认可，将学历、职称、从业资格、技能考核以及各项荣誉奖惩都列入了加薪考核的范畴。“想不到四十多岁了还会去看书读本科，以前总以为做好自己的临柜工作就好了，现在不与时俱进真的不行。”兰塘分社的老职工蓝红仙感慨道。随着银行从业资格考试、职称考试以及电大、自考等各项学历考试的临近，看书学习已不再是青年职工的专属，农信联社上下全体员工都热劲十足，纷纷为自己的弱项和缺项做足功课，力争获得各项薪酬考核分。二是完善奖金分配制度，以“人人讲贡献、人人求效益”为分配理念，重在突出多劳多得，不劳、少劳不得的分配原则，鼓励基层信用社加大自主考核体系创新，如辖内溪口信用社率先取消职务系数分配考核，按劳分配、按绩论酬，员工之间季度奖金差距超过9 000元。

（二）完善福利制度

完善《车改管理办法》、《员工终身重大疾病保险实施方案》等制度，对涉及员工福利进行调整，提高相应额度。实施温暖工程，走访并慰问困难职工，为困难退休老职工送去慰问金和慰问物质，对反映的问题及时梳理并提交党委研究解决。组织员工外出休假疗养，切实增强员工凝聚力、归属感、自豪感。除农信联社工会统一组织外，基层信用社自发组织辖内员工开展一日游活动；关注员工身心健康，每年组织员工开展体检，关心、爱护女职工，在“三八”妇女节等，开展丰富多彩的文娱活动；员工生日时，定制生日蛋糕和鲜花，让其切实感受到集体温暖。

二、以情感动人，建立和睦大家

农信联社党委充分尊重员工尤其是青年员工的意见和想法，通过开展多种主题的征文活动以及“金点子”征集活动、组织民主生活会、召开大学生员工座谈会等形式，让员工把要说的话、想办的事说出来，广采博闻，将忠言、良策运用到业务经营管理中，发挥职工参政议政的作用。切实履行特困职工“第一责任人”的职责，实施温暖工程，积极走访并慰问困难职工，对反映的问题及时梳理并提交党委研究解决；为员工营造一个舒心温暖的工作生活环境，开办机关食堂，每天为全体员工供应多种饭菜，让加班的同志，无论时间早晚，都能吃上热乎可口的饭菜；每个基层分社的小食堂也有专人负责和生活补助。装修20套职工宿舍，为城区青年职工解决住宿难题；创办职工之家，建立阅览室、健身房，供全体员工健身娱乐，使员工劳逸结合，真正实现了工作起来舒心、娱乐起来开心。丰富员工业余生活，举行户外拓展训练，增进团队友谊、团队精神。成立农信联社篮球队、乒乓球队、文艺演出队、摄影爱好小组、登山爱好等7个兴趣小组；创办《龙游县农村合作金融》内刊，每月刊载员工工作点滴、生活点滴、情感点滴，同对，对员工优秀作品及时向省、市级媒体刊物进行推荐发表。

三、以文化炼人，创造晋升空间

近年来，龙游农信联社扩大对年轻大学生员工的招聘，从2005年开始至2012年，全县系统大学生员工规模超过100人，作为农信事业的接班人，龙游农信联社党委为塑造好这支队伍，提升积极、向上、团结的凝聚力不断努力。

（一）强化教育培训，提升综合素质

一是注重思想政治教育，学习党在新时期的路线、方针、政策，不断提高职工的政治素质。发挥贴近职工的特点和优势，要求基层信用社工会小组负责人关心职工，融入职工，通过思想交流，接触谈心，及时掌握员工心理思想动态，及时做好思想政治工作。二是注重党风廉政教育。以全省农信系统“争创岗位廉洁合规标兵”主题活动为载体，以反腐倡廉专题教育“十个一”为长效，推进惩治和预防腐败体系建设，结合岗位职责、岗位潜在风险点，落实各项党纪政纪和廉政准则、制度，推动党风廉政建设不断引向深入。三是强化服务行为规范，持续深入开展以“肃行风、提形象”为内容的民主评议行风活动，倡导窗口实施“三亮”、“三比”、“三评”服务新标准；规范经营，将“七不准”、“八整治”以宣传单形式，送至受访户手中并承诺按规操作，全面接受监督。

（二）实施竞赛活动，培育进取意识

一是深入实施劳动竞赛活动。牢固树立干部员工“守土有责，守土有方”

竞争理念，发动员工下农村、进市场、访企业，服务一线，联系群众。二是有效开展技能比拼活动。主抓辖内30周岁以下青年员工岗位练兵，重点培育青年员工争当技术能手“比、学、赶、帮、超”的积极性。三是全面推动岗位竞聘活动，每两年开展中层干部岗位竞聘活动。将员工职业生涯规划纳入经营管理议程，通过加强员工尤其是青年员工职业生涯规划，激发内部潜能，实现自我价值，创造岗位价值。实施后备人才库建设，改变以往重学历、重荣誉、重基础知识的选拔规则，转而更注重通过具有实战目的笔试、演讲环节，对后备人才问题分析、判断、决策等综合能力的测评。采用“走出去、引进来”的方式，与浙江大学继续教育学院经济管理培训中心开展教培合作，提升一线员工和中高层管理人员经济金融专业素养和服务能力。目前，已有38个青年员工进入人才库。在任用方面，35周岁以下的中层有22人，达中层干部比例57%。四是全面推进“师徒”挂钩考核，促进业务“传、帮、带”，每年新招聘大学生员工分配上岗后，基层网点在第一时间为其配备一名业务水平高、操作技能好的老员工，作为今后其在临柜或信贷岗位上成长的“师父”，对其加强业务指导督促。通过每次信贷、财务检查、OCR事后监督体系以及业务技能达标测试反映“帮、教”成效。

四、以品牌育人，赢得良好口碑

在自身业务取得快速发展的同时，积极履行社会责任，鼓励员工主动参与社会公益活动，与地方和谐发展，展示浙江农信最友爱形象。将辖内低收入群体、老弱病残群体纳入重点送温暖、添关爱对象，逐户走访慰问到位；发动员工开展义务献血活动，认领贫困老年人微心愿；以“争做最美衢州农信人——我们的价值观”大讨论活动为载体，发掘行业服务标兵，龙游农信联社员工汪岳云救助彝族小女孩的事件受到新华网、浙江在线等媒体广泛关注并给予肯定，被评为“最美龙游人”；与县电视台联合开展身边“最美孝星”慰问活动，引领全县上下推进道德建设。发起成立“小衣衣爱心基金”，主要用于资助解决县域内病患儿童医治及贫困家庭儿童求学等困难，全体员工踊跃捐款7万余元。基金成立仪式现场就确定了首位受捐助对象——龙游县龙洲街道柳村村14岁急性淋巴细胞白血病患儿，基于该基金，龙游摘得首届“龙游慈善奖”荣誉。通过一系列的结对帮扶活动，农信联社赢得了良好口碑，树立了良好形象，得到了社会各界的较高评价。

案例启示

浙江农信要走“做强做优”道路，实现“一条道路，两场革命”宏伟蓝图，必须汇集优秀的人才，激发优秀人才的创造价值。在为员工实现梦想的同时，自身发展“蓝海”梦想也不断照进现实。

一、建立正确的选人文化导向

“适合的才是最好的”，近年来，随着业务扩张发展、产品服务创新力度增强，全省农信系统对青年人才越来越渴求，求职者学历从大学本科到硕士、博士不等，专业涉及金融、财会、计算机、法学、英语等等。面对学历高、专业好的精英人才，在招聘准入时，要有正确的选人文化，要招聘合适的员工以及适合自身的员工。根据当前业务特点及长远发展规划，并在招聘时灌输这种理念和意识。从社会上很多案例看，当初选择什么样的人才对促进业务发展、发挥创造价值、对企业忠诚度有着重大关系。因此，对新进员工进行科学的测评，理性而非盲目，重真金实料而非学历高低来确定适合的人才十分必要。

二、建立积极的用人文化驱动

“好钢用在刀刃上”，将合适的人放在正确的岗位上，才能创造更大人才价值、岗位价值，因此，农信联社除在平时关注员工的同时，要积极为员工创造空间。一是强化员工职业生涯规划，根据自身实际情况，关注员工的职业生涯发展，为每位员工制订一套适合于个人的发展计划，了解员工心中职业发展的目标，通过制定切实可行的目标和方法，支持员工职业生涯计划，赢取员工认同感，调动工作积极性，让他们对农信未来、自我未来充满希望。二是拓宽员工发展空间，无论是年轻员工，业务精英还是临近退休的员工，虽处于职业生涯不同阶段，但都希望获得更多的发展空间，展示个人价值的空间。强化教育培训，制订完善的员工培养计划，投入教培经费，帮助员工提升综合素质；提拔优秀员工，职位晋升是对员工工作成绩和能力的充分肯定，信任并大胆提拔年轻人才，激励员工，形成良性循环。

三、营造和谐的人本文化氛围

一家企业要本着善心、爱心、进取心去经营企业，以积极的心态、平等的态度、关爱的语言与员工交流，只有这样，员工才会尽力工作，才愿与领导、同事形成良好的合作关系，从而形成有效、卓越的工作团队。坚持以人为本，尊重员工，关爱员工，让青年员工爱岗敬业，让业务精英晋升有望，让年长员工发挥余热，培育员工集体荣誉感、归属感、自豪感。一是善于了解员工真实需求，畅通各种与员工交流渠道，上层领导要勤下基层，融入员工，掌握思想行为动态，倾听工作生活状况，摸清实际所需，将需求纳入今后经营管理行为参考范畴。二是建立合理化建议制度，政务公开透明，行为公示阳光，让每位员工对经营管理有话语权。开放的合理化建议政策是发展取得成就的关键，也是体现员工受尊重标准。三是营造“家”的温暖氛围，通过建立独特的浙江农信“家”的企业文化，让员工深刻体会到“社荣俱荣，社衰俱耻”理念。通过以员工根本利益为出发点，关心关爱员工，让员工参与共享农信事业发展成果。

编写：徐小春　桑晓梅

士为知己者“死”

——龙游农信联社人性化管理助推农信发展

案例背景

近年来，经济景气度低，“跑路”现象从企业向银行蔓延，银行风险开始显山露水。“忽如一夜春风来”，2012 年至今，各家金融机构不断进驻龙游县的金融市场，如浙商行、温商行、村镇银行等。这些新设的金融机构在龙游本地大量招揽人才，雄霸地方的工、农、中、建四家商业银行的员工也纷纷跳槽。

众所周知，在银行网点数激增的同时，人才的竞争自然就不可避免。有人算了一笔账：如果每年新增 3 家省级分行，按每家银行 200 人计，至少需要从别的银行挖 500 人；每家分行一年开 3 个支行，每个网点 20 个人，那又要几百人。所以，这几年银行频现用工荒，尤其是管理岗位上的优秀人才。

在激烈竞争中，银行员工跳来跳去，而员工在跳槽过程中，总会带走一些资源，一是存款，二是贷款。在“唯存款论英雄”的指挥棒下，有存款就有了一切。江苏银监局局长于学军指出，单一的“存款指挥棒”和一套过度考核、过度激励的机制，让业务上的冒进行为和昏头举动风险频生。许多小银行人员来自五湖四海，不知根、不知底，“捡到篮子里就是菜”，“拿过来就用”，风险隐患极大，不出事才怪。而龙游农信联社却少有优秀的员工跳槽到这些新设的金融机构，据调查，农信联社较多年轻的分社主任、客户经理等优秀人才均拒绝了各家金融机构的邀请，这与我社“以人为本”的人性化管理密不可分。

案例情境

龙游农信联社营业部总经理李某，任职时间五年，任职期间营业部各项存款上升了12亿元，带领营业部职工创建了省级“巾帼文明示范岗”，获得了浙江农信文明规范服务示范单位；个人获得了市级“三八红旗手”的荣誉。2012年至今，义商村镇银行、浙商银行等金融机构纷纷向李某抛出“橄榄枝”，愿意以高职位、高薪酬聘请李某，但李某一一拒绝，仍然坚守在原岗位。

案例分析

正如马斯洛需求层次理论告诉我们：人们的需求分为生理、安全、社交、自尊和自我实现五个层级的需要。其中，生理需要是人类为了维持其生命最基本的需要，自我实现的需要是最高层次的需要。人的需要遵循递进规律，在较低层次的需要得到满足之后，较高层次的需要就占据主导地位，成为驱动行为的主要动力。因此，在市场经济条件下，要留住人才除了高薪留人外，更重要的是要感情留人、事业留人。

人才作为世界上唯一的有思想的资源，先天具有向最有效率的组织结构中流动的特性。在市场经济社会，在知识经济时代，在开放的金融市场中，这种“人往高处走，水往低处流”的效应，倍加明显。因此，如何留住人才，对发展中的农信联社来说，解决好我社优秀人才留下与发展问题更是迫在眉睫、时不我待。用高薪留人、用感情留人、用事业留人，是我社对人才队伍建设要求的具体化，更是从操作层面上对人才队伍建设实践经验的规律性总结。

一、高薪拉进门

近几年来，龙游农信联社为调动员工的积极性，一方面有效改革基础薪酬，将员工学历、工龄、证书、荣誉等作为评定基础薪酬依据，掀起员工学业务、提能力、练技能、争先进热潮。另一方面逐步实行绩效薪酬考核，把个人收入与工作业绩相挂钩，在农信联社各项业务经营指标稳步增长的同时，员工的年收入也逐步增长。

绩效考核具体来说，主要体现在：一是员工内部出台客户经理拓展客户数量及日均存款增长额的考核制度，突出员工联系客户考核实效；二是鼓励基层信用社加大自主考核体系创新，如辖内溪口信用社率先取消职务系数分配考核，按劳分配、按绩论酬，员工之间季度奖金差距超过 9 000 元；三是出台让利回馈考核，促使外部客户，立足资金回流农信联社账户，加大对 50 万元以上贷款客户存贷积数考核，提高让利回馈力度，如辖内塔石信用社 50 万元贷款以上客户贷存比保持在 15% 以上。

二、感情能留人

“人是有情感的动物”，特别是在残酷的金融行业的竞争中，各项存款和贷款压力给员工带来了莫大的压力。为缓解员工压力，农信联社实行一系列的人性化管理，用人性关怀，以情感留人，增加员工对农信联社家的归属感。员工受到这样的重视和关心，就会带着诚意、爱心工作，就会思考自身与农信联社的情感依附关系。同时，“如何做会更好”就会成为员工的一种牢固意识，提高员工对工作的兴趣，它就是创新的源泉，员工自然就会发现许多改善工作的好方法，找到很多工作中的乐趣，就会从根本上促使员工忠于自己所在的集体和家庭。

该社坚持人本和谐，注重组织文体活动，丰富员工业余生活，增加员工精神上对农信联社的归属感和集体荣誉感，形成一种无形的向心力。一是号召党员、青年员工组成“党员志愿服务队”、“青年志愿者服务队”，诠释服务人民真谛。二是成立农信联社摄影、乒乓球、钓鱼等 7 个兴趣小组，陶冶员工业余爱好，其中篮球队夺得县职工俱乐部“信合杯”男子篮球赛冠军、市“移动杯”男子篮球赛亚军；文艺演出队廉政节目受到市县领导表扬。三是注重员工切身利益，凝聚团队和谐合力，通过开展多种主题的征文活动以及“金点子”征集活动，班子领导参与新进大学生员工座谈会，激励后进，听取合理建议和意见。四是关注员工身心健康，每年组织员工开展身体检查，员工遇上病痛或生活上的困难，农信联社尽量安排休假和给予适当的照顾和帮助，员工生日时，定制生日蛋糕和鲜花，让员工感受信合家庭的温暖。

三、事业定终身

唐太宗说过，君子用人如用器，各取所长，物尽其用，人尽其才。这话讲得极为深刻。近五年来，龙游农信联社始终注重“人尽其才，才尽其用”的人才发展战略，辩证地看待人才，坚持人事相适，容人之短，扬人之长。我社各级领导干部敢于打破条条框框，采取多种方式，及时发现、留住和大胆使用人才，充分发挥他们的聪明才智，形成千岩竞秀、百舸争流、人才辈出、各显其能的局面。

一是重视员工培训及职业规划，目前龙游农信联社员工将近400人，最近几年招入的新员工就有一百余人，农信联社党委十分重视员工培训问题，专门组织部门人员对新员工进行教育培训，培训主题口号是“我是信合新生命，争创辉煌是我责”，培训出一批批有计划、有目标、有组织的高素质人才队伍。

二是为有效提升新员工的业务水平、操作技能，在全县系统营造良好的新老员工“传、帮、带”氛围，出台业务水平、业务技能“师徒”挂钩考核制度，即每年新招聘大学生员工分配上岗后，要求基层网点在第一时间为其安排一名业务水平高、操作技能好的老员工，作为今后其在临柜或信贷岗位上成长的“师父”，对其加强业务指导督促，并通过每次信贷、财务检查、OCR事后监督体系以及业务技能达标测试反映“帮、教”成效。

三是实施人才可持续发展战略，有效结合“请进来”和“走出去”策略。联社依托浙江大学办学实力，与浙江大学开展教学培训合作，既邀请专业老师来我社开展职业生涯规划、标杆网点建设培训，同时组织中层干部、年轻后备管理人才赴浙江大学接受经营管理、市场营销等项目培训。

四是实施“人才库”晋升制度，农信联社根据员工自身的实际情况和适应能力，挖掘员工的个人特长和潜能，不断调整员工的工作岗位，努力让大部分员工能在合适的岗位上工作，并逐步提拔一批优秀的青年员工到管理岗位上，真正实现“人尽其才，才尽其用”。

案例启示

古人云，“国以才兴，政以才治，业以才兴”。人才，作为龙游农信联社发展的“第一资源”，所起的作用越来越大。未来银行业的竞争和发展不仅依赖存款和贷款的增加，更依赖于人力资源的开发、利用和人才的竞争力。没有人才，发展即成无源之水，无本之木。农信联社要把减少人才流失、挖掘人力资源潜力和留住人才放在工作中的突出位置。只有为人才创造成长的环境，采取高薪留人、感情留人、事业留人等方式，并要求管理者对人才要有爱才之心、容才之量、护才之力、举才之德，才能真正留住人才，使农信联社人的潜能得到充分发挥，使人力资源最大限度地转化为人力资本，并以此极大地促进龙游农信联社的可持续发展。

高薪留人。邓小平曾指出：“革命精神是非常宝贵的，没有革命精神就没有革命行动。但是，革命是在物质利益的基础上产生的，如果只讲牺牲精神，不讲物质利益，那就是唯心论。”在真正的市场经济里，任何资源包括人才资源都是表现为价值的。我社将不断提高员工薪酬与福利水平，在政策法律允许的范围内，尽可能地为我社员工创造良好的工作和生活条件，使他们无后顾之忧，能够全身心地投入到农信联社工作中去。

感情留人。在一个组织、一个集体中，要保持人与人之间的密切联系和交往，把人心凝聚在一起，形成合力，调动人才的积极性和创造性，感情是重要的基础。我社将致力于不断完善员工的工作与生活环境，丰富广大员工的业余文化生活，以爱心和真心，帮助员工营造一种积极向上、团结和谐的人际关系和工作环境，使大家心情舒畅地工作，让农信联社的优秀人才彼此相互依恋，让农信联社的每位员工在共同的理想、信念和目标之中快乐的工作生活。

事业留人。在任何既定的意识形态、社会制度和生活方式下，事业始终是人才追求自我实现的一个价值平台，是留住人才最终的决定力量。因为人才最怕的，就是“英雄无用武之地”。因此，我社要致力于构建企业人才培养体系，把员工个人素质的提高同职业培训的要求紧密结合，为员工提供合适的发展平台，为员工打造一个有利于发展、有利于创新、有利于符合实际目标和有利于竞争力的事业，真正以员工个人良好的发展环境留住员工，而当员工在不断成长的同时，该社也将成为金融行业中的佼佼者。

编写：顾伟音　王俊

问渠哪得清如许　为有源头活水来

案例背景

“少年智则国智，少年富则国富，少年强则国强，……”近代思想家梁启超的《少年中国说》激起了一代代中国少年人的责任感、使命感，同时也表明了少年人的重要性，国家如此，企业也如此。

龙游农信联社拥有员工近400人，最近几年招入的新员工就有一百余人，农信联社党委十分重视员工培训问题，专门组织部门人员对新员工进行教育培训，培训主题口号是“我是信合新生命，争创辉煌是我责”，并培训出一批批有计划、有目标、有组织的高素质新人才队伍。

新员工的培训内容主要包括四个方面：一是农信联社发展史回顾，让员工对农信联社的未来充满希望，激励新员工要始终牢记自己的责任和使命，为农信联社的发展史增添再创辉煌的新篇章；二是正确人生观的引导，培训老师结合自己的人生经验，为新员工讲述人生哲理，引导新员工做一个真正有理想、有抱负的农信人；三是业务技能训练，培养新员工过硬的业务技能，以助于更好地胜任临柜工作；四是专业理论学习，将金融专业理论知识与实时考核相结合，有助于新员工及时掌握并解决疑问，增强新员工理论知识素养。

目前，新员工已陆续走上了临柜操作的岗位，而一线临柜员工将近70%以上是近几年上岗的新员工，龙游农信联社以崭新的面貌服务“三农”。有人会问：新员工业务不熟悉，会影响服务质量吗？答案很明确：不会。从业务投诉方面看，目前农信联社接到的客户服务投诉几乎为零；从事后监督对业务监督的差错率情况来看，柜员的差错率呈直线下降，如2009年全农信联社柜员的平均差错率为 3.527‰，2010 年为 1.878‰，2011 年为 0.97‰，2012 年只有0.871‰。

案例情境

某新员工在培训心得中如此写道：培训期间，除了理论课学习外，最多的是白天打五笔、输传票练习，晚上点钞训练。无论哪一项技能，教学老师总是手把手地教我们，细致到我们点钞的每一个手指摆放的位置。在自己总是学得不正确的时候，在老师一遍又一遍不厌其烦地重复着教我点钞的正确手法的时候，我学得自己心里都极不耐烦，暗责自己如此笨的时候，但老师却丝毫没有表现出不耐烦，反而安慰和鼓励我，并手把手地握着我的手教我正确的点钞手法。平常学习打五笔和输传票，因为一直重复，所以我们总是抱怨无聊，但我们更明白，我们的带班老师，每天也是像对待自己的孩子一样，早出晚归地陪着我们，每天也是重复着给我们做计时训练，督促我们学习。而晚上无论我们学到多晚，带班老师天天都是陪我们一起打扫好教室卫生，成为最后一个关灯锁门的人。

有好多朋友和我倾诉，她们刚进入新单位，同事们总是面无表情地做着自己的事，有事问别人时，他们也是极不情愿地应付。这时我就很惊讶和难理解朋友们的处境，因为我在农信联社出入，无论是领导还是师兄师姐，大家总是微笑迎人，还时常热心地询问我们新职工的学习生活情况，让我们有任何问题都可以去找他们。在刚开始上柜台操作期间，主任和师姐们更是很耐心地教我一步一步地操作，教我们如何处理与客户的相处之道，等等。看着每位客户从我们恰似简单却深有学问的操作中得到满足，满怀欣喜地离开时，我内心的满足之情难以言表。农信联社给我带来了太多的感动，更让我有机会从为客户服务中找到了追求的目标与梦想，我想此时此刻我已没有任何理由不开始敞开心扉去接受这份工作，因为在潜移默化中，我已经慢慢地爱上了这份工作。

案例分析

新员工离开纯真的校园，离开了父母，走上社会这个大舞台。如何适应新的生活，如何在这个新的环境里健康成长，龙游农信联社——这个新的摇篮如何哺育他们？面对新员工们的感怀，龙游农信联社也有着自己的思考与实践：

一是通过展示农信联社风风雨雨六十载，让新员工们通过对农信联社发展史的学习，让他们对农信联社的未来充满希望，激励新员工要始终牢记自己的责任和使命，在以后农村信用社发展的道路上积极“探路”，勇当“先锋”，以充满生机，勇于创新，锐意进取的精神风貌和团队战斗力，百折不挠，奋勇向前，为农信联社的发展增添再创辉煌的新篇章。

二是农信联社的培训老师将结合自己人生经验，告诉新员工们作为一个真正有理想、有抱负的青年人，应该正确处理前进道路上遇到的各种问题，立足本职，脚踏实地，不懈努力，使理想之光伴随整个人生之旅。比如，有的人认为分配的工作岗位不好，却整天琢磨着想换到其他岗位去，不认真钻研业务，分散了工作精力，影响了本职工作，这时新员工就应该懂得，理想既是美好的，又是现实的。理想追求离不开现实条件，必须把主观愿望和客观实际统一起来。

三是随着银行业务的不断发展，临柜操作所需要的业务技能也在不断增强，作为新进银行工作的员工，如果没有过硬的业务技能，就不能很好地胜任临柜操作工作。千里之行，始于足下，只要脚踏实地，刻苦训练，哪会不能成功？我社将通过各种手段有效提升新员工的业务水平、操作技能，在全县系统营造良好的新老员工“传、帮、带”氛围，出台业务水平、业务技能“师徒”挂钩考核制度，并通过每次信贷、财务检查、OCR 事后监督体系以及业务技能达标测试反映“帮、教”成效。

四是对于新员工来说，专业知识在书本上已学了不少，但那是纸上谈兵。农信联社安排老师对新员工对症下药，在培训过程中少讲理论，多结合实际业务中遇到的问题进行剖析，把枯燥的理论用鲜活的例子讲述出来，让新员工能够将学到的知识在今后的工作中真正地学以致用。

姚世新理事长在浙江农信联社成立60周年的新闻发布会上所说，“关山初度尘未洗，策马扬鞭再奋蹄。我省农村信用联社60周年的风云历程已经载入史册，新的征程已经开始。”新员工是农信联社的新生力量，是农信联社未来的希望。龙游农信联社从源头抓起，让他们走进信合大门的第一天，就以满怀的信心、激情的斗志、正确的航向、娴熟的业务来迎接他们的未来，为农村信用社的辉煌发展增添新的力量。

案例启示

一、意识的培养，全心全意为群众服务

唐太宗李世民曾说过，“以铜为镜，可以正衣冠，以人为镜，可以明得失，以古为镜，可以知兴替”。龙游农信联社在新员工培训的第一天，便用幻灯片向员工展示了浙江农信联社六十年的风风雨雨，从1952年建社至今，从简陋的营业小屋到如今的高楼大厦，从昔日的算盘到今日的电脑，从当年一本本的手工账到现在的无纸化管理，从社员当年一分、一角地入股集资到如今超万亿元的存贷款规模……实现了从“丑小鸭”到“金凤凰”的完美嬗变。农信联社前辈带领我们年轻一代农信联社人一起回顾历史、以史为鉴、展望未来。

农信联社前辈们还为新员工们讲述了自身的人生经历，他们曾经工作条件极为艰苦，用算盘和手记每一笔账，而且人员配备少，一人要兼好多活，效益福利也很差，工作的时候还要下乡帮助农民收割种地。也许正是条件的苛刻，才涌现出了杨大兰、潘星、刘玲英、马百当等一大批楷模人物，他们无不告诉着新一代青年农信联社人要在各自平凡的岗位上，兢兢业业、默默无闻地辛勤工作，始终坚持全心全意为群众服务，为农村的金融事业无私奉献。

面对历史，青年农信联社人要在曲折中前进，而在成绩喜人、收获感人、成就动人的现在，更需要在竞争中不断锤炼和提高，同时对于未来，青年员工就该把自己的青春和汗水尽情地挥洒在农信联社的田野沃土上。也正如姚世新理事长所说，农信联社这支队伍是一支能打硬仗，敢打硬仗，善打硬仗，特别

能吃苦，特别能战斗的队伍。与其他银行尤其是国有银行相比，虽然文化程度低一点，但特别能吃苦，特别能战斗，具有牺牲奉献精神、吃苦耐劳精神。

二、能力的提升，百分之百对群众负责

加入龙游农信联社的新员工们是来自各个不同专业院校的高校毕业生，他们可以发挥自身的专业特长为信用社贡献自己的力量，但美中不足的是他们实践操作性不强，对信用社的概念、义务、责任等认识不深……因其发展的特殊性，我社在外力推动和自我加压之下，正在逐步构建适应自身发展特色、符合本土市场的员工培训机制、引导和推进员工设计职业发展规划等方面做了有益尝试与实践。正因为如此，才能保证农信联社的每位员工都有足够的能力和资格为群众提供金融服务，百分之百对群众负责。

在农村金融市场多元化竞争格局加深形成、农村合作金融生存发展危机逐步显露的现实背景下，加快人才发展机制建设显得非常重要而紧迫。我社组织的培训内容除涉及会计基础、法律基础、合规意识、市场营销等公共基础，综合业务操作、反假人民币知识、国库集中支付与管理、电子银行业务等专业基础，以及点钞、五笔、传票输入等专业基本技能等多方面外，还包括文明规范与礼仪，同时更邀请了农信联社具有丰富经验的老员工给学员授课，理论与实践相结合，新员工们受益匪浅。我社的培训内容从单一走向全面，培训方法从被动走向主动，培训工具从简单走向多样。在现在乃至未来的培训中，农信联社不仅要求员工掌握工作中所需的知识和技能，同时要求员工掌握沟通、团队工作等诸多方面的技巧。

只有在每位员工掌握了基本的工作能力及更为全面、综合的发展能力外，才能找准个人价值和企业价值的结合点和平衡点，才能改变原先“低覆盖、低层次、低水平”的工作状态，逐渐形成成熟完善的农信联社金融服务体系，借人力资源科学管理实现农村金融服务的战略性的转变。只有科学提升员工的金融服务水平，农信联社才有资格为群众服务，才有能力尽好服务的责任，才能最终实现百分之百地对群众负责。

三、团队的建设，一心一意创群众品牌

龙游农信联社对新员工的培训，无论在课堂上，还是课后，始终传递给他们一个思想，那就是我们是一个大集体，首要任务是要做好团队建设，而团队建设目的就在于创立群众品牌，必须要全心全意为群众服务。因此，在培训中要让新员工无时无刻都能体会到一种归属感和奉献感，而这种归属感又来源于彼此间的帮助和支持，从而让他们体验到一种归宿的满足感，让他们每个人为自己所在的集体感到骄傲、自豪。经过这样的团队建设后，无不加强员工的凝聚力，巩固了他们对农信联社的认同感，从而规避和降低了传统培训方式所带来的培训后员工流失的风险。

忆往昔，农信联社的成长历史可以说是一部非常艰难曲折的农村金融改革史。新中国成立初期，农村信用社虽是寄养出生，没有亲“娘”，没有属于自己的“家”，但是信用社的孩子总有着百折不挠的精神，他们要为自己创造一个家，他们努力工作，不断追求上进，甚至在一些利益斗争中、冲撞中纷纷落马也在所不惜，最终他们以自己的奉献和牺牲，推进了信用社的改革和发展，由小到大、由弱到强，综合实力名列前茅。

龙游农信联社是在痛苦中成长起来的，起起伏伏。而今天，该社显然已经成为了支持龙游地方经济的重要力量，成为服务“三农”的主力军，成为支持龙游县经济社会发展的农村金融主力军。回顾历史，农信联社的发展历程无不感动着每一位新员工迫切加入到这个大团队中和老一辈的农信联社人一起推动农信联社发展；立足现在，新一代农信联社人更应该增强集体荣誉感，加快农信联社团队建设，一心一意创群众品牌；展望未来，龙游农信联社将创立金子般厚实的属于广大群众的农信联社品牌，让百姓的钱存得放心，用得开心！

编写：杨梦怡

从“伯乐相马”到“职场赛马”

——江山农合行的用人机制建设

案例背景

“这几年，我们单位的变化太大了！原以为干了一辈子，再过几年就可以安安稳稳地退休。没想到，现在四五十岁了还得学业务、考试、跟年轻人一起去竞聘，银行饭不好吃啊！不过，年轻员工倒是赶上了好时代。换在以前，工作两三年的小毛丫头没个十年八年肯定是进不了城的，更别说能跑去竞聘中层干部了！”一位在农信工作20多年的江山农合行老员工感慨地说。

2008年6月，江山市农村信用联社正式改制成为浙江江山农村合作银行。短短五年多，江山农合行的用人机制到底发生了怎样的变化，让员工如此深有感触?

案例情境

1996年农村信用社与农业银行脱离行政隶属关系，农信联社设办公室、信贷科、人事科、财务科等7大科室。在中层干部任用上，江山市农村信用联社沿用传统的“基层信用合作社领导推荐，农信联社党委讨论确定”聘任制，2007年时中层干部的平均年龄48岁左右。

2008年6月，江山市农村信用联社改制成为浙江江山农村合作银行（以下简称江山农合行），并成立了新一届领导班子。五年多来，江山农合行不断拓宽用人渠道，摸索科学、公正的用人制度，经过“两大三小”先后共五次的实践，基本建立起一套有江山农合行特色的“双向选择、竞争上岗”用人机制。

迈开脚步，小试“牛刀”

伴随着管理体制的改革，江山农合行在用人机制上迈出了改革的步伐。江山农合行的领导班子充分意识到，要真正实现从农信联社到农合行的“华丽转身”，为江山农合行注入新活力，就必须建立一套“干部能上能下、员工能进能出”的用人机制。2008 年 5 月，仍处于筹建阶段的江山农合行，首次实行全员考试、中层干部竞聘上岗、员工双向选择，拉开了用人机制改革的序幕。

一、成立领导小组，确定双聘原则

成立“双聘”工作领导小组，由董事长担任组长，行长担任副组长，小组成员则由党委成员和人事负责人组成，确定“党管干部，任人唯贤、德才兼备，群众公认、注重实绩，公平、公正、公开，民主集中制”五大双聘原则。

二、积极展开动员，减少双聘阻力

召开在职中层干部的双聘座谈会，召开中层干部、自愿报名竞聘中层干部的职工和职工代表的双聘动员大会，将动员大会的内容传达到各个员工。

三、明确竞聘流程，有序推进双聘

从竞聘方案到部门组织架构，从定编定岗到竞聘程序，从党委研究到职工代表大会讨论，每一项工作都不容马虎。其中，中层干部竞聘程序就分成“自荐报名、资格审查、公示考察、演讲、民主测评、考评委评议、农信联社党委审定、银监审查、公布聘任”八步，员工双聘分成“考试、民主测评、双向选择、聘用上岗”四步。

四、制订配套方案

首先，对自愿放弃竞聘中层职位的原中层干部和参与竞聘中层职位落聘的原中层干部，实行不同的补贴政策；其次，对于符合内退条件的员工按政策规定享受内退待遇，并每年给予一万元内退补助费直至退休；最后，对双聘考试中综合成绩排列倒数的员工进行待聘，对待聘后通过本人联系或总行推荐同意上岗试用的员工进行试聘，待聘期间实行最低工资标准，试聘期间不享受奖金和津贴。

四方面工作扎实稳步的开展，2008年江山农合行的首次双聘工作圆满结束。双聘后，中层干部结构迅速优化，平均年龄仅为39岁，大专及以上学历占比达到92.5%；基层员工初步树立竞争意识，对业务知识和业务技能引起高度重视。

大刀阔斧，巧用“牛刀”

2008年至2011年，江山农合行迎来了业务快速发展期，存贷款规模不断攀升，经营规模、服务渠道、资金实力等均居江山市金融机构首位。随着2009年10月26日温州银行江山支行和2011年9月15日江山建信村镇银行的陆续开业，江山金融市场的竞争日益加剧，泰隆商业银行和浦发银行紧锣密鼓筹备入驻江山，江山农合行“老大”的位置面临前所未有的挑战。同时，江山农合行一线的综合柜员和客户经理们开始习惯一年一聘，继续吃着“大锅饭”，浑然不知竞争的压力，主动服务和市场营销意识相当薄弱。

外部竞争加剧、业务快速发展，江山农合行的领导班子意识到江山农合行要做优做强、实现可持续发展，转变观念、提升管理，调动员工的主观能动性迫在眉睫。

2011年10月，江山农合行领导班子带队前往温州瓯海合行、杭州联合银行等几家省内管理颇具特色的行社学习取经。学习取经结束后，江山农合行领导班子一致认为在更为复杂和激烈的竞争环境中，杭州联合银行等行社的发展得益于扎实管理基本功和激发员工主观能动性。假若江山农合行将“双向选择、竞争上岗”与激发员工主观能动性相结合，用人机制的功效是否能够倍增？2011年12月8日，在中层三年聘期和员工一年聘期届满之时，江山农合行酝酿已久的新一轮用人机制改革启动。

一、重塑组织架构

加强总部建设，对组织架构进行重大调整，内设部室由8个调整至12个：新设微贷中心，发展微小贷款业务；成立公司业务部，加强大额贷款的管理和风险防控；加强“三会一层”职能，新设董监事会办公室；实行风险经理制，分设风险与法律合规部门，加强风险防控及合规管理；建立“价值创造”导向绩效考评体系，新设绩效管理部；配置资金营运人员，提升资金营运能力，清算中心更名为资金营运部；加快提升科技服务水平，财务管理部更名为财会科技部。

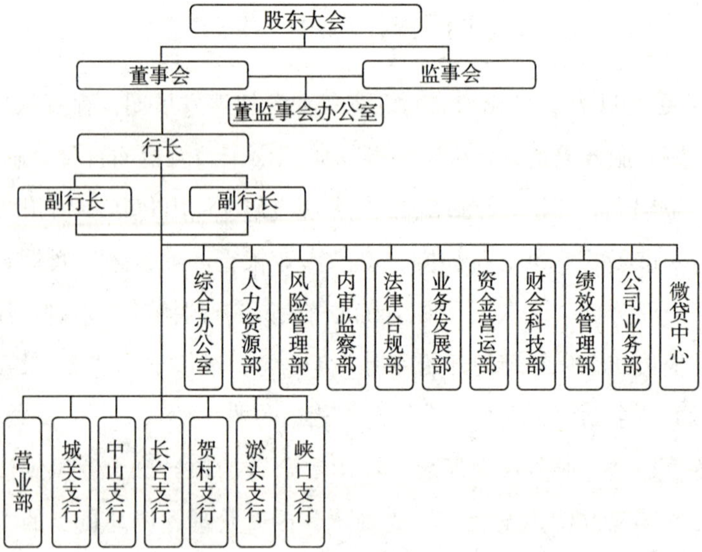

江山农合行2012年组织架构图

二、成立专项工作小组，明确岗位要求，科学定岗定编

抽调骨干成立双聘专项工作小组，制订双聘工作方案，负责双聘各项具体工作的组织和实施。同时，从两方面着手，改变“拍脑袋”式的定岗定编。一方面，明确部室定位，梳理出各部室的职能和各岗位的职责，形成部室中层和部室科员的竞聘要求；另一方面，根据各支行的业务总量的大小和地区差异，对城区支行、农村支行，城区分理处、农村分理处进行对比分析，因地制宜地进行定编：根据人均存款、人均业务量等指标核定综合柜员定编，根据人均贷款余额、人均客户数等指标核定客户经理定编。

三、细化竞聘流程，量化选拔标准，公示岗位资源

新一轮双聘中，针对不同序列的岗位性质，设计不同的竞聘流程：公司业务部经理和支行行长（营业部主任）按照“自荐报名—资格审查—公示—自报目标任务—演讲—民主测评—考评委评议—行党委审定—银监审查—公布聘任”程序进行，公司业务部客户经理按照“公开报名—资格审查—岗位资源配置与公示—自报任务—计分录聘—空岗轮聘”程序进行，风险经理按照“自荐报名—资格审查—入围考试—考评委打分测评—党委审定”程序进行，部室科员按照“自荐报名—资格审查—部室经理（主任）拟聘—党委审定”程序进行，支行（营业部）客户经理和综合柜员按照“公开报名—岗位资源配置与公示—自报目标任务—计分录聘—空岗轮聘”程序进行。

进一步完善选拔标准，打破传统的定性选拔，设定可量化的选拔标准。中层干部选拔从近三年的岗位履职情况、民主测评、竞聘岗位三年竞聘目标及采取的措施等方面设定评分标准，综合柜员和客户经理设定自报目标任务数的计分标准，择优录用。

与此同时，“岗位资源配置与公示”成为双聘中最受关注的环节之一。为让竞聘者对岗位资源有比较清晰的了解，自报目标更加切实可行，在客户经理和综合柜员的竞聘流程中，均增设“岗位资源配置与公示”环节。在现场竞聘前，总行对综合柜员岗的存量存款基数进行公示，对客户经理岗的客户资源配置即岗位管户数（正常与不良户分别），日均存款数，日均贷款数，贷款余额，四级和五级不良贷款余额进行公示。

四、分序列推进，现场录聘惊心动魄

依照“中层干部—公司业务部客户经理—风险经理—部室科员—支行（营业部）客户经理—支行（营业部）综合柜员”的顺序，参加前一序列的岗位竞聘而未竞聘成功的人员，可依次报名参加较后序列岗位的竞聘，江山农合行上演了惊心动魄的现场竞聘。

公司业务部经理、支行行长（营业部主任）在竞聘演讲前须先向工作小组提交书面的自报目标任务数，由工作小组现场对应聘者提交的自报目标任务数进行统计，自报数无效的取消竞聘演讲并丧失竞聘资格。

客户经理以岗位资源配置为依据，书面填报“日均存款新增额”自报数和“利息收入增长额”任务数，每一次填报后由工作人员公布所有参聘者的填报数，最后一次填报数为最终目标任务数。“岗位履职及业绩”、“日均存款新增额”自报数和“利息收入增长额”按比例计入总分，工作人员现场将得分从高到低进行排名，现场确定录用名单。

综合柜员在总行统一安排下，由支行（营业部）组织竞聘。首先，根据“日均存款新增额”自报数计算得分，从高到低确定入围名单。其次，由支行双聘小组从日常工作表现、业务素质和目标实现可能性三个方面对入围员工的综合素质评价打分。最后，将自报目标任务数得分和综合素质得分按比例计入总分，现场对得分从高到低进行排名，并确定录用名单。

2011 年 12 月 26 日，新一轮的双聘工作顺利结束。整个双聘，实现了用业绩说话、能力说话，用竞争手段配置人力资源，是江山农合行人力资源管理中用人机制的一个重大突破。江山农合行上下形成一个岗位竞技、业务竞技、创造精神和奉献精神竞技的全员竞技机制，员工完成从被动参与竞争到主动参与竞争再到习惯参与竞争的转变，造就一支高素质的干部员工队伍，一批优秀的年轻人才脱颖而出：30 位一线年轻的业务骨干、分理处主任直接选拔到中层干部岗位，10 位进行不到三年的年轻员工选拔到分理处主任岗位，5 位进行不到三年的年轻员工选拔到会计主管助理岗位。2012 年末，江山农合行实现了新的飞跃，存贷款规模已超 150 亿元。

案例分析 《

任何企业的发展都离不开优秀的人力资源和人力资源的有效配置，如何为企业寻找合适的人才，留住人才、发展人才，为组织保持强劲的生命力和竞争力提供有力的支持是人力资源管理面临的重要课题。如果人力资源工作仅停留在“以人为本”、“人尽其才”的口号上，就无法适应企业未来的发展。

江山农合行用短短的五年多时间，就打破了几十年来“伯乐相马”的传统用人机制，形成了田忌赛马的全新竞技机制，使人力资源合理地达到最佳配置，是人力资源用人机制成功改革的典型案例。

纵观江山农合行从摸着石头过河到驾轻就熟，用人机制变革成效明显，其以下几个方面的做法具有借鉴意义：

第一，因势而为，科学规划。从案例介绍中可以看出，江山农合行两次用人机制改革的触点都在于内外部环境的变化。江山农合行领导班子审时度势，根据内外环境的变化和做优做强的发展战略，及时科学地分析和预测未来对人力资源的需求，对组织结构和员工配置进行规划和调整，为组织在恰当的时间为不同职位获得合适人力资源奠定基础。

第二，统一思想，坚定不移。“双向选择、竞争上岗”作为一种新的用人机制，全体员工必须在思想上高度统一，才能顺利地全面铺开。江山农合行及时召开动员大会，将改革的理念灌输给每位员工，有效消除员工的抵触心理，成为改革的思想保障。与此同时，江山农合行先后两次成立领导小组，在把握双聘工作方向，解决双聘中出现的问题，协调部署并落实工作和行使最终裁决权等方面发挥重要作用，使改革坚定不移地推行。

第三，明确规则，循序渐进。作为一个拥有 400 多名员工的银行，推行“双向选择、竞争上岗”，让每位员工平等参与到各类岗位的竞聘中，工作量之大可想而知。可是，江山农合行仅在短短的一个月时间内就有条不紊地完成了所有双聘工作，秘诀是什么呢？从案例中不难看出，江山农合行从定岗定编到资源分配，从竞聘顺序到竞聘流程，从选拔标准到现场竞聘，都制定了明确的游戏规则，并针对竞聘后可能出现的情况制订了配套方案。在同一个规则下，确保双聘工作在公平、公开、公正的氛围中完美落幕。

第四，搭建平台，激发潜能。人力资源管理的目标就是充分调动人的积极性，从而最大限度地开发人的潜在能力。江山农合行用人机制成功的最关键因素在于，激发员工的动机和欲望，让员工在适度压力下激发出主观能动性，充分挖掘员工潜力。不是农合行要你做什么，而是你自己想做什么？通过公平、公开、公正的用人机制，为员工搭建起一个展示自我、实现自我价值的平台，引导员工思考自我价值，充分调动员工的工作积极性和主观能动性，让有理想、有能力的年轻员工在公平竞争中找到合适的岗位，真正实现不拘一格降人才。此外，员工的主观能动性让江山农合行形成一种凝聚力，员工理解、接受、认同和追求组织目标，员工在实现自我价值的过程中，江山农合行的组织目标得以实现。

案例启示

一是现代企业不可能靠个人来识别选拔所有人才。建立科学的人才选拔系统，对于发现“合适”的人才、高效地开发人才资源至关重要。从“伯乐相马”到“职场赛马”，由“关门点将”变成“比武选将”，不仅体现了公开、公正、透明地选拔人才，也为各类人才创造了施展才华的空间，可有效促进人力资源的优化配置。

二是科学的岗位分析、科学的目标体系和衡量标准，是用人机制建设中的重要环节。依托科学的岗位分析，才能使人才选拔做到人岗相配、让人才进入岗位后能够人尽其才。建立科学的岗位目标和衡量标准，有助于保证员工与企业目标的一致性，为员工提供努力的方向，并且这样也才能体现“赛马”的公平性。

三是“双向选择、竞争上岗”，实质上是对人才选拔任用制度进行创新，引入了竞争机制和激励机制，可以突破用人机制上的诸多难题，如论资排辈、竞争不够、民主不够、能上不能下、员工交流难等，从而提高员工的整体素质，促使优秀人才脱颖而出，为增强银行活力提供一条有效的途径。

四是推行“双向选择、竞争上岗”的每一个阶段，包括思想发动、笔试、民主测评、自报目标任务、演讲与测试、考评委评议等，实际上为检验员工队伍综合素质与能力提供了一次难得的机会，也是部门与部门之间、支行与支行之间、员工与员工之间交流、学习和提高的一个重要机会。

编写：徐黎雯

内训，培训的新风向

案例背景

2012年9月14日晚，江山农合行三楼大型会议室灯火通明，一场别开生面的现场“大比武”正如火如荼地举行。

据悉，这是江山农合行首届内部培训师现场“大比武”。本次大比武实行评分制，满分为150分。评分内容包括教案设计、课件制作、业务素养、现场授课四大项39小项。经过前期的资格审查，32位来自各支行、部室的员工从60多名报名者中脱颖而出，进入到现场授课考评环节，展开一场激烈的角逐。经评委进行现场评分、讨论，确定19名内部培训师和2名助理培训师的名单。在后续一年中，他们将结合自身业务特长，在信贷、国际业务、微贷、标杆网点、风险管理、安全保卫、计算机基础、会计及模拟系统和业务技能（手工点钞、五笔输入、机器点钞）各个领域组织开展培训。

案例情境

为适应现代金融改革发展形势，提高员工业务素质和工作效率，增强竞争能力和服务水平，进一步挖掘和整合人力资源，实现可持续发展，扎实抓好培训一直是江山农合行人力资源部重点工作之一。

历经市场的洗礼和“双向选择、竞争上岗”用人机制的改革，江山农合行的广大员工切身体会到学习新知识、提升自身素质的重要性，对学习培训的需求快速增长。在外派培训受到时间、费用等因素制约的情况下，江山农合行及时掌握培训的新风向，提出将“内训与外训相结合、自学与集中培训相结合”的培训策略。

2010 年，江山农合行出台《内部培训师管理办法（试行）》，对内部培训师的选拔条件、选拔程序、职责、待遇和考核等进行明确，开始筹建内部培训师队伍。采用自荐和推荐的形式，经相关业务领导及部门负责根据工作表现、工作能力及历次业务考试情况进行综合测评，择优录取，确定第一批 12 名内部培训师名单。

2011 年，江山农合行组织第一批内训师参加了衢州办事处组织的 TTT 培训课程（TTT，培训师，Training the Trainer to Train 缩写，是培训领域的职业培训师、企业内训师的职业技能和职业素质训练课程）。TTT 培训课程从培训师最基础的站位、走位、着装、语音语调入手，对课堂讲授法、程序化教授法、案例研究法、模拟培训法等多种培训方法进行系统讲解。经过三天封闭式的培训，内部培训师们树立起正确的讲师心态，掌握了各种培训技巧和方法。9 月，江山农合行将各位内部培训师同中层干部、业务骨干和优秀员工们送往浙江财经大学工商管理学院和浙江大学经济学院继续教育中心，开始为期一年的在职研修，让内部培训师们在开拓思维、学习先进管理理念的同时，向国内著名的培训师们学习培训技巧。

2011 年，江山农合行内部培训师共组织 25 期内部培训，内容包括新岗位的业务和技能的培训、针对标杆网点员工的强化培训和未实行标杆网点的员工的导入式培训、日常业务操作风险及风险防范培训等，培训达 2 056 人次，员工们对内部培训有口皆碑。

2012 年，在“伯乐相马”到“职场赛马”的用人机制改革影响下，江山农合行对内部培训师的选拔程序进行改进，通过现场选拔赛选拔出新的内部培训师，出现了案例背景中的“大比武”。同时，根据我行的业务发展需要，增加微贷、国际业务、银行模拟培训系统等内部培训师，进一步完善内部培训师专业结构。10 月 25 日，第二批内部培训师外派上海明鸿中小银行培训中心进行为期一周的封闭式培训，学习掌握了授课礼仪、授课技巧、课程规划等培训专业技术。

经过两年多的实践，江山农合行已建立起一支门类齐全、结构合理、专业技能性强、数量充足、相对稳定的内部培训师队伍，在新员工培训、标杆网点建设和新业务上线等培训中都可以看到内部培训师们的身影。截至2012年底，第一批、第二批内部培训师共组织系统内各业务培训和技能强化训练3 758人次，内部培训师已成为江山农合行培训的中坚力量。

案例分析

培训的实质是企业对员工的人力资源投资和开发。科学技术的进步和市场竞争的加剧，企业的生存和发展越来越依赖于通过培训提升员工的素质，培训成为提高企业竞争力的重要组成部分和激励员工的重要手段。随着培训市场的日益成熟，大部分企业简单地认为，培训就是派员工外出培训，却很少关注甚至忽略了企业内部丰富的培训资源。

作为衢州农信系统首个提出内部培训师理念的行社，江山农合行及时掌握培训管理发展的新风向，建立培养一支优秀的内部培训师队伍，为企业发展注入不竭动力。

一、前瞻性地认识到内部培训的优越性

内部培训尤其是建立自己的培训师队伍是构建完整的培训体系中最重要的部分，是人力资源开发与管理的一个主要课题。江山农合行前瞻性地认识到内部培训师具有外部培训师所不具备的特殊优势：首先，内部培训针对性更强。外部培训资源很丰富，培训师的授课经验也很丰富，但由于每家企业在管理体制、文化等方面迥然不同，外部培训的课程内容往往千篇一律，缺乏针对性和实用性，只能解决普遍问题，不能解决企业的个性问题。内部培训师对企业文化、企业环境、培训需求等方面比较了解，对内部的运作情况有着较深入和准确的把握，可以根据实际情况进行“量体裁衣”式的培训，更容易帮助受训者提出针对性强的解决问题的意见和方案。其次，内部培训有利于互相沟通交流。

内部培训师从员工内部产生，和学员基本认识甚至比较熟悉，更容易和他们进行交流，并且内部培训师生之间的交流并不局限于培训课堂，培训师可以充分利用同事关系在授课之余给学员提供更多的指导，实现一对一的深度交流，在企业内部搭建更好的沟通平台，从而保证更好的培训效果。最后，有利于激励优秀员工，促进其职业生涯的发展。在企业内部挖掘和培养优秀的或有经验的员工担任内部培训师，实际上是对企业内部人力资源的充分开发和利用，对于优秀的员工来说，承担内部讲师的任务对其职业生涯无疑是一种新的挑战和尝试。通过培训授课，内部讲师可以大大提升个人在演讲、表达、控制局面和应对突发事件等方面的综合实力，而在开发课程过程中，也有利于自身知识和技能的进一步巩固和拓展，与此同时，授课效果受到学员和企业的肯定也会给其带来成就感，有利于激励优秀员工继续留在企业，攀登其职业生涯的另一个平台。此外，内部培训还具有培训费用较低、对培训过程的管控效果较好等优势。

二、建立系统化、制度化的内部培训师管理机制，为内训奠定基础

基于员工培训是建立在全员性、全方位、贯穿员工职业生涯始终的一项重要工作基础上，江山农合行在实践中逐步建立和完善起内部培训师管理机制。通过将内部培训工作制度化，在人、财、物投入的过程中，让内部培训师们实现自我价值的增值，保证江山农合行内部培训工作的有序落实。正是凭着其规范、科学的内部培训师管理机制，江山农合行员工素质不断提升，奠定持续发展的扎实根基，在江山市日益激烈的市场竞争中独占鳌头，创造出辉煌的业绩。

三、挑选最优秀的员工，组建内部培训师队伍，是内训的关键

内部培训师是企业内的老师，他们必须是一个对企业最认同、最拥护的群体，才能将企业精神融入课程，讲解知识，传授技能，为员工解答各类疑难问题。从自荐或推荐到现场“大比武”，江山农合行每一批内部培训师的挑选都具有非常明确的标准，并且对标准进行完善，要想成为一名合格的内部培训师，必须与时俱进、积极适应现代经济金融发展形势，不断汲取新知识，在专业领域刻苦钻研。由于严格的内部培训师选拔标准，江山农合行全面提升了内训课程开发、课件制作、课程讲授等专业培训技能，加快了内部培训师队伍建设步伐，在整合培训资源的基础上实现了支撑服务转型发展。

四、积极打造提升素质的平台，练就一支优秀的内部培训师队伍

一名优秀的培训师需要在课程规划、授课礼仪、授课技巧等方面都掌握技巧。例如，课程规划包括了解如何分析学员需求、不同类型课程如何设置授课内容；授课礼仪就包括授课过程中微笑的力量以及如何微笑，授课过程中目光的效用以及目光交流的方式；授课技巧包括授课开场方式以及如何使用、授课过程不同期间提问、互动、更换内容主题的技巧。这些专业的培训知识和技巧超出内部培训师原有的知识和技能范畴，必须依靠外部培训来提升。在内部培训师队伍组建后，江山农合行为内部培训师搭建了一个良好的平台，专业的 TTT 培训和研修课程为内部培训师成长为优秀培训师打下扎实的功底。

五、适度激励、客观考评是练成优秀内部培训师队伍的外在动力

内部培训是内部培训师在原工作岗位上日常工作外的一种兼职工作。如何做到让内部培训工作不成为内部培训师们的一种负担，充分调动和发挥内部培训师的积极性，并确保内部培训的质量是内部培训师管理上的难点所在。本案例中，江山农合行通过对内部培训师的待遇和考核进行明确，将“补贴、优先培训机会和优秀内部培训评选”三大措施和课程满意度测评相结合，让内部培训师队伍充满生机和活力。

案例启示

一、出产品之前先出人才，教育是现代经济下企业发展的杀手锏

目前，越来越多的银行家认识到银行需要拥有一套完善而有效的培训体系。相比于外包的培训，内部培训师对银行环境、文化、学员等比较熟悉，对培训的需求及目的更为了解，使得培训更有针对性并能取得更好的培训效果。建立起自己的内训师队伍，可以让银行拥有稳定的梯队人才建设，满足银行长期可持续发展的需要。

二、内训师的选拔以及对内训师人员进行培训，是建立内部培训师队伍最重要的环节

这直接关系到内训师队伍能否有效地发挥作用，也关系到银行人力资源开发与培训的效果。应该注重通过培训和交流，改进内训师自身的培训技能，提升培训风格、培训方式等的专业化水平。

三、激励是激发人的创造力和积极性的根本手段

内部培训师一般都是兼职的，如何激发他们对培训工作的积极性与主动性，也是一个必须解决的问题。对内训师的管理与激励需要采用比较独特的方法，除了物质报酬之外，适度的精神激励也同样必要。精神层面的激励，体现了人文关怀的思想，是对内训师的尊重和对其价值更高层次的认可，从而有利于产生更长久的激励效果。

案例附注

一、内部培训师的职责

1. 内部培训旨在提高内部员工的基本业务素质和操作水平，及对新开展业务进行推进式培训，各内部培训师必须根据各业务专业要求制订内部培训计划。

2. 内部培训师必须参与课程的前期培训需求调研，负责开发设计有关培训内容，提供培训辅助资料，收集培训有效案例，自制培训 PPT 演示文档，负责培训测试题及阅卷。

3. 内部培训师在培训后必须制订行动改进计划，根据培训所学有针对性地改进自己在授课中的不足之处，并定期完善培训内容，由人力资源部负责监督实施。

4. 内部培训师必须参与考后阅、评卷工作、后期培训跟进、答疑等工作，协助课程组织工作，对其他讲师的授课技巧、方法、案例、课程内容等提出改进建议，协助人力资源部完善岗位培训课程体系。

5. 负责参与本专业相关业务操作流程的编写，包括新出台的各项业务操作流程。

6. 每个内部培训师每年至少完成3次以上课程的授课，每次授课要报人力资源部备案。

二、内部培训师的待遇

1. 在聘任期间，按劳取酬，按每个课时100元计算，根据每次授课予以300~500元不等的补贴。

2. 助理培训师根据参与培训次数按次补贴，每次200元。

3. 内部培训师可优先参加本专业相关的外出业务培训，包括新出台的相关各项业务培训。

4. 每年我行将进行内部培训师的评选，对评出的优秀内部培训师，将按照岗位先进行激励。

三、内部培训师的考核（100分）

1. 培训前期工作10分。制订培训计划，协助人力资源部完善岗位培训课程体系5分，整理准备培训资料培训课件5分。

2. 培训中期工作20分。根据培训所学有针对性地改进自己在授课中的不足之处，并定期修改、完善培训内容10分；根据培训内容采取多种形式辅导员工巩固培训所学的内容10分。

3. 培训后期工作20分。根据培训内容，对员工进行考核，并负责员工后期培训跟进、答疑等工作10分；对其他培训师的授课技巧、方法、案例、课程内容等提出改进建议10分。

4. 负责参与本专业业务规范性操作流程的编写20分。

5. 培训效果评价30分。由相关专业人员、业务领导及业务部门、人力资源部、其他培训师等组成评价小组，对培训师的课程进行旁听，对其培训授课技巧、形式、效果评价20分；由培训学员对培训内容、效果进行评价10分。

6. 根据以上考核内容，每年对培训师进行考核，考核低于60（不含）分的，为不合格予以解聘；考核60分以上的为合格予以续聘：考核60~89分的为合格；考核90（含）分以上的为优秀。同时，我行还将根据内部培训师的每次授课情况，由学员进行测评，对满意度连续三次低于70%的，予以提前解聘。

编写：徐黎雯

如何招聘“合拍”的新员工

——江山农合行开放创新的人才引进机制

案例背景

“2009年度江山农合行有10人退休，3人已经办理了内退手续，办事处核定我行2009年的招工名额是12人，结合我行的实际情况，本着减人增效的宗旨，根据江山农村合作银行人才的实际需要，经研究决定2009年拟招聘新闻文秘专业、计算机专业、人力资源管理专业及有文艺特长、业务技能特长的员工共5人。”

“2010—2011年人力资源配置计划中核定员工501人，我行在岗员工仅473人，缺员28人；根据我行总部建设、网点转型和业务发展需要，2012人员定编522人，缺编21人；2011年拟内退或其他原因离职3人，2012年将有8人达到退休年龄，缺员11人。2012年，我行计划招聘新员工60人。

……

截至2011年全行员工平均年龄，由2009年的40.1岁下降至37岁，员工队伍呈现年轻化趋势；高中学历占比从2009年的61.52%下降至55.70%；大专及以上学历占比从2009年的24.83%提高到34.88%，员工学历结构得以优化；全日制大专及其以上学历的员工共165人，涉及金融、财务管理、法律、会计、计算机、英语、经济管理、国际贸易、工商管理、投资经济学、信息管理和信息系统等近50多个专业，专业分布覆盖广。

基于上述人力资源现状，本次新员工计划招聘全日制大专及以上学历的

2012年应届生36人，2009—2011年历届生24人，进一步提高员工队伍年轻化程度、优化员工学历结构。其中，应届生要求金融、财会、经济管理、计算机、文秘、法律等相关专业；历届生本着与江山产业特点相结合，为企业提供更好的金融服务的宗旨，专业放宽到审计、建筑、化工和机电工程等与产业结构相关联的专业；业务发展和精细化管理的深入，急需系统开发人才来达到科技服务管理，提高科技服务能力，需引进具有一定的开发经验的软件系统开发人才。”

以上是2009年和2011年上报给衢州办事处的新员工招聘请示，可以说是江山农合行在人才引进机制上开放创新的一个缩影。

案例情境

如果人力资源作为一种特殊的资源形态，已经成为企业核心竞争力的战略性资源，人才引进机制则是企业获得合适人力资源的重要手段。那么，如何才能招聘到“合拍”的新员工呢?

近年来，江山农合行深入贯彻落实以人为本科学发展观，坚持“以人才支撑发展，以发展造就人才”的工作思路，积极实施“人才强行”工程，着眼全局健全人才管理体系，立足长远集聚发展核心要素，在开放创新的人才引进机制下，成功招聘“合拍”的员工，成为其人力资源管理中一大亮点。

第一，有的放矢，明确节拍。伴随着业务的迅速发展，凭主观或领导直觉确定的招聘需求已无法满足业务多样化呈现出的人才多样化需求。如何招募一支敬业适岗、素质优良的人才队伍，为全面实现战略转型、做优做强的奋斗目标提供强有力的人力资源保证，成为人力资源部面临的首要任务。

2010年，江山农合行人力资源部首次在新员工招聘前进行专业需求专项分析，形成一份6页的新员工招聘专业需求分析报告。报告一针见血地指出“35岁以下的年轻员工相对较少，平均年龄相对较高；作为地方性金融机构，相比其他商业性银行，员工学历水平偏低；专业覆盖广，专业分布过于集中在计算机和经济管理类”三大人力资源问题。报告提出“应根据我行人力资源的当下需求和发展需求确定专业需求，应根据在职员工的胜任程度，以‘人岗匹配’为目标，确定专业需求”。报告建议“根据行业性质继续招收具有扎实金融财会专业知识的毕业生；引进具有扎实专业法律知识和法律素养的专业人才，加强我行规避风险能力；引进软件开发型人才，完善我行计算机人才结构；储备投资理财及外汇、电子支付等待拓展业务的专业人才；关注管理潜质，减少管理类专业和计算机专业应届毕业生的招收。”

报告引起行领导的高度重视，成为江山农合行建立开放创新的人才引进机制的切入点，后续几年对人力资源现状进行客观分析成为新员工招聘前的一堂“必修课”，在人才准入上明确“节拍”。

第二，科学测评，甄选“合拍”人才。甄选是人才引进机制的核心，也是最关键的环节。历史的沉淀、快速的发展和良好的口碑，江山农合行招聘新员工，早已成为江山市民最关注的事情之一，应聘者人数逐年增长，如何在众多应聘者中甄选出“合拍”的人才？在实践中，江山农合行不断优化人才甄选方法，应聘者必须过关斩将、经历重重考验才能成为一名“合拍”的农合行一员。

第一关：笔试。作为最基本的人才甄选方法之一，笔试是考核应聘者学识水平的重要工具。在开放创新的人才引进机制的要求下，江山农合行的笔试内容已从简单的命题作文，优化升级成包含逻辑思维、综合分析、英语水平、文字表达、专业知识等诸多内容的综合素质测评卷，可以全面有效地反映出应聘者的基本素质，提高笔试信度。

第二关：面试。面试是通过与应聘者面对面交谈与观察，由表及里测评知识、能力、经验等素质的一种人才甄选方法。在开放创新的人才引进机制的要求下，江山农合行积极创新面试方式，精心设计面试题目，提高面试效度。在多年经验的基础上，江山农合行从传统个体面试转向结构化小组面试，在结构化小组面试中又融合了个体随意谈话面试的技巧，不仅节省面试时间，更提高面试效率。同时，面试题目推陈出新，压缩自我介绍时间，在农合行认识、员工自我认知、团队协作、遇事应变和创新思维等方面进行情景模拟，全面观察应聘者口头表达能力、沟通能力、自我管理能力、接受新事物能力和学习能力等。

第三关：业务考核。业务考核是江山农合行 2010 年的新举措，也是与衢州农信系统内其他行社的最大区别。应聘者通过笔试、面试成为实习生后，必须经过严格的业务知识和业务技能考核才最终决定合同制还是派遣制的用工性质。

第三，引入模拟银行，同化“合拍”人才。江山农合行对成为实习生的应聘者，制订专门的分阶段培训计划，培训时间 6 个月左右，分三个阶段进行。

第一阶段：集中学习并强化传票输入、五笔汉字输入、手工点钞和机器点钞等基本岗位技能。

第二阶段：将实习生分配到各营业网点，让新员工熟悉江山农合行的基本情况，全面了解业务，感受农合行的团队文化。

第三阶段：组织内部培训师，学习业务知识。2012 年江山农合行借助省农信联社的操作平台，在第三阶段引入“模拟银行”培训。模拟银行将银行业务分成“现金业务、结算和票据业务、中间业务、内部账和贷款业务”四大模块，通过对 40 多项柜面常规业务进行模拟操作培训，明确业务操作流程、进行风险点提示，新员工未临柜就能在模拟系统里面对各项常规业务进行实际操作演练。

招聘的三大创新举措，使得江山农合行近年来人才引进工作成效十分明显：

首先，随着招聘需求分析内容的丰富、分析角度的深入，江山农合行招聘工作越来越有的放矢，以海纳百川的胸怀吸引越来越多优秀人才的加入。自 2008 年以来，江山农合行逐步建立起开放创新的人才引进机制，大力加强人才的引进和开发力度。期间共引进高校毕业生 155 名，专业涉及金融、财务管理、法律、会计、计算机、英语、工商管理、投资经济学、信息管理和信息系统等近 50 多个专业。其中，与江山产业结构相关的如生物医药、化工、机电、房地产投资管理、环境工程等方面的专业人才 18 名。

其次，江山农合行严把笔试、面试和业务考核关，使得江山农合行新员工在衢州市办事处统一组织的岗前培训中学习最刻苦、技能练习最勤快，业务技能远超其他行社、岗前培训综合平均成绩在六个行社中排名第一，多次受到衢州市办的好评，成为江山农合行一道独特的风景线。

此外，模拟银行系统的引入，通过规范的实操演练，避免“以老带新”中员工素质的差异存在的一些不规范行为，使江山农合行的新员工正式入职后，能熟练、合规地为客户办理各项业务，得到客户一致好评。

案例分析

人才引进是一个复杂、完整而又连续的程序化过程，环环相扣，缺一不可。本案例中，江山农合行的人才引进机制做到了招聘需求分析理性化、甄选方法科学化、新员工同化专业化，使得招聘的新员工在专业、素质、技能和业务上“合拍”。

首先，招聘需求分析理性化。科学合理地制订人员需求计划是人才引进的第一环节，能够有效避免人员招聘的盲目性和随意性。从2012年招聘方案中，可以看到江山农合行招聘需求是基于江山产业经济、组织的发展战略和规划、人力资源年龄、学历、专业现状和人才技能“短板”等因素基础上提出的理性需求。因此，江山农合行能做到打破应届生限制，引进具有专业特长的历届生；打破传统专业限制，引进与产业结构相关的专业人才。

其次，甄选方法科学化。随着人力资源管理手段和方法的不断更新，江山农合行充分意识到传统的命题作文、个体谈话式面试已不能够科学地选择合适的人才。为更有效地测评应聘者的基本知识、专业知识、管理知识、综合分析能力和文字表达能力等素质及能力的差异，江山农合行果断变换笔试内容，引进结构化小组面试，通过采用科学的甄选方法，提高甄选的信度和效度。

值得关注的是，第三关中江山农合行还巧妙地将业务考核与用工性质相结合。利用用工性质的不确定性，激发实习生学习专业知识、业务技能的主动性，实习生在衢州办事处统一培训中脱颖而出，真正实现择优录用人才。

最后，新员工同化专业化。新员工同化在人才引进机制中占有十分重要的地位。新员工同化的成效，在一定程度上可以作为人才引进机制成败的评估标准。作为组织的新成员，不一定能够很快地融入团队，需要一段时间的适应期。江山农合行分阶段培训计划，快速引导新员工了解企业各种规则、结构和体系，融入企业文化之中。尤其借助模拟银行系统，开展新员工业务素质培训，提高新员工业务技能素质，有效缩减新员工同化周期，使新员工在入职之初就能得到优秀企业文化的熏陶，为未来的成长奠定基础。

理性化的招聘需求分析，是人才引进机制的基础；科学化的甄选方法，是人才引进机制的手段；专业化的新员工同化，是人才引进机制的保障。江山农合行将三者有机结合，构筑出一套开放创新的人才引进机制，充分符合现代人力资源管理发展的趋势和要求，是农信联社从传统的人事管理到现代人力资源管理的典型案例。

案例启示

一、现代企业竞争的核心是人才的竞争

在农村中小金融机构人员老龄化、素质相对偏低的现实背景下，新员工培养作为农村中小金融机构人才战略的重要组成部分，对于促进农村中小金融机构队伍的新老交替，增强生机与活力，乃至赢得未来和希望，具有十分重要的意义。

二、把人才作为改革和发展的第一资源，首要的是要转变用人观念

“海纳百川”，实行公开招录，阳光操作，建立竞争机制，“用同一把尺子来量长短”，改变任人唯亲、近亲繁殖等陋习，才能为农村中小金融机构的队伍建设带来新动力、开创新局面。

三、引进和培养人才是一个系统工程，必须构建关心人才、重用人才的文化氛围

培养新员工要注重引导，牢固树立有为就有位的思想，发挥年轻人思想活跃的特点，激发其工作激情。要积极为新员工提供学习创新、竞争提升的平台，使新员工拥有充分展示自己才华的空间，真正让“想干事、能干事、干成事”的新员工担重任、有舞台。

编写：徐黎雯

五大序列人才晋升机制改革的实践探索

案例背景

2012 年 8 月 13 日，省农信联社理事长姚世新在全省农信系统人才工作暨思想政治工作会议上讲话中提出“我们当前和今后一个时期全系统人才工作的总体思路是：着力从传统学历型教育向金融职业化培养转型，统筹推进管理序列、营销序列、专业序列、技术序列、操作序列等各类人才队伍建设，切实培养造就一支数量充足、结构合理、素质优良、技术过硬、业务精通、善于管理的具有浙江农信自身特色的人才队伍，从而实现由人力大行向人才大行转变，为农信基业奠定良好的基础。”

姚世新理事长五大序列人才建设思路为处于转型期的常山农信联社解决人才紧缺现状，培养知识、能力、思维复合型人才，实施“人才兴社”发展规划指明了方向。

案例情境

2012 年 9 月 3 日，常山农信联社理事长徐水华在全县青年员工座谈会上正式提出管理、营销、专业、技术、操作五大序列人员晋升的总体思路与规划，这标志着常山农信联社将姚世新理事长战略思路量化，正式拉开人才晋升机制改革的序幕，这在全省农信系统尚属首家。经过四个多月深入基层调研，农信联社党委反复讨论、修改、斟酌，2013 年 1 月 10 日，《常山县农村信用合作联社五大序列岗位人员晋升管理办法》正式出台。

一、细化岗位分类

办法对五大序列人员进行细化。管理序列指经农信联社党委任命的部室正副总经理、部室专职管理人员、信用社（部）正副主任、分社主任、主办会计、信贷风险经理；营销序列指全体客户经理；专业序列指参加国家统一考试，取得高级经济师、注册会计师等执业资格证书人员；技术序列指参加省、市、县三级组织的电脑汉字输入、电脑传票输入、手工点钞，取得相应成绩或比赛名次的各项业务技能人员；操作序列指全体综合柜员。

二、明确晋升标准

各序列的升降级全部以考核为主，以配套考核办法为支撑，同时取得 2 个及以上岗位序列系数时，按就高原则享受。

管理序列人员晋升主要依据《常山县农村信用社年度分社等级管理办法》、《常山县农村信用合作联社 2013 年机关部室效能管理考核办法》、《常山县农村信用合作联社分社主任考核指导意见》、《常山县农村信用合作联社主办会计管理办法》等考核办法，分社主任当年度综合考核排名第一，辖内无责任性事故本人当年无不良贷款且本人当年任务全面完成的或连续三年、五年综合考核前三位，辖内无责任性事件，本人连续三年、五年无不良贷款且全面完成全年任务的，可享受相应岗位系数。主办会计、风险经理年度综合考核第一，主办会计辖内会计达标取得二级单位，风险经理当年无不良贷款且本人任务全面完成的，晋升为助理级；连续三年、五年综合排名第一，无责任事故，主办会计辖内会计达标取得一级单位，风险经理连续三年、五年无不良贷款且本人任务全面完成的，晋升为相应岗位级别。

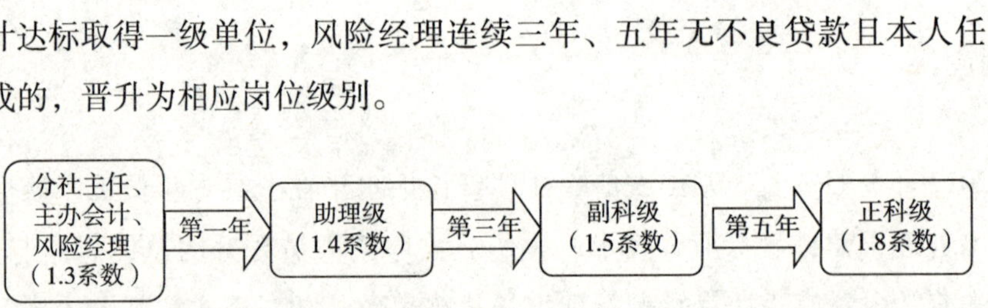

部室正副总经理、信用社正副主任升降以年度考核为准。当年综合考核（含劳动竞赛）取得全省农信系统前 2 名，并有突出贡献的部室加 0.4 岗位系

数；取得3～5名的，加0.3岗位系数；取得6～17名的，加0.2岗位系数；取得全市农信系统第1名并有突出贡献的部室加0.2岗位系数，取得全市第2名的，加0.1岗位系数。

管理序列晋升享受时间为从农信联社下发聘任文件次月至聘期结束，如中途被农信联社处理或岗位变更的，从次月起终止相应待遇。

营销序列人员岗位晋升级别必须通过农信联社组织的信贷知识考试，考试成绩达到75分（含）以上，主要依据《常山县农村信用合作联社客户经理等级管理办法》。客户经理当年无不良贷款且考核达四级（含）以上或连续三至五年无不良贷款，年度考核连续几年达到相应级别以上的，享受与其对应的岗位系数。营销序列晋升待遇从农信联社下发等级客户经理文件次月开始享受，期限为一年。

操作序列岗位员工晋升必须通过农信联社组织的财会知识考试，成绩达到75分（含）以上，主要依据《常山县农村信用合作联社星级柜员评定及考核办法》，综合柜员当年或连续几个年度考核达到相应星级以上，业务差错率连续排名前6的，从农信联社下发取得星级柜员文件次月起开始享受相应待遇，期限为一年。

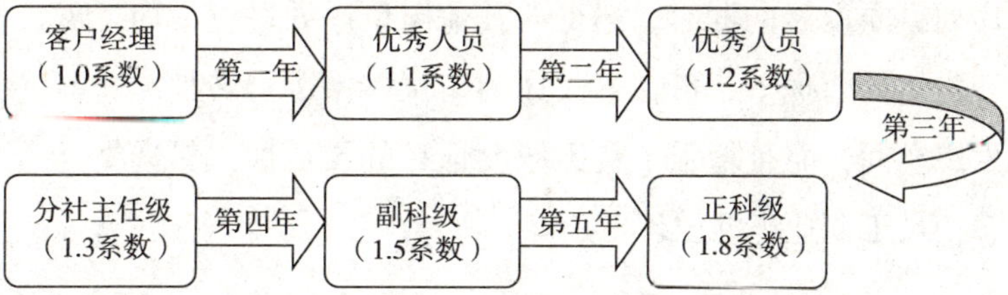

技术序列人员晋升主要通过员工参加省、市、县三级统一组织的业务技能达标考核成绩或比赛名次来确定。员工单项业务技能达三级（含）以上，农信

联社业务技能考核第2名、第3名或参加全市组织的比赛获第4~6名的，享受1.1岗位系数；单项技能达二级标准（含）以上，农信联社业务技能考核第1名或参加全市组织的比赛获第2名、第3名的，享受1.2系数；参加全市组织的比赛获第1名或全省组织的比赛获第4名至第6名的，享受1.5岗位系数；参加全省组织的比赛获第1名的，享受1.8系数。该序列员工从取得相应比赛成绩的次月起开始享受相应待遇，期限为一年。

专业序列考核主要依据《浙江农信系统员工中高级职业资格认证奖励暂行办法》，以参加国家统一考试取得相应证书为准。凡通过中国注册会计师、国际注册内部审计师等A类执业资格证书人员，享受1.4岗位系数；通过B类注册信息系统审计师、法律职业资格、信息系统项目管理师（高级）等B类执业资格证书的，享受1.3岗位系数；通过金融理财师、国际跟单信用证专家、人力资源管理师等执业资格证书的，享受1.1岗位系数。该序列人员晋升享受时限为农信联社聘任文件次月起至聘期结束。

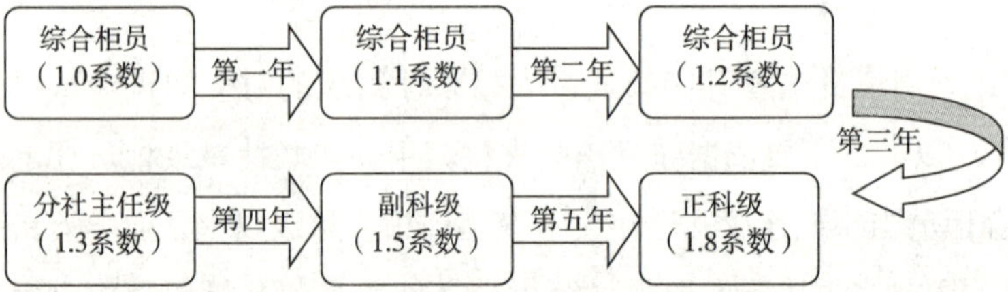

实现序列互换。五大序列岗位人员晋升相互独立但却不互相隔绝，同一员工在所属序列纵向发展的同时，还可向其他岗位序列进行横向发展。员工在满足岗位任职资格的前提下，可在五大序列岗位体系进行转换。这不仅拓宽了各类人才的发展空间，而且增强了员工职业选择的灵活性，促进复合型人才的培养与成长，使员工职业生涯设计更完善。

案例分析 <<

五大序列岗位人员晋升管理办法的实施，打破了常山农信联社原有向管理层提拔、年龄结构受限的单一晋升机制，为员工搭建“想干事的有机会、能干事的有舞台、干成事的有地位”的良性发展平台，开辟多渠道发展的“罗马大道”。办法自实施以来，员工职业目标明确、工作积极性提高。

一、打破通道不畅弊端

某网点女员工陈某今年35岁，性格比较内敛，每次单位公开竞聘她都不敢上台演讲，入社15年来，她一直默默无闻地从事一线综合柜员工作。没有晋升机制改革，她可能从入社到退休都只能从事一线柜员工作。因为晋升渠道不畅，类似情况的员工到35周岁以后，往往会有“等下班、等工资、等退休”的负面情绪。而根据专业序列岗位人员晋升管理办法，如果她参加国家统一考试获得执业资格证书的，可享受相对应的岗位系数；如果她在业务技能比赛或考核取得名次的，又可晋升相应操作序列岗位。性情安静、爱学习的她报名参加国际注册内部审计师考试，每天下班回家她都会抽个把小时看看书，“考出审计师证书后，我就能享受1.4岗位系数。”晋升办法让她重新定位职业发展目标，找到新的薪酬待遇对应点，学习更有动力，工作更有激情。

二、打破通道终止弊端

2013年7月的常山农信联社第二季度中层干部季度例会上，分社主任小郑也“光荣”地成为其中一员。分社主任也有机会参加中层干部会议，这在五大序列人才晋升机制改革之前是根本不可能的。在这之前，常山农信联社只设有管理岗位，人数十分有限，竞争异常激烈，而且对各层次管理序列人员晋升都有严格的标准和要求。如规定未在职的员工，女性超过35周岁、男性超过40周岁的，均不得参与中层干部竞聘，这将一大批有干劲、有抱负却超出年龄界限的员工“挡”在门外。五大序列人才晋升机制推出后，按照《常山县农村信用社年度分社等级管理考核办法》，小郑所在的清河分社2012年晋升为副科级分社。从2013年初起，她可享受副科待遇一年，她本人也被列入农信联社后备中层干部管理库。“以前要通过竞聘提拔才能晋升主任，现在把分社业务做好一样有机会。”人才晋升机制以业务硬杠杠衡量的晋升标准，营造了人人“想干”、“争干”的良好竞争氛围。

三、打破通道单一弊端

五大序列岗位人员晋升管理办法出台之前，员工要想晋升，唯一的途径就是竞聘。近年来随着新员工大量招入，员工数量增多和竞聘岗位数却未相应增加的矛盾日益突出。五大序列岗位人员晋升管理办法正好弥补了这一缺陷。它确保包括客户经理、柜员等条优秀员工都有机会享受类似于管理职务的晋升机会及薪酬待遇。以一名大学本科毕业生为例，入社后，他首先进入操作序列，这之后，他可继续在操作序列通道中晋升，也可参加各级业务技能比赛获得相应的名次可以进入技术序列，或通过参加国家专业考试，在专业序列中晋升。根据五大序列管理办法，在正常情况下，如果一个人表现优秀，最快可以在5年内通过相关序列通道达到正科级，享受1.8系数待遇。如果他在某些领域表现得尤为突出，其成长年限还会缩短。激励办法的引入，在全辖范围内营造了“人尽其才、才尽其用”的用人氛围。

案例启示

常山农信联社五大序列人才职业发展体系的建立，拓宽了员工成长路径，从机制上保证员工职业成长通道的顺畅。从该案例中可以得到以下启示：

启示一：机制创新需能激发员工原动力

常山农信联社五大序列岗位人员晋升管理办法为各层次各年龄段、各岗位员工打通晋升发展通道。办法实施以来，员工职业发展目标和定位更加清晰。员工往前能规划职业发展前景，回头能看到走过的职业轨迹，横向看能找到薪酬待遇对应点。员工成长路径拓宽，工作更安心，更有积极性。

启示二：机制创新需在实践中不断完善

根据五大序列岗位人员晋升管理办法，每个岗位人员通过努力都可能晋升相应岗位系数。但如果员工中途变更岗位，他原先已达到的岗位序列就会被迫中断。例如一名综合柜员在通过中国注册会计师考试，他可享受1.4岗位系数，如果经过岗位轮换，他从事客户经理工作，就只能享受1.0系数的岗位待遇。

这不利于员工岗位轮换锻炼和单位一专多能人才的培养。因此，五大序列岗位人员晋升应建立科学配套的岗位序列转换机制，以实现各系数节点合理转换，鼓励有能力、有素质、有潜力的员工勇于挑战自我，成长为懂管理、懂专业操作的复合型人才。

编写：俞晓蓓　魏　黎

ZONGHE
XINGZHENG GUANLI PIAN

综合行政管理篇

打造标杆网点　追求卓越服务

案例背景

大环境　竞争白热化

随着金融行业的竞争加剧，农信联社经营环境日益严峻。各家银行相继进驻衢城，使客户面临着更多的选择。相关数据显示：企业开发1个新客户用的费用是留住1个老客户的6～10倍。因此，几乎每个金融机构都将服务的提升提到了企业管理的重要位置。服务竞争的白热化，使金融行业的竞争已从产品竞争转型为品牌竞争。产品质量、服务质量是企业品牌形象的两个重要指标，而服务就是品牌的核心。作为服务行业，柯城农信联社除了出售自己的有形产品外，还要出售无形产品——服务。提高服务品质，是培育客户忠诚度、提升银行声誉、增强银行综合竞争实力的必备条件。柯城农信联社适时推出的“标杆网点建设”无疑是一大亮点，其完善的理论体系、严密的操作体系，引领柯城农信联社迈向银行服务的新高度。

案例情境

小细节　引发大行动

2011年5月末的一个上午，开办养殖场的客户黄总到柯城农信联社某信用社办理业务，他一直是这个信用社的忠实客户，今天来办理贷款业务。因为是老客户，加上客户经理对黄总的贷款情况已作了详细贷前调查，所以办理起来非常顺利，但就在看似不起眼的最后一个环节却让黄总皱了眉。当黄总在借款合同上用印泥盖手指印后，客户经理没有拿纸巾给他擦手，而且在客户经理的办公桌上没有准备纸巾。这个情景，让他想起有一次他陪朋友到某商业银行办理业务时，同样的盖手指印这一环节，那里的客户经理早有礼貌地准备好纸巾递到他这个朋友的手上。虽然只是个细节问题，但两个银行、两种做法，让黄总有了细微的想法。在一次与柯城农信联社领导的工作交流中，他聊起了这个细节问题，虽看似只是闲聊，但在农信联社领导的心里却泛起了波澜。细节决定成败，我们必须在打造服务方面要有更大的行动、更多的作为。2011 年 7 月，柯城农信联社确立以新世纪信用社、营业部、金桥信用社为第一批标杆网点试点社，进行了一系列全面的打造行动。

2011 年 7 月 14 日，柯城农信联社成立了以理事长为组长的标杆网点建设领导小组，明确了牵头部门，确定了三位内训师，并举行了标杆网点建设第一次协调会议，标志着柯城农信联社的标杆网点建设正式拉开了序幕。

一是农信联社聘请温州亚美信公司的老师进行标杆网点理念导入与现场服务督导，分别深入新世纪信用社、农信联社营业部和金桥信用社三个城区网点实施标杆网点驻点打造工作。

二是组织全员进行标杆网点导入式培训，通过连续一周的白天督察、记录发现问题，周末、晚间集中学习解决问题的形式，利用晨会激励培训、集体观摩员工服务录像、典型案例教学，有针对性地加强网点服务规范的培训和督导，形成了标准统一的网点基础服务、服务流程、贵宾服务、自助服务、应急处理以及服务管理等规范，引导网点员工养成坚持“服务六要素”、坚持每天“快乐晨会”、“开门迎客”等规范服务。

三是从“硬件”方面，按照“五区分设、整体合一”的大服务理念，实现了营业网点现金区、非现金区、自助服务区、客户经理区、接待区等区块服务功能整合；在网点集聚式布放自动存取款机、电子回单箱、网银体验区、电话 POS 机自助设备，有效提升客户自助服务水平。另外，还致力于优化服务环境，打造星级服务大厅。

案例分析

小标杆　撬动大市场

柯城农信联社标杆网点服务理念的导入，使创建标杆的网点无论是客户满意度、可持续竞争力、团队凝聚力还是社会美誉度等各方面都得到了很大的提升，并取得了一定的成效。

一、以标杆带动服务，提升客户满意度

通过标杆网点建设的一系列活动：服务心态、职业意识、服务标准的培训，服务六要素、服务实例应对等能力的日常辅导，并结合具体的考核与奖罚，制订了《服务规范实用手册》和《标杆网点管理办法》，使标杆服务的意识全面导入了标杆网点的每一位员工心中，从而促进了员工养成言谈文雅、举止得体、着装规范、仪表整洁、优质服务的习惯。网点的硬件、软件的整体形象的提高，使客户满意度有了明显的提升，不仅“回头客”持续增加，而且通过良好口碑的传播，不断有新的客户被吸引进来。以柯城农信联社创建的第一个标杆网点——新世纪信用社为例，有多个老客户对新世纪信用社创建标杆网点发生的变化而发出了肺腑之言：“进门眼前一亮，出门脸上有光”，“想不到信用社变化这么大，服务这么好”；还有几个客户多次上门要求对几个柜员给予表扬，说他们的服务态度特别好。

如图 1 和图 2 所示，新世纪信用社在导入标杆建设后进步很大，4 项指标 99%，其余均为 97% 以上，柜员服务态度提升 21%、柜员服务形象提升 20%、柜员办事效率提升 20%，其他各项均提升较为明显。

二、以服务带动营销，提升可持续竞争力

服务理念与水平的提升，为营销工作的开展创造了良好的开端。整洁的外部环境、优质的服务态度吸引住客户的同时，网点工作人员在为客户的服务过

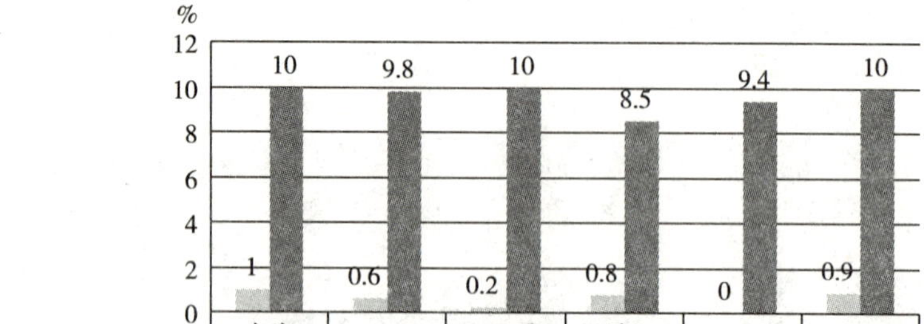

	点头迎客	首问语	双手接递	“请”字当头	结束语	点头送客
现场辅导前	1	0.6	0.2	0.8	0	0.9
现场辅导后	10	9.8	10	8.5	9.4	10

图1　柜面员工服务状况——服务六要素辅导前后对比

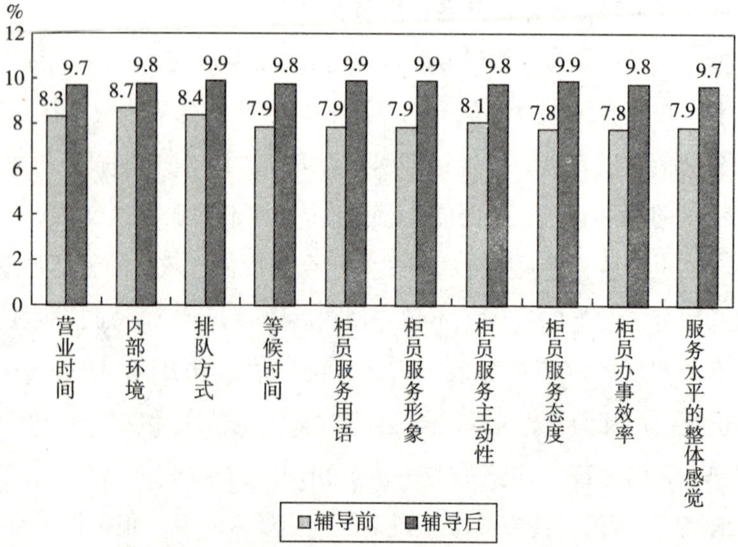

图2　新世纪信用社客户满意度——辅导前后对比

程中，进一步运用“一看二问三验证”的营销技巧与方法，观察、挖掘、确认客户的业务需求，并进行业务引导，使客户对我们的基础业务产品、理财产品等产生兴趣，创造出新的营销机会，从而使标杆网点整体营销能力有了较大的提升，业务指标完成名列前茅。

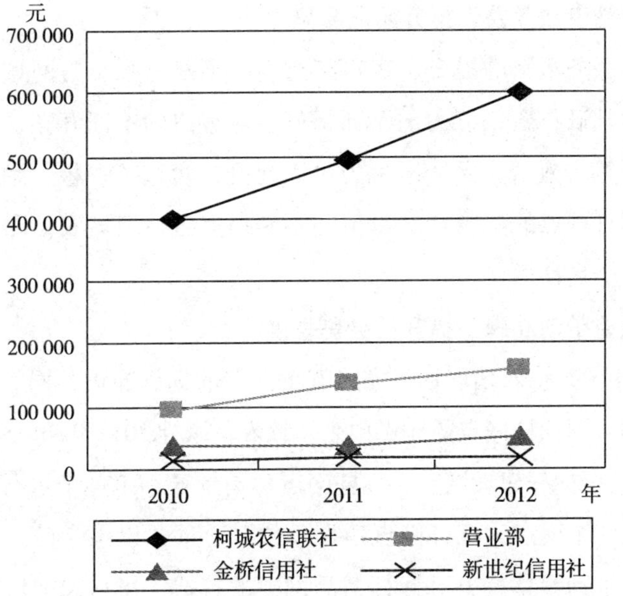

图 3　近三年柯城农信联社及首批标杆行社存款走势图

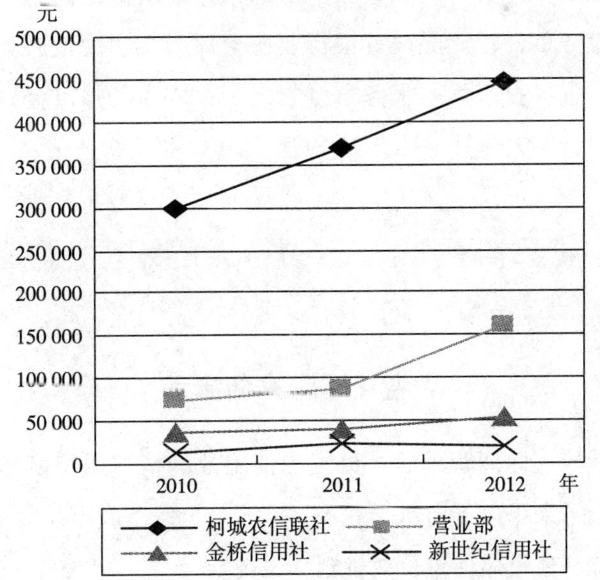

图 4　近三年柯城农信联社及首批标杆行社贷款走势图

三、以营销带动效益，提升团队凝聚力

标杆网点服务水平的提升、客户满意度的不断增强，为网点树立品牌服务奠定了坚实的基础；营销能力的不断提升，对客户的不断开拓，锻造出了良好的经营业绩和整体效益；团队凝聚力得以提升，营造了积极、融洽、向上的工作氛围，使标杆网点的建设持之以恒并不断地完善，柯城农信联社的标杆网点建设进入了一个良性循环。

四、以效益带动品牌，提升社会美誉度

至2012年末，该农信联社已完成五个网点的标杆建设，同时，还有许多网点积极要求加入到标杆网点的建设中来。该农信联社2012年度33个非标杆网点中有14个申请了标杆建设网点，标杆网点建设领导小组逐个进行认真分析，最终确认其中的3个网点为标杆网点建设单位，通过“以点带面”方式，带动全辖网点服务水平的整体提升。标杆精品网点的打造，树立起柯城农信联社的优质服务品牌，不仅更好地为“三农”服务，而且带来了较好的社会效益与经济效益。2012年度，三个标杆网点斩获多项殊荣，如新世纪信用社被评为省农信系统文明规范服务单，营业部被省银行业协会评为文明规范服务单位，金桥信用社被评为浙江省“百家优质服务窗口”之一，成为衢州市金融系统唯一一家获此殊荣的单位，大大提升了社会美誉度。

案例启示 «

大变化　带来新启示

自农信联社导入标杆管理后，员工和信用社的精神风貌焕然一新，这些可喜的变化给我们带来了以下启示。

启示一：标杆建设应注重长效机制

标杆网点的建设不是一朝一夕、一蹴而就的，需要的是整个团队长期坚持不懈地努力与创新。建立一个标杆网点不容易，但保持下去更非易事。标杆建设应注重建立长效机制，使规范化服务做到由表及内，从“形似”到“神似”，并结合实际推陈出新，在规范的基础上进行创新，让优质服务成为农信联社的最大差异化优势，树立农信联社全新的社会形象，促进各项业务的全面快速发展。

启示二：标杆建设应注重习惯养成

标杆网点创建的过程是渐进式的，先由专业老师手把手指导，日常由督导员监督，上级不定时地抽查检查，应该说这都是一个被动式的接受，如何让规范变为习惯，这需要更多的时间。让每个动作，每句问候，每个眼神都变得自然，变得贴切，真正养成习惯，那才是我们标杆创建的重点。

启示三：标杆建设应注重服务细节

“细节决定成败!”随着银行业日趋激烈的竞争，客户对银行服务的要求越来越高，而服务细节最能体现服务水平。五星级宾馆与三星级宾馆可能硬件上让客户没有太大的感受，但他们往往在细节上体现。该农信联社注重服务细节管理，要求每位员工服务的肢体语言、微笑神态等都要进行“示范、模仿、实践”的反复循环，每个服务环节都是在细节上不断升级，从细节入手，多为客户考虑，让服务显得更大方得体。

启示四：标杆推进应注重网点质量

标杆建设目前正火热进行中，各家行社都在踊跃参与，网点机构也都在积极争取进入标杆行列，标杆网点推进应注重把好质量关，严格准入和退出机制，不搞一哄而上，坚持成熟一个推进一个，真正让标杆称号名副其实。

启示五：标杆建设应注重人员培养

某个标杆网点是相对固定的，但内部人员是流动的，有新人不断加入，如何让新人在标杆网点迅速得到提升，这将直接影响到这个网点的优质服务能否持续保持下去。因此，在员工培训时应将标杆建设纳入培训课程。新人进入标杆网点时，先不直接上岗，让其跟随一段时间适应环境，能够确保在真正进入岗位角色时不致影响整体标杆网点服务水平。

目前，该农信联社的标杆网点建设已形成了二星级标杆网点一家，基础标杆网点四家，标杆培育单位三家的新格局，进入了以标杆带动服务、服务带动营销、营销带动效益、效益带动品牌的良性循环新局面。标杆网点建设既是柯城农信联社树立“以客户为中心”的一个里程碑，也是打造精品网点的一个良好开端，同时更是落实农信联社甘文智理事长“行为养成习惯，习惯变成性格，性格决定命运!”这一服务理念的行动写照。在标杆服务的引领下，该农信联社的全体干部员工把“没有最好　只有更好”作为优质服务的终极追求目标，用自己的真情与汗水正为浇铸衢州市金融系统的“明星工程”而不懈努力。

编写：陈素英　毛颖芳　郑晓云

迈向“标准化”目标的足迹

——衢江农信联社建设标准化网点提升服务

案例背景

科技手段落后　品牌形象不足

随着社会科技进步，金融电子化进程的飞速发展，各种电子化手段在金融业的运用，让客户在金融业务的办理中享受到了更多的快捷、自主和便利。

然而，农信联社由于根据地一直在农村，长期以来，在网点装修布局、硬件配置等方面与其他商业银行存在较大差距。随着经济的发展，金融服务需求呈现多样化和高要求，与此同时，同业竞争加剧，品牌形象建设意识的觉醒，均对农信联社实体网点的服务水准提出了挑战。于是，提升网点服务质量、服务效率，树立农信联社品牌形象，是农信联社增强竞争力的当务之急。衢江农信联社积极进行了网点的标准化建设，以其示范效应，以点带面，以局部带动全局，提升网点的服务质量，增强了农信联社的科技竞争力。

案例情境

它山之石，可以攻玉

2011 年，农信联社聘请温州金诺企业管理公司的专家团队对网点标准化建设项目进行培训辅导。在项目启动前，金诺公司的专家团队开展了前期调研工作，通过对目标网点现场目测、网点管理者及各岗位员工、高层管理人员访谈、客户满意度现场调查及竞争对手网点调查等进行分析，从硬件环境、排队时间、快捷流程和人员服务等方面找出薄弱环节。在此基础上，设计了项目改造方案，制定了规范服务流程，以现场体验培训辅导的方式全面导入到日常服务管理当中来。

2011 年 6 月 8 日至 12 日，农信联社组织全体员工进行集中培训，由金诺公司对全员进行 5 天 6 夜的强化培训辅导，以轰炸式的理念灌输和手把手的现场指导方式，让员工在学习和实践中掌握营业环境、员工职业形象、服务流程标准、晨会流程与标准，如何与客户沟通及其技巧，如何处理客户抱怨和投诉技巧；如何做一名职业化的员工等。营业部、上街信用社、南区分社 3 个营业网点被确定为第一批试点单位，在此过程中，组建起该农信联社第一支内训师团队。内训师队伍由培训公司带队，全程参与白天的现场督导与晚间的项目培训。

项目培训以“临柜五步法”为重点，在晨会流程、向客户打招呼、询问客户需求、为客户办理业务、将客户的存折（卡）或现金交给客户、感谢客户光临等实践细节方面着手，将每一个理论知识贯穿于临柜服务当中。在培训期间，员工们白天上班，晚上培训，很多学员为了能在职业形象上达标，利用吃中饭的时间理发、买鞋。据悉，当时衢城的船形女式黑色皮鞋脱销断货；又如有位大堂保安衣服换洗未干，但为了形象达标，甚至把湿的保安服穿在身上参加培训，每个与会人员从头花到领结、从丝巾到工号牌的佩戴、从袜子到鞋子都有了一个彻头彻尾的改变，员工形象有了巨大的转变。

短短的几天培训，3 个首批标杆网点顺利通过验收，服务环境及职业素养均达到了 A 减级专业评定。通过试点，建立了一套标准化规范化服务框架，试点单位全面提升了服务质量和服务水平，树立了农村信用社良好的职业形象和社会形象，主要内容包括服务的基本要求、晨会制度、服务环境、仪容仪表、服务纪律、服务流程、行为规范、文明用语、违规处罚等，为今后的创建及固化工作开展打下了良好基础。

试点成功，有序推广

在试点成功后，衢江农信联社及时总结经验，认识到第一阶段的成果是生搬硬套过来的，第二阶段更要在实践中融会贯通，对成果进行固化，转化为自身特色。于是，因势利导组织开展了“回头看”检查，边检查边即时整改，不断学习交流和总结提高，确保先进的服务礼仪和服务理念融会贯通到临柜服务中。

2011 年 8 月 12 日，农信联社召开标杆网点标准化建设项目固化阶段总结大会，来自全辖各网点的信用社主任、会办会计、柜组长及标杆网点的全体员工参加了会议，这标志着标杆网点标准化建设项目实施阶段上了一个台阶。同年 10 月，农信联社召开了推广动员大会，在辖内营业网点全面推开标杆网点标准化建设。

加强考核，固化成果

标杆网点项目建设结束后，为防止该项目建设流于形式，走过场，该农信联社积极探索标杆网点建设长效机制，经过多次讨论和酝酿，制定了《衢江农村信用合作联社文明规范服务实施细则》、《衢江农村信用合作联社文明规范服务考核办法》、《衢江农村信用合作联社网点标准化建设员工服务行为考核办法》，确定统一的考核标准，以量化形式进行考核，并予以奖罚。一方面，导入神秘人检查机制。与金诺公司专家团队签约，由金诺公司派员作为“神秘人”对全辖营业网点进行暗访，做到每季度一次，将检查结果以量化得分及书面报告形式反馈，农信联社根据暗访所反映出的问题，对症下药，奖优罚劣，限时落实整改。

另一方面，以监控检查为重点，加大检查处罚力度。建立考核基金，按月开展检查考核。由监控中心人员每日实施常规监控检查，各信用社（营业部）、重点分社每月定期或不定期组织一次检查考核，办公室按月开展监控检查和实地抽查。汇总监控检查和明察暗访实际表现作为奖罚依据，当月兑现考核基金，当月通报，并按季度开展考核评比。2012年度，共考核809人次，处罚551人次；2013年度，共考核2 284人次，处罚1 815人次。

案例分析

衢江农信联社通过标准化服务改造，将标准化服务理念根植人心，营业环境进一步提升，员工职业形象得到了改善，柜员服务流程标准、晨会流程标准更加规范，现场管理能力得到了加强，员工文明服务水准大幅提高，团队意识增强，团队协作精神得到了升华。岗位职责明确，各负其责，提升了服务规范化水平，客户满意度不断提高，社会美誉度不断增强，塑造了全新的服务形象，农信联社上下凸显了一种强有力的亲和力。

那次，我只为借把伞

清算中心主任吴淑芳对网点标准化建设带来的蜕变深有体会。一次，为送一份业务报表，她急匆匆地从办公室出来，发觉外面正在下雨，于是便向营业部的同事借。当她靠近窗口柜台，还没开口，柜台内的同事已起身，面带着微笑，亲切地问，“您好，请问您需要办理什么业务?”得知她的需求后，接待柜员依旧带着甜美的笑容，请她稍等。一位实习生帮忙找来伞，双手递过。一种备受尊重的感觉，让她的心里暖暖的。事后，她将这件小事记录下来，发表在农信联社标杆网点创建特刊上——《那次，我只为借把伞》。在她看来，不仅是员工的仪表神态、言谈举止经严格要求出了成效，服务环境也在有限的条件下创造出了最大化的舒适度。标杆网点创建，收到了立竿见影的效果。

一个“双手接单”的细节改变

网点标准化建设之前，员工普遍认为双手递接凭证无法做到，行为上也不是很努力。经过培训教师现场指导，对症下药，以情景演练的方式让员工熟悉规范与流程，提高综合服务技能与灵活应对的能力，同时对做得较到位的员工予以“爱的鼓励”，带动其他人员规范操作的积极性。员工的畏难情绪逐渐被克服，充满自信，从站立迎接第一位客户，到每位客户的迎送，每个步骤，向标准看齐，逐步形成了良好的行为习惯。

引入5S标准管理的蜕变

随着网点标准化建设的引进，一系列脱胎换骨的变化正在衢江农信联社上演。在外部环境管理上，对于一些平时未引起足够重视的细节，逐一加以改进，如更新和添置了防滑垫、雨伞架、垃圾筒等物品，对大门门柱及营业时间牌等处进行彻底保洁，对自助机具及柜台等全面清扫，做到窗明几净，和谐温馨。

与此同时，对于银行网点的操作台面，全部引入5S标准管理，每位员工按5S标准清理办公用品，按标准定位放置，养成每日临时离柜或下班后及时整理台面的习惯，营造整齐划一的工作环境，提高工作效率。物品归位管理更为合理，服务环境也变得更加温馨，客户的满意度稳步提高。

衢江农信联社凭借网点标准化建设带来的蜕变，赢得了群众的口碑和政府部门的肯定。在衢江区政府开展的百名基层站（所）长群众评选活动中，樟潭信用社主任楼晓涛、莲花分社主任张朝阳获群众满意基层站（所）长荣誉称号；上方信用社、高家信用社、莲花分社被区政府评为区级文明单位，农信联社本级和樟潭信用社被市政府评为市级文明单位；在区政府组织的区机关单位满意不满意单位评选中被评为“满意单位”。上方信用社被衢州市银行业协会评为文明规范服务示范单位，樟潭信用社被评为省农信联社文明规范服务示范单位。

案例启示

从衢江农信联社推进网点标准化建设这一实务案例中，可总结出以下可借鉴的经验与启示。

启示一：服务需要打造品牌

网点标准化建设是企业文化建设的重要组成部分。农信联社是服务行业，企业文化建设的灵魂就是要把提高服务质量和以客户为中心作为农信联社的长期战略，并充分认识到实施这一战略的关键是要有吸引客户的品牌。在信息化时代，“品牌”带来的广告效应愈演愈烈。农信联社实施网点标准化建设，创新了服务理念，激活内生动力，规范了服务流程，使服务更平易近人。服务工作迈入制度化、标准化、规范化的轨道，打造出高水平、高附加值的品牌，更易在竞争中脱颖而出，吸引客户，赢得客户的信赖。

启示二：贵在持之以恒

网点标准化建设是一项长期的系统工程，人员涉及面广，流程丝毫不能懈怠，监督与考核工作量庞大。正如“攻城易，守城难”，服务流程的照搬容易，服务习惯的养成并坚持十分困难。因此，需要领导高度重视，从上至下，一以贯之，将理念根植于员工内心。同时，不断丰富标准化建设的内涵，鼓励特色做法，让服务规范更贴近实际，更细致入微。此外，加强监督与考核，鞭策员工对网点标准化建设始终保持积极性和主观能动性。

编写：徐伟平

酒香还需“金嗓子”

——龙游农信联社信息宣传“蝶变”之路

案例背景

文化的力量深深熔铸在民族的生命力、创造力和凝聚力之中，文化是一个民族发展的“软实力”。古语曰“酒香不怕巷子深”，但如今此种产品推销理念已不能适应市场竞争与企业自身文化发展的需要。酒香是基础，吆喝是关键，善于借助宣传平台将企业精髓发扬光大，这些都离不开“宣传”两字。

曾几何时，龙游农信联社“只顾埋头拉车，不抬头看路”的做法使得该社的宣传工作大大滞后于其他兄弟行社，信息报道排名排在了全市末尾，成为麻烦不断的“拖油瓶”。当前正是农村信用社改革、发展的关键战略时期，信息宣传工作十分重要。为破解我社信息报道的“短腿”现象，在2010年召开的龙游农信联社年中工作会议上，理事长提出要千方百计做好信息宣传工作，全社动员搞宣传，龙游农信联社上下联动、重拳出击，谱写一曲文化“蝶变”的赞歌。

案例情境

案例一

在2012年5月的一次“进村入企”活动中，龙游农信联社基层员工汪岳云得知一位随父母到当地窑厂打工有云南省红河有彝族11岁小女孩施和衣，患上了一种奇怪的眼病，由于经济条件艰苦无钱医治而处于失明的险境。老汪当即决定伸出援手，除了自己捐钱捐物，还将小衣衣的情况写成报道，通过新华网、浙江在线等知名网站向全社会发出求助。通过多方呼吁，很多社会爱心人士慷慨解囊并且得到医疗机构免费提供救治。老汪在所在的信用社主任倡议下发动大家捐衣捐物，农信联社知道这件事后也专门赴医院看望并送上慰问金，并承诺承担小衣衣以后上学所有费用。由于失去最佳治疗时间左眼已完全失明，但通过努力保住了右眼视力能够识人辨物。出院后，老汪与该户家庭结成对子，并时常接孩子到县城逛街，添衣购物。

由龙游县委宣传部、县文明委发起的2012年度“最美龙游人”评选活动结果日前揭晓，并通过《今日龙游》“2012光荣榜”进行表彰，在本次表彰活动中汪岳云以高票获得“最美龙游人”称号。

“作为一名基层工作人员，天天跟农村、农民打交道，关心、帮助身边需要帮助的人群不仅是工作本职，也是为人父母、为人子女的一种善举。”今年54岁的汪岳云笑着说。他自参加工作以来就一直扎根在龙南山区溪口镇与“三农”打交道，37年来多次荣获县级优秀共产党员、县十佳农村工作指导员、十佳信贷员、先进工作者等荣誉。

案例二

去年龙游农信联社创新推出“信用社+合作社+社员+基金”信贷模式助推养猪、竹产业发展，该亮点工作一经宣传，在全县金融工作会议上县委书记就金融机构创新产品服务上以该模式进行举例，给予充分肯定，并希望将该模式运用到更广的产业领域；浙江电视台、《钱江晚报》主动前来采访做深入报道，浙江银监局通过媒体渠道了解相关事情后，组织力量来我社进行专题调研。2013年，农业部全国畜牧局局长会议选择在龙游召开，国家首席兽医师、农业部科技委员会委员、中国畜牧兽医学会副理事长于康震等农业部领导对该合作社与农信联社联合推出的“信用社+合作社+基金+社员”信贷模式表示兴趣，对其帮助解决养殖户融资难题，突出合作社辐射带动作用，推动县域生猪养殖规模做大做强给予肯定。

案例三

近两年龙游农信联社信息宣传成果盘点

2011 年，龙游农信联社共计在省级及以上信息宣传刊物上刊登信息 208 篇，比上年增加 78 篇，增幅 60%。其中，省农信联社主办刊物刊登 114 篇，比上年增加 14 篇，增幅 14%；政务类刊物刊登 21 篇，比上年增加 17 篇，增幅 425%；主要媒体刊登 32 篇，比上年增加 25 篇，增幅 357%；其他有影响力媒体刊登 41 篇，比上年增加 39 篇，增幅 1 950%。通过主办、承办、联办、协办等多形式面向社会开展重大主题宣传活动 19 项次，有效提升了社会地位及形象，推进了浙江农信品牌建设。

2012 年，龙游农信联社共计在省级及以上信息宣传刊物上刊登信息 506 篇，比上年增加 298 篇，增幅 143%。其中，省农信联社主办刊物刊登 117 篇，比上年增加 3 篇；政务类刊物刊登 21 篇，与上年持平；主要媒体刊登 112 篇，比上年增加 80 篇，增幅 250%；其他有影响力媒体刊登 256 篇，比上年增加 215 篇，增幅 524%。通过主办、承办、联办、协办等多种形式面向社会开展重大主题宣传活动 26 项次，主要是通过独家冠名系列“农信杯”全县摄影赛、篮球赛、长三角城市龙舟赛、龙游好声音等大型活动，全面深化浙江农信品牌文化建设推进年。

案例分析

近两年，龙游农信联社坚持把信息宣传作为“打品牌、聚合力、促发展”的重要抓手，以“围绕中心，服务大局，促进发展”为出发点和落脚点，以“突出重点，关注热点，发掘亮点”为着力点，着力从四个方面加以落实和推进，概括起来即为“四个重”。

一、重引导、造氛围，激发原动力

正确的思想认知能起到良好的推动作用。俗话说，光说不干假把式，光干不说傻把式，会干会说好把式。“说”能外树形象，内聚人心；“说”能振奋精神，鼓舞斗志；“说”能总结经验，以利再战。实干加苦干，想说加会说，能够有力有效推动工作实践和事业发展，而信息宣传正是“说”的平台。但是，信息宣传不是吹吹喇叭、喊喊号子、摇摇旗子，也并非可有可无，而是服务大局、促进发展的重要抓手，是一种务实行为，看得见、摸得着。基于此，通过层层发动，加强引导，使广大干部员工对信息宣传重要性、必要性达成共识，在全县系统营造了人人参与、群策群力的信息宣传大氛围，尤其是管理层对信息宣传给予了高度关注和足够重视，由此形成了信息宣传工作强大的原动力。以前，40 多岁年龄段的员工基本无人动手写稿，基层管理人员也很少有人写，而现在几乎已是全员参与，积极性极为高涨。

二、重激励、求实效，增强主动性

完善的激励机制能起到良好导向作用。一方面，完善考核机制，根据省农信联社、市办信息宣传考核指导意见，每年对自身考核办法进行调整补充，在考核制度设计上，注重“面”上兼顾、“点”上突破，加重省级及以上信息录用考核分量，着力延展高层媒介信息宣传的广度、深度与力度，提升信息宣传档次和品位，使得龙游农信形象和风采在更大范围、更高层次得到展示；同时，注重发挥考核机制的导向作用，对信息宣传实行单列考核，按季度向机关部室和信用社下达考核任务，并与岗位绩效紧密挂钩，形成了与业务经营同步的“人人讲贡献、人人求效益”的正向激励机制。按照现行考核办法，仅信息宣传一项，网点之间年度绩效考核奖金最高与最低之差近 4 万元，员工之间利益所得差距近 5 000 元。另一方面，强化激励政策。农信联社专门设置了年度信息宣传突出贡献奖项，开展“评优评先”，对获得年度信息宣传先进荣誉的个人予以重奖，并将此荣誉作为员工入选后备人才库、干部提拔任用的重要参考依据。近两年，相继有 12 位信息宣传积极分子被选进后备人才库，4 人提拔走上基层领导岗位。

三、重培育、强素质，突出保障性

健全的工作网络起到良好的保障作用。信息宣传工作能否取得实效，建立一个工作网络并有效发挥其作用是至关重要的环节。实践中，我们主要从三方面推进信息宣传网络建设。一是建立信息员队伍。目前，全系统有兼职信息员40人，占总人数的11.7%，覆盖各个网点和各种岗位。二是加强素质建设。年初将信息员培训纳入农信联社整体教培计划，通过记者讲座、以会代训、组织采风等“请进来、走出去”的形式与途径，为信息员搭建提升素质的良好平台。三是积极发挥信息员的能动作用。根据不同阶段的工作重点，以点名、点题的方式主动向信息员约稿，并经常与他们进行沟通和互动，倾听呼声，让他们建言献策，激发、调动信息员的积极性和能动性，发挥其信息宣传主力军作用。2011年，全辖信息员在市级及以上刊物上发表文章达523篇，占全县员工同级刊物发表文章总数的76%；2012年，全县市级以上文章1 023篇，其中，信息员发表文章880余篇，占比达到86%。

四、重沟通，抓重点，扩大信息源

充实的报道题材决定良好的宣传价值。在行社经营管理发展过程中，特色、亮点工作如何总结提炼、得到媒体认可宣传以至形成品牌价值，把握好工作与信息宣传的结合点很重要。对此，我社一方面十分注重纵向及横向沟通。纵向沟通即加强与省农信联社、办事处、人民银行、银监等部门沟通，把握当前工作要点和宣传重点，结合自身实际，及时进行题材梳理总结和部署落实，创造亮点。同时，加强与基层信用社、信息员的沟通，第一时间将上级约稿信息传达至一线，举全县之力挖掘信息源，提高宣传报道的命中率。横向沟通即是加强与地方政府的联络，重点加强与农业、林业、农办，工商、招商等涉农、涉企部门的沟通，及时掌握涉农、涉企工作动态，找到与金融服务结合点，积极向县委、县政府“两办”信息部门报送材料。如我社设施农业贷款加大土地流转、启动农村青年信用示范户创建、创新“信用社+合作社+社员+基金”信贷模式推动养猪以林业发展、联合工商局开展工商户信用评定等工作亮点被推荐上报至省政务信息刊登，甚至得到省领导批示肯定。另一方面，重点时期抓重点宣传，围绕全省系统年度重点工作，近年来省农信联社先后开展“走千访万”、“存款超8 500亿元宣传月”、全国八残会宣传、“小微企业金融服务月”、浙江农信成立60周年以及自身“存款超50亿元”、“存贷款超100亿元”等主题活动，信息宣传全程跟进，有机结合，相互联动，及时收集、挖掘、总结、提炼工作推进中的闪光点、创新点、经验点和成果点，促进工作经验、创新成果交流与共享。

案例启示

一、形成氛围让信息宣传工作“强”起来

领导关心支持是关键。龙游农信联社前几年信息宣传工作在衢州地区并不出色，能够成为后起之秀，领导重视是关键。我社建立了理事长亲自抓、分管领导具体抓，基层信用社负责人主要抓的信息宣传组织领导机制，职责明确，而且做到率先垂范，带头参与信息宣传，实现“业务经营”和“信息宣传”两手抓的完美融合，彼此互为促进。企业文化氛围营造是基础。创造浙江农信品牌的使命感和责任感，激励着全省系统上下以宣传树形象、以宣传立品牌、以宣传促发展。近两年，全省系统深入实施品牌文化建设年活动，尤其是2012年浙江农信成立60周年主题宣传，通过开办史料馆、制作浙江农信印象60周年画册及影片，记录了浙江农信由小到大、从弱到强的发展历程和几代浙江农信人的奋斗成果，正是由于全省系统跨越式发展的巨大成果，所形成的浙江农信文化感染力、品牌感召力让每位员工体会到作为一名浙江农信人的归属感、自豪感，促使他们更加珍惜几代农信人努力奋斗塑造的浙江农信品牌形象，也使得每位员工更自觉、更主动、更光荣地加入到宣传农信形象的前沿阵地中去。

二、拓宽渠道让信息宣传工作“活”起来

全方位、多角度开辟信息渠道，我们在建立通讯员队伍的同时，积极邀请社会力量参与。如去年我社首个银行卡助农服务点启动仪式，“山海协作”援建美丽乡村、资助敬老院，救助彝族“大眼”女孩等活动时，邀请地方新闻媒体作专题报道。同时贴近现场、深入一线，广泛获取展“生气”，让信息报道“活”起来。

三、注重效果让信息宣传工作“实”起来

围绕打造和谐农信联社、活力农信联社，主动深入到田间地头、厂矿企业、社区街道等信息源头，收集、挖掘掌握第一手真实信息资料，找准角度，注重效果。

四、开拓创新让信息宣传工作“新”起来

宣传工作最能展示农信成果，我社发扬老一辈的“三水”精神和锐意创新的工作作风，以新手法、新视角、新风格从事农信宣传，克服“老一套”、“炒冷饭”，开拓创新，让信息宣传令人耳目一新，读者也乐于接受，真正体现农信人立足农村、支农支小所付出的辛劳。

编写：祝志新　徐小春

因合而汇　知拓同行

——江山农合行核心价值观的提炼与升华

案例背景

从1953年到2012年，江山农村合作金融已经走过了60个春秋。2008年6月，江山农村合作金融启动了新一轮的体制改革，直接在江山市农村信用联社及其辖属6家基层信用社的基础上，通过股份合作制改造组建成立了江山农村合作银行。自改制成立农村合作银行以来，企业焕发出了前所未有的发展生机与活力。到2012年末，存贷款规模达到150亿元，5年时间内比之前55年的发展总量增长了2.3倍，存贷款市场份额占到了当地金融总量的1/3，雄踞本市金融机构之首；各项监管指标均符合“好银行”标准，成为衢州农信系统中监管评级达到2级的唯一行社。企业在获得快速发展的同时，其服务“三农”，服务地方经济，充分履行企业公民的社会责任也得到了社会各界的高度肯定和广泛认同。自成立农合行以来，企业一度蝉联了“浙江省农信系统经营优胜单位”、“江山市纳税十强企业”、“江山市最佳满意单位”称号；自主创新的“惠农快车”小额农贷产品获得了2011年度全国金融机构服务小企业及“三农”十佳特优金融产品奖、最佳农户金融产品创新奖、服务“三农”最佳创新成就奖等三项全国性奖项；2012年，又获得了“2012年全国金融机构服务三农最佳社会责任奖”的殊荣。据不完全统计，近年来，企业相继获得的各级荣誉称号多达70余项。一家地处浙江西部经济欠发达地区的县域小法人金融机构，能够获得如此的发展成就与荣誉，一方面现时浙江省农信系统“省县两级，统分结合”的制度安排在企业发展中扮演着极其重要的角色，在省农信联社强大的政策、科技系统支撑下，企业经营管理自主性、灵活性得到了极致发挥。另一方面，该行有其与众不同的“基因”，那就是企业提炼并得到固化的企业核心价值观——“因合而汇，知拓同行”。

案例情境

江山农合行成立之初，如何抓住改制契机，推动科学发展这一最重大的课题就十分现实地摆到了以孙赤为董事长的新一届领导班子面前。但直接从二级法人制的农信联社改制成为股份合作制银行，意味着不只是形式的简单改变，更重要的则是对既得权力与利益格局的重大调整，是对陈旧观念和管理陋习的洗心革面，是体制上、机制上的一场全面彻底的改革。而对于一家已有50多年历史，网点众多、队伍庞杂、服务群体分散的金融企业，更是面临着体制、机制上诸多矛盾与冲突交织并存，管理松散，经营粗放，广大干部员工对深化改革思想准备严重不足等一系列亟待解决的问题。“人心齐，泰山移”，万事万物人为本。要管理好企业，关键是要把广大干部员工的思想统一起来，以此达成发展共识，把科学发展观“以人为本”的核心真正落到实处，具有丰富企业管理经验的孙赤董事长深谙此理。为此，农合行一经成立，高级管理层的市场研究、思想碰撞、运筹帷幄、策略安排、管理创新活动就始终围绕着“办什么样的银行”、“走什么样的路”、“靠什么生存发展”等发展战略基点而展开。

在2008年末召开的一次由中层以上干部参加的行务会议上，大家对发展战略问题的讨论热烈而深入。一些人认为，城商行大量涌入、村镇银行纷设，区域内同质化竞争日益激烈，农合行只有走“向外扩张”，异地设立分支机构或发起设立村镇银行之路，才是应对竞争、持续发展的必要之策；也有一些人认为，单个农信行社规模小、抗风险能力低，发展后劲不足，但各自法人企业的性质同样发挥不了“省县两级、统分结合”的系统合力，成立省一级或更高层次的总行机构是农信发展壮大的最佳选择；也有人认为农合行与国有商业银行相比，最大的差距在于业务品种单一，盈利渠道不畅，应该走多元化经营之路……听了大家的讨论，针对各种思潮并存，容易导致战略迷失的状况，孙赤董事长通过系统回顾农村合作金融的发展历程，与大家分享了他的观点。他认为，“根深才能叶茂，合作才能共赢”。农信联社从新中国成立初期农民自己的金融合作组织，到人民公社、生产队管理到农业银行托管和“行社脱钩”，再到当前全省农信系统的“省县两级、统分结合”，风风雨雨 50 多年，历受几番沉浮、生死存亡的考验，之所以能够薪火相传，在曲折中不断前行，特别是 2004 年省农信联社成立、央行票据成功兑付以来，农信联社依托全省大系统平台，经营定位进一步巩固和深化，管理能力和服务水平得到显著提升，业务创新和科技支撑与时俱进，各项业务实现了前所未有的大发展，经营管理体制、机制改革也开创了新的纪元，其最主要的原因是农业是国民经济的基础，同时也是一个弱质产业，广大农户和农村小微业主向大银行融资困难，离不开能方便满足其分散、小额的信贷服务需求的小金融机构，党中央、国务院高度重视农村经济与农村金融相伴相生问题；最深厚的根基是农信联社“离农村最近，与农民最亲”，与“三农”经济唇齿相依，与地方发展血脉相连，提供的服务最贴近“三农”和地方经济发展的需求；最宝贵的财富是在长期经营实践中，“人人为我，我为人人”的企业价值取向和崇尚沟通、协作的合作精神无处不在，与“三农”经济和地方经济共生双赢的合作伙伴关系巩固持久；最优质的资源是建立了一支具有“三千”精神、“三水”作风，特别懂风土，特别重农情，特别能吃苦，已然与地方经济发展缔结成为了天然盟友的干部员工队伍。因此，立足地方，服务“三农”是农信联社最大的优势之所在，也是农信联社最不可丢也丢不起的生存之本，发展之源。“改制不能改心”，农合行只有牢固坚持服务“三农”的办行方向，持续往下去，往深做，做好他人想做却又做不了、他人不愿意做但我们却必须做的事；只有牢固确立“不求最大，但求最优；不求最大，但求最强”的思想观念，在自己的阵地上和服务领域内，做到社会高度认同，别人难以超越，那才能算得上是成功发展的企业。因此，江山农合行在进行面向未来的战略思考，确定战略使命和发展目标时，应该基于对企业优秀文化的传承和对现实发展路径的选择，提炼形成让员工普遍认同，并积极倡导力行的企业核心价值观，以此保持企业正确的发展方向，实现企业使命。

源于牢固坚持办“江山人自己的银行”的市场定位，取“江，因水而合，涓流汇聚，奔腾入海，滴水之力，汇聚沧海济天地；山，积土生金，迎难而上，且拓且行，寸土之功，山高路远人为峰”的“江”、“山”二字之意，同时充分考虑到江山农合行既是一家地方性法人金融企业，也是全省农信系统81家行社的一分子，需要应对的各种社会关系错综复杂，面临的市场竞争环境复杂多变，内、外部利益相关方对权利的分配、物质和精神的回报诉求也相对微妙。只有传承“合作而把力汇聚为无穷大”的农信优秀传统文化，协调、维系好内外部各种发展关系，确保企业的利益相关者利益得到切实保障，才能更好地联结各方力量，有机融合企业内部条件和外部环境的各种积极因素，融入“开拓创新成就卓越”、“以人为本建设出色团队”的现代企业精神，江山农合行提炼形成了“因合而汇，知拓同行”的核心价值观，由此指明了江山农合行和员工必须坚持的最重要和最持久的行为准则，成为了对该行经营管理活动和战略发展取向起决定作用的战略指南。

基于“因合而汇、知拓同行”企业核心价值观，该行确立了“利益均衡，协调发展”的发展目标。孙赤董事长认为，处于当前提倡开放创新的信息时代，在经营管理实践活动中，利益相关方的利益和权利要求是应该考虑和重视的。只有真正将利益相关者的权利、利益摆在首位，并采取“分类管理、动态保持”的策略，使内、外部利益各方在企业价值链上获得较对等满足，才能更好地协调各方力量，集聚各种发展有利要素并实现最优配置，推动农合行和谐、科学可持续发展。该行持续推进明晰产权关系、增强资本约束能力、完善法人治理结构和健全内控管理体制制度建设等项改革工作，严格按照《章程》约束，坚持审慎合规依法经营，弱化“内部人控制”现象，注重平衡客户、股东、员工和社会等各方的利益，合理分配权利和合理满足各阶层的利益诉求，外部采取以利益相关者拥有资源和重大程度相匹配的“动态保持”策略，主动发挥企业以自身经济效益贡献于社会、服务于社会，积极承担理性金融市场建设的责任，营造出了更为有效、更为和谐的发展环境。通过倡导力行“因合而汇，知拓同行”核心价值观，使企业获得了持续发展的恒久动力。

一、明确了共同的奋斗目标

江山农合行全体员工清醒地认识到，与国内外先进银行相比，无论从经营管理水平还是服务发展能力等方面来讲，江山农合行其实都还不能称为银行，至少还算不上是一个合格的银行，只有紧贴市场和客户的需求，努力跟进服务，不断创新，不断开拓，不断完善，培育充满活力的内部经营机制，较好地适应市场经济规则的要求，与外部商品经济大环境融为一体，以“不做绝对领域的大，只做相对领域的强”的开放包容姿态应对竞争，才能较好地实现自身经营效益与地方社会效益的共生双赢，走出内部做强做优、外部理性和谐的科学可持续发展道路。

二、铸造了农合行的整体意识

全局意识、合作意识、人本意识、补台思想、创新理念，等等，成为了江山农合行的主导思想。倡导透明、相互尊重的人际关系，强调凝聚力，引发向心力，视团队战斗力如生命，推崇人人善谋，独立思考，集思广益开展工作，在实践中学习，从学习中得经验，以经验促实践达成目标，实现个人利益与整体利益相协调，极力反对内部分裂和个人英雄主义，摒弃目光短浅、故步自封、缺失使命感和责任感的一切行为。

三、促进了农合行的科学发展

2012 年末，各项存款余额达 81.19 亿元，各项贷款余额 58.49 亿元，分别是农合行成立初期余额的 2.2 倍和 2.3 倍。其中，涉农贷款余额 52.4 亿元，占全部贷款的 89.59%；小微企业贷款余额 46.86 亿元，占全部贷款的 80.11%，支农支小主力军地位突出；金融服务网点覆盖县域城乡，并快速延伸到行政村，打造了偏远乡村居民不出一公里的便民金融服务网络。各项监管指标持续向好，均符合“好银行”标准，监管评级达到了 2C 级。综合经营实力明显增强，连续多年荣列市级“十强纳税企业”榜首。

四、塑造了臻于创新的品牌形象

全行牢固坚持办“江山人自己的银行”的方向，以打造“零距离”、“普惠式”服务“三农”机制为目标，深深植根“三农”沃土，牢牢扎根服务区域，不断创新支农机制，更新服务手段，完善金融产品，切实把“亲农、利农、便农、惠农、富农”的服务理念落到实处，为助推江山市“中国幸福乡村”建设和城乡统筹发展作出了地方金融应有的新的贡献，彰显了支农支小主力金融作用和良好的服务社会品牌。

案例分析

詹姆斯·C. 科林斯和杰瑞·波拉斯在其广受好评的《基业长青》一书中写道：“能长久享受成功的公司一定拥有能够不断地适应世界变化的核心价值观和经营实务。”如果根植在一个企业的核心价值观，随着时间推移而变成不可动摇的天条或信念时，它就成为一种核心竞争力，成为一种最不可模仿也最不可替代的能力。可见，不同价值观决定着企业和个人如何算账（算大账），如何看未来（算前途），从而决定了企业未来的分野与高下。回顾江山农合行5年来走过的发展道路，以孙赤为董事长的行领导班子以改制为契机，审时度势，扬长避短，在面临经营环境复杂多变，同业竞争压力剧增，体制、机制上诸多矛盾与冲突交织并存，广大员工对深化改革发展的思想准备严重不足的条件下，通过提炼升华、倡导力行“因合而汇，知拓同行”的企业核心价值观，以此作为谋划和实施战略目标、统筹和集聚发展要素、协调和互动相关利益的行动准则，从实践层面较好地落实了领导班子始终倡导力行的“适当的时机，选准适当的人，说适当的话，做适当的事”理念，找到了最适合自身可持续发展的业务市场、管理理念、经营机制、竞争策略、发展平台，促进了企业以惊人的成长速度发展壮大，经营规模实现翻番，发展质量持续优化，并动态保持了企业与企业各利益相关方“利益均衡、协调发展”的最佳平衡，树立了良好的品牌声誉和社会形象，企业由此获得了持续发展的恒久动力。我们不难发现，其成就和荣誉的背后，不仅在于良好的体制安排和经营管理的不断优化，更重要的是企业在传承其优秀文化的基础上，提炼形成的“因合而汇，知拓同行”企业核心价值观，创设了小法人农村合作金融企业与众不同的文化个性，即以“利益均衡，协调发展”为核心的企业文化。换句话说，江山农合行的长足发展，“共生双赢”是贯穿江山农合行经营管理全过程的核心理念，这主要表现在以下几个方面：

一、注重战略目标的“共生双赢”

“共生”的目标是为了大众的利益而共同工作和生活，促进人与人之间、人与社会之间、人与自然之间的相互理解并和谐相处，使与企业相关的每一个体都能享受到企业发展的成果。“双赢”价值是相对成熟的市场经济条件下，市场主体所共同追求的一种价值实现的文化表征，因为如果让任何一方吃亏都将是极具破坏性的，其结果也必是损人不利己的。俗话说，敬人者人恒敬之，爱人者人恒爱之。从这个角度看，只有在各自领域承担全部社会责任的企业才可被认为是具有发展潜力，能够为企业利益相关者不断创造价值的企业。这样的企业竭尽全力促进企业内外关联方与企业之间的相互尊重，构建和谐发展环境，同时也促使企业以高度的社会责任感充分履行企业公民的职责和义务，实现企业与其利益相关方的共生双赢。

二、注重利益相关者价值的实现

江山农合行从企业实际出发，在制定战略目标和选择管理模式时，真正将利益相关者的权利、得益要求摆在首位，而且善于采取“动态保持”策略，让企业的利益相关者处于一种相对平衡的理想状态，更好地协调了各方力量，最终达到“利益均衡，协调发展”的目标。江山农合行的经营管理实践较好地证明了在当前竞争激烈、信息开放的时代，任何一家不尊重利益相关主体合理诉求和价值回报的企业，是不可能有机会“独活”的这一企业生存发展之道。

三、重视企业文化的核心效应

企业的核心价值观是企业为实现使命而提炼出来并予以倡导的，指导企业员工共同行为的永恒的准则，是由企业大多数人共同认可的价值观念，是企业在发展中形成的体现企业精神文化的理念，是启发和统领企业提倡什么，反对什么，哪种行为是企业所崇尚的，鼓励员工去做的，哪种行为是企业所摒弃的，员工不应该去做的价值取向。江山农合行通过提炼升华企业核心价值观，让企业的“基因”与众不同，有利于企业员工形成共同的行为标准，从而起到简化和优化管理等作用。

案例启示

从以上案例，我们可以得到以下启示：

一、把企业核心价值观作为支撑和引领企业发展的切入点，可以为企业注入强大的活力

核心价值观是企业目标定位的坐标原点，是企业文化的基石，也是引导企业所有行动的无形的场。农信行社作为农村金融的主力军，为了实现自身的可持续发展，应该根据内外环境的变化，重新认识企业核心价值观体系，营造出具有自身特点的企业文化。通过树立面向未来发展的核心价值才能提高农信行社的竞争力，乃至形成不可模仿的核心竞争力。

二、建立正式的价值观是增强和维持企业文化的重要方式之一

农信行社拥有正式的价值观有助于指引员工的行为，帮助员工了解企业文化和通过增加员工的归属感来提高经营绩效。但价值观不应该只是空洞的“豪言壮语”，需要密切结合金融机构的实际，在传承机构自身优秀文化的基础上提炼形成，体现本机构的鲜明个性和特色，以增强价值观的可信度。同时也要通过多种手段和方式发动员工认识与理解企业核心价值观，从而实现把企业文化的表层用更深刻的价值观来支撑。

三、企业文化建设是一个从经营管理中来到经营管理中去的过程

一方面，在提炼企业文化时要从经营管理的关键成功要素出发，进而提炼出核心价值观；另一方面，要将企业文化特别是核心价值观，通过内化于心、固化于制、外化于行、具化于行凝结到经营管理中去，并通过产品与服务，将金融机构的文化理念和价值观念传递给客户，以便形成客户对品牌的信仰，获得客户忠诚。

编写：蒋泽荣

江山农合行的“无缝隙”办公流程

案例背景

“糟了糟了，东西催着要上交，但我现在还没拿到正式通知文件!”一项很重要的报告第二天就要交到某上级管理部门，但办公室的小胡直到今天下午才接到通知。原来，该项工作的通知文件因某位副行长出差在外，未能及时查阅并交由办公室文件收发员处理，从而出现办公室小胡只能“临时抱佛脚”应付着完成工作的情况，最终完成的效果是大打折扣的。

基于以上频出的意外状况，如两个会议室“撞用”、某项重要呈报事项过了一个月还在某项审阅环节、某个投诉电话未能及时处理等等，为提高资源配置，江山农合行于2011年推开了总部建设的进程，对总部的组织架构进行了重组，不断优化部室配置，增强总部职能，以此有效发挥总部服务于基层一线的作用，确保基层一线毫无后顾之忧地冲在业务第一线。如何有效发挥总部职能，如何提高总部运转效率，成为了一项新的课题。江山农合行从2011年开始积极探索“无缝隙”办公流程的新路径，确保效率出成果，细节出品牌。

案例情境

2008年6月，经过股份合作制改制的江山农村合作银行正式成立，从此迈开了现代化经营的步伐。此后，随着新农村建设、城乡统筹发展、经济社会转型升级向纵深推进，农村经济社会对金融服务产生了更为多变的需求；伴随经济发展环境的持续优化和发展速度的加快，同时也加剧了金融同业的竞争，对江山农合行推进科学管理和业务转型、提升队伍素质和服务能力，增强应对竞争能力、综合营销能力、风险管控能力和持续发展能力等也提出更高的要求。江山农合行自2011年实施总部建设以来，按照“更适应市场拓展、更适合风险管控、更适于集约运作”的基本要求，不断完善总部治理结构，转换经营管理机制，优化职能部门设置，集约总部运行效能，健全内控管理体系，理顺前台、中台、后台关系，逐步形成与当地经济发展和农村合作金融实际相吻合的总部组织管理体系和经营运作体系，不断提高总部引领与推动科学发展的能力。在有效改善总部服务基层、有效提升总部职能的进程中，通过不断加快总部的公文流转速度，实现文件阅办流转、呈报工作流转、会议联系流转、投诉处理流程等方面的极大提高和改善。

一、“无缝隙”办公流程的基本原则

一是坚持务求实效、稳步推进的原则。加快无缝对接的办公模式建设、提升总部管理能力和强化办公职能是一项涉及流程改造、制度完善、人员衔接、工作对接等各方面、全方位转型的系统性、长期性、实践性的工程，既没有现成的模式可以照搬，也不可能一蹴而就。为此，要加快“无缝隙”办公流程的建设，必须要正确处理好短期目标和长期目标的关系，要充分结合江山农合行经营管理实际和工作延续性的现实需要，在实践中不断探索与改进在工作中存在的不科学、不合理、不利于流程加速和风险管控的问题，要本着务求实效、稳步推进的原则有序开展和推进。二是坚持成本控制、发扬优势的原则。在加快“无缝隙”办公流程建设过程中，要注重管理成本的合理控制，坚持优化配置和效率优先，通过着力优化经营机制、着力升级组织配置、着力清晰管理流程、着力集约资源效率，进一步发挥江山农合行一级法人灵活快捷的传统优势。三是坚持简捷有效、持续发展的原则。为确保“无缝隙”办公流程取得实效，就必须要坚持实质重于形式的原则，要加强创造性探索，确保流程建设过程中各项工作的务实有效，真正实现机制转型升级，推动可持续健康发展。

二、“无缝隙”办公流程的重点环节

围绕着江山农合行的发展目标，江山农合行在经营管理实践中不断推进和完善适合本行发展要求和市场定位的“架构合理、流程清晰、内控严密、管理科学、服务优质、运转高效、竞争有力”的组织结构与运转机制，从而进一步推进“无缝隙”办公流程的再造工程，不断推动流程的对外简化、对内优化。重点抓好三个环节：一是制度与流程梳理。从方便办公、简化手续并有利于防范风险的角度，全面梳理现有的办公管理制度，优化各项办公操作程序；以办公流程为基础，实施管理流程改造，对各类办公程序形成管理操作线条，做到每项办公工作、每项管理工作都有操作流程与之匹配。二是流程描述和风险控制。按照办公需要，对应流程设立对应的岗位，对每个岗位设置相应的管理要素，揭示风险控制要点，明确岗位责权。三是流程执行监督及后评价机制。加强流程执行的监督与后续评价改进机制，推进需求满足与流程简化导向下的流程持续改进优化。

三、“无缝隙”办公流程的初步探索

（一）三层联动，其利断金

江山农合行的办公流转体系可以说是领导层、执行层、枢纽层“三驾马车”的并驾齐驱。领导层是核心——卓越理念引领全方位服务。江山农合行的领导班子始终秉承着总部服务于一线、总部效率提升是一线业务发展的基础的理念，超前的理念、敏捷的思维及对江山农合行当前状态的准备研判，成为了江山农合行流程化改造的“军师”，也是推进总部集约化经营管理能力提升的“主推手”。正是基于行领导班子这样的前瞻性理念和果断性决策，江山农合行才开始走上了一条集约化、高效能“无缝隙”办公的改革之路。执行层是先锋——高效团队争取全方位成效。一个好的系统需要一堆好的零部件，一个好的流程构架需要一个有效的执行层。为此，江山农合行在行领导决策指引下，执行层在各条线上打造出了办公流程化的高效团队。如何实现高效团队的高效能，主要归功于资源的优化配置。围绕着高效快捷的全方位服务理念，该行规范了一系列的办公流程，明确了各环节的人员要求、风险要求，落实了各风险点上的工作要求，确保办公流转速度不断得到提升，以此来促进全行业务的快速运转。枢纽层是后盾——无缝隙服务营造全方位氛围。作为办公流程改造的枢纽部门，江山农合行综合办公室有效承担起流程中枢的角色，发挥着承上启下、承前启后的中坚力量，制订和完善各类办公流程，促成各流程环节中的有效落实，规范和加快办公流转速度，提升总部服务基层、服务业务发展的能力。

（二）层层推进，立体管理

不断提升公文流转效率，加快文件特事特办流转效率：外来文件的一般收文流程是先领导批示，再做流转，如在收到当天或第二天就要办结的文件，遇领导外出开会的，由公文管理员短信或电话联系请示领导，将文件先复印给阅办的部门办理，待领导回来后再呈给领导批示。综合办公室作为公文流转枢纽部门，还及时将内外部文件上挂办公网站，确保全行员工及时查看文件。规范呈报工作流程，不断缩短呈报事项办理时间，提高工作效率，加快“工作呈报单”流转速度和办结速度，办结率可达100%，确保所有工作呈报单都能做到规范受理、审批及时、审批流程通畅、查对快速，极大地提高了我行各项“工作呈报”的速度和效率。规范“会议联系与服务”工作流程，部门及时填报会议情况和会议需求，综合办及时落实会议使用工作，保质保量完成会议任务，会议服务质量有效提升，大大提高了农合行对外良好形象的树立和对内各项会议制度、培训制度的贯彻落实。同时还创新会议通知方法，涉及行内会议，使用电话通知和短信通知两种形式进行会议通知，如遇时间跨度长的会议，特别是会前一天是休假日的情况，在开会前一天做到短信提醒。规范对外业务宣传流程，将以往各部室以零星、随机的形式向综合办公室提出需要向外部媒介发布宣传信息的模式进行完善，规范业务宣传流程，所有部室需要向外发布的信息均由分管领导签字同意，而后交由综合办公室统一向外发布，并将联系单进行存档，加快对外宣传的同时也确保了公文资料的完整性。同时，还落实首问首办责任制度，要求各部室、各网点、各大堂保安均备有一册登记表，将责任事项进行第一时间的记录，并及时将转部门事项进行有效交接并催促及时答复解决，对于省农信联社96596或其他上级部门的咨询投诉电话及时批转到责任单位，要求及时限时处理，并对处理结果进行审核和及时回复，对需要发文通报批评的及时通报等。

江山农合行通过积极有效地探索"无缝隙"办公流程建设，不断加快总部的公文流转速度，实现文件阅办流转、呈报工作流转、会议联系流转、投诉处理流程等各办公流转效率的极大提升和改善，从而有效促成了江山农合行对内流程的简化、效率的提升和对外形象的优化。

案例分析

全面实施总部建设和加快办公流程建设，既是江山农合行坚持以市场为主导、以客户为中心、应对当前客户需求多变和激烈市场竞争的客观需要，也是顺应现代金融运行规律、推动自身转型升级和实现发展方式转变的必然要求。它对于充分发挥总部的中心管控作用，提升管理、服务和经营水平，充分发挥该行机制灵活、贴近市场的优势，强化经营特色和差异化竞争能力，充分拓展新一轮发展空间和平台，推动持续健康发展、实现中长期战略目标，有着积极和长远的重要意义。如何做好办公流程的"无缝隙"和"高效能"，重点需要关注以下几个要点：

一、流程化的管理是提高办公效率的首要任务

在江山农合行实行架构重设及总部建设的前后一段很长的时间里，江山农合行的领导班子都在探索流程化办公的途径和方向。要提高办公效率、加快办公速度，必须要将每一次办公线路走成捷径、走成既定路线，如此方能既遵守规则又加快速度。所以，一直以来，江山农合行本着流程再造的理念，对总部的办公制度进行了流程简化，确保以简化的流程支撑办公框架，以高效的流程支撑基层一线的业务发展。

二、特定的模式和变通的节点相结合是加快办公流转的重要举措

江山农合行领导班子清楚地认识到，一个集体里、一项事业中，既定的环节必然会在实践探索中遇到"瓶颈"、遭遇徘徊，必然会有一些需要妥协和完善的道路要走以促成最终目标的实现。在制订全新的办公流程时，也考虑到了要在既定的流程模式基础上，对突发事件、意外事件进行妥善地解决，以此不影响办公效率同时也能有效破解“瓶颈”。为此，江山农合行在总部的每项办公流转制度中都提出了特事特办、急事急办的工作创新机制，要求在不违反制度及原则的基础上做好特事、急事和难事的流转和办理，确保特定模式与变通节点的有机结合，并最终实现办公目标的达成。

三、在服务过程中发现问题、分析问题、解决问题并不断提升和完善流转制度是加快办公流转、提高工作效率和提高总部服务职能的关键所在

业务在发展，服务必须紧随其上。流程不是一成不变的，而是随着事务的变化及工作的要求进行及时地更新、完善和提升。为此，江山农合行服务部门在服务过程中能及时地发现问题、解决问题，并在解决好单个问题的基础上提升和完善制度，将创新性的思维和举措融入到流程和制度中去，确保总部服务职能的不断增强和工作效率的有效提升，从而真正实现工作与服务的“无缝对接”和“高效流转”。

案例启示

一、传统的办公流转模式已日益不能满足农村中小金融机构快速发展的需要

以整合优化办公流程为中心，以提高行政办公效率为目标，再造办公流程乃加强银行内部管理中不容忽视的一个方面。办公流程再造不仅是管理手段的革新，而且还是管理理念的更新。通过对办公运作流程进行反思和再设计，其根本目的在于有效提升办公效率，提高治理绩效。

二、严格落实管理制度化、规范化、程序化和标准化的要求，是提升办公效率的基本保证

规范和细化每一项办公流转工作的走向，使公文管理、信息管理、会议管理及其他事务都有相应的标准、程序，使各项操作都有章可循，这才利于提升办公管理水平，促进部门之间的协作，解决工作间的推诿，提高效率。务实高效的工作作风和规范的流转程序，能够有效防止“打乱仗”和低效率等问题的发生。

三、合理运用信息化工具是信息时代提高办公效率的必然趋势

应顺应信息技术的发展趋势，开发并不断丰富办公信息平台功能，为银行内部公文处理等事务提供便捷渠道，实现信息的高速共享，促进最大限度地发挥行政效能。在办公现代化、信息化的时代背景下，应更多地把短信平台、手机智能客户端程序与移动网络、建立“交流群”、“群公告”、“群共享”等各种信息化工具与办公室工作有机结合起来，发挥其特有的功能，使办公室的工作化繁为简，节约时间与成本。

编写：周　欢

让每个会议都富有成效

——江山农合行的绩效型会议管理模式

案例背景

“这项工作的决定大家是否同意？如果不同意拿出修改意见再次碰头，如果同意形成简要的会议纪要，按决策执行。”

“某革监事你好，我是江山农合行董监办公室的工作人员，现在关于……的事项需要征求您的意见，如果同意，我们将把您的意见通过电话会议的形式记录在档……”

“小周，上次会议要求业务部门拿出的调研报告形成了吗？”“是的，他们已经形成了初稿，今天下午会由业务部的人员前来向您汇报……”

“各位经理（行长）大家好，今天下午周例会准时召开，主要讨论网点布局、不良贷款控制两项重点工作，请各位提前做好准备，并在会议中作简要的发言。”这是办公室小周给中层的群发短信。

……

这样的场景和对话在江山农合行的日常办公过程中非常常见，它是江山农合行在打造“绩效型会议管理模式”进程中的一个缩影，也是该行形成决策、传达任务、反馈成效的集中体现。

江山农合行自2008年成立以来，发展速度极快，存贷款规模已达到160亿元，市场份额位居本市金融机构之首。在其发展过程中，会议成为农合行领导作决策、下任务、抓落实、出成效的有效抓手。因业务发展需要或工作进度安排需要，在同一时段出现不同的会议是常事，同一位行领导或干部员工一天内参加多个不同的会议也是常事。据不完全统计，自农合行成立近5年来，共对外接待和对内业务、培训、工作等大小会议多达1 500余次。为倡导简化、务实、高效的会议精神和工作原则，江山农合行提出了“绩效型会议管理模式”，以此规范农合行各项会议及各类培训的流程，统一会议管理模式，减少会议数量，简化会议程序，缩短会议时间，提高会议质量。

案例情境

2008年，江山市农村信用社联合社改制组建成立了江山农村合作银行。顺利完成改制的江山农合行，加快推进完善股东代表大会为权力机构、董事会为决策机构、监事会为监督机构、经营层为执行机构，机构之间职权明晰、各司其职、有效制衡、运行有序的“三会一层”现代法人治理结构和运行机制建设与改革，促进企业管理不断攀升新台阶。江山农合行在现代企业法人结构和各项运行机制逐步完善的同时，需要决策和落实的工作也以成倍的速度在增加，而会议也不再单纯和局限于过去的一个文明规范服务工作会议、一次会计辅导网通报会议、一场业务座谈交流会，它的高度上升到如何通过不同层面的会议来达成不同的决策、通过不同的议案、落实不同的举措，如何通过富有效率的会议将不同管理者的新理念、新思路、新方式进行有效的碰撞，如何将碰撞后形成的会议精髓传递给与会者，并实现有利于业务和工作开展的理念和思想的最终落地，从而带动全行可持续发展的全新管理模式的形成。

基于会议的重要性和不可或缺性，江山农合行领导班子将做好决策和抓好落实的会议这一载体给予一次全新的认知和命定。“如何让每个会议都富有成效”是新型农合行会议的落脚点。为此，在江山农村合作银行新大楼建设过程中，会议室的设计和布局成为一项重要的项目之一，也是建设“绩效型会议管理模式”的硬件条件。行领导亲自过问并参与设计每个楼层会议室的布局，亲自拟定每个会议室的企业文化元素。走进江山农合行的新大楼，你会发现每个楼层都有专属的会议室，并根据会议特点给予不同的布局设计，比如二楼电教室着重于安全性能和防尘功能，以利于维护计算机设备、严密安全地召开相关视频会议及操作培训等；三楼中型会议室注重于实用性和通用性，以利于大小内外会议的召开，召开会议人数适中，召开规模比较容易变通；三楼大型会议室则注重于容纳性和组合性，它便于容纳全行一半以上员工召开大会，更利于如股东代表大会等内外部大型会议的召开，同时又兼具随意组合会议桌椅的功能，确保调节和兼顾各种类型的会议和活动；其他各楼层的会议室又体现便利性和随意性，以便于各部室随时召集小会、解决问题，同时也确保会议交叉重叠时的可快速调节性。除了硬性条件外，各类会议室的软文化也彰显了江山农合行的会议理念。走进江山农合行的大小会议室，你总能在墙上看到简明扼要的会议警示语，如你认为这次会议有必要开吗？这是一次高效率的会议吗？这次会议的目的达到了吗？等等。

新大楼落成开业后，如何用好会议室、如何开好会议、如何让会议成为绩效型的管理会议成为新的课题。为此，江山农合行有效梳理多年来积累的会议文化和制度，将零星、分散的好的会风进行收集，将会议中的陋习摒弃和改善，重新规范了会议管理制度，从会前通知、会前准备，到会中规范，再到会后督察进行认真的规范，对会议流程中的工作职责和议事规则进行进一步的完善。规范完善后的会议制度，每一个细节均能体现出江山农合行每一层级会议召开的必要性，每一个会议流程的规范性，并且在每一份会议纪要中都明确提出了会议的目的、会议的方向及会后的工作落实要求。

江山农合行的新型会议制度，对农合行的股东代表大会、董事会、监事会、班子办公会议、行长办公会议、行务会议、支行行长会议、专业会议、董事会各专门委员会会议、全辖职工会议提出了明确的制度要求。提出召开会议要以解决问题为目标，坚持以精简、高效、会事一致的原则安排会议；要求严格控制每一次会议的规模和规格，尽量缩短会议时间，提高会议效率；努力改进作风，提倡小会、短会，避免各种形式主义的会议；对各层级会议的召开明确提出了会议审批制度，要求以江山农合行名义召开的会议都要经过批准，对确实需要和必须召开的会议方予开会；对会议组织、会议请假、会议纪律等均明确相关制度。

一、会前准备：确保万无一失

会前，要求会议召开的发起部门及时向会议审批人（如召开全系统性会议要经党委研究，各职能部门召开专业会议要经分管领导批准）提出会议申请，得到同意后方可确定会议时间、会议地点、会议内容及参会人员，并在确定后及时通知与会人员，让与会人员知晓会议内容及准备相关会议资料，需要请假的与会人员要按会议请假制度进行请假。随后，会议发起部门及时向综合办公室提请会议联系单，由综合办公室人员做好会议室安排、提前调试会议器材及准备茶水等工作。对于会议跨度时间较长的会议，特别是会前一天是休假日的情况，办公室人员会在会议召开的前一天进行短信提醒。对常规性的会议如经营层周例会则除遇特殊情况短信通知暂停会议外，均按约定时间与会。另外，会议发起部门需对会议中使用的材料进行整理和复印，除确需人手一份的材料，其他材料本着精简的原则进行复印。

二、会中规范：确保高效节流

会中，明确会议纪律，对需出席或列席会议人员，要求准时到会，并进行会议签到。要求各部门支行严格按会议通知要求派人参加会议，不得自行调换或增减与会人员，如有特殊情况需调换或增减与会人员时，应事先报请会议审批人同意后方可参加。会议期间，要求与会人员集中精力，认真听会，做好记录，不可交头接耳，随意离会，或从事其他与会议无关的事务。对请假人员要求其在会后及时与会议主办部门联系，领取会议资料，了解会议内容，贯彻会议精神，落实议定事项。要求与会人员要严格遵守保密规定，不得泄露会议讨论决定的有关秘密事项，妥善保管会议文件，需收回统一保管的会议文件按要求一律收回。各种会议都要求有会议记录，由主办会议部门的工作人员或综合办公室人员详细记录会议时间、地点、与会人员、缺席人员、主持人、主要内容等，必要时整理会议纪要交由行领导审阅后予以印发。

会议强调高效率和快流程，对于一议题一会议的小会，要求一次简要的会议必须达成一次明确的决定；对于一会议多议题的大会，要求各类重点问题重点分析讨论，提出明确的指导性方向，然后落实具体的责任部门或责任人再牵头组织小会、分会，确保一次会议成效突出，一个议题多次高效推进。

三、会后落实：确保落地生根

会后，要求会议主办部门及时做好会议室设备（电灯、空调及话筒等）的关闭工作，并要求在下一个工作日结束前完成会议纪要的整理、提前审阅及印发工作。其他与会人员必须及时做好会议精神的贯彻工作和议定事项的落实工作，对需要反馈的工作及时向主办部门或行领导提前书面报告，确保准确领会和顺利实施下一个阶段的工作任务。会议主办部门对需要贯彻和落实的事项进行督察，并将完成情况报送行领导；对会议召开的效果给予总结，以便下一次会议的有效召开，从而达到每次会议中提出不同会议要求，实现不同的会议目的。

除此之外，综合办公室作为督察督办的责任部门，负责将已召开各类会议提出的问题、上级部门各项会议及领导讲话中涉及的工作、行领导指派各部门限期完成的工作及时落实和分解到责任部门，制订会议工作落实督察表，并在限定时间内对责任部门和责任人的落实情况进行督察，对紧急及需限时完成工作及时督察到位，对常规工作按月对落实情况进行督察和通报，确保会议决策和拟定事项落到实处，并促成工作任务的达成和工作目标的实现。

通过一系列行之有效的措施，江山农合行的会议制度已基本形成了一种会议流程简化、会议质量高效、会议目的明确、会议效果明显的绩效型管理模式，通过会议这个快捷高效的载体和平台，有效传达管理者的理念、有效贯彻管理者的思路、有效达成管理者的决策，从而实现农合行各项业务和工作的有效开展。

案例分析 《

会议作为一个企业达成发展共识、明确发展思路、落实发展举措的有效抓手，多年来一直在江山农合行每一个发展和改革转折点中扮演着重要的一个角色，是农合行发展链中具有浓墨重彩的一笔。正是基于这样的现实意义，江山农合行推行绩效型会议管理模式才显得尤为重要，也在推行过程中收到真实的成效。如何将每一次会议开得富有效率是一项重要的课题，除了以上所阐述的既定制度及模式外，从更深层次角度来看，重点体现在以下几个方面：

一是每次开会前都要问一问：这是一次有必要的会议吗？这次会议的准备工作足够充分吗？这次会议结束后能达成预期的效果吗？

这是会议发起部门在提请和召开会议前对自己提出的问题，并对问题进行整理后方可报审批人审批，让审批人了解会议召开的意图和目的，及会议召开后可能收到的成效及解决的问题。审批人同意后审批会议，并在发起部门提出问题及目的的基础上，提出更高一层的会议要求，明确会议目标。会议发起部门在确认这是一次必要的会议后，必须要做好充足的会前准备，梳理会议中需要阐明的内容、可能涉及的问题及有效的解决措施，并且要让所有的与会人员都知晓召开和参与本次会议的目的，对会议中要解决的问题有一个清晰的概念，对会议召开后自己可能需要达成的事项有初步的了解。

二是每次会议中都要问一问：这是一次高效率的会议吗？这次会议的主旨清晰吗？这次会议结束后需要明确什么、达成什么？

每次会议前，会议发起部门都必须明确告之发言人员及参会人员，会议的主题、目的和要求。会议主持人及会议发言人都要在会议前理清会议思路的基础上，对自己要发言的问题进行整理。在会议召开过程中，每一位发言人员都必须尽量精简会议发言内容，缩短漫无目的的会议发言和讨论时间。每个与会人员都要抬头看看会议警示牌，把会议当成是碰撞思想火花、提出问题、分析问题和解决问题的有效途径，而非必须要走形式的场次。每个人都要问一问：这是一次高效率的会议吗？在这次会议中我发言和思考的效率高吗？我所吸收和传达的精神清晰吗？我要贯彻和落实的事项明确吗？能在会后有效完成吗？

三是每次会议后都要问一问：这次会议的目的达成了吗？这次会议在既定

目标以外又实现了怎样的额外目标？会议结束后要怎样有效落实并指导实际的工作？下一次会议要开成什么样？要怎么开？

会议结束后，会议主持人、会议主办部门及所有的与会人员均要问一问自己，有收获吗？接下来要怎么做？会议的督察部门必须理清会议中反映的问题、达成的事项、提出的要求，并落实责任部门限时限期完成。而具体的责任部门则需要在深刻领会会议意图的基础上，进一步思考会议为实践明确的指引，有效落实会议要求的事项，制订更为详细的实施计划，并对预期能完成的效果做到心中有数。在实践过程中，对于会议提出的要求有不同走向时，要及时向管理者汇报，并在得到共同意见的前提下，进一步调整下阶段的工作思路，提出新的工作措施。可以说，在一次会议中，每个与会人员都要站在不同的角度，扮演不同的角色，以不同的视角来看待同一个会议，对会议目标的达成情况、指导工作的实践情况及议定事项的完成情况要做到心中有数，并能有效地指导下一次会议开得更富有效率。

案例启示

首先，作为现代管理中的一种重要的沟通方式，会议的成败影响着企业决策的效率、执行的效率以及整个企业文化的健康发展。会议组织者加强会议管理，获取高效率的会议，对于提升士气、提高工作效率、达成工作目标具有重要意义。着力提高会议效率，应成为银行管理中的重要工作之一。

其次，好的会风是会议成功的基础和发挥功能的保证。要认真研究召开会议的必要性、适时性和适地性，以做“减法”的形式，科学合理地控制会议级别、范围、规模、时间和召开次数。要按照务实求真、快捷高效、规范精简的要求，开实会、开短会，最大限度地发挥会议的功效。要加强会议计划管理，理顺会议流程，规范会议的运作，注重会议的统筹，提高会议的质量。

最后，要使会议能够达到高效率，具体必须做好会前准备、会中控制和会后追踪这三个环节的工作。在召开会议前要明确会议目的，确定会议议题，制定会议议程；会中应控制得当，要引导、促进和协调讨论进程，营造和谐的气氛，控制会议按议程进行；会后要形成会议追踪系统，确保会议决议的贯彻落实，做到“会而有议，议而有决，决而有行，行而有果”。

编写：周　欢

勤查严督抓经常　固本强基保平安

——柯城农信联社施行安全保卫“全息立体检查工作法”

案例背景

近年来随着标杆网点建设步伐加快，基层网点在物防、技防建设上有了质的变化，大量高科技电子防护设备不断投入使用，科技防护含量迅速提升。就安全保卫工作来讲，虽然物防、技防有了明显的改进，但是我们的安全检查仍然不能有一丝一毫的放松和疏忽，也许你偶尔一次的疏忽或者流于形式、走过场的检查，网点技防设施故障没有得到及时维修，致使我们在服务过程中由于操作不慎造成差错而引起纠纷时，没有视频资料作为证据提供，将会给我们带来经济上的损失，甚至造成严重的后果。

案例情境

2011 年 3 月，农信联社对全辖 37 个营业机构进行一次“拉网式”的安全工作大检查，在这次检查中比较突出的问题就是员工日常安全检查不到位，各单位负责人对安全检查流于形式，物防、技防设施故障没有发现。由于上述问题的存在，致使网点员工在办理业务时，发生差错后没有录像资料而造成经济损失和引起纠纷的现象时有发生。

例如，2011 年 7 月某日 15:35 分左右，一位女客户急匆匆地到某网点办理一笔取款 700 元的业务，当柜员陈某接过这位客户的存折时，为了加快办理业务速度，头也没抬地问了一句取多少，随后在电脑上做了这笔业务，办好后下意识地从钱箱里取出7 000元人民币和存折一起直接递给了这位客户，而这位女客户也没有在柜台前当面点清，拿着钱就离开了营业场。临下班前该柜员进行日终轧库，发现账款不符，现金少了6 300元，于是马上进行查账，逐笔核对排查，并去监控室查看录像，此时才发现监控没有打开，没有当天的录像资料，无法确认该笔款项错在哪里，后来经过细致查找，本人回忆可能把取700元听成7 000元了，断定是错在一笔取款700元业务上。经过多方查找和联系，终于找到了这位女客户。柜员陈某上门向这位客户解释，希望客户能够返还这笔钱，哪知该客户说当时钱取出之后就给了其他人了，不承认有错款，并提出要看当时的监控录像。由于没有当天的录像资料可以直接证明钱是错在哪里的，陈某也没有办法。无奈之下便向公安派出所报了警，民警来了以后也要求调看当时的监控录像，告知当日没有录像资料，所以民警也不能对她怎么样。因为没有充分的证据能够证明是错在这位女客户，最后柜员陈某只好自掏腰包。后经检查是由于前一个工作日下班前柜员打扫卫生时不小心动了电源插座，使监控主机电源插头松动断电，造成主机没有电源不能录像，再加上当天早上又没有按照规定进行例查，故障没有及时发现，使她白白损失了6 300元换来了一个大的教训。

案例分析

以上个案，正是由于我们的柜员在日常安全工作例行检查时流于形式、走过场，使该发现的问题没有及时发现，存在的故障没有排除而造成了这么大的经济损失。如果该网点柜员早晨上班时能按要求对监控设施进行认真的检查，及时发现电源断电的问题，并予以通电，使监控正常运行，就有录像可以证明当天出差错时的证据，也许就可以追回或者避免不必要的经济损失。

事实上，我们的柜面服务很多时候会因业务差错、服务投诉、案件等发生，必须利用监控录像资料来进行事后取证解决问题，而且现在的客户法律意识越来越强，也会要求银行提供监控录像进行维权。如果这些安防设施只是因为我们平时检查的缺失而没有得到有效的使用，所引起不必要的纠纷或者造成不必要的经济损失，甚至产生严重的后果，其责任将是巨大的。网点当班柜员每天早晚两次、负责人每周一次对监控设备和其他安防设施进行例行检查非常重要，但是我们大部分的员工并没有按要求真正地做到位。而且有些单位负责人每月一次的安全检查也是例行公事地由兼职安全员代查，然后签个字，有的甚至连检查都没有做，只是在登记簿上记一下就算是检查过了。这其中有相当一部分人员是存有侥幸心理，觉得正常使用中的设备一般情况下不会有什么问题，或者检查时草草了事，正是由于有这种流于形式、走过场的检查，才给我们的安全工作埋下了巨大的隐患。

根据安全检查工作中存在的诸多问题，农信联社班子拓展思路，勇于创新，率先在衢州农信系统推出一种新的安全检查方法——“全息立体检查工作法”，即日查、周查、月查、季查、突击查。全息（Holography）（来自于拉丁词汇，whole + drawing 的复合），特指一种技术，可以让从物体发射的衍射光能够被重现，其位置和大小同之前一模一样。从不同的位置观测此物体，其显示的影像也会变化。它是一种影像方面的技术如“全息投影”、“360 度幻影成像技术”等。这里是根据其寓意化用一下，表示层层检查、层层监督、360 度检查不留死角。“全息”是个多义词，只有读出多义，才更有欣赏价值。

一、日查

以网点营业人员每日检查为基点。网点营业人员每日早晚两次根据省农信联社下发的《营业场安全工作日志》中的相关内容逐项对营业场所内的安全设施进行检查，发现问题及时上报监控中心或农信联社保卫部，并将检查情况真实记录。远程监控中心值班人员每日对全辖各网点的监控设施、ATM 报警联网、网络对讲等设施的运行情况进行一次实时检查，并作相关记录，发现故障及时汇报并通知厂家维修。

二、周查

以网点负责人每周检查为着力点。网点负责人每周一次根据《柯城农信联社网点安全检查记录簿》上的相关内容逐项检查，检查本网点一周内安全工作情况和柜员每日检查的真实性，对柜员的每日检查情况进行监督，并将检查情况真实记录，检查记录的第二联上报所属信用社备案。

三、月查

以信用社每月一次检查为侧重点。各单位根据所属网点每周一次安全检查上报的情况，单位负责人（或安全员）每月一次根据安全检查记录上的相关内容对所辖网点每日安全检查和网点负责人每周一次安全检查的真实性进行再检查，并作详细记录，每季度将检查情况汇总上报农信联社（保卫部）备案。

四、季查

以农信联社保卫部每季度抽查为重点。农信联社保卫部每季度一次根据各信用社汇总上报的检查记录，根据《柯城农信联社安全保卫检查制度》对信用社、分社的检查情况进行再检查，再监督。

五、突击查

以农信联社牵头根据各阶段安全保卫工作特点，组织辖内安全员适时开展一些有针对性、目的性的突击检查。

案例启示

“安全保卫工作九分不可，九分九不可，非十分不可。”这是农信联社甘文智理事长逢会必讲的一句话，也是柯城农信联社安全保卫工作的行动指南。2012年在全体员工的共同努力下，农信联社在创建“平安衢州”活动中获“平安银行业金融机构创建示范点”殊荣，这是我市农信系统在衢州市历年来创建“平安衢州”活动中唯一一家获得荣誉的单位。农信联社施行“全息立体检查工作法”一年来，员工的安全意识有了很大的提高。近年来入社的“80后”、“90后”青年员工较多，由于都是独生子女，安全防范意识较差，责任心也不强。原来网点里的监控设施出现故障，由于没人去检查，很长时间都未能发现，安全设施只是一个摆设，如今这种现象已经一去不复返了。现在我们的员工已经养成了习惯，每日按照规范对营业场所和技防设施进行例查，发现问题及时解决，充分发挥了监控设施的作用。实践证明，安全检查是安全保卫工作中最简单、最常态也是最重要的一项基础工作，如何实现安全检查无盲区、零差错，那就是一定要“经常”抓、抓“经常”。

一、常念“紧箍咒”

各信用社充分利用晨会、周例会和员工大会，传达上级的文件精神，案例通报等，强化安全教育，认真学习《营业人员日常安全操作手册》、《安全保卫工作动态管理积分考核办法》《柯城农信联社安全保卫检查制度》等相关制度，强化制度学习，提高员工的安全防范意识。

二、常当“啄木鸟”

在日常监督中，农信联社结合每季度一次的安全检查，严格按照安全标准，及时发现安全管理的漏洞，踏踏实实地做一只防病救树的“啄木鸟”，清除每一个细微的安全隐患，及时解决安全方面存在的问题，提高安全检查的质量。

三、常设“监督哨”

以“全息立体检查工作法”手段，结合监控中心非现场检查，扩大检查内容，拓宽检查覆盖面，积极发动员工参与监督，充分发挥他们在一线和后台的“第一眼”作用，提高员工遵守制度的自觉性。

四、常拿“手术刀”

没有规矩，不成方圆。在检查中发现的问题及时提出整改建议，对违规情况形成报告在辖内予以通报，责令整改，并按照《衢州市柯城农信联社安全保卫工作动态管理积分考核办法》中相关的考核项扣除相应的考核积分和处罚。

通过这种全方位、立体式的安全检查体系，建立一种全新的安全检查机制，形成人人重视安全，事事考虑安全，使农信联社的安全保卫工作逐步走上制度化、经常化、精细化的管理轨道，使我们的每一位员工都能真正养成“让安全成为一种习惯”的意识。

编写：刘　静

现代“镖局”的“联姻”之路

案例背景

长期以来，农村信用合作联社的货币守护押运一直由行社内部保卫人员承担，行社为此投入了相当大的人力、物力、财力、精力，成本相对较高。尤其作为农村合作银行（信用社）点多库多，工作量及管理难度很大，金库与营业网点间的现金接送已成为业务经营和发展中的重要风险点。

同时，我国正处于经济转型期，人的思想观念复杂，正确的人生观、价值观难以抵御社会上众多的不良诱惑。铤而走险、一夜暴富、仇富仇官心态等社会上不良现象严重影响了银行业员工，近年来监守自盗或内外勾结盗取金库的案件时有发生。守押工作所配备的枪械被盗、走火伤人、持枪杀人等案件经常出现在内部通报中，给金融业造成巨大的经济损失，并有损于银行业的声誉。因此，守押工作的安全始终是农信系统安全保卫工作中一直致力应对的十分严峻的课题。

社会化守押作为经济发展到一定阶段社会分工日趋细化的必然产物，解决了银行自身押运存在的风险、责任和压力，转移了银行资金的在途风险，增强了银行安全防范能力。同时，实行社会化守押后，通过以有偿服务方式，把现金守押这项银行非核心业务外包出去，使银行可以更加专注地做业务，集中更多精力去搞经营。2010 年 8 月，龙游农信联社与衢州安邦护卫公司终于完成守押服务合同的签订，标志着率先在衢州市农信联社系统实现社会化押运。

案例情境

案例一

2002 年 11 月 29 日 6 时许，龙游农信联社城区 6 个网点的现金尾箱在农信联社经警护卫队押解下送达农信联社本级金库，押运人员与农信联社营业部二名出纳交接后入库保管，双方在款箱交接登记簿上签字确认，次日早晨出库时发现交接登记簿上本应出库的 17 只尾箱，实物箱数只有 16 只，其中一只尾箱不翼而飞。此事引起农信联社上下高度紧张，经核对该款箱为龙游信用社本级的主出纳尾箱，后经多方查找才发现该尾箱被遗漏在运钞车上，致使二十余万元现金库款及重要空白凭证和业务印章等滞留在农信联社金库外整个晚上。事后农信联社党委对相关当事人进行了相应的行政处理和经济处罚。

案例二

2007 年 8 月 21 日晚 10 时，塔石信用社在实时查岗时发现其所辖的石佛分社一名守库员还尚未到岗，后经多方查找才联络上该名员工，该名员工于当晚 11 时许匆匆忙忙赶到分社值班室担负起守库职责。事后经调查，当事人在未联系其他同事为其代班的情况下，借故擅离职守，已造成 8 月 20 日晚间守库值班空岗，8 月 20 日当晚石佛分社仅有一名员工留守，给基层分社金库安全带来严重隐患，其性质较严重，龙游农信联社党委对该员工予以行政记大过和待聘半年的处分。

案例三

2010 年 5 月 15 日龙游农信联社西门分社当班员工误报次日出库尾箱任务，本应出库二只尾箱而错报为三只，故 16 日早晨农信联社护卫队将三只尾箱送达西门分社后，一只无须出库的尾箱被存放在西门分社现金区，由于该分社实行倒班制，中午柜员交接班时，交接双方未认真执行交接制度，下班的员工未将该尾箱移交给接班人员，因此造成 16 日晚接包时未将存放在现金区的这只尾箱上交。由于下午当班的两名员工下班心切，未严格执行日终前的安全检查制度，匆忙离柜，从而导致这只尾箱在西门分社营业场现金区过夜，未入库保管。事后龙游农信联社针对事件的具体情况，分别对临柜、押运、管库三个环节中的7名相关员工给予行政、经济处罚，并通报全县各网点，引以为戒。

案例分析

上述三起案例分别发生在龙游农信联社押运和守库工作环节中，虽然尚未造成经济损失，但与之相似事件所带来的重大案件并非少见，从而联想到2007年7月轰动全国的邯郸农行金库内盗案，正是由于该行领导安防意识薄弱，员工制度执行不力，业务操作流程形同虚设，使得两名管库员监守自盗，造成巨大经济损失；2011年12月1日武汉建行门前爆炸案，犯罪嫌疑人在运钞车到达该行门前时，引爆事先埋藏的自制炸弹，致使过路学生和群众多人死伤，幸好未波及正在执行运钞任务的运钞车和押运人员，尚未遭受损失；2009年温州市邮政储蓄尾箱被盗案，跟车出纳伙同社会人员，利用同事间的互相信任，故意违规操作，内外勾结盗取运钞车上的款箱；从而联想到80年代全国农村金融系统学习“二兰”英雄事迹的往事，金华市磐安山区某信用社两名女职工在守库时与歹徒殊死搏斗，拼命保卫金库，最终造成一死一伤的壮举。假如事发今日，通过得失与利弊分析，按现有农信系统的实力和条件，我们是否可以认定这是一起完全能够避免的悲剧，其结果可想而知。然而，龙游农信联社在未实行社会化押运前，有的设库分社网点只配备4~5名员工，实行双人守库制度，常常只有两名员工在值守，有时也是两名女员工孤孤单单留守在基层分社，安全隐患、潜在风险之大怎么不叫人提心吊胆。

综观上述三起发生在龙游农信联社自身的案例，主观原因在于我们的员工制度观念淡薄，在制度执行中往往会出现这样或那样的纰漏。农信联社保卫部或上级部门在安全检查中发现同一差错在同一网点重复发生及屡禁不止现象时有发生，有些网点负责人存在重业务轻安全的思想，轻视员工的安全教育，处罚不力，导致部分员工认识偏差，防范意识低下，致使在各级检查中所发现的违规违纪现象得不到彻底解决，安全隐患整改不到位。客观原因是龙游本地的治安环境较好，多年来从未发生重大涉银案件和暴力事件，过于盲目庆幸，对于各级所发的案件通报只限于知悉案情的内容，而未能做到举一反三，居安思危的深层次认识，侥幸心理较为突出，表现出大多数员工风险意识淡薄、危机意识缺失。

上述案件或事故发生的概率将大幅减少，金库值守安全隐患能够得到根本性化解。虽然安邦护卫公司提供有偿服务，追求一定的利润，存在守押业务成本支出会有所增加，但适当增加的投入，会使农信联社在现金押运、金库值守工作上实现“零”的风险，员工的生命安全得到了保障，通俗地说“花了钱买回了相应的平定”，获得风险的转移。有效认证安全就是效益理念的具体实践；实施安邦护卫专职押运，其公司势必在人员的素质、押运的装备、操作的规范性等方面要求严格，管理严密，使我们农信社规避了守押工作的运行风险和涉枪风险，从源头化解基层信用社守库期间的安全隐患；安邦护卫押运公司归属于市级公安局管辖，公安机关具有对犯罪分子一定的威慑力，减少了抢劫、凶杀、爆炸等暴力案件的产生；规范化的武装押运也有利于农村信用社整体形象的提升。综观国际上发达国家和当前我国各大国有专业银行及大中城市银行业金融机构，守押业务外包已成银行实现风险转移最有效的途径，是维护银行安全运行的根本所在。

实现社会化押运后应注意的几点问题：一是安全责任的划分和界定必须明确，在双方签订合同和操作规程中必须明确规定，表述完整，应具体到相应的点和位，即明确指定款箱的交接点，交接人员的活动区域和押运人员身份论证的具体位置。二是实施社会化押运后，安全保卫部门并非削弱了守押工作的安全检查和监督，而是相应跟进和调整检查、监督的方式方法，调整守押工作安全保卫的重心在于双方交接环节，清楚认识新的交接方式是两个单位间的责任划分关系，交接过程是一个新的风险点。但龙游农信联社在近三年的具体操作中，随着双方人员熟悉程度的增加和交接工作的单一性，员工容易产生麻痹大意的思想，操作流程流于形式，近三年来的运行中也出现过几次身份核查不认真，错报款箱出库任务，尾箱数量与 POS 机数据不符等违规现象。三是关注潜在风险。安邦护卫公司人员实行聘用制，护卫工作性质决定日常工作时间长，早出晚归，员工自身自由支配的时间较少，年轻人很难适应这种工作环境，所以其人员流动性较大，造成许多的离职人员熟悉信用社及安邦护卫公司的日常运行情况和工作流程，存在一定的潜在风险。四是押运线路和时间的安排通常做法是：早上尾箱下解时由近至远，晚间尾箱上解时由远至近，造成网点之间工作时间长度不一，员工劳动强度相对不平衡。因此，农信联社在加强员工思想教育的同时，应考虑部分网点员工超长服务的实际情况，适当给予经济补偿，营造和谐及相对公平的工作环境。五是续约谈判双方可能会发生合同标的难以统一。由于守押工作的特殊性，公安部门通常在考虑安全因素的情况下，暂时不会降低创建押运护卫公司的准入条件，目前还是安邦护卫公司一家独大，所以造成一方无须竞争，而另一方无从选择，农村信用联社在合同续签时处于被动的局面，在一定程度上会影响到我们农村信用社的经营效益。

案例启示

针对上述存在的问题，为最大化地发挥社会化押运的工作效益，更加有效地防范新风险，确保资金安全，银行应从以下几个方面做好工作。

一、统一思想，认识重视到位

实行社会化押运，既可以减轻银行的安全压力，降低经营风险，同时也解决了银行自行押运的人员不足、老化、装备落后等问题。要努力培养高素质的押运队伍，使押运人员具有过硬的政治思想素质，又有较强的处置突发事件的能力，以不断适应金融押运队伍工作发展的需要。加此，必须努力增强金融押运队伍的“三个意识”。一要明确使命，认真端正做好押运工作的态度，增强服务意识；二要明确标准，加强思想建设，增强责任意识；三要明确重点，长远规划，增强忧患意识。

二、规范业务操作流程，学习培训到位

一是加强社会化押运业务操作流程的学习。通过培训、讨论等多种形式，提高和拓展业务认识，了解和加深业务知识，做到人人都能熟练掌握操作流程。二是突出重点内容的培训。银行应对款箱运送、现金调运、重空凭证调拨、实物交接登记等业务的每一个环节作重点培训，细化和明确各个环节业务人员的工作步骤、任务和职责，确保重要环节能熟练操作。三是细化职责，落实专人。明确支行押运业务确认员岗位，指定专人负责本机构的确认工作及辖内网点确认的监督工作。

三、提高现金整点质量，管理措施到位

一是加强各网点现金整点柜员的管理，对不适合该岗位的人员进行调整，指定业务素质较高、责任心较强的柜员承担网点主出纳职责，负责做好网点现金整点、上缴工作；二是加强现金业务的培训，不定期地开展现金整点知识、现金“五好钱捆”标准的学习；三是对现金收付量较大的营业网点增配自动捆钞机、扎把机，提高现金整点效率与质量；四是建立处罚制度，要求各机构加大因违规操作造成差错的网点、柜员的处罚力度，落实提高制度的执行力。

四、加大考核，风险防范意识到位

现金、凭证等传统操作流程的变化及对新操作模式的不适应，使营业网点对各项实物的管理较为薄弱，产生了新的风险点。为此，一是加强对营业网点的内控风险教育，明确安全无小事，安全出效益的意识。重视对问题的查找、分析、解决，落实“实物交接，双人核对，切实管理，专人负责”制。二是加大考核力度。不仅要对违规员工加大考核的处罚力度，也要加强对营业网点主管领导的考核。三是实行巡查登记制。营业结束后，各网点需指定专人负责巡查，确保银箱、封包等重要物品全部扫数入库，并登记巡查记录。四是推广典型。对先进营业网点的操作管理、操作方法、考核办法予以交流推广，共同来提高安全防范意识、消除安全隐患。

五、强化风险环节管理，防范措施到位

为建立安全的外部环境，针对身份识别、款箱交接等高风险环节提出四点防范措施：一是把好守押员的再审查，守押员在招入押运公司前押运公司虽然会对其进行审查，但对派往银行的押运人员，银行相关部门要重新进行严格的资格审查，一经发现有不良行为记录，坚决予以退回。二是加强与押运公司沟通联系及时掌握押运员日常工作情况，了解思想动态，特别是工作以外的行为，发现问题，及时解决。三是加强与营业网点的信息交流，及时收集员工督察信息，了解最新动态，及时分析解决。四是严格执行押运安全制度和操作规程，提高营业网点日常安全防范意识。防止出现交接前、交接后放松警惕的倾向，增强人身安全和银行资金安全的责任感，切实规避风险隐患。

六、建立突发事件预警机制，应急预案到位

为积极应对社会化守押工作中出现的突发事项，把造成的影响和风险降至或减少到最低限度，确保业务安全有序地开展，银行应重视应急处置预案的制定，以提升员工应急处置能力和水平。一是制定社会化押运安全应急处置预案。对押运中出现的车辆、押运人员等异常情况，营业网点能做到及时发现、及时处置。二是制定社会化押运操作系统应急预案。对因内外原因而产生的停电、电脑故障等业务操作突发性情况，营业网点能及时应用应急处置预案，切实做好内外协调。

编写：曾金跃　陈志宏

后 记

2011 年底，我受浙江省农信联社指派，从省农信联社办公室主任任上到浙西衢州任省农信联社衢州办事处主任。在全省，衢州盘子较小，至 2013 年底，各项存款总量 393.70 亿元，各项贷款总量 287.23 亿元，但存、贷款市场份额分列全省农信第二位和第一位，小额农户信用贷款在全省的占比长期居第一位，存、贷款增速也从原来中下游水平跃至上游，特别是 2011—2013 年连续三年双双保持全省第一位。在县域内，全辖 6 家行社存、贷总量均列第一位，存款市场份额“三分天下有其一”，贷款市场份额占据 1/4 以上，资本充足率、拨备覆盖率、不良贷款率等主要指标全面达到监管的“好银行”标准。这期间，衢州农信管理工作同样取得了长足进步，许多行社的管理工作颇具特色。

2012 年，浙江省农信联社确立了“以文化引领浙江农信建设”的战略指引，提出了“以文化力量助推浙江农信新起航，以文化管理提升浙江农信核心价值，以文化引领浙江农信谱写新篇章”的目标取向和发展方向，文化建设受到空前重视。2012 年底，我和搭档吴通政副主任商量，能否把辖内 6 家行社的管理精华编一本《管理实务案例》出来，让各行社互相学习。一开始，部分行社董（理）事长有所顾虑，怕有树碑立传之嫌，但很快就达成了思想统一。

“鉴前世之兴衰，考当今之得失”，方能明未来之方向，续发展之辉煌。基于此，衢州农信于 2013 年初启动并开展了管理实务案例编写工作，其初衷即是“回首过往，激励当下，把握未来”，通过对管理实践进行总结反思和管理效能评估分析，提炼管理成功经验，查找管理薄弱环节，探索管理提升新路路径。该项工作启动后，得到了全辖行社积极响应。9个月后，凝聚着衢州农信人管理智慧和编写人员心血的《农信管理实务案例解析》完成编写，共收入管理案例60个，27万余字，其内容覆盖了多个管理层面。这些案例，大多从实证分析视角出发，较全面地采集提炼了近几年来衢州农信管理实践的特色亮点和经验成果，深度挖掘了行社管理层在战略谋划、驾驭全局、引领发展中的智慧和精髓。9月底，省农信联社衢州办事处专题召开由辖内行社领导班子、案例编写骨干成员等参加的管理案例编写成果展示分享会，人民银行衢州中心支行徐韶华副行长、衢州银监分局孙蕙副局长应邀到会点评指导，对衢州农信管理案例编写工作给予了高度评价。

2014年1月9日，我被省农信联社调回杭州任杭州办事处主任，《农信管理实务案例解析》该如何运用就由我在衢州的继任者吴通政主任为主考量了，他建议我能否找在农信方面颇有建树的省农信联社党委书记、理事长姚世新先生写个序，我抱着试试看的心情向姚理事长开了口，没想到他爽快答应了，写了前面的序。看到序后，我们信心倍增，他和几位董（理）事长商量，说干脆找家出版社出成书，我也欣然赞同，我们的初衷不是为谁立功劳簿，只是反映一段时期的管理小集，希望该书就像一盒歌曲磁带，如果有一首歌或者某段旋律让读者觉得好读、好听，吾愿足矣。

最后，本书的编写还要特别感谢时任理（董）事长的甘文智、宋献礼、徐祖俊、孙赤、徐水华、吴晓平先生及他们的班子成员，刘仕进先生也费了不少心思，对未提及而需感谢的女士、先生在此也一并表示感谢。

此为后记。

杨中萱

2014年2月28日